强制执行公证研究

——理论与实务精要

★ ★ ★

李全一　著

Stady on Enforcement Notarization

—Theory and Practice

法律出版社 LAW PRESS · CHINA

前　言

强制执行公证，作为一项非诉性质的民事执行依据生成模式，充分展示了当事人意思自治与国家强制力作用相结合的良法优势。其不但有利于节约司法审判资源，构建起自助式社会解纷体系，也有利于促使公证这一“准司法预防纠纷机制”与法院司法强制机制的密切合作，更有利于促使债权人之权利通过相对便利的途径得到快捷、有效地实现，从而增进市场交易之效率和效益，维护经济社会健康、有序运行。如何促使此项制度更好地服务于我国市场经济的发展，乃是中国公证人仍需殚精竭虑之所在。

强制执行公证发端于欧陆，中兴于东亚，繁盛于中国。在我国，强制执行公证于20世纪20年代开始，在中国断断续续运行了近百年，可以说是百年制度、老树新枝。然而，只有在改革开放的近三四十年，才步入正轨，迈上康庄大道。不过，长期以来，对于强制执行公证之脉络、机理、运行、发展、走势等诸多层面与侧面，学界与公证、司法实务界虽多有阐释和研判，但对不少问题的解析，要么零碎散乱，要么点到为止，分析不够深入，探索也不够宽泛，尤其是尚未出现体系完整的强制执行公证学术专著，难免令人遗憾。本书的写作与出版，但愿能够弥补这一缺失。

毋庸讳言，在我国的公证业务范畴内，强制执行公证以其所具有的独特魅力，引起学界和实务界的关注颇多。原因在于其具有的超强证明力和强制执行力。或可认为，强制执行公证是全部公证业务中体现规范民商事务、预防交易风险、节约司法资源价值最为突出的公证业务类型之一；同时，其还是唯一具有跨界交互关系的业务种类，需要借助与人民法院的协调和人民法院的强力保障措施来共同达成。鉴于此，研究强制执行公证，在一定意义上而言，是一种典型的跨界式作业，需要对公证强制执行理论与实务,以及法院民事强制执行制度两个维度都有所了解与研判。

笔者长期从事公证实务工作,也长期爱好公证理论和民商法学的研究,在日常公证活动中大量接触强制执行公证业务,时常囿于规范的不健全、不完善、不协调而困扰和烦恼,也因之偶有所思、偶有所感、偶有所悟。这便是笔者构思写作本书的因缘。但是,一经付诸笔端,又总是感觉思之不彻、感之不切、悟之不沉,仍是云遮雾罩,不识庐山真面目。好在有丰富的办证经验作为基础,加之平时收集书籍、文献和法院公开的案例较多,于是书海捞珍,以勤补拙,方始不负初心。

本书共分为两大部分,即理论研讨和实务探索。前 8 章着重研究和探讨强制执行公证的基本原理、法律规定、运行程序、效力范畴和救济路径,以及其与法院民事强制执行制度的衔接关系、协作运行模式等;后 4 章则是对常见强制执行公证业务的具体分析讨论,通过对各种强制执行公证业务的实务研判,以期对公证员的实际办证操作有所帮助和指引。在理论研究部分,笔者并非一味地就理说理,泛泛而谈,仍然于各章中引入了 30 余件大小案例做实证分析,力求增强理论的厚重度;在实务探索部分,笔者也不是完全以公证操作指南的模式来简单叙说,而是力图通过将业务与学理相结合,探索实务操作的实然与应然。

笔者以为,本书可以为公证实务工作者、法院民事执行工作者和律师朋友的办证、办案提供参考,可以作为法学院学生学习公证知识尤其是强制执行公证知识的辅助教材,也可以作为专家学者研究强制执行公证的文献资料,还可以作为金融工作者、公司法务人员申办债权文书公证的参考手册。当然,本书也可作为社会民众了解强制执行公证常识的普法书籍。

本书采用了历史考察方法、比较法学方法、学理与案例相结合方法、实证分析方法等研究方法,力图清晰展示我国强制执行公证制度的全貌,并揭示其中存在的缺陷,使其得到合理的完善。但浅陋与错误在所难免,敬请读者批评指正。

Contents

目录

第一章 绪 论

考察一项制度的起源、概念、特征，以及其对社会的价值、功能等基本范畴，无疑应是研究此项制度的基础性工程。对强制执行公证制度的研究也不例外，也需要从这些地基性质的基础工程入手，方可在其上构建起坚固而完整的制度大厦。考诸强制执行公证制度在新中国推行的数十年间，就其学术研讨而言，学界与公证、司法实务界虽多有着力，论说浩繁，但至今仍难觅体系化、系统性的作品，更遑论具有原创性的学术成果。何以如此？其中一个重要原因，就在于对此项制度的基本范畴缺少探索性研判与深维度发掘。基于如是考量，笔者在本书的开篇对这些基本问题展开讨论。

第一节 强制执行公证的历史演化

强制执行公证从哪里来，走过了哪些历程，当下的状况如何？这些问题是研究此项制度自然也必然要首先触及的。本节对强制执行公证的演化史作一简单梳理。

一、强制执行公证制度的肇端

公证制度是典型的“舶来品”，因此，强制执行公证也是西学东渐的物事。然而，强制执行公证滥觞于欧陆何时，起初之型构如何，于什么时间因何在中国落地生根？过往的公证论说中少有提及，即使偶有涉猎，亦往往语焉不详，支离破碎。由此，极有必要予以梳理归纳，厘清脉络。

我国学者对民事强制执行理论的研究并不深入，其中尤其疏于对强制执行公证理论的梳理，特别是对强制执行公证的历史脉络鲜有考证与清理。相对而言,日本、韩国的民诉法专家、公证学者则比较注重这方面的发掘与探讨工作。在考察强制执行公证的起源与演变史时,我们可以借助他们的研究成果来加以探究。

一种观点认为,“执行公证书之起源,可推至证书诉讼制度”,其至迟在公元5~6世纪已经开始萌芽。① 执行证书制度得益于日耳曼民族大举南迁,在西罗马帝国灭亡后,日耳曼习惯法与当地罗马成文法的结合。此时的意大利各城市中商业交易盛行,但在商业交易中时常发生纷争,因此,对交易契约需要有一个中介性质的审查机制,且这一机制需要在可能的范围内迅速地实现权利。② 在这种背景下,证书制度应运而生,并在随后与公证人制作的公证书相结合,逐步形成了在公证交易契约中附上执行约款的执行公证书。另一种观点认为,公证书作为执行名义,系源于中世纪意大利债务人执行承诺制度。③ 韩国和日本学者也持后一种看法。据韩国学者考证,执行证书制度具体起源于中世纪初北意大利法的规定,即债务人向公证人表示的关于承诺执行的约定(pacta executive)。“1215年在佛罗伦萨制作了世界上最初的具有执行力的证书。”④

由于交易证书具有快速实现权利的证明力,再加之与公证制度相结合,产生了执行力上的优势,于是商业上的交易证书制度在12世纪意大利各城市颁布的条例法中陆续出现。在诉讼中,当原告援用该证书时,就证书中所记载的债权请求即不须再经诉讼程序,而可获得与确定判决相同之强制执行效力。⑤ 日本学者中村英郎考证,至14世纪前半叶,大多数欧洲国家已经承认了这一公证证书制度;而至15世纪,几乎所有欧洲国家都认可公证执行证书制度。⑥ 但开始时,法院并非对所有的承诺执行约定都认定执行力,而是发展为证书诉讼和执行证书两种制度。⑦ 19世纪初出现了只要经过公证的文书就具有执行力的立法例,如《法国公证法》第19条的规定。⑧ 但这也是目前的孤例,其他国家均未作出如此强硬、全面的公证书执行效力规定,如德国、奥地利等国在18世纪末至19世纪中期,都相继制定了证书法,但也仅规定只有债权文书公证证书在债务人承诺愿

---

① 参见郑云鹏:《公证法新论》,台北,元照出版公司2015年版,第389页。

② 参见何勤华、魏琼主编:《西方商法史》,北京大学出版社2007年版,第149页以下。

③ 参见赖来焜:《最新公证法论》,台北,三民书局股份有限公司2004年版,第510页。

④ [韩]金相英:《关于韩国公证制度的研究》,釜山大学1995年博士学位论文,第10页。转引自[韩]姜大成:《韩国民事执行法》,朴宗根译,法律出版社2010年版,第47页脚注(3)。

⑤ 参见郑云鹏:《公证法新论》,台北,元照出版公司2015年版,第390页。

⑥ 如在法国,14世纪时即开始执行公证书制度,但仅承认盖有国王印章的公文书才具有此执行力;1533年时则承认私文书经公证也具有这种效力。转引自郑云鹏:《公证法新论》,台北,元照出版公司2015年版,第390页脚注(2)。

⑦ 参见[韩]姜大成:《韩国民事执行法》,朴宗根译,法律出版社2010年版,第47页。

⑧ 《法国公证法》第19条规定:“公证证书不仅具备裁判上的证明力,而且在法兰西共和国的全部领域内具有执行力。”

意受执行约束的情形下，才具有强制执行力。

二、强制执行公证制度的东渡

在亚洲，东亚国家是较早引进公证执行证书制度的地区。日本于19世纪初的明治时期，率先从法国借鉴引进了公证执行证书制度，以丰富其民事执行根据。其后，中华民国也从日本引来此项制度，同时，被日本占领统治的朝鲜也采用了这一制度。日本《民事执行法》第22条第5款规定："以支付一定数额之金钱或以给付其他代替物或有价证券之一定数量为目的之请求，由公证人作成公证书，载明债务人愿意径受强制执行之陈述者"，可以作为执行依据。韩国公证人法、民事执行法也规定，公证人可以根据当事人的请求，对以给付一定的金钱或代偿物，或者一定数量的有价证券为目的的债权文书制作的执行证书，可以作为法院民事执行的依据。[①] 显而易见的是，韩国公证人法和民事执行法上的这一规定与日本民事执行法的上述规定几乎如出一辙，其受日本法影响的程度由此可见一斑。

根据学者考据，我国最早推行公证制度的是东省特区法院，其于1920年左右即在东北开办公证业务。[②] 其实，准备制定和引进公证制度的时间要明显早于这个时间，其中也包括强制执行公证制度的引入。如在1915年北洋政府法律编查会所草拟的《强制执行律草案》中，即已经明确设计了公证赋予执行效力的证书作为法院执行依据的构想。[③] 中华民国于1936年7月30日公布的《公证暂行规则》第11条第1项规定："就以给付金钱，或其他代替物，或有价证券之一定数量为标的之请求，所作成之公证书，载明应径受强制执行者，得依该证书执行之；但债务人提起异议之诉时，受诉法院得斟酌情形，命停止执行。"这是中国历史上在法规中首次规定强制执行公证制度。民国政府于1927年拟定但于1943年3月31日才颁布的《公证人法》第11条亦作出了与前述《公证暂行规则》第11条第1项相同的规定。[④] 根据民国时期著名法学家翁腾环先生的解读，所谓径受强制执行，是指毋庸经过诉讼程序即受强制执行；所谓强制执行，即由执行机关依据债权人的申请，或以职权"对于应行强制执行之民事案件，用国家之强制力使债务人履行其义务

---

① 参见［韩］姜大成：《韩国民事执行法》，朴宗根译，法律出版社2010年版，第49页。

② 参见肖胜喜主编：《律师与公证制度教程》，中国政法大学出版社1997年版，第272页。

③ 该草案第26条规定："强制执行以左列各款名义亦得为之……四、公证人于其权限内作成之证书，但以其请求之目的为支付一定金额或有定数之代替物、有价证券而记载可以强制执行之旨者为限。"第30条规定："公证人所作证书之执行正本由保存证书之公证人付与之，但官署保存其证书时由该官署付与执行正本，关于执行正本异议之裁判或要求同一执行正本之裁判，由公证人事务所所在地或前项官署所在地之初级审判厅管辖。"参见蔡煜：《1902—1979中国公证史编年》，上海人民出版社2019年版，第13页。

④ 《公证人法》颁布后，至1943年12月6日，行政院才给一些省政府下达训令，饬令自民国33年（1944年）1月1日起施行。

也”。[①] 从这一解释我们不难看出，这与当代公证法上的强制执行公证制度的性质和作用已经基本一致。

通过上述简单梳理，我们有理由认为，强制执行公证制度最迟在 20 世纪 30 年代中后期即在中国开始推行。1940 年 1 月 19 日民国政府公布《强制执行法》，该法第 4 条规定，依据公证法作成的以给付金钱或其他代替物或有价证券为内容的债权文书公证书，载明应径受强制执行的，为法院的强制执行依据之一。民国政府司法行政部于 1942 年 8 月 28 日印发的训民字第 3463 号训令附发的《公证须知》中说：“得以请求公证的事项，大部分分为两种。一种是法律行为，一种是其他关于私权之事实，兹分别说明如左：甲，法律行为……乙，其他关于私权的事实……以上所列法律行为或其他关于私权的事实，当事人或关系人都可以请求公证人给他作成公证书或认证私证书，而关于以给付金钱或以给付其他代替物，或有价证券的一定数量为标的之请求所作成的公证书，并且可以请求载明应径受强制执行，将来即可根据该证书不必经过诉讼，请求法院径付强制执行，这在手续上是尤其简便的。”另外，按照 1943 年 7 月颁布的《公证费用法》的规定，如果要求在公证书上载明“径受强制执行”之附款的，加倍收取公证费。[②]

三、中华人民共和国强制执行公证制度的承继与发展

中华人民共和国成立伊始，虽然“六法全书”被人民政权所废止，但公证制度在一些大城市依然被适当地保留下来，同时，强制执行公证业务也仍在一些地区开展。1951 年在最高人民法院和司法部印发的《关于保护国家银行债权的通报》中曾通报到：公证机关“在证明契约时，载明强制执行条款，嗣后如一方当事人违约，对该当事人即可请求法院依照契约执行”。据此，有学者认为，该时期我国经济发达地区的公证机构已经开始开展强制执行公证业务，这在当时为保护国家财产、减少诉讼、稳定新中国社会经济关系等方面起到了良好的作用。[③] 对此可兹佐证的史料包括：1951 年 3 月经东北人民政府司法部修订并公布试行的《沈阳市人民法院民事强制执行暂行办法》第 1 条规定：“本院根据左列各文书实施民事强制执行……人民法院作成的给付金钱或物品之公证证书。”[④]1951 年 5 月，经司法部暨北京市人民政府核准试行的《北京市人民法院公证暂行办法》第 6 条规定：“有关公私关系之契约，应于公证书内载明如一方违约得据以强制执行。”[⑤]1953 年 4 月 25 日第二届全国司法工作会议讨论通过司法部提出的《关于建立与加强公证工作的

---

① 参见翁腾环：《公证法释义与实务》，商务印书馆 1936 年版，第 134 页。

② 参见肖胜喜主编：《律师与公证制度教程》，中国政法大学出版社 1996 年版，第 273 ~ 275 页。

③ 参见江伟主编：《公证法学》，法律出版社 1996 年版，第 82 页。

④ 参见蔡煜：《1902—1979 中国公证史编年》，上海人民出版社 2019 年版，第 243 页。

⑤ 同上书，第 248 页。

意见》指出:“当国家进入大规模经济建设时期,公私关系日趋频繁,对国家与私营工商业者订立加工、订货、运输、修建、贷款等合同,务使通过公证,得到法律保护。公证机构应监督双方严守合同,保护国家财产,而与欺诈盗骗、违反法令的一切不法行为进行斗争。”该时期,公证工作大有发展。公私合同通过公证,违约情况显著减少,违约率从未经公证的10% ~25%下降到1% ~5%,有效地促进了国家对资本主义工商业的社会主义改造。① 其中,强制执行公证发挥了积极的作用,有效地保护了国家银行给私营企业贷款的如期收回,稳定了金融信贷工作。在这一时期,地方立法规范也对强制执行公证给予了大力支持。如1954年4月1日,武汉市人民法院公布实施的《武汉市人民法院公证暂行办法》第2条规定:“本院设立公证室,负责办理公证事件,公证室作成之公证书与认证书,得依事件之性质载明强制执行字样;当事人之一方如不履行时,得不经诉讼手续,由他方当事人申请法院强制执行。”②

1956年公私合营之后,强制执行公证在金融信贷中的适用虽有所降低,但依然得到正常开展。1956年1月31日司法部印发《关于公证业务范围的通知》,要求各地除继续办理证明尚存的公私合同外,应大力加强并开展有关公民权利义务关系方面的公证业务。公证业务扩展至公民的遗嘱、继承、收养、房屋买卖、死亡、亲属关系等方面,③强制执行公证业务仍然受到重视。如该通知在公证机构“可以办理的业务”范围中明确规定:“对于没有疑义的债权文书,证明有强制执行的效力,并发交债务人所在地的基层人民法院执行。”④

1957年以后,公证制度被严重削弱,强制执行公证业务基本绝迹。1959年4月全国司法行政机关被撤销,公证机构也随之被撤销。除少数几个大城市人民法院根据国际惯例和外交需要兼办一些必要的、发往国外使用的公证书外,包括强制执行公证在内的所有国内公证业务全面停止。⑤

1979年12月1日司法部恢复重建,公证处亦随之复建,各项公证业务逐步恢复展开,同时,恢复开展强制执行公证的呼声也开始出现。1982年4月13日国务院颁布中华人民共和国第一部公证行政法规——《中华人民共和国公证暂行条例》(以下简称《公证暂行条例》)。《公证暂行条例》第4条“公证处业务”第10款规定,“对于追偿债款、物品的文书,认为无疑义的,在该文书上证明有强制执行的效力”。《公证暂行条例》第24条规定:“依照第四条第十款规定,经过公证处证明有强制执行效力的债权文书,一方当事人不按文书规定履行时,对方当事人可以向有管辖权的基层人民法院申请执行。”至此,

---

① 参见王俊民主编:《律师与公证制度教程》,北京大学出版社2009年版,第249页。

② 参见蔡煜:《1902—1979中国公证史编年》,上海人民出版社2019年版,第272页。

③ 参见王进喜主编:《律师与公证制度》(第2版),中国人民大学出版社2009年版,第188页。

④ 参见蔡煜:《1902—1979中国公证史编年》,上海人民出版社2019年版,第310页。

⑤ 参见肖胜喜主编:《律师与公证制度教程》,中国政法大学出版社1996年版,第279页。

新中国强制执行公证制度于立法层面初步确立。1982 年颁布的《中华人民共和国民事诉讼法(试行)》第 168 条,从执行者角度对强制执行公证给予了认可和支持。[①] 1991 年 4 月 9 日第七届全国人民代表大会第四次会议通过的《中华人民共和国民事诉讼法》(以下简称《民事诉讼法》)第 218 条规定:“对公证机关依法赋予强制执行效力的债权文书,一方当事人不履行的,对方当事人可以向有管辖权的人民法院申请执行,受申请的人民法院应当执行。公证债权文书确有错误的,人民法院裁定不予执行,并将裁定书送达双方当事人和公证机关。”这是在民事程序基本法上,首次明确将公证债权文书作为执行依据。但 20 世纪 80 年代初到 90 年代初这一段时期,强制执行公证业务的开展并不广泛。例如,据载,1991 年全国公证机关办理的强制执行公证仅有 4433 件。[②]

2000 年 9 月 1 日最高人民法院、司法部印发《关于公证机关赋予强制执行效力的债权文书执行有关问题的联合通知》(以下简称《联合通知》)第 2 条规定,公证机关可以对有给付货币、物品、有价证券内容的以下债权文书赋予强制执行效力:(1)借款合同、借用合同、无财产担保的租赁合同;(2)赊欠货物的债权文书;(3)各种借据、欠单;(4)还款(物)协议;(5)以给付赡养费、扶养费、抚养费、学费、赔偿金为内容的协议;(6)符合赋予强制执行效力条件的其他债权文书。与此同时,《联合通知》首次确立了公证机关签发执行证书的制度,使强制执行公证制度得以补强。此后,强制执行公证业务在全国广泛展开,遂成为我国公证制度中效力最强的业务类型。

2005 年 8 月 28 日第十届全国人民代表大会常务委员会第十七次会议通过《中华人民共和国公证法》(以下简称《公证法》),并于 2006 年 3 月 1 日起施行。《公证法》第 37 条规定:“对经公证的以给付为内容并载明债务人愿意接受强制执行承诺的债权文书,债务人不履行或者履行不适当的,债权人可以依法向有管辖权的人民法院申请执行。前款规定的债权文书确有错误的,人民法院裁定不予执行,并将裁定送达双方当事人和公证机构。”至此,我国强制执行公证制度上升为公证法典上的基本制度,并得到全面加强。2006 年 5 月 10 日司法部发布《公证程序规则》,自 2006 年 7 月 1 日起施行。该规则在我国《公证法》和《联合通知》强制执行公证制度的基础上明确和细化了以下两项措施:一是规定了强制执行公证事项的必备要件,二是规定了出具执行证书制度。但由于《联合通知》相对狭窄的公证债权文书范围的影响,有担保的债权文书经公证机构赋予执行效力后仍难以得到法院的实际执行,强制执行公证实务的运行并没有达到我国《公证法》设定该项制度的目的预期。

---

① 1982 年 3 月 8 日第五届全国人大第二十二次常委会通过颁布并于同年 10 月 1 日起施行的《民事诉讼法(试行)》第 168 条规定:“公证机关依法赋予强制执行效力的债权文书,一方当事人不履行的,对方当事人可以向有管辖权的基层人民法院申请执行。受申请的人民法院发现公证文书确有错误的,不予执行,并通知原公证机关。”

② 参见江晓亮等:《公证实务指南》,中国社会科学出版社 1993 年版,第 265 页。

2008 年 12 月 26 日最高人民法院发布《关于当事人对具有强制执行效力的公证债权文书的内容有争议提起诉讼人民法院是否受理问题的批复》(以下简称《公证执行批复》),《公证执行批复》明确指出,经公证的债权文书不可诉,且不但债权人不可诉,债务人亦丧失诉权。[①] 此后,公证债权文书的效力得到明显增强,强制执行公证保护债权人合法权益便捷实现的作用也得到极大彰显。

2014 年 12 月 29 日最高人民法院发布《关于人民法院办理执行异议和复议案件若干问题的规定》(以下简称《执行异议复议规定》),自 2015 年 5 月 5 日起施行。《执行异议复议规定》明确规定,公证机构可以对担保合同赋予强制执行效力。至此,法院和公证行业双方多年的担保债权文书执行争议问题,最终以法院方让步而得以妥善解决,释放出极大的公证债权文书适用空间。自 2015 年 2 月 4 日起正式实施的最高人民法院《关于适用〈中华人民共和国民事诉讼法〉的解释》(以下简称《民诉法解释》)第 480 条和第 481 条,分别对《民事诉讼法》第 238 条有关公证债权文书确有错误的法定情由进行了列举,从反面规定了公证债权文书的制作标准,促进了公证债权文书质量的提升。

2018 年 9 月 30 日最高人民法院发布《关于公证债权文书执行若干问题的规定》(以下简称《公证债权文书执行规定》),并于 10 月 1 日起施行。该规定变相否定了《联合通知》和《公证程序规则》不妥当收载的公证债权文书范围,明确规定公证债权文书的范围应当回复到我国《公证法》第 37 条界定的以给付为内容的债权文书的范畴内。同时,《公证债权文书执行规定》还就法院执行公证债权文书的若干问题进行了明确与细化,对促进和规范公证债权文书的执行具有极强的可操作性,也对强制执行公证业务的发展起到了积极的推动作用。但其也存在恢复债务人诉权,可能导致公证债权文书执行效力减损的问题。

第二节　强制执行公证的性质与特征

强制执行公证是公证业务类型的一种,其包括了赋予债权文书强制执行效力的法律行为公证,以及出具执行证书的证明行为两个前后关联的公证活动,是我国公证业务中唯一可以直接作为法院民事执行依据的公证业务种类。强制执行公证无论从公证证明方式、证明客体、证明标准,还是公证文书的效力,乃至公证文书错误的救济途径诸方面来看,都与其他公证事项有着显著的差异。要研究这些差别,寻找出强制执行公证事项的基本属性及其框架结构、运用机理,就必须从其性质、特征入手,这也是讨论和研究强

---

① 《公证执行批复》规定:"经公证的以给付为内容并载明债务人愿意接受强制执行承诺的债权文书依法具有强制执行效力。债权人或者债务人对该债权文书的内容有争议直接向人民法院提起民事诉讼的,人民法院不予受理"。

制执行公证制度的基本前提。

一、强制执行公证的概念

强制执行公证,最早在中国引进时期的称谓是"执行证书"或"执行公证书"制度。① 中华人民共和国成立后,1982 年《公证暂行条例》首次确立强制执行公证制度,当时对这一制度的统一称谓是"有强制执行效力的债权文书公证";②司法部于 1990 年颁布的《公证程序规则(试行)》,将其改称作"赋予债权文书具有强制执行效力公证";2000 年最高人民法院和司法部《联合通知》印发后,法院权威人士首次在解读文章中使用"强制执行公证"这一名称。③ 随后,业界学者也开始使用这一称谓,④不过并不统一。在有关理论著述中则使用较为混乱,有的明确使用"强制执行公证"这一概念,⑤有的则继续沿用"具有强制执行效力的债权文书公证"这一名称,⑥有的将其定义为"赋予强制执行效力债权文书公证"。⑦ 而司法部印发的要素式公证文书格式,则将此类公证书名称确定为"具有强制执行效力的债权文书公证书"。⑧

强制执行公证的名称之所以会出现上述不同的称谓,无疑与使用者对该概念的内涵理解与揭示存在差异,以及不同的时期其本身所涵盖的内容有所出入紧密相关。在《公证暂行条例》设置该项制度的初期,强制执行公证业务的范围十分狭窄,公证机构仅能对具有追偿债款、物品的债权文书在公证书中注明其具有执行效力,并不存在事后签发执行证书的证明环节,因此,将此时的强制执行公证称为"有强制执行效力的债权文书公证"是基本恰当的。1990 年司法部《公证程序规则(试行)》将其定义为"赋予债权文书具有强制执行效力公证",强调了公证机构作为公文书制作主体的权威性,将"有"强制执行效力,修正为"赋予"强制执行效力,进一步凸显了公证机构的法律授权性与公权力实施性。当然,也是为了与我国 1982 年颁布的《民事诉讼法(试行)》第 168 条规定的称谓

---

① 参见翁腾环:《公证法释义与实务》,商务印书馆 1936 年版,第 132 页以下。

② 参见江晓亮等:《公证实务指南》,中国社会科学出版社 1993 年版,第 265 页;肖胜喜主编:《律师与公证制度教程(修订本)》,中国政法大学出版社 1996 年版,第 371 页以下;江伟主编:《公证法学》,法律出版社 1996 年版,第 239 页以下。

③ 参见蒋惠岭:《论公证债权文书的强制执行效力》,载《中国公证》2000 年第 6 期。

④ 参见刘疆:《强制执行公证争议问题研究(上、中、下)》,载《中国公证》2007 年第 2 期、第 3 期、第 4 期。

⑤ 参见王俊民主编:《律师与公证制度教程》,北京大学出版社 2009 年版,第 359 页以下。

⑥ 参见王进喜主编:《律师与公证制度》(第 2 版),中国人民大学出版社 2009 年版,第 257 页以下。

⑦ 参见熊选国主编:《公证理论与实务》,法律出版社 2018 年版,第 355 页以下。

⑧ 参见司法部律师公证工作指导司编:《公证书格式》,法律出版社 2011 年版,第 127 页。

相吻合。[①] 2000年最高人民法院、司法部《联合通知》在公证赋予强制执行效力债权文书的基础上增加了一个事后审查程序——签发执行证书制度，使我国的强制执行公证包含了两次证明活动并形成两个公证文书。赋予债权文书强制执行效力的证明所形成的是公证债权文书公证书，而执行证书承载的则是公证机构向执行法院签发的实施执行令。在这一背景下，如果再沿用“赋予债权文书强制执行公证”，或者“有强制执行效力的债权文书公证”，抑或“具有强制执行效力的债权文书公证”，均有些与该项制度的内涵不相符。相较而言，“强制执行公证”这一概念能够较为准确地定义赋予债权文书强制执行效力与签发执行证书这一前后延续关联的公证证明活动。作为《联合通知》起草人之一的蒋惠岭法官认为：“公证机构办理公证时，赋予符合条件的债权文书强制执行效力，从而当事人可以据此向人民法院申请强制执行。这就是公证机构办理的‘强制执行公证’。”[②]

由于强制执行公证有着上述不同时期背景下的不同定位及其内涵范畴，故关于这一概念的定义也有着不同的观点，如在单纯的赋予债权文书强制执行效力公证阶段，人们给强制执行公证所下的定义为：国家公证机关根据债权人的申请，对无疑义的追偿债款、物品的文书赋予其强制执行效力的一种特殊的司法证明活动。债务人到期不清偿债务时，债权人可以不经诉讼，直接向有管辖权的人民法院申请强制执行。[③] 在《联合通知》印发后，这一定义变为：其是指公证机关根据当事人的申请，对无疑义的追偿债款、物品、有价证券的文书，赋予其强制执行效力的一种特殊的公证活动。一方当事人不履行公证文书确认的义务时，对方当事人可以根据我国《民事诉讼法》的规定，不经诉讼审理，直接向有管辖权的人民法院申请强制执行。[④] 此外，也有著述将其定义为，“是指公证机构依法赋予强制执行效力的债权文书，债务人不履行或不完全履行义务时，债权人可以向公证机构申请出具执行证书，凭执行证书向有管辖权的人民法院申请强制执行，不再经过诉讼程序，人民法院应当采取强制执行措施”。[⑤]

很显然，按照目前已经发展、丰富和完善后的强制执行公证制度来看，上述定义都未能准确界定出其基本内涵。第一种定义因受制于无执行证书时代的限制，作如是解读情有可原。而第二种定义是在已经存在执行证书情形下的界定，则明显未能完整地概括和

---

① 《民事诉讼法(试行)》第168条规定：“公证机关依法赋予强制执行效力的债权文书，一方当事人不履行的，对方当事人可以向有管辖权的基层人民法院申请执行。受申请的人民法院发现公证文书确有错误的，不予执行，并通知原公证机关。”

② 蒋惠岭：《论公证债权文书的强制执行效力》，载《中国公证》2000年第6期。

③ 参见江晓亮等：《公证实务指南》，中国社会科学出版社1993年版，第265页；肖胜喜主编：《律师与公证制度教程(修订本)》，中国政法大学出版社1996年版，第371页。

④ 参见张文章主编：《公证制度新论》，厦门大学出版社2005年版，第141页。

⑤ 参见向海平主编：《公证理论与实务》，四川大学出版社2017年版，第7页。

抽象出这项制度和这一概念的本质属性。最后一种定义虽然涵盖了出具执行证书制度的内容,但对债权文书的范围未予注意且表述逻辑不清晰,故也存在欠缺。笔者认为,强制执行公证,是指公证机构根据当事人的申请,对其相互之间达成的,具有给付内容且载明债务人(担保人)愿意接受强制执行的债权文书,依法赋予其执行效力,并于债务人(担保人)怠于偿债时,依据债权人的申请出具执行证书的公证证明活动。

二、强制执行公证的特征

特征,无疑只能从概念的内涵和外延中去演绎与解析。从上述作者对强制执行公证的定义来看,强制执行公证具有以下基本特征。

(一)适用范围的特定性

强制执行公证是公证业务中的一种特殊业务类型,与其他业务有鲜明的区别,但其最主要的特征无疑在于其适用范围的特定性上。按照公证法的规定,公证机构的业务分为证明业务与非证明业务,证明业务是公证机构的主业,非证明业务为副业。[①] 非证明业务属于公证机构可以办理的其他法律事务,与其他中介机构办理的事务一样不具有特定的公文书效力,[②]因此,其不在强制执行公证的讨论范畴。我国公证机构的证明业务设置与其他国家或地区有所差异,[③]主要包括民事法律行为、事实、文书三大类。由于我国未像法国那样规定公证人出具的所有公证文书都具有强制执行力,故而,我国公证机构证明的民事法律事实和文书两大类公证文书不具有执行效力,而仅具有推定真实的证据效力。强制执行公证适用于民事法律行为类证明事项,但并非所有的民事法律行为都可经公证赋予强制执行效力,能够作为强制执行公证适格客体的民事法律行为,还必须具有确定的给付内容,而诸如委托、遗嘱、声明等无法确定给付内容的单方法律行为,不能作为强制执行公证的客体。由此可见,从债权文书这一法律范畴来看,具有给付内容是其普遍特征,因此,强制执行公证在债权文书中的适用范围非常宽泛,然而,相对于整个民事法律行为体系来说,强制执行公证的适用范围又是比较狭窄的,故而,我们说这一范围是特定的。

(二)执行意思的自治性

执行意思的自治性这一特征,也可以被看作第一个特征的延伸性特征。但基于其在债权文书达成上具有举足轻重的地位,故将其独立出来加以讨论。从本质上讲,强制执

---

① 近年来,随着证明业务的萎缩,非证明业务得到显著拓展,如参与法院的司法辅助事务、提供综合性法律解决方案、保管与提存的广泛开展等,因此,我国公证也正在朝着证明业务与非证明业务平分秋色、相互融合的方向发展。

② 参见李全一:《公证证明论》,法律出版社 2017 年版,第 15 页以下。

③ 如日本公证法将公证人的证明客体划分为法律行为与其他私权事实,没有法律文书这一客体,其被包含于其他私权事实之中。参见郑云鹏:《公证法新论》,台北,元照出版公司 2015 年版,第 166 页以下。

行公证是公证机构根据债务人(担保人)在债权文书中自愿作出接受执行的意思,而依法赋予该债权文书强制执行力的一种证明活动。因此,其实质仍然是当事人的意思自治行为。法理上认为,其是基于债务人(担保人)对自己财产的一种处分性授权,是自己责任原则的一种体现。正因如此,在一些国家的公证实务上,债务人单方即可向公证人表示接受强制执行的意思,而并不要求必须与债权人一同向公证人提出申请。这是由于其带有显著民事诉讼自认偿债的意味。① 如果没有当事人的接受强制执行承诺,任何公权力都没有理由也没有权利在诉讼之外对当事人的债权文书强加执行效力。然而,需要讨论的是,当事人在债权文书中作出如此承诺后,为何须经公证确认方始得以执行?笔者以为,这主要是基于节约司法资源、降低债权实现成本和支持当事人实现意志自由的一种法律制度安排。就债权文书而言,其本身属于私权行为,主要应依诚信和协商救济方式实现,但由于交易关系的复杂性、经济活动的不确定性,人们通常愿意以公力救济为保障,以求便捷实现债权。而就公力救济方式而言,除迫不得已而为的诉讼解决外,公证方式无疑是最佳选择,且公证救济方式,相对于诉讼而言显得更简便,更有效率,也更经济。正是社会交易中的这种需求催发了强制执行公证制度的诞生和发展。概言之,强制执行公证,是公证机构对当事人通过自治选择公力性强制救济的意思表示的一种固定与确认。

(三)公证效力的强制性

我国公证理论上一般认为,公证文书具有三大效力,即证据效力、法律文书生效效力、强制执行效力。② 新近的公证理论研究认为,公证文书效力并非为三大效力的平行结构,而是基于各类公证文书的使用价值不同,分层次区别体现出来的一个效力体系。③ 强制执行公证的效力主要就是执行效力,但分解来看,约定接受强制执行的债权文书公证书同时也会产生证据效力。这是因为,我国的强制执行公证制度中执行证书具有事后性,从一定意义上讲,债权文书公证书是在债务人(担保人)违约后,债权人申请公证机构签发执行证书的一个法定证据。同时,倘若债权人、债务人(担保人)在债权文书中约定该文书须经公证才能生效,则强制执行公证文书又可能具有法律文书生效效力(或称法

---

① 参见日本法务省民事局编:《公证人法关系解说》(先例集),昭和 64 年第 1 版,第 84 页、第 141 ~ 143 页。转引自赖来焜:《最新公证法论》,台北,三民书局股份有限公司 2004 年版,第 523 ~ 524 页。

② 参见张文章主编:《公证制度新论》,厦门大学出版社 2005 年版,第 124 页以下。

③ 如有著作认为,公证文书的效力应区分为:一般公证书的证明效力,债权文书公证书的效力,法定公证事项公证书的效力。参见王俊民主编:《律师与公证制度教程》,北京大学出版社 2009 年版,第 293 页以下。有著作认为,应将公证文书效力区分为,在民事实体法上的效力,民事诉讼法上的效力,以及民事执行法上的效力。参见熊选国主编:《公证理论与实务》,法律出版社 2018 年版,第 37 页以下。而笔者则认为,公证文书的效力是一个体系,主要效力或上位效力只有一个,即证明效力,在证明效力统摄下涵盖三个效能,即证据效能、执行效能、法定公证效能。参见李全一:《公证证明论》,法律出版社 2016 年版,第 272 页以下。

定公证效力)。因此,如果笼统地说强制执行公证文书的效力就是执行效力仍然不够周延。由此,笔者的公证文书效力体系论,可能更有利于解释强制执行公证文书的效力。这就是,债权文书强制执行公证文书是公证机构赋予执行效力的证明文书,执行证书是公证机构在债务人(担保人)违约后向法院签发的可以进入执行程序实施强制执行的证明文书。故此,在强制执行公证文书中,执行效能是其主要的效力,而证据效能和法律文书生效效能是其次要效力。

(四)目的实现的协同性

强制执行公证的目的,从社会运行角度审视,乃在于促进交易顺畅,节约司法资源;而从私权角度考察,其最大价值无疑在于保障债权人方便、及时地实现债权,以维护交易之安定。由于强制执行公证债权文书所具有的排斥诉讼性,这一目的的实现并非完全仰赖于司法途径,而是既需要赋予执行力的公证机构与实施实际执行权的法院两方的密切配合,也需要当事人的合作。首先,需要公证机构对当事人的债权文书进行审查公证,赋予该债权文书强制执行效力。在这一步骤中,还需要债权人与债务人(担保人)的密切配合,即债权人要取得执行名义,其前提是债务人(担保人)需要在债权文书中对事后违约时接受债权人申请法院强制执行作出承诺;同时,各方当事人还要与公证机构密切配合,即在公证审查核实中明确确认债权债务关系成立,接受强制执行约束意思真实。其次,在双务契约中债权人需要先行依约履行本方义务,否则倘若形成同时履行抗辩,则无法申请公证机构出具执行证书取得最终的执行依据。再次,在债务人(担保人)到期不履行给付义务或履行义务不适当时,尚需债权人向公证机构提供充分的证据证明债权未获清偿的事实确实存在,否则也无法满足公证机构签发执行证书的条件。最后,公证机构出具执行证书时负有实质审查的义务,唯有被执行人明确,执行标的确定无疑,且在法定执行时效内的公证债权文书方可获得法院的实际执行。

在强制执行公证事务中,虽然实现债权的强制措施最终是由法院来实施,但更为重要的是执行依据(也称执行名义)的存在并符合强制执行法的规定。鉴于此,依公证文书作为强制执行依据的民事执行,公证机构的责任大于法院,法院只是按照经公证当事人的约定执行公证机构签发的执行令。在该项制度中,公证机构与人民法院之间存在紧密的联系,这从一定意义上,较好地体现了公证制度有着司法制度助手作用,①并带有一定的准司法色彩。当然也要注意到,在强制执行公证制度中,既要看到公证与法院的协作关系,也要看到法院对公证的监督关系,亦即法院对公证债权文书是否执行享有最终的裁定权。

---

① 如《法国公证机关条例》第1条开宗明义地指出,公证人是从事辅助性司法活动而设立的公务员。参见司法部律师公证工作指导司编:《中外公证法律制度资料汇编》,法律出版社2004年版,第675页。

第三节 强制执行公证的价值取向与功能

强制执行公证之所以能够作为民事强制执行的法定依据,并被认定为系保障私权利益及时、便捷实现的最佳非诉方式,端在于其具有独特的社会实用功能和可选择的应用价值。一般而言,强制执行公证的功能是依托于公证制度功能与强制执行法功能而存在,其价值取向也无疑是基于这两个基础而生成。然而,强制执行公证的功能与价值又以其具有独特的功效和价值意义而鹤立于普通公证事项之上,且与其他民事强制执行依据相较,也具有尊重私权意志、表彰自我决定权的优势地位。就强制执行公证之功能与价值的关系而言,价值取向是强制执行公证制度存在与行使所应当追求的目标和效果,具有应然性;而其功能所展示的则是强制执行公证所固有的性能或功用,具有实然性。

一、强制执行公证的价值取向

通说认为,价值研究就是对于意义的探寻。[①] "'价值'或'有价值的'意味着被指称的一些事物是能充分满足我们需要的客体。"[②]"取向"的英文是"orientation",这个词有两个意思:一是"定位",二是"方向"。[③] 由此,我们可以认为,强制执行公证的价值取向,就是对强制执行公证制度意义与其现实作用方向的基本定位。公证制度是国际通行的一项重要的预防性法律制度,起着补充司法制度和助益司法制度的重要作用。通说认为,"设置公证制度的目的,在于保障民事主体在意思自治的前提下,实现国家对重大经济活动与公民、法人和其他组织的重要法律行为的适度干预,以预防经济纠纷的产生和避免可能发生的社会矛盾,维护经济活动的正常秩序和社会的和谐稳定"。[④] 强制执行公证,是公证制度中作为补充司法和助益司法之中,带有显著司法色彩的非诉确认证明事项,其法律价值主要体现在以下方面。

(一)协助建立信用

市场经济的理想状况是:自由竞争、依法有序、交易信用。其中,市场信用的建立尤显重要。然而,市场信用的底线却往往被市场主体自觉不自觉地击破。于是我们发现欺诈、虚假、不诚信等市场痼疾总是难以消除,甚至在某一时期还会泛滥成灾。这是因为市场竞争的残酷性和市场主体对利润最大化追求的急迫性,常常伴随主动或被动的投机。而信用的缺失,会极大地加大市场发育与治理的成本。因此,建立市场信用成为国家治

---

① 参见卓泽渊:《法的价值论》(第2版),法律出版社2006年版,第7页。

② [日]牧口常三郎:《价值哲学》,马俊峰等译,中国人民大学出版社1989年版,第55页。

③ 参见傅佩荣:《哲学与人生》(珍藏版),东方出版社2018年版,第22页。

④ 董开军主编:《司法行政学》,中国民主法制出版社2007年版,第205~206页。

理经济关系的重要目标。在经济学家眼中,信用意味着"一种交换媒介"。[1] 但是,由于私人空间的狭窄性,常常导致信息的不对称,这种自然媒介的范围和效用都极其有限。而"基于国家司法制度而设立的以提供社会公信力为目的的公证制度,就有可能在积极的意义上,为源自于个体与个体之间的狭小范畴之内的私人行为,提供信用的升级或者再造,并为促进其作为一种交换媒介的广泛应用,提供最为显著的公力协助"。[2] 从这个意义上讲,公证是为市场经济或者为市场主体建立交易信用的有效机制,亦可称作信用平台。它使每一项经过公证这个信用平台的交易行为,均能获得真实、有效、可行的信用保证,从而避免虚假之风险。

强制执行公证的机理告诉我们,在很大程度上,其是债务人展示诚信的一种机制。债务人为了获得债权人的信赖,以承诺违反约定、不履行义务则愿意接受强制执行不利后果的保证,向债权人表明这种履约诚信。因此,笔者认为,强制执行公证的真正目的并非完全在于强制实现债权,而是债务人借助这种底线思维的模式,向债权人表明履约的信心和责任担当。这就是为什么绝大多数经公证赋予强制执行效力的债权文书,都能够得到债务人的认真履行,而真正违约引致强制执行的案件却极少的缘由所在。这是从债务人视角对强制执行公证价值所作的考察。而就债权人一方而言,其在与债务人约定债权债务关系时,本意也并非就是为了通过法院以公力方式强制债务人履约,因为如期履约完成交易是市场主体最为看重的交易原则,也是交易能够产生效率和效益的直接体现,是无价之宝。故而,债权人毋宁是将强制执行条款视为一项实现债权的终极保障。从这个意义上来讲,建立信用无疑是强制执行公证的价值取向之一。

(二)保障社会公平

公平,简单地说,就是对同类主体或事项的同等对待。[3] 公平是现代社会和市民生活追求的最主要的价值目标之一,这是因为"真正的和真实的意义上的'公平'乃是所有法律的精神和灵魂"。[4] 我国的公证活动,按照公证法的规定,必须坚持客观、公正的原则。而客观、公正,正是公平价值的应有之义。人们在经济活动、民事交往中,都渴望得到平等的尊重与对待。但是在诱人的利益面前,平等往往会被人们有意回避或刻意压缩,甚至故意击破。因此,就需要有一个机制来予以维持。政府来担当,与其"守夜人"的身份不相符,难逃利用公权干预私权的嫌疑;法院属于事后监督型的处置机构,亦不适合解决日常生活中的公平问题。而公证就恰当地适应了引导、监督和证明经济、民事活动公开、公平开展的社会需求。公证在保障社会公平的职能上,展现最充分的,是其在证明活动

---

① 参见张维迎:《信息、信任与法律》,生活·读书·新知三联书店2003年版,第252页。

② 张文章主编:《公证制度新论》,厦门大学出版社2005年版,第3页。

③ 参见卓泽渊:《法的价值论》,法律出版社2006年版,第413页。

④ [美]金勇义:《中国与西方的法律观念》,陈国平等译,辽宁人民出版社1989年版,第79页。

中始终不渝地站在中间人的立场,监督当事双方的交易与交往,最大限度地减少重大误解与显失公平的现象。同时公证还要以法律的名义平衡当事人之间,以及当事人与社会公共利益之间的关系,维护民事法律关系的正当与和谐。于是人们便自然而然地将公证视为促使民商事生活公平运行的“保护神”,正是在这个意义上,公证就具有了公正的价值取向。①

强制执行公证是最能体现公证保障社会公平价值的公证业务之一。强制执行公证尊重当事人设定执行承诺的意愿,以法律授权之证明决断人职责,凭借审慎的审查核实专长,帮助当事人确立和固定接受强制执行的意图,确保公证债权文书所载明的执行内容真实、合法、明确、具体,在出现执行事实的情形时,使当事人能够获得法院的执行保障。为了在此项看起来有些偏向于债权人的公证证明事项中,能够一视同仁地平行保护双方当事人的合法权益,强制执行公证还设置了事后审查程序,即出具执行证书制度。在签发执行证书前,公证机构为了公平保护债务人(担保人)之利益,需要通过对履行事实的审查核实来最终确认债务人怠于清偿之事实。对债权人滥用执行权损害债务人利益的情况,予以依法制止,而这种制止的手段就是不予出具执行证书。由此可见,强制执行公证无疑是一项维护社会公平,尤其是民商事交易公平的重要非诉法律措施。

(三)维护秩序与提高效率

法治社会是一个既有自由又有约束的秩序社会,法制的主要目的,就是与时俱进地建立起符合人类发展需要的社会秩序。然而,秩序往往又是一种阻碍,可能导致社会运行的缓慢与停滞。这时,就需要有一些能起到社会疏导和润滑作用的中介组织发挥沟通与服务的功能,以增进社会的有效运行与和谐运转。公证、律师、会计、审计等中介组织,就是在市场经济中扮演着社会“润滑剂”作用的这类组织。而在其中,公证的市场润滑作用又显得特别的突出,其表现为:第一,通过对民事法律行为、有法律意义的事实与文书的证明,确保交易与交往建立在真实、合法的基础上,有效避免了失序和纷争;第二,通过对有给付为内容的债权文书赋予强势执行效力,保障债权的及时、便捷实现,促进交易效率;第三,通过公证审查行为的过滤,排除虚假与违法现象,促进民商事活动安全有效开展,极大地降低市场交易成本和社会运行风险。从这个意义上来讲,人们将公证划归为预防性准司法制度似乎确有其合理的成分。

毫无疑问,公证就是一项社会秩序中的程序性法律制度设计,在防范纠纷的宗旨下促进民商事活动的交往效率。其中,强制执行公证便是增进民商事交往效率的良好机制之一。首先,强制执行公证通过协助当事人设定交往契约的方式,在合法的前提下合理规范双方的权利义务关系,为顺利履约奠定信用基础;其次,以赋予强制执行效力的规制力和震慑力,约束和迫使债务人(担保人)依约履行义务,促进交易的达成;最后,当债务

---

① 关于公证的公平价值论述,可参见李全一:《公证制度的价值取向》,载《中国公证》2018 年第 11 期。

人违反承诺未履行义务或履行义务不适当时，以签发执行证书获得法院实际执行的快捷方式，帮助债权人及时、高效、便利地实现债权。

二、强制执行公证的功能

功能与价值是事物的一体两面：一个是表征实然，另一个是表征应然；一个阐释具象，另一个注解抽象，故二者紧密关联，往往混同与相互包涵。功能，是指事物或方法所发挥的有利作用、效能。法的功能，是指法作为一种特殊社会规范本身所固有的性能或功用。[①] 教义学上认为，法律的功能有五项，即指引功能、评价功能、预测功能、教育功能和强制功能。关于公证制度的功能，传统上的通说认为应包含服务引导、沟通媒介、事前预防与监督保障等四项功能，[②]而笔者通过对进入21世纪以来公证职能发展变化的研究，在《公证证明论》一书中大胆提出了新的公证制度功能理论，认为公证应包含五项功能，即预防功能、助益功能、增效功能、管理功能和解纷功能。[③] 强制执行公证所表现出来的具体效用，即较好地诠释了笔者所提出的上述五项功能，至少在以下四个方面表现甚为突出。

(一)预防债务纠纷

强制执行公证的预防纠纷功能是显而易见的，甚至可以说强制执行公证的主要目的即在于预防纠纷。理论与实务界都认为，强制执行公证的对象必须是债权文书，且应当为具有给付内容的债权文书，否则不能作为其证明客体。在现实生活中，债权文书是民商事交往中最常见的记载交往关系的文书，其担负着市场关系中资源配置、商品流通、资本运行等一系列重任。在一定意义上可以说，没有债权文书，便没有市场经济，没有社会进步。一部债法史就是一部经济社会发展史。正是基于这个缘由，可以认为债法是整个民法体系中最重要的组成部分之一，不可或缺。

债法的核心是债权的实现，是故，债权也被称作请求权，[④]请求权者，债权人得请求债务人履行义务是也。但是这种诉求需要建立在诚实信用的基础之上，即债务人须有能力且愿意履行债务。而现实生活中的情形是，虽然多数债务人都能够自觉履行义务，自觉清偿债务，但也不排除甚至在很大程度上存在债权人的请求权无法得到债务人满足的情况。在这一现实下，债权人需要寻求一种安全保障机制来帮助自己便捷地实现债权请求权。强制执行公证就是这样一种既能帮助债权债务双方建立信用从而减少纠纷，促进债

---

① 参见卢云主编：《法学基础理论》，中国政法大学出版社1994年版，第43页。

② 参见张文章主编：《公证制度新论》，厦门大学出版社2005年版，第28页。

③ 参见李全一：《公证证明论》，法律出版社2016年版，第81页以下。

④ 请求权概念属于德国民法学理论的产物，最早由著名法学家温德沙伊德确立。现为大陆法系国家民法理论所普遍继受。参见[德]梅迪库斯：《德国民法总论》，邵建东译，法律出版社2000年版，第67页。

权文书所载的权利义务顺利实现,又能在债务人违约时,为债权人避免诉讼纷争,直接实现其债权的有效法律保障制度。强制执行公证预防纠纷的功能具体体现在以下方面:首先,在公证机构赋予债权文书强制执行效力的证明活动中,公证员可以替当事人排除纠纷隐患。债权文书是否能够得到有效履行,权利义务的设置是否合法、可行是重要方面。在强制执行公证中,公证员需要依法对当事人的主体资格、意思表示的真实性,以及双方约定的内容条款进行真实性与合法性审查,剔除违法与不切合双方意图的内容,保障债权文书明确、具体、合法,以便于实际履行。其次,在公证债权文书履行过程中,公证机构还有监督义务,如果发现债务人有违约之虞可给予及时提醒、告示,如为债权人的催收通知办理保全证据公证促进债务履行,以及根据双方的请求居间调解化解纷争等。最后,在债务人违约后,债权人申请出具执行证书时,公证机构还要向债务人发出履行义务核实函,同时,再一次给予债务人自觉清偿债务的机会,以避免其陷入被执行的不利境地。

(二)助益债的建立与运行

公证具有助益功能,是说公证作为一种信用平台,可以协助当事人实现一定的交易愿景,达成一定的交易效果。倘若不借助这一平台,要么,交易会失去可信赖的必要保障;要么,其效力在法律上难以达成某种必备要件,导致需要启动更加烦琐的救济程序。强制执行公证在债权债务关系中的助益作用不但体现在这两个方面,还有一项其他公证事项都无法做到的助益功能,就是助益债权人快速实现债权。

具体而言,强制执行公证的助益功能表现为下述三个方面:

其一,助益债务人获得债权人的信赖,从而尽速实现融资举债等方面的交易目的。从目前我国的强制执行公证适用领域来看,借贷债权文书是其主要范围之一。在融资借贷关系中,债务人要想从债权人处获得贷款,其需要先向债权人提供具有偿还能力的信用,当然,建立这一信用的最佳方式是提供担保。然而,债权人担心债务人违约不能及时收回贷款,也要寻求一个最为简捷高效且相对节约成本的机制来维护借贷安全。鉴于此,强制执行公证就理所当然地成了债务人获取债权人信任,从而实现融资目的的一个信用平台;而债权人也看重通过这一信用平台固定的债权债务关系。于是,通过强制执行公证这一信用平台的交互处理,公证债权文书的超强效力得以生成,双方当事人都获得了法律强有力的保障。

其二,助益债权人实现安全交易之目的。产权需要的是静态之稳定,而市场需要的则是动态的流转,只有流通、流转方能产生财富,获得利润。是故,良好的市场运行机制,就是能够促使资产流动的机制;然而资产的流动是有风险的,其中除不可抗力带来的风险之外,人为的风险更是防不胜防。尤其是风险发生后高企的社会救济成本,往往成为阻碍资产流动的拦路虎。因此,债权人在交易中必然首先要将风险防控作为抉择的前置程序来加以考量。强制执行公证对于债权人来说,就是这样一个有利于防控风险的保障机制,可以助益债权人排除和避免一定范围内的风险,帮助其达成交易目的。质言之,强制执行公证是助益市场交易主体中之债权人顺利交易、放心交易的保障机制与助推器。

其三,助益债权人快速实现债权。交易的完成必然是达成双赢的局面,即双方当事人严格按照合同约定的权利义务履行各自的责任,实现交易的目的。但交易往往是风云变幻的、难以预测的,违约现象层出不穷。在这样的现实困境下,债权人最希望的是在债务人违约后,自己能够通过快速的程序实现债权。强制执行公证就是为债权人量身定制的一款简易讨债程序,当债务人怠于履行给付义务或者给付不适当时,公证机构通过为申请执行人(债权人)签发执行证书的方式,助益债权人尽速申请法院采取强制执行方式实现债权。

(三)协力社会治理

社会治理是现代国家的重要任务,其目的是化解社会矛盾,促进社会稳定,和谐社会关系,降低社会运行成本,最终目标是实现社会的文明进步。社会治理是一个庞大的系统,涵盖社会、经济、政治、文化、生态等方方面面,其中民商事运行秩序、环境、安全、效率等关涉市场经济发展的体系,也是国家社会治理的重要环节和特定方面。市场经济是法治经济、秩序经济与效率经济,国家管控市场经济的主要手段就是法治,故而,法治是市场经济不可或缺的保障机制,离开了法治,市场经济难免陷入无序与混乱。公证作为公权力作用于私权利的预防性法律、规范性制度,其本身就带有国家治理民商事务的浓重色彩,毋宁说,其是国家治理社会的一种特殊方式。

从严格意义上来讲,民事强制执行根据通常需要通过诉讼等方式,凭借国家强力机构审查决定方能生成,这是基于国家法制权威的必然要求。然而,国家通过授权虽具有公权力功能,但却毫无强制力的公证机构来涉足民事强制执行根据的制作和提供,其中蕴含的价值追求,无疑是为了调动司法、行政等国家机器以外的柔性机制来共同治理民商事社会环境。从党的第十八次全国代表大会召开以来,国家提出了防范市场风险的战略方针,其中防范金融风险、降低资本运行负债率和杠杆率是重要措施。在这一背景下,2017 年 7 月 13 日最高人民法院、司法部和银监会联合印发《关于充分发挥公证书的强制执行效力服务银行金融债权风险防控的通知》,该通知要求“为进一步加强金融风险防控,充分发挥公证作为预防性法律制度的作用,提高银行业金融机构金融债权实现效率,降低金融债权实现成本,有效提高银行业金融机构风险防控的水平”,要“在银行业金融机构经营业务中进一步发挥公证书的强制执行效力,服务银行金融债权风险防控”。在该通知中,银监会几乎向公证机构敞开了银行融资债权的一切大门,而最高人民法院则明确表示要“支持公证机构对银行金融机构的各类债权文书依法赋予强制执行效力,加大对公证债权文书的执行力度,银行业金融机构提交强制执行申请书、赋予债权文书强制执行效力的公证书及执行证书申请执行公证债权文书符合法律规定条件的,人民法院应当受理,切实保障银行业金融机构快速实现金融债权”。这一规定,即为典型的政府借助公证证明手段治理社会、防范市场运行风险的有效例证。

(四)减少讼累

拉丁公证的理念认为,公证人是非诉法官,在诉外民商事领域从事法律行为与私权事实的真实、合法性判断与确认工作,其宗旨是为了避免纠纷、减少诉讼。故而,西方法谚说:"多开一家公证机构,就可以少设一家法院。"例如,中国公证行业每年办理的继承公证案件超过 60 万件,而到法院处理的仅为 10 万件左右,法院的案件量只有公证的 1/6。据有关数据统计,2018 年 1 月至 10 月,全国法院新增各类执行案件超过 450 万件,其中民商事执行案件占 70%,达 320 万件。在民商事案件中,公证债权文书申请执行的案件为 64,133 件。① 而同期,全国公证机构办理的赋予债权文书强制执行公证案件在 100 万件以上,这充分说明,公证机构承担了绝大多数非诉事务的处理,从而极大地减少了法院的诉讼负担和执行负担。鉴于此,可以认为,公证制度也具有极强的社会解纷功能。

强制执行公证的减讼功能体现得更加突出,甚至可以说,强制执行公证就是一种诉讼的替代方式。"用公力救济取代私力救济的法律程序,是人类文明社会对争端解决方式的最佳选择。"②然而,如果没有强制执行公证制度,则一切公力救济的基础都需要建立在法院诉讼定案的前提之上,这样一来,法院将面对海量的债权纠纷,必然难堪重负。同时,如一切债权的实现都通过法院审查判断后再诉诸执行,不但会极大地增加救济的经济成本,也会极大地增加救济的时间成本,从效益和效率两个维度上审视,都并非上佳选择。考察强制执行公证制度的诞生与演进史,不难得出这样的结论:强制执行公证,是法院让渡审查判断权与市场交易寻求债权实现之便捷双重因素作用下型构的一种最佳非讼公力救济模式。

---

① 参见佚名:《公证债权文书执行工作新态势与新思路》,载《人民法院报》2018 年 12 月 26 日。转引自中国公证网:http://www.chinanotary.org/content/2018-12/26/content_7729195.html,最后访问日期:2018 年 12 月 31 日。

② 张文显:《法哲学范畴研究》,中国政法大学出版社 2001 年版,第 199 页。

第二章 强制执行公证与民事强制执行

强制执行公证是民事强制执行法上的一种执行名义，其作用就是为民事执行机关提供符合法定效力的执行依据，且这种执行依据是通过非诉方式形成的。换言之，强制执行公证是债权文书强制执行的前提和根据之一，是司法审判执行依据、仲裁裁决执行依据，以及行政处罚执行依据之外的一种非诉执行依据。鉴于此，研究强制执行公证制度的前提之一，是需要厘清强制执行公证在民事执行法上的地位、性质、程序、效力以及执行方式等法律关系，唯其如此，才能帮助我们更加全面和准确地解析强制执行公证制度的机理。

第一节 民事强制执行概述

民事强制执行由民事强制执行法调整，民事强制执行法是公法、普通法、强行法和程序性法律，①是规定民事强制执行机构实施执行行为程序的法律规范的总称。狭义的民事强制执行法，指单独制定的民事强制执行法典；广义的民事强制执行法，包括所有有关民事强制执行的法律规范。目前，世界上对民事强制执行法的立法体例大致有四种：（1）并入民事诉讼法，如德国和我国现行法体例；（2）编入破产法，如瑞士、土耳其等；（3）分别在实体法和程序法中规定，如意大利；（4）制定单行法典，如日本、法国、奥地利、比利时和韩国等。应该说，民事强制执行法典化是主要的立法趋势和时代潮流。

我国现行民事强制执行法，是采取的并入民事诉讼法的模

① 但应为非诉程序法。不过，对此也存在争议。参见董少谋：《民事强制执行法学》（第2版），法律出版社2011年版，第18～19页。

式，于2012年修订的现行《民事诉讼法》第三编“执行程序”共设35个条文规范民事强制执行活动。此外，还包括大量的司法解释。但从总体来看，我国的民事执行法尚不能完全满足解决“执行难”问题的需要。因此学界和司法实务界都在积极呼吁制定一部独立的民事强制执行法，①立法机关也曾作出过呼应，②最高人民法院则从2000年开始成立民事强制执行法起草小组，进行了长达近20年的论证工作，并草拟了数稿民事强制执行法草案。③ 目前，我国民事强制执行法典化的工作仍然在路上，但值得期待。

一、民事强制执行的概念与特征

民事强制执行是强制执行的下位法概念，强制执行从理论上讲有广义和狭义之分。广义的强制执行包括刑事执行、行政执行和民事执行；学理上一般认为，狭义的强制执行仅指民事强制执行。④ 民事强制执行，通常又被简称为民事执行。对民事强制执行的含义，学界有不同的解读，概括起来大致有以下四种观点：

其一，义务说。该学说认为，民事诉讼中的执行，是指人民法院根据民事诉讼法的规定，运用国家强制力，强制义务人履行生效的法律文书所确定的义务的行为。⑤ 按这一观点，人民法院在执行程序中最主要的任务是迫使义务人履行义务，只要义务人没有履行完义务，强制执行就不能停止。对该学说的质疑是，由于我国法律规定在实际执行中，在权利人明确表示放弃权利、权利人死亡或终止且无承受人的情况时，符合终结执行的条件的执行也会终止，并非完全以义务得以履行为执行之终极目的。⑥ 因此，这一定义没有达至准确抽象民事强制执行概念的效果。

其二，权利说。该学说认为，民事执行不是以强制义务人履行义务为目的，而是以实现债权人的债权为目的。所谓民事强制执行，“就是国家执行机关以已生效的法律文书为执行依据，依照法定程序，运用国家强制力，强制债务人履行执行依据已确定的义务，以实现已确定的民事权利（债权）的活动”。⑦ 对这一定义有人认为，其虽然正确把握了

---

① 参见孙加瑞：《中国强制执行制度概论》，中国民主法制出版社1999年版，第33～36页；邹川宁：《民事强制执行基本问题研究》，中国法制出版社2004年版，第50～51页。

② 2003年全国人大常委会立法计划列入“有关民事强制执行法方面的立法”。参见董少谋：《民事强制执行法学》（第2版），法律出版社2011年版，第19页。

③ 至2013年，已草拟出第6稿。可参见江必新、贺荣主编，最高人民法院执行局编：《强制执行法的起草与论证》第一集、第二集、第三集，中国法制出版社2014年版。

④ 参见邹川宁：《民事强制执行基本问题研究》，中国法制出版社2004年版，第1页。

⑤ 参见王怀安主编：《中国民事诉讼法教程》（新编本），人民法院出版社1992年版，第440页；柴发邦主编：《民事诉讼法学》（修订本），北京大学出版社1992年版，第349页；江伟主编：《民事诉讼法学》，复旦大学出版社2002年版，第549页。

⑥ 参见董少谋：《民事强制执行法学》（第2版），法律出版社2011年版，第1页。

⑦ 孙加瑞：《中国强制执行制度概论》，中国民主法制出版社1999年版，第14页。

民事执行的目的,但仍存在过于简略,没有揭示出民事执行行为的内容及其公力救济手段的特殊性。①

其三,内容说。该学说认为,诉讼法上的民事强制执行,是指人民法院和其他机关按照法定程序,运用国家强制力量,将已发生效力的判决、裁定以及其他法律文书,按其内容和要求加以实现的活动。② 这一观点被认为是对前述两种观点的折中,但仍未能达致周延的程度。③

其四,司法活动说。该学说认为,民事执行是执行机关根据执行依据确认的内容运用执行实施权,依法采取强制措施,强制义务人履行民事义务以实现权利人民事权利,以及就执行实施过程中派生出来的各种纠纷进行裁决的司法活动。④ 但由于民事执行究竟属于司法活动还是行政行为,一直在理论上存在争议,且各种认识见仁见智、莫衷一是,因此这一观点也受到一定的质疑。⑤

从公证债权文书的执行角度审视,笔者比较认同上述第二种观点,即权利说,并倾向于赞成有的学者的下述定义:所谓民事强制执行,是指国家民事强制执行机构以已生效的法律文书为执行依据,依照法定民事强制执行程序,运用国家强制力强制债务人履行执行依据中已确定的义务,以实现债权人民事权利的活动。⑥ 如杨与龄先生即认为:"强制执行者,国家机关经债权人之声请,依据执行名义,使用国家之强制力,强制债务人履行义务,以实现债权人私权之程序也。"⑦质言之,是公权力对私权保护的一种法定程序,目的就是保障债权人的债权得到及时清偿。

通过上述概念分析,可以概括出民事强制执行具有以下几个基本特征:⑧第一,强制性。强制性是民事强制执行制度的最根本的特征。民事强制执行是基于债务人拒不履行生效的法律文书确定的民事义务,民事强制执行机构根据债权人的申请,以国家强制力为后盾,强制义务人履行义务的行为。第二,被动性。民事强制执行机构采取民事强制执行措施具有被动、中立的特征。这种被动性表现在以下几方面:一是需要有执行依据并按照执行依据的指令行事,自己无权创设执行令;二是需要有债权人的申请启动,民事强制执行机构不得主动行使执行权;三是在是否执行或被执行人、第三人提出执行异

---

① 参见童兆洪:《民事执行权研究》,法律出版社2004年版,第23页。

② 参见梁书文主编:《执行的理论与实践》,人民法院出版社1993年版,第206页。

③ 参见董少谋:《民事强制执行法学》(第2版),法律出版社2011年版,第2页。

④ 参见童兆洪:《民事执行权研究》,法律出版社2004年版,第23页。

⑤ 参见邹川宁:《民事强制执行基本问题研究》,中国法制出版社2004年版,第1~7页。

⑥ 参见蓝贤勇:《民事强制执行法理论与实务》,人民法院出版社2004年版,第1页。

⑦ 杨与龄编著:《强制执行法论(最新修正)》,中国政法大学出版社2002年版,第3页;孙加瑞:《中国强制执行制度概论》,中国民主法制出版社1999年版,第13~14页。

⑧ 本部分主要参见蓝贤勇:《民事强制执行法理论与实务》,人民法院出版社2004年版,第13页以下。

议时,在审查判断执行根据行使执行裁决权时需要保持中立性。[①] 第三,单向性。也可称为职权性。民事强制执行机构采取强制执行措施,不以被执行人同意为条件,因此,民事强制执行并不以被执行人的意志为转移。只要符合执行条件,无论被执行人是否接受,民事执行机构都得实施强制执行权。第四,专属性。民事强制权具有排他性,只能由国家规定的执行机关来行使,其他任何机构和个人未经法律的特别授权,[②]都不得觊觎。目前,我国法定实施民事强制执行权的机关为人民法院。第五,受制约性。这一特征并非民事强制执行的典型特征,其实所有的权力均须受到制约,这是现代法治社会下一切公共权力的共同特征。只不过民事强制执行的受制约性,在法律上表现得相对突出。这些制约包括:执行异议制度、执行裁定制度、执行复议制度、执行回转制度等,目的是维护法律的尊严与公正。

二、民事强制执行的沿革演变

根据学者的考证,民事强制执行制度经历了一个漫长的演进过程。[③] 民事强制执行发端于古代之私力救济,以其执行标的演变来看,从古至今,可划分为 3 个时期。(1)对人执行时期。在古罗马时代,对人的执行是民事执行的典型标的,《十二铜表法》第 3 表即明确规定人身为执行之物。在这一时期,债务人在所谓“法锁”之下,以其人身为债权提供担保,若债务人不履行债务,债权人可以逮捕、拘禁债务人,或令其充当家奴,也可以将其带到市场上出售以其变价清偿债权。在同一债务人有多个债权人时,在极端的情形下,债权人可以将其砍杀而分取肢体,以抵偿债权。[④] 执行方式之残酷,可见一斑,因此,该时期也可称为野蛮执行时期。(2)对人及对物执行并行时期。到罗马帝国时期,人权思想开始萌芽,认为强制人身是不人道的,但仍允许债权人在债务人的财产和人身之间进行偿债选择,但对人身的执行逐渐发展为仅以拘役人身为限。也即只有当扣押的财产不足清偿债务时,债权人才有扣押债务人人身的权利并只限于作为终身债务奴隶,对债务人只有支配权而无生死决定权。[⑤] 扣押债务人的形式,也从最初的自主扣押发展至须

---

① 由于民事执行机构在执行发生争议时,有裁定是否予以执行的权力,故民事执行机构并非仅仅享有执行实施权,其同时也享有执行裁决权。在实施执行裁决权时,执行机构必须遵循被动、中立的原则。参见童兆洪:《民事执行权研究》,法律出版社 2004 年版,第 134 页以下。

② 法律特别授权执行的观点,可参见孙加瑞:《中国强制执行制度概论》,中国民主法制出版社 1999 年版,第 15 页。

③ 本部分主要参考杨与龄编著:《强制执行法论(最新修正)》,中国政法大学出版社 2002 年版,第 15 页以下。

④ 《十二铜表法》第 3 表规定,对于“要式现金借贷”契约,债务到期后还有 30 天的宽限期。期满不还,又无人作保,债权人即可直接拘禁债务人,只须向长官报告而毋须经过审判,就可将债务人罚作苦役,直至变卖偿债或者杀戮分尸。参见周枏:《罗马法原论》(下册),商务印书馆 1994 年版,第 716 ~ 717 页。

⑤ 参见何勤华、魏琼主编:《西方民法史》,北京大学出版社 2006 年版,第 163 页。

申请法院方得以扣押。(3)对物执行时期。到19世纪中期以后,随着社会进步与人本思想的启蒙,人权思想意识得到极大地张扬,西方各主要国家先后废止为清偿债务而拘役人身的制度后,[①]对人的执行,仅限于法院通过强制方式迫使债务人履行债务,以达到对物之执行的目的,并以拘束自由及科处罚金为限。至此,民事执行法步入现代法制时代。

我国在漫长的封建社会中,诸法合体、以刑为重,并没有单独的民事诉讼法,更无单独的民事执行程序。秦一统天下后,地方司法机关即与行政合一,郡守、县令既是地方行政长官同时也是司法长官,郡设"决曹椽"、县设"丞"专司司法事务。汉、唐民事判决的执行主要为"私力救济",两宋以后公力救济有所发展,明、清公力执行明显增加。但整个中国古代封建社会的民事执行主要特征:一是与私力救济相关联,二是与人身执行相关联,三是以刑事代民事执行相关联。[②] 清末沈家本主持修法以后,民事强制执行制度在我国开始提上议事日程,先后经历了独立立法之草拟论证,到涵盖于民事诉讼法之间,再到独立成法的过程。[③]

三、民事强制执行权与执行原则

(一)民事强制执行权

民事执行权与民事执行是既有联系又有区别的两个不同概念。民事执行权是执行机关应权利人的申请,根据执行依据确认的内容,运用国家强制力,强制义务人履行民事义务以实现权利人的民事权利,以及就发生在执行程序中的有关事项作出裁决的司法强制权。[④] 可见,民事执行权以民事执行为内容,而民事执行则是行使民事执行权的具体活动;没有民事执行权,民事执行就是无源之水、无本之木,无从产生。从本质上讲,民事强制执行权,是国家执行机关强制义务人履行民事义务而实现权利人民事权利之权力。

但长期以来,理论上对民事执行权的性质仍然存在不同的论说,归纳起来,大致有以下几种观点:第一种,司法权说。该观点认为,民事执行权是民事审判权的组成部分,性质上属于审判权。[⑤] 第二种,行政权说。该观点认为,民事执行是审判结束后所进行的一

---

① 法国于1867年、德国于1868年、英国于1869年先后废止为清偿债务而自主实施的人身拘役制度。参见杨与龄编著:《强制执行法论(最新修正)》,中国政法大学出版社2002年版,第16页。

② 参见张晋藩主编:《中国民事诉讼法制史》,巴蜀书社1999年版,第92页以下。

③ 1936年民国政府通过《强制执行法》,共8章142条。

④ 参见童兆洪:《民事执行权研究》,法律出版社2004年版,第25~26页。

⑤ 我国现行民事诉讼法所体现出来的执行权性质,就是一种典型的司法权观点。这是因为,我国的民事执行规定涵摄于民事诉讼法之中,是民事诉讼法的组成部分。

种特殊的行政活动,具有典型的行政色彩。[①] 第三种,复合权说。该观点认为,司法权和行政权的有机结合,构成了完整意义上的民事执行权,故其是具有双重属性的复合权。[②] 第四种,边缘国家权力说。该观点认为,不能将民事强制执行权简单地归入行政权或司法权的范畴,它是一种相对独立的,处于司法权与行政权边缘的国家权力。[③] 第五种,司法行政权说。该观点认为,民事强制执行是法院为实现宪法赋予的审判职权而存在的行政作用,是一种司法行政行为。[④] 目前,在我国大陆,司法权说是民事强制执行权的通说;而在我国台湾地区的民事执行理论与实践上,采取审执分离,民事强制执行由专设的执行法院或法院专设的行政执行机关施行,故理论上多采司法行政权说。[⑤]

(二)民事强制执行原则

民事强制执行的基本原则,是指对民事强制执行具有指导作用,为民事强制执行权实施主体、执行当事人和其他参与人所普遍遵循的根本准则。[⑥] 我国民事强制执行法究竟应当包括哪些基本原则,长期以来学界一直争议不断,比较混乱。如有四原则说、[⑦]五原则说、[⑧]

---

① 参见谭世贵主编:《中国司法改革研究》,法律出版社2000年版,第294页。

② 参见田平安主编:《民事诉讼程序改革热点问题研究》,中国检察出版社2001年版,第526页。

③ 参见杨荣馨、谭秋桂:《标本兼治,解决“执行难”——民事强制执行法专家建议稿起草问题研究》,载《政法论坛》2004年第4期。

④ 参见董少谋:《民事强制执行法学》(第2版),法律出版社2011年版,第11页。

⑤ 如杨与龄先生即认为:国家保护私权的程序可分为两种:一是为确定私权之程序,即私权被侵害或不满足时,当事人请求国家予以保护,以确定其私法上法律关系之存否。这一程序是民事诉讼程序,由审判机关负责。二是实现私权之程序。私权确定后,义务人如不履行其义务,私权被侵害或不满足的状态就不能除去,审判机关的判决就会变成形同虚设的具文,为避免产生这一状况,维护司法的权威和社会正义,国家运用其公权力,强制义务人履行义务,以实现私权之内容,这就是民事强制执行程序,这一程序由执行法院实施。参见杨与龄编著:《强制执行法论(最新修正)》,中国政法大学出版社2002年版,第3页。

⑥ 参见李浩主编:《强制执行法》(修订版),厦门大学出版社2005年版,第36页。

⑦ 如邹川宁先生认为,民事强制执行的原则应当包括:(1)执行合法原则;(2)执行及时原则;(3)执行方式适当原则;(4)执行措施穷尽原则。参见邹川宁:《民事强制执行基本问题研究》,中国法制出版社2004年版,第22页以下。

⑧ 如张卫平教授认为,民事强制执行应包括五项原则:(1)当事人申请执行与法院依职权主动执行相结合原则;(2)以生效的法律文书为执行根据原则;(3)全面保护当事人合法权益原则;(4)以义务人的财产和行为为执行对象原则;(5)强制执行与说服教育相结合原则。参见张卫平主编:《民事诉讼法教程》,法律出版社1998年版,第409~413页。

六原则说①以及七原则说②等。有学者对其进行归纳梳理,共整理出过 14 项原则之多。③新近的民事强制执行法学教材认为,对民事强制执行的原则,应当从其价值取向的视角来抽象,亦即将“公正与效率”作为民事强制执行的追求目标。基于此,其基本原则应当为以下 5 项:第一,迅速及时原则。即执行机构在不违背法律的前提下,尽量缩短执行周期,快捷结束法律关系的不稳定状态,从而及时地维护权利人的合法权益,维护社会安定和法律尊严。第二,执行经济原则,又称执行效益原则。认为应尽量促使执行收益与执行代价取得平衡,以最加优化的资源配置,让申请执行人以最小的成本支出获得最大的执行救济;同时执行机构也应以最小的执行成本,获取最大的执行效果。第三,和谐执行原则。认为应在强制执行高效与经济的同时,尽量讲究执行艺术,采取最为合理的执行方式,防止矛盾激化,坚持执行工作的政治效果、法律效果与社会效果有机统一。第四,执行依法原则。在执行中应严格按照法定程序执行,重视和遵守程序对执行权力的约束,公开执行权力运行的过程,接受权力机关与社会公众的监督。第五,统筹兼顾原则。在执行中,既要依法、充分、及时地保护和实现申请执行人的合法权益,也要妥善平衡各方当事人和相关利害关系人的利益关系,公正保护被执行人、其他利害关系人的合法权利。④

也有学者结合国外其他民事执行法例上普遍认可的执行理念,从民事强制执行实施权运行的角度,概括出民事执行中需要遵循的几个基本原则:⑤

第一,准职权主义原则。所谓准职权主义的执行理念,是在传统职权主义的基础上,结合当事人主义的合理内核而形成的混合型执行运行原则。这一原则并不要求职权主义和当事人主义按比例量化,而是根据具体方面或环节灵活处理。一是执行实施权的启动原则上应以申请执行人请求为前提;二是充分尊重当事人在执行程序中的处分权;三是当事人在执行中负有举证的义务。

---

① 如蓝贤勇先生认为,应包括以下六项原则:(1)保护当事人合法权益原则;(2)优先清偿原则;(3)财产执行为主,人身执行为辅原则;(4)当事人主义为主,法院职权为辅原则;(5)人道主义原则;(6)强制执行与说服教育相结合原则。参见蓝贤勇:《民事强制执行法理论与实务》,人民法院出版社 2004 年版,第 30 ~ 40 页。田平安先生认为的 6 原则又有一定的区别,分别为:强制执行为主与说服教育为辅相结合原则、依法执行原则、协助执行原则、兼顾被执行人合法权益原则、执行标的有限原则与检察监督原则。参见蓝贤勇:《民事诉讼法学》,法律出版社 2013 年版,第 333 ~ 336 页。

② 如李浩教授认为,宜为七项原则:(1)执行分权原则;(2)人民法院独立行使强制执行权原则;(3)公正高效原则;(4)准职权主义原则;(5)执行有限原则;(6)执行合法有据原则;(7)协助执行原则。参见李浩主编:《强制执行法》(修订版),厦门大学出版社 2005 年版,第 40 页以下。

③ 参见方晓俟:《论强制执行法的基本原则》,载中国法院网(2005 年 1 月 11 日)。转引自董少谋:《民事强制执行法学》(第 2 版),法律出版社 2011 年版,第 40 ~ 43 页。

④ 参见董少谋:《民事强制执行法学》(第 2 版),法律出版社 2011 年版,第 44 ~ 45 页。

⑤ 该部分主要参考童兆洪:《民事执行权研究》,法律出版社 2004 年版,第 258 ~ 265 页。

第二，执行穷尽原则。所谓执行穷尽，是指执行机关依据申请执行人请求为特定执行时，穷尽各种方法、措施和途径后，均不能使案件得以有效执行，而在申请执行人又不能提供证明尚有执行可能的证据时，执行机关可以裁定终结执行程序。一方面，该原则要求执行力度必须足够，执行措施必须到位，在条件允许的范围内尽可能地实现申请执行人的实体权利；另一方面，遵循该原则也意味着民事执行在时间上不能无休止，在成本上不能无控制，在权利实现可能性上不能不顾及现实条件。

第三，协助执行原则。所谓协助执行，是指执行实施工作需要有关部门、组织和个人的配合与帮助。在实施执行中必须充分发挥协助执行的作用，并将其作为民事执行实施权有效运行的重要保证。

第四，执行不间断原则。所谓执行不间断，是指执行程序一旦启动，除因法定情形中断外，一般不得停止，而应当持续运行的状态，直至执行完毕。该原则，亦被看作执行实施权效率价值取向和强制性基本属性的根本要求。

四、民事执行机构与执行管辖

（一）民事执行机构

世界各国或地区民事执行机关的设置，主要分为两种模式，即一元制模式和二元制模式。①

一元制模式，是执行权统一由一个执行机构行使的机构设置模式。此种模式中又包括了 3 种亚模式：其一，法院内设执行机构。执行事务由法官负责，执行员作为法院执行机构的构成人员但没有独立的执行地位，仅根据执行法官的指令行事，受其监督。意大利、奥地利和我国澳门特别行政区采行此模式。其二，在法院外独立设立执行机构，由执行官、执行员和办事员组成，负责执行普通法院、行政法院和专门法院（如劳动法院）的判决和裁定。目前，只有瑞典和瑞士采行这一执行机构设置模式。其三，成立专门的执行法院，目前唯有冰岛采取这种执行机构设置模式。② 二元制模式，是指执行权由不同的机关行使，一般为法院与其他机构分别行使执行权，法院处于监督、指导地位。该模式中又包括了两种不同的类型：其一，司法行政官执行体制。英美法系的民事执行机构设置通常采行这一模式。如在英国，执行判决纯属行政事务，由政府官员进行，但需要接受法院的监督；美国的情况亦是如此，由独立于法院的执行官作为执行机关。是故，此种类型又可称为法院监督下的司法行政官执行体制，具有典型的行政执行色彩。其二，执行法院和独立于执行机关的专门执达员执行模式。采行这一模式的主要有法国、德国和日本。如在法国，司法执达员不属于法院的工作人员，而是法院外的司法助理人员，属于半公务

---

① 本部分主要参考李浩主编：《强制执行法》（修订版），厦门大学出版社 2005 年版，第 121 页以下。

② 参见谭秋桂：《民事执行原理研究》，中国法制出版社 2001 年版，第 123 页。

员性质。这与法国公证员的性质有些相近,可视为严格意义上的准公务员和准司法人员。在德国,执达官具体从事民事执行事务,其是一种独立的民事执行机关,执行权来自债权人的委托或国家的授权。日本的执行机构设置与德国相近,执行权也是由法院和执行官共同行使。复杂的、涉及法律判断的民事案件由法院执行,而简单的,只涉及事实问题的民事案件则由执行官吏实施。执行官由地方法院任命,属于特别职务的公务员,并以自己的名义独立行使执行职责,但不从国家领取定额薪金,而是以关系人所缴纳的执行手续费为劳动报酬。从这一性质来看,与日本公证人的状况相类似。

我国的民事执行机构设在法院内部,①原为典型的一元模式,但经改革,与审判庭实行审执分离的工作模式,故与意大利和我国澳门特别行政区等的执行机构设置模式相近。也有不少学者认为,民事执行本身即带有典型的行政工作色彩,②因此,应建立更加符合我国民事强制执行事务规律的执行体制模式。总而言之,我国民事强制执行机构及运行模式的改革与探索均仍在路上,完善模式尚需拭目以待。

(二)民事执行管辖

执行管辖,是指根据法律规定,在法院内部,划分各级法院和同级法院之间强制执行案件的分工和权限。按照我国《民事诉讼法》第224条的规定,发生法律效力的民事判决、裁定,以及刑事判决、裁定中的财产部分,由第一审人民法院或者与第一审人民法院同级的被执行财产所在地的人民法院执行。法律规定由人民法院执行的其他法律文书,由被执行人住所地或者被执行财产所在地人民法院执行。这是一般规定。根据这一规定,我国民事执行采行的是基层法院(一审法院)执行和属人、属地相结合管辖原则。但仍然存在级别管辖问题。如按照有关规定,中级人民法院管辖以下执行案件:(1)本级法院一审案件的执行;(2)对涉外仲裁案件的执行;(3)经我国法院承认其效力的外国法院的判决的执行;(4)经人民法院认可的港澳台地区仲裁裁决、法院判决的执行;(5)专利机关处理决定的执行;(6)国务院各部门,以及各省、自治区、直辖市人民政府和海关依法作出的处理决定和处罚决定的执行。高级人民法院管辖的案件有:(1)本级法院作为一审法院作出的生效法律文书的执行;(2)由高级法院提级执行的案件。高级法院提级执行的案件主要为疑难、重大和复杂的案件,以及需要由其执行的案件。此外,对地域管辖、指定管辖等,人民法院也有专门的细化规定。③

---

① 我国现行《民事诉讼法》第228条第3款规定,人民法院根据需要可以设立执行机构。

② 如有学者认为,"强制执行权行政权为主的性质决定了执行机构应以行政化模式为主设置。"参见董少谋:《民事强制执行法学》(第2版),法律出版社2011年版,第51页。

③ 可参见杨与龄编著:《强制执行法论(最新修正)》,中国政法大学出版社2002年版,第642~643页;蓝贤勇:《民事强制执行法理论与实务》,人民法院出版社2004年版,第94页以下。

五、民事执行依据与执行程序

(一)民事执行依据

民事执行依据是民事强制执行机构采取强制执行措施的法律根据,故又称为执行根据、执行名义。有学者认为,执行根据,就是指执行机关据以采取民事执行措施的各种法律文书。[①] 德国民事执行法上称其为执行名义,而我国学界按照语言习惯有称执行依据者,也有称执行根据者,其实"根据"和"依据"的语义基本相同,所指称的都是行事所凭借的那个特定的理由和名义。鉴于此,3个称呼混用也无不可,只是从我国人们习惯的日常用语来看,称为根据或依据更便于理解。[②] 由于我国法律规定,民事强制执行的根据必须为生效的法律文书,因此,教义学上给出的定义为:当事人据以申请执行和人民法院据以采取执行措施的生效法律文书。[③] 其主要特征是:第一,以确定实体权利为内容。也就是作为执行依据的生效法律文书须载明债权债务内容,具体而言,应包括实体权利的种类、范围、数量及其履行期间、条件、方式等。第二,以宣示债权可执行为表征。也即该生效的债权文书上须明示具有可执行性。第三,以法定之法律文书为载体。也即民事强制执行根据必须以法定的生效法律文书形式来表现,非法定的法律文书不能作为当然的执行根据。[④]

按照我国法律的规定,以下14类法律文书可以作为民事强制执行的根据:(1)生效且具有给付内容的民事判决书、裁定书、调解书和支付令;(2)生效且具有给付内容的刑事判决书和裁定书;(3)生效且具有给付内容的行政判决书和裁定书;(4)依法应由人民法院执行的行政处罚决定、行政处理决定;(5)国内仲裁机构制作的具有给付内容的仲裁裁决书和调解书;(6)人民法院依照仲裁法有关规定作出的财产保全和证据保全裁定;(7)中国国际经济贸易仲裁委员会、中国海事仲裁委员会的裁决书和调解协议;(8)公证机构制作的依法赋予强制执行效力的债权文书公证书;(9)人民法院作出的许可拍卖的裁定书;(10)特别行政区法院委托执行的判决书、裁定书和仲裁裁决书;(11)人民法院制作的认可我国台湾地区有关法院民事判决的裁定;(12)人民法院制作的承认外国法院判决的裁定;(13)人民法院制作的承认外国仲裁裁决的裁定;(14)法律规定由执行机关

---

① 参见张卫平:《民事诉讼法》(第4版),法律出版社2016年版,第486页。

② 按照这一认知,本书将执行依据与执行根据混用。

③ 参见董少谋:《民事强制执行法学》(第2版),法律出版社2011年版,第71页。

④ 参见蓝贤勇:《民事强制执行法理论与实务》,人民法院出版社2004年版,第113~115页。

执行的其他法律文书。[①] 笔者认为,需要指出的是,民事强制执行根据的范围是一个不断发展变化的范畴,其会根据经济社会发展的需求与立法、司法制度的安排,与时俱进地更新与完善。比如,在上述列举的执行范围中,就明显忽视了人民调解协议经法院确认的执行、建设工程优先权执行,以及和解协议确认的执行等情形。

(二)民事执行程序

程序正义是实体正义的保障,在不少情况下,甚至比实体正义更为重要。正是基于此,法国学者达维德认为:“程序的公正和合理是自由的内在本质,如果有可能的话,人们宁愿选择通过公正的程序实施一项暴力的实体法,也不愿选择通过不公正的程序实施一项较为宽容的实体法。”[②]民事强制执行程序是保障执行目的依法、快捷实现的法定要式行为秩序。

依据学者的归纳,我国民事强制执行的执行程序主要包括以下程式或步骤:(1)执行开始与执行准备。这是执行启动的第一步,包括受理和审查执行申请、立案(或移送执行)等具体环节。人民法院受理执行案件应符合下列条件:第一,申请或移送执行的法律文书已经生效;第二,申请执行人是生效法律文书确定的权利人或其继承人、权利承受人;第三,申请执行人在法定期限内提出申请;第四,申请执行的法律文书有给付内容,且执行标的和被执行人明确;第五,义务人在生效法律文书确定的期限内未履行义务;第六,属于受申请执行的人民法院管辖。人民法院对执行申请,应当在7日内予以立案;不符合上述条件之一的,应当在7日内裁定不予受理。人民法院决定受理执行案件后,应当在3日内向被执行人发出执行通知书,责令其在指定的期间内履行生效法律文书确定的义务,并承担《民事诉讼法》第253条规定的迟延履行期间的债务利息或迟延履行

---

① 参见董少谋:《民事强制执行法学》(第2版),法律出版社2011年版,第73~82页。此外,最高人民法院执行局起草的《强制执行法(草案)》第6稿第19条所框定的执行依据也是14类,但与之有部分区别。其规定的14类执行依据分别是:(1)人民法院制作的民事判决书、裁定书、调解书、支付令、决定书;(2)人民法院制作的有财产执行内容的刑事判决书、裁定书、调解书;(3)人民法院制作的有财产执行内容的行政判决书、裁定书、赔偿调解书;(4)法律规定由人民法院执行的行政决定书,行政强制措施决定书;(5)人民法院赔偿委员会作出的国家赔偿决定书(另一种观点认为,应删除此项);(6)人民法院制作的和解协议确认书;(7)仲裁机构作出的裁决书、调解书;(8)公证机构作出的依法赋予强制执行效力的公证债权文书;(9)经人民法院确认的人民调解协议书及其他调解协议书;(10)经有关协议认可的特别行政区法院作出的民事判决书、裁定书和仲裁机构作出的裁决书;(11)经有关协议认可的台湾地区法院作出的民事判决书、裁定书、调解书、支付令、调解书和仲裁机构作出的裁决书;(12)人民法院作出的承认并执行外国法院判决、裁定以及外国仲裁机构的裁定书;(13)人民法院因留置权人、抵押权人、质权人或建设工程价款优先权人的申请,对留置物、抵押物、质物或涉案建筑物等所作的许可强制执行的裁定书;(14)法律规定由人民法院依本法规定执行的其他法律文书。参见江必新、贺荣主编,最高人民法院执行局编:《强制执行法的起草与论证(三)》,中国法制出版社2014年版,第583~584页。应该说,该草案设计和归纳的民事强制执行根据范围更加合理,更符合实际。

② [法]达维德:《当代主要法律体系》,漆竹生译,上海译文出版社1983年版,第337页。

金。[①] (2)执行调查。其主要目的是查明被执行人的财产状况,以满足执行效果。途径主要包括:第一,申请执行人提供被执行人的财产线索;第二,被执行人报告其财产状况;第三,人民法院依职权查明,包含传唤被执行人到庭接受询问和对隐匿财产的处所采取搜查措施等。(3)执行担保。这是指在执行过程中,被执行人有暂时偿付困难,向人民法院以担保方式保证其能履行生效法律文书规定的义务,并经申请执行人同意而暂缓执行的一种措施。故而,其并非所有执行案件均须适用的程序。(4)执行和解。其是指在执行过程中,双方当事人经过平等协商,就变更执行依据所确定的权利义务关系而达成协议,从而终结执行的一种行为。(5)执行阻却。其是指在执行过程中,因发生法律规定的事由,致使执行程序不能继续进行或者继续进行已无意义的状况。导致执行阻却的情形,主要包括执行中止、暂缓执行和执行终结等几种法定情由。执行中止,是在执行中出现法律规定的情形需要暂时停止执行程序,符合条件后再恢复执行;暂缓执行,是执行程序开始后,因法定事由的出现,决定在一定期限内暂缓实施执行措施(最长3个月);执行终结,也称执行终止,是指在执行过程中,由于出现了法律规定的情形,而使执行程序无必要或不可能继续进行,从而结束执行程序,以后也不再恢复。(6)不予执行。其是指在执行过程中,因发生法定情形而停止执行并终结执行程序的行为。目前,在我国诉讼法上,对仲裁裁决、公证债权文书的执行,以及对外国法院裁判、外国仲裁裁决的执行中,都可能存在不予执行问题。(7)执行结案。以下几种情况都导致执行结案:一是生效法律文书确认的内容全部执行完毕;二是裁定执行终结;三是裁定不予执行;四是执行当事人之间达成执行和解协议并已履行完毕。[②]

六、民事执行标的、措施与执行救济

(一)民事执行标的

标的,也称客体,是权力所作用的对象。关于民事强制执行标的的内容,学界有不同的观点。一种观点认为,应包括三类,即财产、行为和人身;[③]另一种观点则认为,只包括两类,即财产和行为。[④] 目前,多数学者持后一种观点。这里的财产既包括物权法上所称之物,即动产与不动产,也包括知识产权等无形资产。一般来说,凡是债权人的财产原则上都可以成为民事强制执行的标的,但主要执行的标的通常为金钱及其替代物。法律上规定不得强制执行的财产,如禁止让与、查封的财产,以及保障债务人以及由其所抚养或

---

① 参见张卫平:《民事诉讼法》(第4版),法律出版社2016年版,第491页。

② 各种程序的具体要件、情由及实施方式可参见邹川宁:《民事强制执行基本问题研究》,中国法制出版社2004年版,第123页以下;董少谋:《民事强制执行法学》(第2版),法律出版社2011年版,第140~172页。

③ 参见孙加瑞:《中国强制执行制度概论》,中国民主法制出版社1999年版,第163~164页。

④ 参见江伟主编:《民事诉讼法学原理》,中国人民大学出版社1999年版,第811页。

扶养的家属生存的必需品,原则上应排除在执行标的之外。行为作为执行标的,是世界各国的普遍做法,我国也同样。行为分为作为、不作为与容忍三种类型,都得作为民事强制执行之标的,但主要采取替代执行和间接执行的方法。

对人身作为执行标的情形需要进行必要的限制,即仅在例外情形下可允许。如为规制"老赖",限制其住高档宾馆、乘坐飞机、动车头等座等高消费。但也有人将其看作行为,还有学者认为,此应为将人的自由作为执行客体,并非系将人身作为执行标的。笔者认为,我国民诉法规定的执行措施中,实际上存在人身执行的规定,①只不过主要是限制人身自由以迫使义务人履行生效法律文书所确定的义务而已。

(二)民事执行措施

民事强制执行的措施,是民事执行机构依照国家法律规定,强制实现生效法律文书确定的内容的具体执行手段和方法。

根据我国民事诉讼法的规定,这些措施大致包括:(1)查询、冻结与划拨。查询,是人民法院向金融机构调查、询问被执行人存款及其他金融资产的情况之方法;冻结,是民事强制执行机构封存债务人在金融机构的账户,禁止其提取或转移款项的强制措施;划拨,是通过金融机构把债务人的存款以转账方式划入债权人账户,以强制归还债款的措施。此三种执行措施存在紧密关联与递进之关系,需要环环相扣。(2)查封与扣押。查封,是指执行机构在执行过程中将被执行人的财产清点查明,贴上封条或公告就地封存,不准许任何人使用、处分的一种保全性强制措施;扣押,是指将被执行人的财产运往异地或者就地扣留,暂不准许任何人使用、处分的一种保全性强制措施。(3)扣留与提取。扣留,是指执行机构依法委托被执行人所在单位或有关单位保存,同时不准被执行人领取其收入的一种民事强制执行措施;提取,是指在民事执行中,执行机构依法取出被执行人在其单位或有关单位的存款或劳动收入交给申请执行人的一种强制执行措施。(4)搜查。其指民事执行机构对拒不履行生效法律文书确定的义务并隐匿财产的被执行人的人身、住所地、财产隐匿地进行搜索查找的一种强制执行措施,是强制被执行人履行义务的一种手段。(5)拍卖与变卖。作为强制执行中的拍卖,是指在民事执行过程中,将被执行人的财产委托拍卖机构以公开竞价的形式,转让给最高应价者,以价款清偿债务的一种处分性强制执行措施;变卖,是指执行机构将查封、扣押的财产交给有关单位出卖或者自行组织出卖,换取价款清偿被执行人债权的一种处分性强制执行措施。(6)交付与转交。交付,是指执行机构传唤双方当事人到一起,责令被执行人向申请执行人当面移交给付生效法律文书指定的特定的财物或票证的一种民事强制措施;转交,是指执行机构责令被

① 我国《民事诉讼法》第255条规定:"被执行人不履行法律文书确定的义务的,人民法院可以对其采取或者通知有关单位协助采取限制出境,在征信系统记录、通过媒体公布不履行义务信息以及法律规定的其他措施。"

执行人将生效法律文书指定的特定财物或票证交给执行人员，由执行人员再交给申请执行人的一种民事强制措施。(7)强制迁退。其是指人民法院判令当事人迁出房屋或者退出土地，而义务人在生效法律文书指定期限内不主动履行义务，另一方当事人申请人民法院强制对方迁出房屋或者退出土地，人民法院依法强制其迁退的执行措施。(8)以物抵债。其是指在执行过程中，执行机构以被执行人所有的财产折价交给申请执行人，以抵偿生效法律文书确定的债务的强制执行措施。(9)托管。其是指在民事执行中，执行机构将已查封的不动产委托管理人实施管理，以其所得收益清偿债权人金钱债权的一种民事强制执行措施。(10)迟延履行利息与迟延履行金。迟延履行利息和迟延履行金，都是强制执行机构在民事执行中，对被执行人采取的一种惩罚性强制执行措施。前者是指被执行人拖延生效法律文书指定的履行期限，应当支付给申请执行人拖延履行期间所应给付的利息的一种强制责任形式；后者是指被执行人未按生效法律文书指定的履行期间履行给付金钱以外的其他义务，支付因拖延履行而必须支付的一定金钱的一种强制责任形式。①

(三)民事执行救济

西方法谚曰：无救济则无权利。民事强制执行与其他法律制度一样，在实施中也难免出现违法或者不当，给被执行人或其他利害关系人带来侵害的现象，因此，需要有必要的救济措施来纠错和弥补。故而，执行救济，是指因执行机关的违法或不当执行行为致使执行当事人或案外人权利受到侵害时，给予其救助的一项法律制度。

我国的民事执行救济制度包括以下三个方面：第一，程序上的救济。其是指当事人认为法院执行程序上存在瑕疵所提起之异议或复议。2014 年 12 月 29 日最高人民法院印发的《执行异议复议规定》对执行程序上的救济作出了详细规定，具体包括：(1)不服法院强制执行措施的异议；(2)认为强制执行程序错误的异议；(3)管辖异议；(4)对执行裁定不服的复议②等。第二，实体上的执行救济。具体包括：(1)债务人的异议之诉；③

---

① 以上强制执行措施的概念及定义，主要参考蓝贤勇：《民事强制执行法理论与实务》，人民法院出版社 2004 年版，第 219～287 页。

② 根据《执行异议复议规定》的界定，第一，对人民法院执行异议裁定不服的可以申请上一级法院复议。第二，对三类特殊事项可以通过复议审查方式救济：一是限制出境决定；二是公证债权文书不予执行程序中的裁定；三是仲裁裁决不予执行程序中的裁定。有学者认为，之所以这三类事项的救济采取复议方式，是因为它们本质上并不属于直接指向执行标的(如特定财产)的执行实施行为，而是辅助执行、促进执行的民事强制措施，或者解决执行依据争议的裁决行为。故当事人不服的，不应提出执行行为异议，而应通过其他程序救济，如复议。参见乔宇：《执行异议复议与异议之诉》，中国法制出版社 2018 年版，第 23 页。

③ 2018 年 9 月 30 日最高人民法院发布《公证债权文书执行规定》，并于 10 月 1 日起施行。《公证债权文书执行规定》第 22 条规定："有下列情形之一的，债务人可以在执行程序终结前，以债权人为被告，向执行法院提起诉讼，请求不予执行公证债权文书：(一)公证债权文书载明的民事权利义务关系与事实不符；(二)公证的债权文书具有法律规定的无效、可撤销等情形；(三)公证债权文书载明的债权因清偿、提存、抵消、免除等原因全部或者部分消灭。"

(2)案外人(第三人)的异议之诉。[①] 第三,执行回转。其是针对执行发生的错误而采取的一种补救措施,即将错误执行给他人的财产再返还回来。[②] 学理上认为,执行回转必须具备3个条件:一是执行程序已经进行完毕,二是执行根据被依法撤销,三是根据新的生效法律文书执行。[③]

第二节 民事强制执行中的公证依据

在我国,公证文书在法院司法活动中的作用,主要体现在两个方面:一是作为法定证据(且为无须质证之特殊证据),在司法审判中被采信,作为认定事实的依据;二是作为法院民事强制执行的法定根据之一,申请执行人凭此启动执行程序,执行机构据此实施执行行为,为申请执行人追索债权。前者的直接依据,为我国《公证法》第36条和《民事诉讼法》第69条;而后者的直接依据为我国《公证法》第37条和《民事诉讼法》第238条。由于本书研究的是强制执行公证问题,故公证文书的证据效力及其在法院的使用,不在本节的讨论范围。本节以下,主要探讨作为民事强制执行依据的公证债权文书在执行法上的地位、构成要件、效力范畴等问题。

一、公证债权文书执行依据沿革

在我国民事执行法上,公证债权文书是民事强制执行的依据之一,且是少数非经司法程序制作的民事执行依据之一。目前,世界各国和地区将公证债权文书作为民事强制执行依据的主要是法国、德国、奥地利、日本和韩国等。20世纪40年代初,旧中国民事强制执行法即承认公证债权文书系民事执行的根据之一,并以法律条文方式予以固定。[④]

中华人民共和国成立初期,法院在执行活动中依然认可公证债权文书的执行依据地位,但并未在立法上予以确认。最早在法律上将公证债权文书确定为法定的民事强制执

---

① 我国《民事诉讼法》第227条规定:"执行过程中,案外人对执行标的提出书面异议的,人民法院应当自收到书面异议之日起十五日内审查,理由成立的,裁定中止对该标的的执行;理由不成立的,裁定驳回。案外人、当事人对裁定不服,认为原判决、裁定错误的,依照审判监督程序办理;与原判决、裁定无关的,可以自裁定送达之日起十五日内向人民法院提起诉讼。"

② 我国《民事诉讼法》第233条规定:"执行完毕后,据以执行的判决、裁定和其他法律文书确有错误,被人民法院撤销的,对已被执行的财产,人民法院应当作出裁定,责令取得财产的人返还;拒不返还的,强制执行。"

③ 参见董少谋:《民事强制执行法学》(第2版),法律出版社2011年版,第224页。

④ 1940年1月19日国民政府颁布《强制执行法》,该法第4条规定:"强制执行以左列执行名义为之……四、依公证法作成之公证书,但以债权人之请求,系以给付金钱或其他代替物或有价证券之一定数量为标的而于证书上载明径受强制执行者为限。"1943年颁布的《公证法》第11条也明确规定了强制执行公证债权文书制度。

行根据的,是一些地方法院执行办法和地方公证暂行办法。[①] 1956年1月31日司法部印发《关于公证业务范围问题的通知》,其第2条规定:"对于没有疑义的债权文书,证明有强制执行的效力,并发交债务人所在地的基层人民法院执行。"[②]1982年3月8日颁布并于同年10月1日起施行的《民事诉讼法(试行)》,其第168条规定:"公证机关依法赋予强制执行效力的债权文书,一方当事人不履行的,对方当事人可以向有管辖权的基层人民法院申请执行。受申请的人民法院发现公证文书确有错误的,不予执行,并通知原公证机关。"1959年至"文化大革命"期间,除在一些大城市尚保留少许涉外公证事务外,公证制度基本消失。拨乱反正后,公证制度逐步恢复。1982年4月13日国务院颁布《公证暂行条例》,并于同日实施。该条例第4条规定了公证机构可以赋予强制执行效力的债权文书范围。1991年4月9日第七届全国人民代表大会第四次会议通过的《民事诉讼法》第218条对《民事诉讼法(试行)》第168条的规定进行了完善,规定:"对公证机关依法赋予强制执行效力的债权文书,一方当事人不履行的,对方当事人可以向有管辖权的人民法院申请执行,受申请的人民法院应当执行。公证债权文书确有错误的,人民法院裁定不予执行,并将裁定书送达双方当事人和公证机关。"只不过,该阶段可以作为民事强制执行依据的公证债权文书范围十分狭窄。2007年修订的我国《民事诉讼法》第214条对上述条文仅修改了一个字,即将"经公证机构依法赋予强制执行效力的债权文书"中的"经"字改为"对"字。2012年修订的我国现行《民事诉讼法》第238条对公证债权文书作为强制执行依据作出了与2007年《民事诉讼法》第214条完全相同的规定。

二、公证债权文书与其他执行依据的区别

我国法定的民事强制执行依据类型较广,制作部门或机构较多,不过其借助公力实现权利的目的以及在执行程序中的效力则是趋同的,所产生的积极效果也是一致的,这一点无可否认。但是,基于各类执行依据的制作主体、运作模式,以及当事人的意愿程度等方面的差异,相互之间在程序法上仍存在明显的区别。这其中,公证债权文书与法院等其他机构制作的执行依据相较,也存在显著的差异。

---

① 如1951年3月26日公布试行的《沈阳市人民法院民事强制执行法》第1条规定,人民法院作成的给付金钱或物品之公证书,是法院执行依据之一。1951年5月公布的《北京市人民法院公证暂行办法》第6条规定,有关公私关系之契约,应于公证书内载明如一方违约得据以强制执行。1951年4月10日最高人民法院、司法部印发的《关于保护国家银行债权问题的通报》中提出:"各地人民法院应迅速建立公证制度,在认证契约时载明强制执行条款(上海市人民法院公证处已依此办理),嗣后如有一造当事人违约,对造当事人即可请求法院依照契约执行。"参见蔡煜:《1902—1979中国公证史编年》,上海人民出版社2019年版,第243~248页。

② 参见中华人民共和国司法部编:《中华人民共和国司法行政历史文件汇编(1950—1985)》,法律出版社1987年版,第389~390页。

(一)公证债权文书与法院民事判决书、裁定书、调解书和支付令的区别

在人民法院民事执行依据范畴中,由法院自己制作的这类民事裁判法律文书来自三个方面:(1)本院民事审判庭制作的民事判决书、裁定书、调解书和支付令;(2)外地法院委托执行的民事判决书、裁定书和调解书;(3)上级人民法院指定执行的民事判决书、裁定书和调解书。

1. 公证债权文书与民事判决书的差异。判决,是指法院在审理案件终结时,就实体问题所作出的处理决定。发生法律效力的判决又称确定判决。对有给付内容的生效民事判决,如果败诉方(义务人)不按期履行义务,则胜诉方(权利人)可申请一审法院执行。民事判决书与公证债权文书的制作存在诸多本质上的区别:从主体上讲,民事判决书必须由司法机关制作,属于典型的诉讼证明活动;而公证债权文书则是由法定的公证机构制作,是典型的非诉证明活动。从客体上来看,判决书所针对的事实是存在争议的事实,需要审判机关对事实的真伪依据抗辩审查予以判明;而公证书所针对的行为和事实则是无争议的事项,是各方当事人一致同意证明的事项。从内容上来看,虽然判决书所载明的内容是确定的实体内容,但在审判启动时这一内容并不确定,需要法庭通过审理查明;而公证书所载明的债权内容,则是当事人在申请公证时就已经协商一致确定的内容。从制作方式上来看,判决书要经两审终审,甚至是再审等程序方能最终形成确定判决;而公证书一次性制作完成即产生法律效力,但是债权人要启动实际执行,尚需根据债务人的违约事实申请公证机构出具执行证书。从时间效率上来看,判决书从审判启动至终审确定,往往要经历漫长的期限;而公证书的制作非常快捷,节约时间成本。

由此可见,公证债权文书是非诉执行依据,是当事人意思自治的结果,且具有制作便捷、高效的特征。同时,公证债权文书是当事人事先决定的于事后实施的执行依据,具有显著的预判性和自决性。相反,判决书则是解决争议的结果,是一种典型的事后救济方式。因此,在协商一致的情形下,选择公证债权文书方式实现债权,显著优于诉讼的途径。

2. 公证债权文书与民事裁定书的差异。裁定,是人民法院在审理案件过程中,为保证审判活动的顺利进行,对诉讼程序问题所作的一种决定。我国《民事诉讼法》第 154 条规定,裁定适用于以下范围:(1)不予受理;(2)对管辖权有异议的;(3)驳回起诉;(4)保全和先予执行;(5)准许或者不准许撤诉;(6)中止或者终结诉讼;(7)补正判决书中的笔误;(8)中止或者不予执行;(9)撤销或者不予执行仲裁裁决;(10)不予执行公证机关赋予强制执行效力的债权文书;(11)其他需要裁定解决的事项。其中,前 3 项可以上诉。从理论上来讲,执行可以分为满足执行与保全执行,所谓满足执行是指义务人于执行程序开始后,自觉履行义务并全部清偿债权;所谓保全执行,是指对于可能因当事人一方的行为或者其他原因使判决不能执行或者难以执行的案件,以及因情况紧急,不立即采取措施将造成当事人合法权益难以回复的损害的案件,人民法院根据当事人的申请或者依

照职权,作出禁止一方当事人处分其财产之裁定,以保全以后判决的执行。基于裁定法律文书的本质,前述 11 项裁定中,只有具有给付内容或者保全内容的裁定,方可作为执行依据。因此,唯有第 4 项规定的保全和先予执行之裁定可以成为执行依据。

民事裁定书与公证债权文书的差异十分明显,除制作主体、适用法律程序不同、依据的法律规范不同外,其他主要区别如下:第一,裁定书主要是解决诉讼程序中的问题而适用,原则上不涉及实体法律关系;而公证债权文书所载明的是具有实际给付内容的债权债务实体关系。第二,民事裁定书类型中,只有极少数涉及财产之给付内容的裁定才具备作为执行依据的条件;而所有的赋予强制执行效力的公证债权文书,除被人民法院裁定不予执行情形之外,均具备作为执行依据的条件。第三,两者的生效时间存在区别,财产保全裁定与先予执行裁定均为法律文书出具即付诸执行,这两种裁定都讲究一个“快”字;而公证债权文书制作完成时并不立即满足执行要求,需要待债务人(担保人)怠于偿债之事实发生,债权人方有权申请公证机构出具执行证书向法院启动执行程序。第四,裁定在执行法院可依职权径直启动,而公证债权文书的执行法院无权直接启动,必须经执行申请人的申请。最后,两者的执行间期存在差异,作为执行依据的财产保全裁定因其于诉讼前实施,故其需待案件审理确定后方可实际执行;作为执行依据的先予执行裁定,也是在诉讼案件受理后实际审理结束前施行,且是部分执行;而公证债权文书的执行则是事后执行、完整执行。在二者的关系中,公证债权文书还要受到法院裁定的制约,一旦法院裁定不予执行,公证债权文书的执行效力即行消失。

3. 公证债权文书与民事调解书的差异。民事调解,是在人民法院审判人员主持下,双方当事人就民事权益的争议进行协商达成协议,从而解决纠纷的活动。人民法院根据双方当事人达成的协议制作的具有法律效力的文书,称为调解书。调解书既是当事人协商结果的记录,又是人民法院承认和批准当事人之间的协议并依法赋予其强制执行效力的法律文书。民事调解书的形成有与公证债权文书相似的地方,如都是双方当事人协商一致的结果,都是公力机关在当事人的契约上赋予公力救济之执行效力等,但二者的差异亦是突出的。这些差异主要表现在:第一,调解书是在诉讼程序中达成并经法院制作的法律文书,而公证债权文书则是非诉程序下经公证机构制作的法律文书;第二,调解书是对纠纷的协调处理结果,而公证债权文书原则上不存在纠纷调处问题;第三,调解书经双方当事人签收即发生法律效力,而公证债权文书公证书的生效,按公证法的规定是经审签人签发之日起生效,当事人的签收不是生效的必备要件。

4. 公证债权文书与支付令的差异。民事审判中的支付令,是指人民法院对于债权人给付金钱、有价证券的请求,经审查认为债权债务关系明确合法,不经审判程序而直接向债务人发出的,要求其在一定期限内履行给付义务的法律文书。在民诉法上,支付令制度是民事审判中的一种特殊程序,亦称督促程序,其目的在于节约审判资源,快捷实现债权。按照我国《民事诉讼法》第 216 条的规定,债务人应当自收到支付令之日起 15 日内清偿债务,或者向人民法院提出书面异议。债务人在15日内不提出异议又不履行支付令的,债权人可以向人民法院申请执行。支付令与公证债权文书作为执行依据的区别主要是:第一,支付令是债权人在债权债务关系已经形成且债务人违约未履行的情形下,向法院寻求的救济方式;而公证债权文书则是当事人双方在建立债权债务关系时,向公证机构申请制作的债权文书,前者是事后行为,后者是事前行为。第二,法院签发支付令的条件有两个:一是债权人与债务人没有其他债务纠纷,二是支付令能够送达债务人;而公证债权文书的主要要件包括债权债务关系明确,债务人(担保人)在文书中承诺愿意接受强制执行约束等。第三,支付令下的债权清偿标的只有金钱和有价证券,而公证债权文书的标的除这两类外还包括物品等。第四,支付令下债务人须于15日内履行或提出书面异议,否则债权人有权申请强制执行;而公证债权文书则是当债务人(担保人)怠于履行债务清偿义务后,债权人凭借公证处签发的执行证书申请法院执行,其时效与诉讼时效相一致。第五,支付令的被执行对象只有债务人,而公证债权文书不但可执行债务人的财产,还可以执行担保人如抵押人、质押人、保证人等的财产。

(二)公证债权文书与具有给付内容的刑事判决书、裁定书、调解书的区别

我国《刑事诉讼法》第7章规定了刑事附带民事诉讼程序,其中,第101条规定,被害人由于被告的犯罪行为而遭受物质损失的,在刑事诉讼中,有权提起附带民事诉讼,被害人死亡或者丧失行为能力的,被害人的法定代理人、近亲属有权提起附带民事诉讼。如果是国家财产、集体财产遭受损失的,人民检察院在提起公诉的时候,可以提起附带民事诉讼。在刑事附带民事诉讼中,可以采取保全措施,查封、扣押或者冻结被告人的财产,附带民事诉讼原告人或者人民检察院可以申请人民法院采取保全措施,适用民事诉讼法的有关规定(《刑事诉讼法》第102条)。在刑事附带民事诉讼中,还可以进行调解,或者根据物质损失情况作出判决、裁定(《刑事诉讼法》第103条)。关于刑事附带民事诉讼判决的执行,我国《民事诉讼法》第224条第1款规定,“刑事判决、裁定中的财产部分”的执行由法院民事强制执行机构实施。同时,我国《民事诉讼法》第234条规定,“人民法院制作的调解书的执行,适用本编的规定”。这其中也必然包括刑事附带民事诉讼中的调解书的执行。

刑事附带民事诉讼判决书、裁定书、调解书与公证债权文书的区别,与民事判决书、裁定书、调解书与公证债权文书的区别没有太大差异。其最主要的区别还是法院内部制作文书的主体间之区别,也正是由于其内部主体的区别,因此与公证债权文书的最大差异可能有两个:一是管辖区别,二是提起执行方式的区别。刑事附带民事案件的管辖按照刑诉法的规定,由刑事案件犯罪地的人民法院管辖为原则,由被告人居住地法院管辖为例外。而公证债权文书的公证证明管辖则非常宽泛,既可由居住地或行为地公证机构管辖,也可由事实发生地公证机构管辖。刑事附带民事诉讼判决书、裁定书、调解书中载明有给付义务,被告人不履行的,由审判员移交民事执行机构执行;而公证债权文书的执行须由债权人申请公证机构签发执行证书后，再向有管辖权的人民法院申请执行。

（三）公证债权文书与行政判决书、裁定书、调解书的区别

根据我国《行政诉讼法》的规定，依法应由人民法院民事强制执行机构作为执行依据的行政判决书和裁定书，包括以下几种：（1）本法院制作的终审行政判决书和裁定书、调解书；（2）法定上诉期限内，当事人没有提起上诉的或者上诉后又撤诉的原一审法院制作行政判决书和裁定书；（3）上级法院指定执行的行政判决书和裁定书；（4）外地法院委托执行的行政判决书和裁定书。

公证债权文书与行政判决书、裁定书最大的区别，是前者的被执行人一般为私权主体，如自然人、法人、非法人组织等，原则上不包含行政机关；而行政判决书、裁定书作为民事执行依据的被执行人则主要为行政机关。我国《行政诉讼法》第96条规定，行政机关拒绝履行行政判决、裁定、调解书的，第一审人民法院可以采取下列强制执行措施：（1）对应当归还的罚款或者应当给付的款额，通知银行从该行政机关账户内划拨；（2）在规定期限内不履行的，从期满之日起，对该行政机关负责人按日处50元至100元的罚款；（3）将行政机关拒绝履行的情况予以公告；（4）向监察机关或者该行政机关的上级行政机关提出司法建议。接受司法建议的机关，根据有关规定进行处理，并将处理情况告知人民法院；（5）拒不履行判决、裁定、调解书，社会影响恶劣的，可以对该行政机关直接负责的主管人员和其他直接责任人员予以拘留；情节严重，构成犯罪的，依法追究刑事责任。由此可见，行政判决、裁定、调解书作为执行依据时，执行法院采取的强制措施与一般民事案件的执行略有区别，如对负责人罚款等。由此引出的其与公证债权文书的第二个重大区别，是两种生效法律文书的执行措施和手段显著不同。

（四）公证债权文书与行政处罚决定、处理决定书的区别

根据最高人民法院《关于人民法院执行工作若干问题的规定（试行）》第13条、第14条的规定，由人民法院执行的行政处罚决定和处理决定主要包括：（1）由专利管理机关依法作出的处理决定和处罚决定；（2）由海关依法作出的处理决定和处罚决定；（3）由国务院各部门依法作出的处理或处罚决定；（4）由省、市、自治区、直辖市人民政府依法作出的处理或处罚决定。

公证债权文书与行政处罚、处理决定作为民事执行依据的区别在于：第一，赋予强制执行效力的机构不同，前者为有管辖权的公证处，后者则是有权作出行政处罚、行政处理的国家行政机关。第二，制作法律文书的方式不同，前者是在与当事人充分沟通并达成一致的前提下依据当事人的意愿制作，后者是单方依职权强行制作。第三，启动执行程序的主体不同，前者恒定由债权人依公证处签发的执行证书启动，后者则恒定由作出处罚或处理决定书的行政机关向执行法院提出申请。

（五）公证债权文书与仲裁书的区别

仲裁，又称公断，是指争议双方在争议发生前或争议发生后达成协议，自愿将争议交给第三者裁决,双方有义务按裁决执行的一种解决争议的方法。作为民事强制执行依据的仲裁裁决书,是指由依法设立的仲裁机构制作的仲裁书。目前,我国法院作为执行依据的仲裁书主要包括三类:(1)国内一般仲裁机构(统称仲裁委员会)作出的裁决书。我国《仲裁法》第62条规定,当事人应当履行裁决。一方当事人不履行的,另一方当事人可以依照我国《民事诉讼法》的相关规定向人民法院申请执行。(2)由劳动争议仲裁委员会和农村承包合同仲裁机构制作的裁决书。如《企业劳动争议处理条例》第31条规定,当事人对发生法律效力的调解书和裁决书,应当依照规定的期限履行。一方当事人逾期不履行的,另一方当事人可以申请人民法院强制执行。(3)中国国际经济贸易仲裁委员会仲裁裁决(调解书)和中国海事仲裁委员会仲裁裁决(调解书)。根据《中国国际经济贸易仲裁委员会仲裁规则》和《联合国国际贸易法委员会仲裁程序规则》的相关规定,对这类仲裁机构作出的涉外仲裁决定,须为终局裁决和部分裁决方具有执行内容,才发生执行问题。

公证债权文书与仲裁裁决(调解书)的区别显而易见。首先,制作主体不同。公证债权文书的制作主体为法定公证机构,全国统一;而仲裁裁决书(调解书)的制作主体则相对复杂,既有民间组织性质的民商事仲裁委员会,又有带有显著行政色彩的劳动仲裁组织和乡镇承包合同仲裁组织,还有带有国际交易纠纷处理性质的国际贸易仲裁组织和海事仲裁组织。其次,裁决书是纠纷、争议解决的结果,带有明显的事后处理性;而公证债权文书则是无纠纷情形下,于事前制作的防患于未然的债权清偿承诺。再次,二者追求的法律价值不同。公证债权文书是一种信用机制,目的是避免纠纷;而仲裁裁决书(调解书)的价值,则是在诉讼机制外,自愿寻求中立的有公信力的第三方协调处理已经发生的债务纠纷,是一种解纷机制。最后,两者的法律文书制作主体性质有别。公证机构是带有显著公权力色彩的法定证明机构;而仲裁体系中的商事仲裁机构则属于民间组织。

(六)公证债权文书与法院实现担保物权许可的区别

我国《物权法》第195条第1款规定,债务人不履行到期债务或者发生当事人约定的实现抵押权的情形,抵押权人可以与抵押人协议以抵押财产折价或者以拍卖、变卖该抵押财产所得的价款优先受偿。第195条第2款规定,抵押权人与抵押人未就抵押权实现方式达成协议的,抵押权人可以请求人民法院拍卖、变卖抵押财产。为落实此规定,我国2012年修订的《民事诉讼法》专门增设了实现担保物权的特别程序。根据我国《民事诉讼法》第196条的规定,申请实现担保物权的案件,由担保物权人以及其他有权请求实现担保物权的人依照物权法等法律,向担保财产所在地或者担保物权登记地的基层人民法院提出。按照我国《民事诉讼法》第197条的规定,人民法院受理申请后,经审查,认为符合法律规定的,也就是抵押权人与抵押人未就实现抵押权方式达成一致的,裁定拍卖、变卖担保财产,当事人依据该裁定可以向人民法院申请执行。也就是说,民诉法上的实现担保物权特别程序,是在诉讼方式实现担保物权之外增设了一个快捷的非诉实现程序。

这一程序，与公证赋予担保债权文书强制执行效力而实现担保物权的作用有相近的地方，但区别亦十分突出。

这些区别主要表现为：(1)实现担保物权的特别程序裁定所涉内容狭窄，只能就抵押物等裁定予以拍卖、变卖；[①]而公证债权文书虽然也包括担保性债权文书，但主要是赋予主债权文书执行效力，因此，其范围要宽泛得多。(2)实现担保物权的特别程序裁定，须于抵押权人等担保权人与抵押人等担保人于事后协商不成，方可向法院提出强制拍卖、变卖担保物的申请；而涉及担保物权的公证债权文书则是担保人于订立担保契约之时即作出承诺，愿意在本方不履行担保义务的情形下，接受法院的强制拍卖与变卖。[②] (3)担保物权人申请实现担保物权，需要向法院举证其与担保人未达成实现担保物权的协议之证据，否则不能满足法院作出实现担保物权的特别程序裁定的要求；而公证债权文书的签发执行证书，则仅需要债权人(申请执行人)提供债务人(担保人)未履行债务清偿义务(或未履行担保之代为清偿义务)的证据，无须提供协商实现担保物权之证据。

(七)公证债权文书与其他执行依据的区别

除上述六大类民事强制执行依据之外，可以作为人民法院民事执行依据的生效法律文书还包括如下几种：

1. 特别行政区法院委托执行的判决书、裁定书和仲裁裁决书。我国《香港特别行政区基本法》第 95 条规定，香港特别行政区与全国的其他地区的司法机关通过协商依法进行司法方面的联系和相互提供协助。我国《澳门特别行政区基本法》第 93 条也作了相同的规定。按两个特别行政区“基本法”的规定，我国香港、澳门特别行政区法院的判决书、裁定书、调解书和两地仲裁机构的裁决书在内地法院不直接发生法律效力及执行力，而要通过一个承认特别行政区法院判决及仲裁机构裁决的法律效力及执行的程序；根据对等原则，内地法院所作出的判决、裁定、调解书及仲裁机构裁决书，在两个特别行政区的执行也是如此。2001 年 1 月 24 日最高人民法院公布《关于内地与香港特别行政区相互执行仲裁裁决的安排》，只要当事人的申请符合该安排第 3 条、第 4 条的要求，有关法院就应当受理。2006 年 7 月 14 日最高人民法院与香港特别行政区签署《关于内地与香港特别行政区法院相互认可和执行当事人协议管辖的民商事案件判决的安排》，根据该安排的规定，内地法院对符合条件的香港法院判决应当予以执行。2006 年 2 月 28 日最高人民法院与澳门特别行政区签署《内地与澳门特别行政区关于相互认可和执行民商事判决的安排》，2007 年 10 月 30 日最高人民法院与澳门特别行政区签署《关于内地与澳门特

① 按照我国《物权法》第 195 条的立法本意，应当是仅指抵押权的实现，在协商不成时可以采取径直申请法院拍卖、变卖抵押财产受偿。但民事诉讼法上则将其作了扩张性适用，应涵盖抵押权、质权、留置权等一切担保物权。

② 担保物的强制执行方式主要就是强制拍卖与变卖，以卖出之价款清偿债权。

别行政区相互认可和执行仲裁裁决的安排》,符合上述安排规定条件的判决、裁定、调解书及仲裁裁决书在内地都可申请执行。公证债权文书与特别行政区法院的判决书、裁定书和调解书,以及仲裁书的区别极大。一是文书制作主体存在巨大差异,二是适用法律存在巨大差异,三是作为执行依据的认定方式方法存在显著差异。

2. 人民法院制作的认可我国台湾地区有关法院民事判决的裁定书。1998 年 5 月最高人民法院印发的《关于人民法院认可台湾地区有关法院民事判决的规定》第 18 条规定,被认可的台湾地区有关法院民事判决需要执行的,依照我国《民事诉讼法》规定程序办理。2009 年 3 月 30 日最高人民法院印发的《关于人民法院认可台湾地区有关法院民事判决的补充规定》第 1 条第 2 款规定,经人民法院裁定认可的台湾地区有关法院民事判决,与人民法院作出的生效判决具有同等效力。申请人向人民法院申请执行的,人民法院应予受理。由此可见,我国台湾地区的民事判决书本身在大陆法院能作为执行依据,只有经大陆法院认可并作出裁定方始具有执行效力。公证债权文书与人民法院作出认可我国台湾地区法院的裁定书的区别显而易见,主要区别在于:公证债权文书的效力自依法制作完成就产生,而我国台湾地区法院的判决书必须经大陆人民法院裁定认可,才能在大陆法院产生执行效力。

3. 人民法院制作的承认外国法院判决的裁定书。根据国家主权原则,一国的司法文书只能在本国境内具有法律效力和执行力,在他国不发生效力。若需要在他国发生效力,则需要判决国与使用国之间建立有司法协助机制,经使用国法院认可方能在该国产生效力。我国《民事诉讼法》第 281 条规定:"外国法院作出的发生法律效力的判决、裁定,需要我国人民法院承认和执行的,可以由当事人直接向我国有管辖权的中级人民法院申请承认和执行,也可以由外国法院依照该国与我国缔结或者参加的国际条约的规定,或者按照互惠原则,请求人民法院承认和执行。"我国《民事诉讼法》第 282 条规定:"人民法院对申请或者请求承认和执行的外国法院作出的发生法律效力的判决、裁定,依照中华人民共和国缔结或者参加的国际条约,或者按照互惠原则进行审查后,认为不违反中华人民共和国法律的基本原则或者国家主权、安全、社会公共利益的,裁定承认其效力,需要执行的,发出执行令,依照本法的有关规定执行。违反中华人民共和国法律的基本原则或者国家主权、安全、社会公共利益的,不予承认和执行。"根据上述规定,公证债权文书与外国法院判决书作为执行依据大相径庭。首先,外国法院的判决在我国法院执行,需要具备一个前置条件,即我国与判决国共同加入的国际条约有规定,或者互相缔结有司法协助条约,或者双方采行互惠原则,否则不能被认可执行,而公证债权文书在自己国家执行无须这一前提。其次,外国判决在我国执行要经过"两关",一是审查承认在我国具备法律效力的裁定,二是需要执行的由裁定法院向执行法院发出执行令;而公证债权文书的执行无须经过如此烦琐的审查和指令程序。

4. 人民法院制作的承认外国仲裁裁决的裁定。1986 年 12 月 2 日第六届全国人民代表大会常务委员会通过了《关于我国加入〈承认及执行外国仲裁裁决公约〉的决定》，根据该公约，我国有义务对符合条件的外国仲裁裁决予以认可与执行。[①] 根据前述公约，我国《民事诉讼法》第283条规定，国外仲裁机构的裁决，需要我国法院承认和执行的，应当由当事人直接向被执行人住所地或者其财产所在地的中级人民法院申请，人民法院应当依照我国缔结和参加的国际条约，或者按照互惠原则办理。公证债权文书与外国仲裁裁决书作为在我国法院的执行依据相较，差异与前述外国法院判决的执行大体相同。

三、公证债权文书执行依据的构成要件

学理上，在研究民事执行依据时，通常都要通过对其型构因素加以分析考察，以辨析其机理与要件。以下笔者也循此方法，对作为民事强制执行依据的公证债权文书需要具备的形式要件和实质要件进行考察分析。

（一）形式要件

1. 应为生效的公证债权文书

民事执行法理论认为，只有已经生效的法律文书才能成为民事强制执行的根据，债权人不得以尚未生效的法律文书为依据请求法院强制执行，民事强制执行机构也不得以尚未生效的法律文书采取强制执行措施。[②] 这是因为未生效的法律文书，当事人之间的权利义务关系尚处于未最后确定状态，在一些双务契约关系中，甚至连债权人与债务人的法律地位都还没有最后确立，故不能启动执行程序。因此，法律文书要成为执行依据，必须表明其已经发生法律效力。公证债权文书是公证机构根据债权人与债务人（担保人）的共同申请，就当事人所达成的载明债务人（担保人）违约不履行偿债义务时，自愿接受债权人申请法院强制执行的一种债权文书。其生效的基础和判断点，是共同约定的债务履行期是否到来。如果到期债务人（担保人）已经履行了债务，债权债务关系即行消灭，不存在执行法上的生效问题；如果履行期限届满，债务人（担保人）未履行义务或履行不当，方始发生执行依据生效问题。

鉴于此，就公证债权文书符合执行要求的生效而言，这里的生效是指债权人与债务人约定的债务履行期限届至，债务人没有履行义务或者履行义务不符合规定的情况，也就是我国《民事诉讼法》第239条第2款规定的，“从法律文书规定的履行期间的最后一日起计算”，而并非债权文书签订成立之时的生效，也并非公证文书经审签人签发出具之日的生效，或者公证机构根据债权人的申请出具执行证书时的生效。具体而言，公证债权文书在执行法上作为生效法律文书的认定，是指由公证机构所出具的执行证书所载明的，债务人怠于履行公证债权文书确定的到期债务事实已经存在，债务人应接受强制执

---

① 但我国作了“互惠保留”和“契约性和非契约性商事保留”。

② 参见蓝贤勇：《民事强制执行法理论与实务》，人民法院出版社2004年版，第123页。

行的条件已经成立。

2. 应有明确的执行当事人

执行当事人，也称作申请执行人和被申请执行人，即民事执行法律关系中的权利人和义务人。按照执行法理，民事强制执行必须有特定的债务人，执行机关才有行使国家强制力的对象；同时，还必须有特定的债权人，民事强制执行所得的结果才有其必需的归属。强制执行公证所形成的执行依据，与其他执行依据有所区别的是，在形式上须由两个法律文书组合而成，一个是公证债权文书，另一个是执行证书。两个法律文书都应当载明执行当事人，否则就不能满足公证执行依据的形式构成要件。

在公证债权文书中，当事人包括债权人一方和债务人（担保人）一方，没有相对方，不能形成债权文书。这里有两个问题需要加以讨论：

其一，担保人在公证债权文书中的地位问题，担保法理论认为，担保合同是主债权合同的从合同，因此担保人应为主债务人之从债务人，鉴于此，前述债务人中应包含担保人。但最高人民法院关于《执行异议复议规定》第 22 条规定，主债权与从债权可以分开分别执行，即公证机构就担保合同单独赋予执行效力的，可以执行担保合同。那么，在独立的担保契约中，担保人是否变成主债务人？笔者认为，其依然是从债务人，这是因为担保权人与担保人所达成的债权文书之基础是建立在主债权法律关系之上，是为主债权文书之有效履行的一种辅助履行，是一种代偿关系。虽然在签发执行证书时，应将其立为被执行人，也就是执行中的对象和义务人，但从整个债权债务关系来看，担保人的从债务人地位并未改变。

其二，如何看待保函作为债权文书时保证人的法律地位。2017 年 7 月 13 日最高人民法院、司法部和银监会联合印发《关于充分发挥公证书的强制执行效力服务银行金融债权风险防控的通知》，该通知规定，公证机构可以对各类担保合同、保函赋予强制执行效力。在实务中，银行作为担保人出具的法律文书称为独立保函或独立担保，是一种通常由银行（保函开具人或担保人）根据其客户（申请人）的指示，为担保该客户与第三人的交易关系，向该第三人（受益人）开具的、许诺见索或见单支付一定金额的书面凭证。理论上认为，其是一种与普通“保证”并列的，具有高度独立性的“人的担保”。① 目前，法律上对其规范欠缺，如何准确界定其法律地位尚待解决。对这种单纯承诺义务的文书是否符合赋予执行效力，在实务上不无争议。笔者认为，可以将其视为是契约关系中的实质性承诺，是对指示保函开具人和被担保人的担保要约的一种承诺，将二者合并起来理解即可判定为债权债务关系，完全可以赋予强制执行效力。倘若其违反担保义务，构成执行事实，则可将第三人（受益人）确立为债权人，出具保函的银行立为债务人。不过笔

① 参见李世刚：《独立担保规则本土化的体系定位与路径分析》，载董学立主编：《担保法理论与实践》（第 2 辑），中国法制出版社 2016 年版，第 185 页。

者认为，银监会同意银行保函经公证赋予执行效力的目的，还在于保函开具人依据保函履行支付义务之后，享有向申请人（基础关系之债务人）进行追偿的权利，因此，对这种追偿权契约所进行公证并赋予强制执行效力才应当是上述通知规定的本意。

3. 需要载明应执行的事项与具体内容

执行的事项，在公证债权文书中即为债务人承诺接受执行的财产状况与类型，如给付金钱、有价证券或者物品，以及其具体的金额、数量、质量等。由于公证债权文书范围较广，涉及的债之标的也相对宽泛，因此执行事项的内容也比较复杂，有必要对以下几种情况加以讨论。

首先，公证债权文书中是否可以约定以物抵债，即在债务人不按期履行给付义务时，径直将其财产如车辆、房产等抵偿债权人以清偿债务。法理上认为，在执行法上的以物抵债，是指在民事强制执行过程中以被执行人所有的财产折价交给申请执行人抵偿生效法律文书确定的债务的一种强制措施。[①] 但这是在执行程序中所采取的强制措施，并非指的是双方当事人于事前所约定抵偿，事后交付执行的情况。对此法律没有明确规定，也无明令禁止。笔者认为，虽然我国《公证程序规则》规定的公证机构赋予债权文书强制执行效力的给付内容中并不包括抵偿财产，尤其是不动产之抵偿，但基于抵偿是一种金钱变价折价方式的给付，相当于金钱给付之替代物，故应属于可以由私权自己设定的偿债方式。至于事先约定抵偿和事后协商或强制抵偿，都是一种抵偿关系，目的都是清偿债务实现债权，因此，应持肯定之态度。

其次，关于保证人给付内容的问题。保证属于人的担保，在签订担保债权文书申办赋予强制执行效力公证时，保证人承担保证责任的财产范围并不确定。理论上认为，保证人是以其人格及全部财产作为担保标的。鉴于此，在签发执行证书时，对保证人作为被执行人的，公证机构无法确定其被执行的财产，而只能以债权人未受清偿的债权部分来确认保证人应予代为清偿的财产数量。这与民事执行对执行依据须确定内容的要求表面看似乎形成冲突，但实质上并不相抵牾。既然保证人是以人格作保，那么其人格须由信誉构成，而信誉又必然涵盖其财产和道德人品两个主要方面，因此对"人"的执行也就是对人之财产的执行，财产的范围理应及于该保证人的全部财产。

最后，还有必要讨论执行公证债权文书所载内容中的实现债权的费用问题。按照我国《担保法》的规定，债权人实现债权的费用应当由债务人承担。实现债权的费用范围比较宽泛，通常包括：债权所生之利息、罚息、违约金、损害赔偿金以及为实现债权所支付的诉讼费用、律师费用、通知费用、催告费用等，当然也包括债权人申请公证机构签发执行证书的费用。根据民事执行法规的要求，债权人实现债权的费用应当在执行依据中具体载明，否则可能导致无法执行。其中，在强制执行公证实务中比较难以确定的是律师费

---

① 参见蓝贤勇：《民事强制执行法理论与实务》，人民法院出版社 2004 年版，第 267 页。

用。有的债权人甚至故意加大现实债权费用中的律师费,公证机构却无法准确核定。在当事人实现债权的过程中,是否需要支出律师费以及具体支出了多少往往是一笔糊涂账。由于经公证赋予强制执行效力的债权文书在实现债权时不经过诉讼环节,而是只需要债权人单方申请公证机构出具执行证书即可得到实现,故而以常识判断,此类案件中的律师费用支出不可能太高。即便将债权人于债务人违约时聘请律师追讨债权的费用一并计算在内(如发送律师催告函、亲自上门催收等),其所支出的律师代理费一般也要比诉讼律师代理费用低廉。然而在现实中,一些债权人要求公证机构确认执行的标的中律师费用的数额却大得惊人,有的债务人欠款(本息合计)仅三四十余万元,债权人所主张的实现债权的律师就多达二三万元,占所主张执行主债权总额的10%以上。这是极其不合理的,甚至不无共谋损害被执行人利益的嫌疑。

债权人在实现债权时,一并将为了实现债权所花费的支出讨要回来,本是天经地义的事情,同样也被担保法、物权法所明确支持。如我国《担保法》第21条规定:"保证担保的范围包括主债权及利息、违约金、损害赔偿金和实现债权的费用。保证合同另有约定的,按照约定。"我国《担保法》第46条有关抵押担保的范围条款中,也有与之相近的规定。我国《物权法》第173条将担保物权担保的范围完善为:主债权以及利息、违约金、损害赔偿金、保管担保财产和实现担保物权的费用。但当事人另有约定的,依其约定。权威解读对上述物权法上规定的实现担保物权的费用列举为:"申请拍卖的费用、担保物评估的费用、拍卖担保物的费用"等,①其中并未列举律师费用。可见,在有担保物权的情形下,通常系以拍卖、变卖担保物受偿,故而实现债权的主要花费不是律师费用,而是评估费、拍卖费等中介费用。鉴于实现债权的律师费用伸缩性、可塑性极大,且其合理性也殊难评估,因而,公证机构有必要采取积极措施来应对,以避免债务人承担过重的偿付债务负担,以彰显公证制度的公正公平价值。具体方法方面,可采行以下不同的措施来予以规范和处理:第一,建议债权人与债务人、担保人在订立赋予强制执行效力公证的债权文书时,一并在契约中约定债务人违约后债权人实现债权的费用中律师费的负担比例(或者具体数额),让债务人、担保人在违约时能够"死得明明白白"。第二,对那些无法直接修改契约条款的格式文本债权文书,可建议当事人另行签订一份补充协议,主要对债务人、担保人不履行偿债义务时,所应承担的实现债权费用比例或者具体数额(主要是对律师费的计算比例或数额)进行明确约定。或者由债务人、担保人单方向公证机构出具一份承诺书,载明公证机构在签发执行证书时,其所愿意负担的实现债权费用中律师费的数额或计算比例。第三,如果是已经生效的公证债权文书中未载明实现债权之律师费的计算方式或数额,在债权人申请签发执行证书时,公证机构应当要求债权人提交已支出律师费用的发票(包括聘请律师主张本案债权的合同等证明材料)。公证机构应当

① 参见郭明瑞主编:《中华人民共和国物权法释义》,中国法制出版社2007年版,第331页。

就债权人所支出的律师费用的合理性比照律师代理收费标准予以核定。同时,还应将债权人主张的该实现债权的律师费金额与所主张的主债权金额一并函告被申请执行人,让其对所欠债务及债权人主张的实现债权费用是否有疑义表达意见,倘若被申请执行人无异议或者在合理的期间内不置可否,则公证机构可按不高于律师代理诉讼案件收费标准的比例,支持债权人的请求,将该笔实现债权的律师费用列入被执行标的之中。①

(二)实质要件

1.须具有给付内容

按照我国《公证法》第37条的规定,赋予强制执行效力的公证债权文书,应为载明具有明确的给付内容的债权文书。所谓给付,理论上的通说认为,是指债务人实现债的内容的行为,包括交付财产(如交付一定数额的金钱或其他物),以及为一定行为(包括作为和不作为)。② 民事执行法律法规规定,只有当生效的法律文书具有明确的给付内容时,法院才能作为民事强制执行的依据。然而令人困惑的是,根据司法部《公证程序规则》第39条的解释,公证债权文书的给付内容只能是给付"货币、物品、有价证券",并不包括行为。对此,有必要探讨其应作何解读与适用。

史尚宽先生认为,"行为者,人之精神作用,意识的现于身体之状态也"。③ 具体而言,也就是人受思想支配而表现在外面的活动。因此,西方法谚曰:"行为显示意图""不作为也是行为"。行为作为给付方式的民事执行,与财产作为给付方式的执行存在明显的不同。执行财产的措施,可以通过查封、扣押、冻结等强制手段直接作用于财产。而行为与人身有密切的联系,强制执行措施往往不能直接作用于行为,只能通过间接的方式作用于某些行为,从而实现给付。法理上将这些可以实现给付的行为统称为替代行为。④可替代行为,是指作为给付内容的行为可以通过第三人以及民事执行机构的代为实施来完成。对可替代行为的执行,世界各国普遍采取的民事执行措施都是指定第三人代为履行或由执行机构直接实施,由此产生的费用由被执行人承担。可替代履行的行为不仅包括作为行为,也包括不作为行为。关于不作为义务的替代履行,《秘鲁民事诉讼法典》第711条规定:"执行令中应勒令被执行人在10天期限内拆除,及如果情况要求,放弃继续作为,警告不履行的后果为由义务人承担费用强制排除。如未履行,则实现上述警告。"我国《民事诉讼法》第252条规定:"对判决、裁定和其他法律文书指定的行为,被执行人未按执行通知履行的,人民法院可以强制执行或者委托有关单位或者其他人完成,费用由被执行人承担。"

① 参见李全一:《对签发执行证书几个争议问题的看法》,载《中国公证》2017年第2期。
② 参见孙加瑞:《中国强制执行制度概论》,中国民主法制出版社1999年版,第168页。
③ 史尚宽:《民法总论》,中国政法大学出版社2000年版,第302页。
④ 参见童兆洪:《民事执行权研究》,法律出版社2004年版,第210页。

由此可见,行为作为公证债权文书的给付标的在理论上是没有问题的,在法律规范上也是符合规定的。现在需要讨论的是,哪些种类的债权文书中存在行为给付的可能,以及公证如何赋予其执行效力。笔者认为,在许多情形下,都可能存在行为的给付问题,如在工程施工、安装装修、运输、投递等法律关系中,但就公证债权文书而言,最具探讨价值的也是最为普遍的则是租赁债权文书。目前业界普遍认为,租赁合同可以经公证赋予强制执行效力,但大多趋向于只对其中的承租人拖欠租金的给付赋予执行效力,也就是说,租赁合同的执行标的为租金及其相关费用。其实,租赁契约是双务契约,出租方须先行履行交付租赁物于承租方的义务,同时还需要承担保证租赁物无权利瑕疵以及能够合理使用,在租赁过程中尚需担负修缮之义务。如果出租人怠于履行这3项法定义务,也会给承租人带来损失。倘若我们仅对租赁合同的承租方给付租金的内容赋予执行效力,而罔顾出租人之给付义务,则不无显失公平之虞。鉴于此,我国租赁债权文书强制执行公证也应当在当事人有明确要求的情形下,对双方的对待给付给予强制保障的对等保护。同时,也可探讨对租赁期届满后承租人怠于腾退交还租赁物的情形赋予执行效力,此种应为而不为的现象,在租赁法律关系中也较为普遍,且解决之道并不通畅。关于租赁债权文书强制执行公证的问题,本书后面将辟专章加以讨论,此不赘述。

2. 须载明债务人愿意接受强制执行的承诺

该实质要件应为公证债权文书依据所独有。在法院司法文书执行依据中,由于判决、裁定都是裁判者依据证据事实所作出的评判,故不存在债务人承诺的问题,仲裁裁决亦然;在司法调解书中虽然双方系协商一致达成债权履行关系,但也不需要以债务人作出接受强制执行约束为前提;在行政处罚中,由处罚权实施者依法强令债务人履行义务,更不存在债务人自愿承诺的问题。债权文书中载明债务人不履行或者不适当履行义务时,愿意接受强制执行的承诺,也是公证债权文书得以作为民事强制执行依据的最具实质性意义的内容。

理论上认为,凡私权领域的事项应由当事人依意思自治原则处分,法律不加以强行干预。换言之,在民商事领域,法律奉行的是"自己是自己利益的最佳判断者"之原则,在不触犯法律底线亦即法律的禁止性规范时,当事人拥有处理一切事务之自由。公证作为一立足于中立、客观、公正地对私权行为、事实与文书加以证明的机构,没有强制权力,亦无主动干预民商事生活的职能。公证债权文书之所以被法律设定为民事强制执行的根据之一,其理由主要在于私权主体双方愿意将自行处理之事务交予中立、公正的公证机构审查证明,并据此取得一个法律上认可的强制信用,便于在一方当事人违约时,另一方当事人交予法院以公力方式予以维护。其中,债务人愿意接受违约时之强制执行的承诺,是债务人于订立债权文书时为自己诚实履约作出的一个最终保证,相当于民间交易中人们使用的那种"毒誓",只不过公证债权文书中的这个"毒誓",是借助于国家强制力的措施来实现。

由此可见,债务人承诺接受执行是左右债权文书是否可以经公证赋予强制执行效力的必备要件。是故,倘若债权文书中债务人无此承诺,公证机构就不能对其强加执行效力。实务中存在的问题是,有的债权文书虽有承诺,但承诺不具体、不明确,这并不能满足该要件的构成;有的债权文书中主债权合同承诺具体、明确,而从债权文书无此承诺或者承诺不明确、具体,故只能就主合同赋予强制执行效力,而从合同应予豁免;有的债权文书虽然合同文本上写有债务人承诺,但可能是其在不得已的情形下而为之,在公证审查中也应当予以剔除。总而言之,这里的债务人接受执行承诺:第一,必须是与债权人协商一致的;第二,必须是完全自愿的;第三,必须是确知承诺之法律后果的;第四,必须是明确、具体的。否则就存在承诺瑕疵,不能经公证赋予强制执行效力。

第三章　强制执行公证的适用范围

强制执行公证的目的，是通过公证证明的方式固定债务人向债权人表达的自愿接受法院执行的意思表示，从而使债权人于事先确定地获得一个执行根据，以便在债务人怠于偿债或偿债不适当的情形下，申请法院以公力救济的方式快速、便捷地实现债权。从某种意义上来讲，可以将强制执行公证看作法院让渡裁判权给公证机构的一种准司法制度。也正是由于其从本质上来讲是一种司法权的延伸配置关系，或称院外配置关系，就必然存在一个国家立法部门是否同意将一部分司法权配置到审判机关之外，以及分解多少司法资源出去的问题。换句话说就是一个国家司法部门愿意在多大程度上、于多大范围内自愿旁落这一权力的问题。正是在这一论域内，存在或者需要讨论强制执行公证的适用范围问题。

第一节　各国强制执行公证适用范围的考察

强制执行公证制度并非为世界上的普适性法律制度，其主要在大陆法系国家的民事诉讼法及其执行法上被认可，而英美法系国家严格遵循执行根据的法院既判性，故而并不承认公证文书具有执行力。即使在大陆法系国家，也有不认为公证书具有执行力的，如丹麦等。自古以来，在欧陆奉行拉丁公证制度的国家，大多承认公证书在一定条件下可以作为执行名义，而无须诉讼，债权人即可据此执行公证书申请法院对债务人实施强制执行。① 但

---

① 参见郑云鹏：《公证法新论》，台北，元照出版公司2015年版，第389页。

在拉丁公证各国,对哪些债权文书允许公证人作成具有执行力的证书则又存在不同的认识和规定,形成了普遍具有执行力和部分具有执行力的不同公证类型。

一、强制执行公证普遍适用的法例

公证文书普遍具有执行力的法例,首推于1803年3月16日颁布的《法国公证法》,也称"风月法"。该法第19条规定,法国公证人制作的所有公证书,在法兰西共和国境内均具有执行力。但《法国公证法》上的这一制度也是经历了一个长期的演绎过程,才得以固定。据日本学者中村英郎考证,法国于14世纪时开始承认公证证书制度,但一开始仅承认盖有国王印信的公文书具有证书效力,到1533年时开始承认私文书经公证也具有这一效力,直到1803年《法国公证法》颁布并经1804年《拿破仑法典》的认可,公证人依法律所定方式记录制作的公证书,才被法院予以依法执行。① 按照法国公证人的解读,其实,法国公证书的执行力也主要体现在债权文书范围内。即"如果债权人出具的债权证明是含支付确定债务的公证文书原件,其不需要求助法庭判负债务人即可要求执行。他只需将执行副本交付执达员,由其启动执行程序……拥有执行文书(公证证书)的债权人可以不经审判,而进入扣押分配程序。这样只要其债务人是有效债权的持有人,债权人可以迅速得到偿付。他还可以不经司法允许,取得临时担保"。② 因此,并不像我们从字面理解的那样,所有的法国公证书都可以申请法院无条件地执行,事实上,公证书的执行力也主要体现在有给付内容的债权文书上才具有执行的意义,而且有给付内容的债权文书中涉及身份关系的公证书通常也是无法执行的。

此外,奥地利强制执行公证书的适用范围也比较宽泛。《奥地利公证法》(1962年修订版)第3条规定:"公证书具有下列情形之一者,视同法律成立之和解而有执行力:(1)确定之作为给付或不作为给付,但对于非不动产所有人或共有人之请求迁让全部或一部房屋者,不在此限;(2)从证书之记载可知债权人与债务人之区别,及作为给付或不作为给付权利之种类、标的、方法、范围及履行期者;(3)有关第一项之债务经和解许可者;(4)债务人在公证书或其他公证证书上承认证书得为即时执行者。"可以看出,《奥地利公证法》上的强制执行公证适用范围十分宽泛,其不但对有积极给付内容的债务人可以执行,对消极给付,如竞业禁止等容忍义务也可以执行;不但对动产可以执行,也可以对不动产债务人予以执行。日本学者认为,"这是将公证书的执行力扩张至关于代替性作为请求权,不代替性作为请求权及不作为请求权之执行"③的典型法例。

---

① 参见郑云鹏:《公证法新论》,台北,元照出版公司2015年版,第390页。

② [法]让·叶戈、让-佛朗索瓦·皮伊布:《公证执业法》,唐党译,法律出版社2008年版,第98~99页。

③ [日]石川明:《强制执行法案と要纲案公正证书》,载石川明:《强制执行法研究》,酒井书店1977年版,第49页。

二、强制执行公证部分适用的法例

在承认强制执行公证制度的国家和地区中，多数均为仅支持公证书在一定的债权文书范围内具有执行力。

德国早期对执行公证书的范围并未加以限制，范围十分宽泛。至1877年《德意志帝国民事诉讼法》才以立法形式，将执行公证书的范围限制在须以"证书内所载之请求，系以给付一定金额或其他代替物或有价证券之一定数量为标的者"。[①] 2000年修订的德国新《民事诉讼法》第794条第1款第5项规定，强制执行有下列情形，亦得为之："德国法院或德国公证人于其职权范围内，依据法定方式所作成之公证书，但此证书系证明一定数额之金额，或其他代替物或有价证券一定数量之给付为标的的请求权，且证书载明债务人应径受强制执行者为限。基于抵押权、土地债务、定期金债务或船舶抵押权之请求权，视为以金钱给付为标的之请求权。"[②]由此可见，德国民事诉讼法上承认的公证债权文书，仅指给付金钱及其替代物或有价证券为内容的债权文书，其他给付内容的债权文书原则上不能作为强制执行公证的证明事项。

深受《德国民事诉讼法》思想影响的《日本民事执行法》第22条第5款规定："以支付一定数额之金钱或以给付其他代替物或有价证券之一定数量为目的之请求，由公证人作成公证书，载明债务人愿径受强制执行者"，具有执行力。而深受日本法律影响的《韩国民事执行法》，其公证债权文书的范围也与日本趋同。[③]

第二节　我国强制执行公证的适用范围

我国强制执行公证的适用范围，是一个随着国家经济建设的发展以及法律制度的完善而逐步开放、逐渐宽泛的渐进过程，其间经历了几个不同但具有递进关系的发展阶段。

一、中华人民共和国成立初期的适用范围

中华人民共和国初期，虽然废除了"六法全书"，不再适用之前颁布的公证法和强制执行法，但公证制度和公证中的强制执行业务依然在改造中得到保留和发展。从强制执行公证实务来看，由于在该阶段公证机构附设于人民法院，属于法院的内设机构之一，故而在一段时期内，强制执行公证的范围有所扩大。

东北是解放较早的地区之一，在中华人民共和国成立之前即已经建立了人民政权，

① 郑云鹏：《公证法新论》，台北，元照出版公司2015年版，第396页。

② 谢怀栻译：《德意志联邦共和国民事诉讼法》，法律出版社1984年版，第206页。

③ 参见［韩］姜大成：《韩国民事执行法》，朴宗根译，法律出版社2010年版，第49页。

因此,其也是我国公证事业发展最早的地区。1951 年 3 月经东北人民政府司法部修改,沈阳市公布《人民法院民事强制执行暂行办法》,其中明确规定人民法院公证人作成的给付金钱或物品的公证证书,是法院执行的根据之一。① 该暂行办法规定的强制执行公证适用范围较窄。1951 年 4 月 10 日最高人民法院、司法部联合印发的《关于保护国家银行债权问题的通报》中明确要求,各地人民法院应迅速建立公证制度,在认证契约时可参照上海市人民法院公证处的做法,载明强制执行条款,"嗣后如有一造当事人违约,对造当事人即可请求法院依照契约执行"。② 这里提出的要求中,并未限制契约内容,从中可以看出,当时最高人民法院和司法部有扩大强制执行公证适用范围的意图。这种扩大强制执行公证适用范围的意图,在 1951 年 5 月北京市人民政府公布的《北京市人民法院公证暂行办法》中即变成了明确规定。该暂行办法第 6 条规定:"有关公私关系之契约,应于公证书内载明如一方违约得据以强制执行。私人间之契约,亦得于公证书内载明如一方违约得据以强制执行。"③按此规定,凡是契约,均应当经公证并赋予强制执行效力。

但不久,便发现强制将所有公私契约一律办理强制执行公证,可能有违当事人的意志,故又有所收缩。如 1952 年 6 月 20 日中南军政委员会公布实施的《中南区公证试行办法》第 4 条规定:"公证室作成之公证书与认证私证书,得依事件之性质,载明强制执行字样。事后如当事人之一方不履行时,得不经诉讼手续,由他方当事人申请法院强制执行。"在这一规定中,很明显,对要求须按照"性质"对公私契约赋予执行力。④ 1954 年 4 月 1 日武汉市公布的《武汉市人民法院公证暂行办法》第 2 条对公私契约的强制执行公证范围,也加以了限制,要求"得依事件之性质载明强制执行字样"。⑤

1955 年 3 月 29 日司法部函复上海市高级人民法院,同意公证处试办"执行许可的证明"时,限制人民法院公证处滥用强制执行公证职能的意图不言自明。该复函指出:"一、证明可以执行的范围,在开始试办期间,应暂限于关于国家机关、国营企业向私营企业或公民追偿一定金额的债务。二、必须说明,有些地方的公证员往往就在办理公私合同的公证证明时,在证明书上载明'如一方违约,得根据对方申请准予强制执行'字样,这样做

---

① 参见北京政法学院编:《中华人民共和国审判法参考资料汇编》(第 4 辑"民事诉讼"),1956 年,第 195 ~ 198 页。转引自蔡煜:《中国公证史编年(1902—1979)》,上海人民出版社 2019 年版,第 243 页。

② 中华人民共和国司法部编:《中华人民共和国司法行政历史文件汇编(1950—1985)》,法律出版社 1987 年版,第 750 ~ 754 页。

③ 东北人民大学民法、刑法教研组:《中华人民共和国法院组织、诉讼程序参考资料》(第 1 辑),东北人民大学研究部教材出版科 1954 年版,第 251 ~ 252 页。转引自蔡煜:《中国公证史编年(1902—1979)》,上海人民出版社 2019 年版,第 248 页。

④ 参见蔡煜:《中国公证史编年(1902—1979)》,上海人民出版社 2019 年版,第 252 ~ 253 页。

⑤ 武汉市人民法院编:《政策法令参考手册》(第 4 辑),1954 年 8 月 1 日,第 164 ~ 165 页。转引自蔡煜:《中国公证史编年(1902—1979)》,上海人民出版社 2019 年版,第 272 页。

是不妥当的……此外,如国营公用事业企业向债务人追偿水电费等亦得为执行许可证明。"[①]从上述要求中,我们至少可以看出当时司法部对强制执行公证范围的态度是:第一,限于国营企业向私营企业或个人追索债务;第二,这种债务应为一定数额的金钱债务。这实际上,是在要求全面收窄强制执行公证适用的范围。

但司法部的这一态度,在随后的一年似乎又有所变化。1956 年 1 月 31 日司法部印发《关于公证业务范围问题的通知》规定,"对于没有疑义的债权文书,证明有强制执行的效力,并发交债务人所在地的基层人民法院执行"。[②] 这一通知规定,并没有限制债权文书的范围,只要求"没有疑义"的债权文书即可经公证赋予执行效力。这一态度,在 1956 年 9 月司法部对江苏省司法厅《关于证明有强制执行效力的范围问题的请示批复》中两次体现。该批复指出,"关于'证明有强制执行的效力'的范围问题:一九五六年一月三十一日本部所发《关于公证业务范围问题的通知》中第二项所规定'证明有强制执行的效力',是指'没有疑义的债权文书'而言,不是凡是经过公证证明的合同(契约)发生违约都可以证明有强制执行的效力。对于确无疑义的债权文书,不论确立债权的当时是否经过公证证明,就在事后应履行而不履行时,公证机构也可以证明有强制执行的效力。但必须具备两个条件:对债权没有纠纷;债务人有履行能力。"[③]

此后,随着公私合营、对私营企业的社会主义改造、农村强制合作化的左倾思潮泛滥,强制执行公证受到冲击,甚至受到一些学者上纲上线的批判。[④] 强制执行公证逐渐式微,直至消失。

二、《公证暂行条例》颁布初期的适用范围

1979 年公证恢复重建,强制执行公证并未立即恢复办理。1982 年 4 月 13 日国务院颁布《公证暂行条例》,正式确立中华人民共和国的强制执行公证制度。《公证暂行条例》第 4 条关于"公证处的业务"中第 10 项规定:"对于追偿债款、物品的文书,认为无疑义的,在该文书上证明有强制执行效力。"应该说,此时所规定的强制执行公证事项非常

---

① 中华人民共和国司法部编:《中华人民共和国司法行政历史文件汇编(1950—1985)》,法律出版社 1987 年版,第 375 ~ 376 页。转引自蔡煜:《中国公证史编年(1902—1979)》,上海人民出版社 2019 年版,第 291 ~ 292 页。

② 中华人民共和国司法部编:《中华人民共和国司法行政历史文件汇编(1950—1985)》,法律出版社 1987 年版,第 389 ~ 390 页。转引自蔡煜:《中国公证史编年(1902—1979)》,上海人民出版社 2019 年版,第 309 ~ 310 页。

③ 中华人民共和国司法部编:《中华人民共和国司法行政历史文件汇编(1950—1985)》,法律出版社 1987 年版,第 396 页。转引自蔡煜:《中国公证史编年(1902—1979)》,上海人民出版社 2019 年版,第 323 ~ 324 页。

④ 如 1957 年 8 月 1 日,上海法学会、华东政法学院出版的《法学》第 4 期发表陈六书的文章《正确地推行国家公证制度》,文章中批判指出:"某些地方采取'内部控制'的变相强制公证的做法,是违反马列主义的工作原则的。"转引自蔡煜:《中国公证史编年(1902—1979)》,上海人民出版社 2019 年版,第 346 页。

狭窄,只能在追偿债款和物品这一比较单一的金钱、物品债权文书中适用。

但在实务中却有着对强制执行公证范围扩大的需求,一些地方的公证机构也进行了一些扩大性的实践,引起法院的执行困惑。1985 年 4 月 9 日最高人民法院、司法部针对湖北省高级人民法院的请示,作出《关于已公证的债权文书依法强制执行问题的答复》强调,公证机构赋予强制执行效力的债权文书,仅限于《公证暂行条例》第 4 条第 10 项规定的"追偿债款、物品的文书"。并且,"要经过审查,认为这种追偿债款、物品的文书是无疑义的,公证机构才在该文书上证明有强制执行效力"。[①] 也就是说在该时期,最高人民法院和司法部都不想扩大强制执行公证的范围。随之而来的,是对有担保的债权文书是否可以经公证赋予执行效力产生争论。虽然《公证暂行条例》对有担保的债权文书是否可以进行强制执行公证未予限制,但是公证实务界与主管部门都对此持肯定态度。一个明显的例子是,1990 年司法部在〔90〕司公字第 123 号《关于可以出具对担保人强制执行公证文书的批复》中指出:公证机关出具有强制执行效力的公证债权文书,亦适用于作为连带债务人的担保人;"只要合同真实、合法,事实清楚……公证处可以按照有关规定出具对担保人强制执行的公证文书"。据此,公证实务中扩大适用的现象明显增加。如根据当时的权威公证实务指南书籍的解读,公证机构可以对追偿债款、物品的以下债权文书证明具有强制执行效力:(1)还款(物)协议、借据(欠单)等单务合同、书契;(2)公民间订立的赡养协议、扶养协议、财产分割协议、财产互换协议、典当协议;(3)借款合同;(4)抵押合同、财产担保合同;(5)股票、债券等债权文书;(6)买卖(购销、赊销)合同、加工承揽合同、运输合同、建筑工程承包合同、财产租赁合同、联营合同、合伙协议等;(7)各类承包合同、企业租赁合同、土地使用权出让(转让)合同、宅基地使用合同。但后两项所列债权文书的执行标的仅限以下内容:一是约定的违约金、罚金;二是应交付的特定动产(特定物);三是应返还的定金、预付款(含债权人已经垫支的各种款项)、租赁物、土地等财物;四是拖欠的借款、货款、加工费、劳务费等。[②] 显然,这份强制执行公证债权文书清单所列举的事项,已经明显突破了"追偿债款、物品"之债权文书的范畴。按照《公证暂行条例》对强制执行公证债权文书的限定,其本义应当是:其一,公证机关只能对单务债权文书证明具有强制执行效力,但前述清单中的借贷、典当、财产互换、租赁等契约却是明显的双务行为。其二,涉及抵押、土地使用权的回收等的债权文书,已经突破了"物品"的范畴,因为物品一般是指动产,抵押物则有可能或者说在大多数时候为不动产,而土地则更是典型的不动产。其三,追偿债款、物品的债权文书,从字面上理解,应该是指在债务履行期届满之后,债务人怠于偿债或者暂无能力偿债的情况下,与债权人就偿付债款、物品达成的偿债还物契约,而前述清单中的部分债权文书却明显属于建立债权债务关系的交易

---

① 参见司法部公证司编:《公证规章集成》,法律出版社 1992 年版,第 444 ~ 445 页。

② 可参见江晓亮等:《公证实务指南》,中国社会科学院出版社 1993 年版,第 265 ~ 266 页。

契约。其四,在《公证暂行条例》第4条规定的公证机构可以证明具有执行效力的债权文书中,并不包含有价证券,但前述清单中则明确提出股票、债券等债权文书可以作为强制执行公证的客体。

综上所述,笔者认为,在《公证暂行条例》实施后的一段时期内,在实践中,强制执行公证债权文书的范围显然突破了该行政法规的规范,同时也得到了法院的认可。对此,我们从司法部的一些规范性文件中也可以得到印证。1990年12月12日司法部第13号令公布《公证程序规则(试行)》,其中第35条明确规定,公证机构赋予强制执行效力的债权文书范围应包括"给付一定货币、物品或有价证券"的内容,首次在规范性文件中提出"有价证券"的债权文书是强制执行公证的适格客体。1992年8月12日司法部印发的《关于办理民间借贷合同公证的意见》第4条规定,在民间借贷合同经公证机关公证后,若借款人到期不偿还借款(包含利息)时,公证处可以根据出借人的申请,出具强制执行证书,由出借人向有管辖权的人民法院申请强制执行。[①] 虽然当时的民间借贷主体范围还受到一定的限制,即只有公民之间、公民与非金融机构的法人和其他组织之间的民间借贷才受到法律的保护,但民间借贷合同是双务合同,同时,根据事后出具执行证书的程序设置,可以看出,强制执行公证的民间借贷债权文书应为借贷合同本身,而并非追偿债款的合同。1992年12月31日司法部印发《抵押贷款合同公证程序细则》,明确规定公证机构可以办理抵押贷款合同公证,对合同中有强制执行约定的,公证处应赋予该公证书强制执行效力。1993年2月27日司法部公证司印发《关于单位和职工住房抵押贷款公证问题的复函》,其中第2条规定:"除抵押贷款合同必须办理公证外,公证处可以办理的业务项目还有:第三方保证合同、抵押财产保险合同、借款人主体资格证明、借款人财务计划、会计报表确认证明等公证事项。在借款合同中应有'强制执行(拍卖抵押物)'条款,确保合同的履行。"从这些规范性文件中,不难看出,司法部有意识地在积极推动强制执行公证业务向更加宽泛的领域拓展。

然而,理论界在该时期仍然存在不同的声音。一是反对为有担保的债权文书办理强制执行公证,二是认为公证机构不能赋予双务契约强制执行效力。关于担保文书不能赋予强制执行效力,其理由为:担保文书是复杂的债权文书,担保人往往是在债权债务发生争议后才承担责任,不符合公证机构赋予强制执行效力须对债务履行无争议的规定。关于不能赋予双务契约执行效力的理由为:合同一般都是双务的,合同双方当事人既互相承担义务又相互享有权利,而追偿债款、物品的债权文书则是单务的,即一方只享有权利而另一方只承担义务。[②] 可见在这一时期,理论与实务界、公证与司法界对强制执行公证适用范围的认识,仍然存在较大分歧。

---

① 这也是在司法部有关公证的规范性文件中,第一次出现出具执行证书的提法和要求。

② 参见孙加瑞:《中国强制执行制度概论》,中国民主法制出版社1999年版,第203页以下。

三、《联合通知》背景下的适用范围

20 世纪 90 年代初、中期，为贯彻落实国务院《公证暂行条例》和司法部《公证程序规则(试行)》，各省、自治区、直辖市相继颁布地方公证法规，纷纷在实践的基础上对强制执行公证债权文书的范围作出了相对宽泛的规定。如《山西省公证规定》第 8 条第 7 项规定："债权债务状况及债务的履行或不履行，对债权文书，认为无疑义的，可赋予该文书强制执行效力"，而并未限定债权文书的范围。《吉林省公证条例》第 9 条规定，对担保合同可以赋予强制执行效力。在此背景下，司法界和公证主管部门都认识到有必要在《公证暂行条例》的基础上，对强制执行公证的适用范围进行适当的放宽。有学者认为，在 20 世纪末 21 世纪初，突破传统公证债权文书的范围已是大势所趋：一是实践的需要。其认为自 1982 年《公证暂行条例》实施以来，社会经济生活发生了巨大的变化，随着经济的发展，经济主体多样化、经济关系复杂化逐步加深，效率与公平成为社会发展的主题，人们对强制执行公证的需要也日益增加。许多地方制定了地方性规定，将强制执行公证的范围扩大以适应实践的需要。二是公证事业的发展为扩大强制执行公证范围提供了条件。其认为公证队伍、公证文书质量、公证程序都对适当扩大范围创造了必要条件。三是法院诉讼案件大量增加，需要加以消解，强制执行公证范围的适当扩大，有利于减轻法院的审判负担。[①] 在法院和司法行政管理部门双方的共同努力下，2000 年 9 月 1 日最高人民法院、司法部联合印发的《联合通知》，对上述现实需要与实践经验进行了回应与固定。从《联合通知》的具体规定来看，公证机构赋予强制执行效力的债权文书范围，较《公证暂行条例》而言明显有所扩大。其中，最突出与明显的扩大和放宽，按照《联合通知》的主要起草人江晓亮先生的解读，就是增加了"借款、租赁等双务合同"允许公证机构赋予强制执行效力，这是"对传统观念的重大突破"。[②] 的确如此。按照《公证暂行条例》的规定，强制执行公证的债权文书应当是单纯的追偿债款和物品的单务合同，虽然 1990 年的《公证程序规则(试行)》，将"债款和物品"扩展为"货币、物品、有价证券"，但仍未解决只能在单务债权文书上赋予强制执行效力的尴尬局面。因此，《联合通知》将范围扩大到借贷、借用、租赁等双务契约的规定，无疑是一个重大的突破。

但任何事物都是在曲折中前进、波浪式发展的，强制执行公证业务的发展与突破也不例外。《联合通知》的发布，虽然在债权文书的范围上进行了适当的放宽，摒弃了过去公证机构只能对债务人违约后，债权人单纯追偿债款和物品的债权文书赋予执行效力的做法，允许公证机构在借贷合同、借用合同、租赁合同等领域事先介入，在订立债权债务关系时即可赋予执行效力。同时，还就公证机构可以赋予强制执行效力的债权文书进行

---

① 参见蒋惠岭：《论公证债权文书的强制执行效力》，载《中国公证》2000 年第 6 期。

② 江晓亮：《谈最高人民法院、司法部的联合发文》，载《中国公证》2000 年第 6 期。

了列举，尤其是在列举中涵盖了“给付赡养费、扶养费、抚养费、学费、赔偿金”等的契约，这就将强制执行公证引入了家事、教育、侵权赔偿等领域，使之适用范围更加宽泛。但是也要看到，《联合通知》对公证债权文书范围的突破仍然是十分有限的。其第1条虽然继续承认《公证程序规则(试行)》规定的公证机构可以对给付货币、物品、有价证券的债权文书赋予强制执行效力，但其第2条“公证机关赋予强制执行效力的债权文书的范围”的列举中，却看不见“有价证券”的踪影。① 同时，还将租赁合同的赋予强制执行效力公证，限定在须为没有担保的情形下，这一限定后来被一些法院不恰当地扩大化解读，理解为只要有担保的债权文书公证机构都不能赋予强制执行效力，否则法院将不予执行。对此，学界和实务界发生了长期的论战。在学界，持肯定说和否定说的观点不分伯仲，②但都缺乏权威性论证。在实务界，虽然公证行业作了大量的论证研究，③但法院方面仍然对公证债权文书范围的放宽有所顾忌，其中尤其是对有担保的债权文书的强制执行公证存在抵触心理。④ 典型案例为2003年8月26日，最高人民法院执行办对海南省高院报告的答复，该答复明确指出“抵押协议经公证赋予强制执行效力，不符合法律规定”后，一时引起连锁反应，随之，经公证的有担保的借贷合同的执行普遍受到法院的抵制。

四、《公证法》实施后的公证债权文书范围

2005年8月28日我国《公证法》经第十届全国人大常委会第十七次会议审议通过颁布，于2006年3月1日施行。《公证法》第37条规定：“对经公证的以给付为内容并载明债务人愿意接受强制执行承诺的债权文书，债务人不履行或者履行不适当的，债权人可以依法向有管辖权的人民法院申请执行。前款规定的债权文书确有错误的，人民法院裁定不予执行，并将裁定书送达双方当事人和公证机构。”按照本条规定，只要是以给付为

---

① 此条规定，公证机构赋予债权文书强制执行效力的范围为：(1)借款合同、借用合同、无财产担保的租赁合同；(2)赊欠货物的债权文书；(3)各种借据、欠单；(4)还款(物)协议；(5)以给付赡养费、扶养费、抚养费、学费、赔偿金为内容的协议；(6)符合赋予强制执行效力条件的其他债权文书。其中，显然没有列举有价证券的债权文书类型。

② 支持方的观点如：肖建国：《论担保物权的强制执行》，载《人民法院报》2001年6月11日，第3版；徐研、周凡：《公证赋予抵押合同具有强制执行效力之法理探析》，载《中国司法》2006年第5期。反对方的观点如：韦剑：《公证机关可以对抵押合同赋予强制执行效力吗》；春萍：《公证机关赋予强制执行效力的债权文书必须符合条件和范围》，载《人民法院报》2006年5月30日，第C03版。

③ 如薛凡、张健、王晓良：《实质性的论证，前瞻性的研讨——上海市公证处公证债权文书强制执行有关问题研讨会纪要》，载《中国公证》2001年第1期；黎坤德：《反思现行强制执行公证理论和规定(上、下)》，载《中国公证》2002年第1期、第2期；李全一：《赋予强制执行效力债权文书公证的若干法律问题》，载《中国公证》2004年第12期。

④ 如有法院学者就认为，将担保合同排除在强制执行公证之外，除多数情况下担保人并没有愿意接受强制执行的承诺而外，“还有其他原因”。但究竟为何种原因，并未言明。参见蒋惠岭：《论公证债权文书的强制执行效力》，载《中国公证》2000年第6期。

内容的债权文书,债务人承诺接受执行,公证机构即可赋予其强制执行效力。本条的关键词无疑是"给付",那么,何为给付呢?在私法与债权法学理上,一般认为作为债的关系的要素之一,债的客体,即债权债务所指向的对象,是债务人应为的一定行为(包括作为或不作为),统称为给付,也就是说,债的客体即为给付。史尚宽先生对此有精到解读,他认为,"债之标的,谓构成债的关系之内容之债务人行为,即债权人所得为请求及债务人所应实行者是也。自债务人方面言之,则为给付"。[①] 王泽鉴先生进一步认为:"给付,指债之关系上特定人间得请求的特定行为,不作为亦得为给付,且不以有财产价格者为限。"[②]由此可见,债法上的给付分为广义和狭义两种现象。广义的给付包括作为和不作为,作为的给付标的通常包括财物、智力成果、劳务等,如交付物品、支付金钱、移转权利、提供劳务或服务、提交科研成果等,这些给付内容在法理上,又可称作积极的给付;不作为的给付包括单纯的不为一定的行为和容忍,如不违反竞业规则、不泄露商业秘密等,在法理上也可称为消极的给付。狭义的给付,应当是仅指作为的给付。笔者认为,我国《公证法》第 37 条规定的给付,原则上应当理解为狭义的给付,即作为的给付或称积极的给付。

从上述简单分析中我们不难看出,我国《公证法》第 37 条所规定的公证债权文书范围十分宽泛。一是其未像其他大多数国家或地区的规定那样,将债权文书的"给付"限定在金钱或其替代物及有价证券这一相对狭窄的范围内,而是规定只要系私法上有"给付"内容的债权文书均可作为适格之赋予强制执行公证的客体。二是我国的这一规定,似乎有借鉴奥地利公证法上公证债权文书范围规定的意味,即无论是双务还是单务债权文书,也不管是何种给付内容,只要是未被法律所禁止的债权文书,都得为强制执行公证之标的。可见,从其立法本意来看,是想将公证债权文书的适用范围放宽到所有可以执行的债权文书范围,甚至有可能包括对积极行为的执行,只是对消极行为和人身的执行被明显限制在公证债权文书的范围之外。[③] 如果不对我国《公证法》第 37 条规定的公证债权文书适用范围进行限缩性解释,我们有理由认为,我国公证法上认可的公证债权文书范围是所有法例上最为宽泛的规定。

然而不无遗憾的是,司法部于随后发布的《公证程序规则》还是对我国《公证法》第 37 条的给付内容进行了限缩性解释。其规定,公证机构可以赋予强制执行效力的债权文书系"具有给付货币、物品、有价证券的内容"的债权文书,即又回到了我国《公证法》颁布之前《公证程序规则(试行)》和《联合通知》的认知上。从法理上说,这种限缩性解释

---

① 史尚宽:《债法总论》,中国政法大学出版社 2000 年版,第 231 页。

② 王泽鉴:《债法原理》(第 1 册),中国政法大学出版社 2001 年版,第 35 页。

③ 理论上一般认为,行为和人身在现代民事执行中均可有限制地作为执行标的。参见童兆洪:《民事执行权研究》,法律出版社 2004 年版,第 208 页以下。

是值得商榷的，且在适用效力上也是无法对抗《公证法》第37条规定的。这是因为我国《公证程序规则》与《公证法》相较，其只能属于规章的法律位阶，故其属于《公证法》的下位法无疑，当二者发生冲突时，仍然应以《公证法》的规定为准。且全国人大在颁布《公证法》时也未授权司法部解释《公证法》的内容，如果确需对《公证法》的这一规定加以限缩性解释，依笔者的观点，也只能由全国人大常委会来加以解释，或者在修法过程中予以解决。

自我国《公证法》实施到2013年，公证实务界和司法执行机关之间争议最大的问题，还是围绕着有担保的公证债权文书是否可以执行而展开，因为该期间正是中国房地产开发和销售最为火爆的时期。在此阶段，强制执行公证大量介入商品房销售抵押贷款契约（俗称楼花按揭贷款合同），如果法院一直坚持有担保的公证债权文书不能作为执行依据，则银行的商品房抵押债权难以合法、便捷实现。

五、从否定到肯定：有担保的公证债权文书执行之认可

如前所述，公证界与司法界就有担保尤其是有抵押担保的债权文书能否经公证赋予强制执行效力，产生过一段较长时期的争议。公证行业普遍希望有抵押担保的公证债权文书执行效力能够获得法院的认可，但法院方则顾盼左右迟迟不予松口。究其原因，主要是因为当时我国《物权法》尚未颁布，按照我国《担保法》对抵押合同的生效要件规定，对不动产抵押合同是采登记生效主义，①认为在抵押合同成立时公证机构就赋予执行效力，则此时抵押合同尚未生效，故在法理上难以自洽。有学者认为，当时“主要是司法实践及一些立法，对这个问题有不同的认识”。② 笔者认为，其实更深层的原因，是由于理论界对抵押担保合同究竟是债权合同还是物权合同的认识尚不清晰。如果在物权法理论上借鉴德国的物权行为理论，则抵押合同应当认定为系物权行为，③抵押合同作为债权文书要与抵押物登记这个物权生效行为结合，才能获致抵押权效力的圆满；如果借鉴法国的抵押权设定理论，订立抵押合同的行为既为债权行为也产生物权效力，就能直接产

① 按照我国《担保法》的规定，以下财产设置的抵押合同须经登记方能生效：（一）以无地上定着物的土地使用权抵押的；（二）以城市房地产或者乡镇、村企业厂房等建筑物抵押的；（三）以林木抵押的；（四）以航空器、船舶、车辆抵押的；（五）以企业的设备和其他动产抵押的。参见我国《担保法》第41条、第42条。虽然最高人民法院于2000年12月8日印发的《关于适用〈中华人民共和国担保法〉若干问题的解释》对此似乎有所松动，但在实质上仍然无法撼动上位法的规定。

② 胡康生主编：《中华人民共和国物权法释义》，法律出版社2007年版，第52页。

③ 所谓物权行为，“乃是指发生物权变动效力之行为”。参见胡长清：《中国民法总论》，中国政法大学出版社2000年版，第212页。物权行为理论，将设定物权的行为之成立与生效相分离，且要二者分别完成后结合起来才能成立其要式行为。因此，有学者认为，我国《担保法》第41条规定的“抵押合同自登记之日起生效”，正好符合物权行为的最经典描述：由物权的意思表示，与登记或交付相结合而成立之要式行为。参见徐洁：《抵押权论》，法律出版社2003年版，第50页。

生抵押权设立的效果。[①] 正是由于法国采行债权主义，且为债权合意主义，[②]故其对债权文书的形式要件要求极为严格。根据《法国民法典》第2416条和第2417条的规定，如果用于抵押的不动产是在法国境内，无论抵押契约是否在法国境内订立，抵押的设立必须要有法国公证人出具的公证文书，否则抵押权设立无效。[③]

2007年《物权法》的颁布，在我国确立了合同效力与物权效力相区分的原则，即涉及不动产物权流转的合同于其订立时即生效，而物权所有权的转移以及他物权的设定则须经登记生效。[④] 由此可见，我国物权法上的这一规定，显然是借鉴了奥地利、瑞士和韩国民法典为代表的债权形式主义理论。[⑤] 然而，虽然物权法作出了与担保法不同的法律规定，但抵押契约能否经公证赋予强制执行效力的问题依然没有立即得到有效解决。

对上述学理问题，不但理论界在思考论证，公证实务界和司法实务界也在积极地实践探索，寻求突破。早在《联合通知》印发之初的2001年2月12日，上海市公证处（现上海市东方公证处）即举行过一次"公证债权文书强制执行有关问题"的研讨会，邀请政法学院的专家学者与公证人员一起参加讨论，并就若干问题达成共识。其中，尤其是对抵押合同赋予强制执行效力问题进行了充分的论证，认为我国《民法通则》不承认物权行为的独立性与无因性，因此抵押合同视为债权文书可以成立，其完全可以成为公证债权文书的适格客体，即使主债权文书未办理公证，也不应影响抵押合同的强制执行效力。[⑥] 其后，业界对强制执行公证理论有较深入研究的人士通过细致的论证，坚定地认为，包括保

---

① 参见陈祥健主编：《担保物权研究》，中国检察出版社2004年版，第71页。

② 债权合意主义认为，物权变动仅依当事人之间的债权合意即能实现，亦即基于双方当事人缔结的债权契约，债权、债务关系及物权变动的双重效果即可发生。在这种模式下所进行的不动产物权移转登记，系对抗要件，而非成立或生效要件。如《法国民法典》第711条规定："应为物的给付的债务，仅依当事人的合意即获完成，债权人因此而成为所有人。"《日本民法典》第176条规定："物权的设定及移转，只因当事人的意思表示而发生效力。"

③ 参见李世刚：《法国担保法改革》，法律出版社2011年版，第121页。

④ 我国《物权法》第9条规定："不动产物权的设立、变更、转让或消灭，经依法登记，发生效力；未经登记，不发生效力，但法律另有规定的除外。"第15条规定："当事人之间订立有关设立、变更、转让和消灭不动产物权的合同，除法律另有规定或者合同另有约定外，自合同成立时生效；未办理物权登记的，不影响合同效力。"

⑤ 债权形式主义则认为，当物权因法律行为发生变动时，除当事人之间须有债权合意外，仅须另外完成登记或交付的法定方式，即发生物权变动的效果。在这种模式下，债权契约成立即生效，而物权的变动须经登记生效。如《瑞士民法典》第656条第1款规定："取得土地所有权，须在不动产登记簿登记"；第657条第1款规定："转移所有权的契约，不经公证，无约束力。"《韩国民法典》第188条规定："在不动产场合，基于法律行为的不动产物权的取得、丧失及变更，非经登记，不生效力。"

⑥ 参见薛凡等：《实质性的论证前瞻性的研讨上海市公证处债权文书强制执行有关问题研讨会纪要》，载《中国公证》2001年第1期。

证、抵押、质押在内的担保合同,公证均可以赋予强制执行效力。[①] 这也基本上代表了整个公证实务界的普遍认知。在此基础上,中国公证协会于 2008 年 4 月 23 日印发《办理具有强制执行效力债权文书公证及出具执行证书的指导意见》(以下简称《强制执行公证指导意见》),明确规定,有担保的债权文书公证机构可以赋予强制执行效力。[②] 而在司法实践中,则出现两种完全不同的观点,既有支持的判例,[③]也有否定的裁决。[④] 但在 2010 年之前,总体而言,否定的观点仍占据上风。[⑤]

但随着我国《物权法》对物之担保行为属于债权行为的确认,尤其该法第 195 条第 2 款规定抵押权的实现可以在抵押权人与抵押人协商不成的情形下,径直申请法院拍卖变卖抵押物实现债权规定的逐步落实,法院对有担保之公证债权文书作为执行根据的态度也在发生着深刻的变化。如 2009 年云南省高级人民法院、云南省司法厅《关于公证债权文书强制执行效力有关问题的通知》(云司证〔2009〕35 号),即肯定有担保的债权文书可以经公证赋予强制执行效力;同年,陕西省高经人民法院、陕西省司法厅印发《关于规范公证机关办理和人民法院执行赋予强制执行效力债权文书过程中有关问题的指导意见(试行)》(陕高法〔2009〕334 号),对有担保的债权文书的强制执行公证与执行问题予以认可和规范;江苏省人大于 2011 年 9 月 23 日颁布的《江苏省公证条例》第 25 条第 2 款规定,给付义务上设有抵押、质押或者连带责任保证,担保人愿意接受强制执行并经公证的债权文书,人民法院应当执行。[⑥] 代表这一变化的典型案例,也是最具权威性的案例,无疑是最高人民法院(2011)执监字第 180 号执行裁定书。该裁定书所裁定执行的北京市中信公证处办理的(2009)京中信内经证字第 11928 号强制执行债权文书公证书和该处出具的(2010)京中信执字第 00049 号执行证书一案,所涉公证债权文书既包括主借贷合

---

① 参见李全一:《赋予强制执行效力债权文书公证的若干法律问题》,载《中国公证》2004 年第 12 期;刘疆:《强制执行公证争议问题研究》(中),载《中国公证》2007 年第 3 期;王明亮:《赋予强制执行效力债权文书公证实践中存在的若干问题》,载《中国公证》2009 年第 7 期。

② 中国公证协会《强制执行公证指导意见》第 2 条规定:"当事人申请办理具有强制执行效力的债权文书公证,应当由债权人和债务人共同向公证机构提出。涉及第三人担保的债权文书,担保人(包括保证人、抵押人、出质人、反担保人,下同)承诺愿意接受强制执行的,担保人应当向公证机构提出申请。"第 12 条第 1 款第 2 项规定:公证机构出具执行证书,应当"向债权人(包括担保人)核实其对债权文书载明的履行义务有无疑义,以及债权人提出的债务人(包括担保人)不履行或者不适当履行债务的主张是否属实"。

③ 如早在 1996 年,最高人民法院公布的"光大银行北京营业部与仟村百货购物中心、仟村科工贸开发公司公证债权文书执行案"中,即认定公证机构可以对抵押合同赋予强制执行效力。

④ 典型者,即为 2003 年最高人民法院执行工作室对"中国银行海南分行质押股权异议案"的答复。

⑤ 参见蒋惠岭:《〈关于公证机关赋予强制执行效力的债权文书执行有关问题的联合通知〉的理解与适用》,载最高人民法院执行工作办公室编:《强制执行指导与参考》(2003 年第 1 辑),法律出版社 2003 年版,第 121 页。

⑥ 载 http://law.lawtime.cn/d685045690139.html,最后访问日期:2018 年 12 月 13 日。

同,也包括抵押合同、质押合同和保证合同,[①]可谓担保类型丰富、担保法律关系复杂的公证债权文书。这个具有指导意义的担保公证债权文书裁定的执行,在全国法院产生了示范效应,纷纷解禁有担保之公证债权文书的执行。作为呼应,2014 年 4 月 30 日最高人民法院发布的 5 个典型案例中,魏某某申请执行张某峰、张某政、李某某公证债权文书执行案中,经公证的债权文书既包括主债权文书,也有第三人抵押担保债权文书,还有第三人保证担保的债权文书。北京市朝阳区人民法院根据北京市中信公证处出具的执行证书,依法对债务人、担保人予以强制执行。[②]

2014 年 9 月 18 日最高人民法院执行局对山东省高级人民法院〔2014〕鲁执复议字第 47 号请求作出《关于含担保的公证债权文书强制执行的批复》(最高院〔1014〕执他字第 36 号)中明确指出,现行法律、司法解释并未对公证债权文书所附担保协议的强制执行作出限制性规定,公证机构可以对附有担保协议债权文书的真实性与合法性予以证明,并赋予强制执行效力。该批复还首次明确了《股权收益权转让及回购合同》《股权质押合同》《抵押合同》《保证合同》等合同可以办理强制执行公证。

2014 年 12 月 29 日最高人民法院印发《执行异议复议规定》,并于 2015 年 5 月 5 日起施行。其第 22 条规定:“公证债权文书对主债务和担保债务同时赋予强制执行效力的,人民法院应予执行;仅对主债务赋予强制执行效力未涉及担保债务的,对担保债务的执行申请不予受理;仅对担保债务赋予强制执行效力未涉及主债务的,对主债务的执行申请不予受理。人民法院受理担保债务的执行申请后,被执行人仅以担保合同不属于赋予强制执行效力的公证债权文书范围为由申请不予执行的,不予支持。”权威解读认为,本条规定将担保债务与主债务视为同等地位,均可经公证赋予强制执行效力的理由主要在于:第一,从法理上看,公证主要是对私权行为和事实进行证明,按照“法无禁止即为许可”的原理,不能因为法律、法规没有明确规定就将担保债权文书排除在公证债权文书之

---

① 参见刘疆:《对具有强制执行效力债权文书公证的精彩诠释——解读最高法院(2011)执监字第 180 号〈执行裁定书〉》,载《中国公证》2013 年第 9 期。

② 基本案情是:魏某某与张某峰系邻居。2011 年张某峰因生意筹集资金向魏某某借款人民币 4100 万元,期限为 1 年。李某某作为张某峰的朋友自愿对债务承担连带担保责任,张某峰的儿子张某政自愿以其名下的房产为借款提供抵押担保。2011 年 12 月 8 日,魏某某与张某峰、张某政、李某某签订了《借款合同》,并经北京市中信公证处办理赋予强制执行效力的债权文书公证。还款期限届满后,张某峰未能偿还借款本金。魏某某于 2013 年 9 月 18 日向北京市中信公证处申请了《执行证书》,该证书确认张某峰应偿还魏某某借款本金 4100 万元及相应的借款利息、违约金,李某某对该借款承担连带保证责任,张某政对该借款承担抵押担保责任。北京市朝阳区人民法院采取强制措施,对抵押担保人张某政位于北京市朝阳区的 900 多平方米房屋进行强制执行,张贴拍卖公告。其后,迫使债务人、担保人与债权人达成偿债和解,债权人的债权得到保障与偿还。详见中国法院网:https://www.chinacourt.org/articl/detail/2014/04/id/1285765.shtmi,最后访问日期:2018 年 12 月 13 日。

外。[①] 第二，从立法层面上来审视，在现行法律未对公证担保债权文书的强制执行作出限制性规定的情况下，不能单独对附担保协议的公证债权文书执行效力作出限制。第三，从司法实践层面来看，绝大多数商业性借贷都离不开担保债权的保障，公证债权文书中最重要的类型就是借款合同，现实中金融机构的借贷债权基本上都设定有担保，且许多都是经公证赋予执行效力来实现债权的，如果仅对无担保的债权或者仅对主债权赋予强制执行效力，而将公证担保债权排除在外，一律不予执行，将对社会经济稳定运行造成巨大的影响，公证活动的作用也会大幅降低。"如果因担保合同所引发的争议都必须经过诉讼加以解决，一方面不利于及时、便捷地保护债权人利益，另一方面公证与司法的效率价值也无从体现。"[②]至此，有关有担保的债权文书能否经公证赋予强制执行效力问题得到彻底解决。按照上述规定，不但有担保的公证主债权文书可以执行，独立的公证担保债权文书也可以执行。

《执行异议复议规定》出台后，各地法院认真执行，出现了大量支持公证机构对担保性债权文书赋予强制执行效力的典型案例。

案例一：陕西省高级人民法院（2015）陕执复字第00027号裁定——《中国民生银行股份有限公司西安分行与鄂尔多斯市鑫牛实业集团有限责任公司贷款担保合同纠纷执行裁定书》[③]

本案裁定书的说理部分（结论部分）认为：

"关于公证机关能否对于担保合同赋予强制执行效力的问题，本案中，汉唐公证处已将所有涉及实体问题的程序前置到公证过程中，本案公证债权文书《综合授信合同》《最高额抵押合同》《最高额担保合同》均载明了一方当事人不履行义务或不完全履行义务时，愿意接受依法强制执行的承诺。在此情形下，公证机关对于担保合同赋予强制执行效力，符合最高人民法院（2014年）执他字第36号《关于含担保的公证债权文书强制执行的批复》和最高人民法院《关于人民法院办理执行异议和复议案件若干问题的规定》第二十二条第二款'人民法院受理担保债务的执行申请后，被执行人仅以担保合同不属于赋予强制执行效力的公证债权文书范围为由申请不予执行的，不予支持。'的规定，且合同约定的签订地是西安，《最高额抵押合同》作为《综合授信合同》的担保合同，汉唐公证处一并办理公证亦无不当。因此，鑫牛公司以其公司不仅没有承诺愿意接受强制执

---

① 参见刘少阳：《关于公证机构赋予强制执行效力的包含担保协议的公证债权文书强制执行法律适用问题的执行请示案》，载《执行工作执导》2015年第1辑。

② 参见江必新、刘贵祥主编，最高人民法院执行局编著：《最高人民法院〈关于人民法院办理执行异议和复议案件若干问题规定〉理解与适用——条文·释文·案例·实务》，人民法院出版社2015年版，第291~293页。

③ 本案例参见李舒、唐青林、吴必强编著：《保全与执行裁判规则解读》，中国法制出版社2018年版，第59页。

行,未向汉唐公证处提出申请公证,以及对《最高额抵押合同》赋予具有强制执行效力超出了赋予强制执行效力的公证范围、公证机关超越了其执业地域范围为由提出不予执行抗辩,于法无据,不予支持。”

案例二:山西省高级人民法院(2015)晋执复字第40号——《太原市龙威经贸有限公司执行复议案执行裁定书》①

本案裁定书的说理部分(结论部分)认为:

“《中华人民共和国民事诉讼法》第二百三十八条第二款规定,公证债权文书确有错误的,人民法院裁定不予执行。只要公证债权文书能够反映债权合法存在,债权的数额和种类确定,当事人自愿接受强制执行的意思表示清楚,人民法院应当予以执行。《最高人民法院关于人民法院办理执行异议和复议案件若干问题的规定》第二十二条‘公证债权文书对主债务和担保债务同时赋予强制执行效力的,人民法院应予执行,人民法院受理担保债务的执行申请后,被执行人仅以担保合同不属于赋予强制执行效力的公证债权文书范围为由申请不予执行的,不予支持’。本案赋予强制执行效力的债权文书,债权债务关系明确,太原市龙威经贸有限公司、蔡某某、李某某在公证活动中,提交书面证明材料,认可本案所涉及《人民币流动资金借款合同》《自然人保证合同》等合同的约定,承诺逾期不履行义务的情况下,自愿接受人民法院的强制执行。异议人提出担保合同不在公证机关赋予强制执行效力的债权文书范围,没有法律依据。”

案例三:四川省高级人民法院(2015)川执复字第76号——《黄某某与成都盛世华誉科技有限公司借款合同纠纷复议执行裁定书》②

本案裁定书的说理部分(结论部分)认为:

“关于担保债务可否经过公证赋予强制执行效力,四川省成都市蜀都公证处分别以(2014)川成蜀证内经字第129217、129218号公证债权文书,对成都盛世华誉科技有限公司的借款债务和该公司的房产设定抵押的担保债务进行公证,以(2014)川成蜀证执字第862号《执行证书》对两债务赋予强制执行效力。依据《最高人民法院关于人民法院办理执行异议和复议案件若干问题的规定》第二十二条第一款关于:‘公证债权文书对主债务和担保债务同时赋予强制执行效力的,人民法院应予执行……’的规定,担保债务可以经过公证赋予强制执行效力。具体到本案,四川省成都市蜀都公证处的公证行为合法,公证债权文书的内容属于可以赋予强制执行效力的债权文书,法院应予执行。”

---

① 本案例参见李舒、唐青林、吴志强编著:《保全与执行裁判规则解读》,中国法制出版社2018年版,第58~59页。

② 同上书,第58页。

案例四：四川省高级人民法院(2015)川执复字第99号——《简阳金磊投资开发有限公司与成都青羊中融汇小额贷款有限责任公司、成都华顺大金属有限公司、四川可卜尔饮业有限公司、陈某某执行复议裁定书》[①]

本案裁定书的说理部分(结论部分)认为:

"关于本案公证债权文书是否超过法律规定的公证范围的问题,《最高人民法院关于人民法院办理执行异议和复议案件若干问题的规定》第二十二条规定:'公证债权文书对主债务和担保债务同时赋予强制执行效力的,人民法院应予执行……人民法院受理担保债务的执行申请后,被执行人仅以担保合同不属于赋予强制执行效力的公证债权文书范围为由申请不予执行的,不予支持'。依据上述司法解释规定,公证债权文书可以对主债务和担保债务同时赋予强制执行效力,被执行人仅以担保合同不属于赋予强制执行效力的公证债权文书范围为由申请不予执行的人民法院不予支持。故申请复议人关于赋予强制执行效力的公证债权文书超过法律规定的公证范围,应不予强制执行的理由与法律规定不符,不能成立。"

案例五：山东省高级人民法院(2016)鲁执复248号——《上海禧徕乐(集团)有限公司、中国长城资产管理公司济南办事处合同、无因管理、不当得利纠纷执行审查类执行裁定书》[②]

本案裁定书的说理部分(结论部分)认为:

"本案中,根据长城公司与禧徕乐青岛公司、上海禧徕乐公司等签订《债权转让暨债务重组协议》及长城公司与上海禧徕乐公司签订的《连带保证合同》的内容,是长城公司作为借款合同的债权受让人,与主债务人禧徕乐青岛公司及担保人上海禧徕乐公司等重新签订债务重组协议,协议对借款本金、还款期限及收益、罚息等均进行了约定,该协议名为债务重组协议实为借款合同,债权人为长城公司,主债务人为禧徕乐青岛公司,担保人包括异议人上海禧徕乐公司等。协议约定在主债务人不履行本协议项下的义务时,自愿接受司法机关强制执行。在公证过程中,各方当事人对债权文书的有关给付内容均未提出疑义。因此,《债权转让暨债务重组协议》属于赋予强制执行效力的债权文书,符合联合通知第一条规定的公证机关赋予强制执行效力的债权文书应当具备的条件及第二条规定的公证机关赋予强制执行效力的债权文书的范围。根据《最高人民法院关于人民法院办理执行异议和复议案件若干问题的规定》第二十二条规定,公证债权文书对主债务和担保债务同时赋予强制执行的,人民法院应予执行。且上海禧徕乐公司与长城公司签订的《连带保证合同》中约定,本协议系经公证成为具有强制执行效力的债权文书,如

① 本案例参见李舒、唐青林、吴志强编著:《保全与执行裁判规则解读》,中国法制出版社2018年版,第58页。

② 同上书,第57~58页。

乙方不履行或不完全履行本协议项下的义务自愿接受司法机关强制执行。据此，北京市方圆公证处对《连带保证合同》进行公证赋予强制执行效力，符合法律规定和当事人约定。"

六、《公证债权文书执行规定》背景下的适用范围展望

在有担保的债权文书可以经公证赋予强制执行效力这一"瓶颈"问题解决之后，公证债权文书的空间被极大地释放出来。2017 年 7 月 13 日最高人民法院、司法部、银监会联合印发《关于充分发挥公证书的强制执行效力服务银行金融风险防控的通知》(以下简称《风险防控通知》)，这一通知不但从政治上很好地契合了中央提出的市场风险防控战略，同时还就我国《公证法》第 37 条"具有给付内容的债权文书"在金融领域内的适用范围进行了非常宽泛的列举，引导强制执行公证在金融运营中，从传统信贷向新型融资的全要素方向推广和适用。《风险防控通知》第 1 条规定："公证机构可以对银行业金融机构运营中所签署的符合《公证法》第 37 条规定的以下债权文书赋予强制执行效力：(一)各类融资合同，包括各种授信合同，借款合同、委托贷款合同、信托贷款合同等各类贷款合同，票据承兑协议等各类票据融资合同，融资租赁合同，保理合同，开立信用证合同，信用卡融资合同(包括信用卡合约及各类分期付款合同)等；(二)债务重组合同、还款合同、还款承诺等；(三)各类担保合同、保函；(四)符合本通知第二条规定条件的其他债权文书。"其中，票据承兑协议、票据融资合同、开立信用证合同、信用卡融资合同、保理合同、债务重组合同、融资租赁合同、保函等债权文书形式，都是以往公证机构无法涉足或者难以介入的金融信贷债权文书。可以说，金融监管部门是以极大的诚意在容纳强制执行公证，最高人民法院也是在敞开胸怀接受公证执行名义。正如时任司法部部长张军在 2017 年全国公证工作会上的讲话中指出的那样，公证在"服务供给侧结构性改革、服务防控金融风险"等方面，大有可为。①

2018 年 9 月 30 日最高人民法院公布《公证债权文书执行规定》，其第 1 条规定："本规定所称公证债权文书，是指根据公证法第三十七条第一款规定经公证赋予强制执行效力的债权文书。"这实际上是法院在前述《风险防控通知》进一步放宽公证债权文书执行根据的基础上，再一次重申严格遵循《公证法》第 37 条规定的公证债权文书适用范围。②这也是法院首次明确变相否定 2000 年《联合通知》所限缩的公证债权文书范围，而回归

① 参见本刊编辑部：《司法部召开全国公证工作会议：张军强调严管公证质量和公证队伍，加快推进公证工作改革》，载《中国公证》2017 年第 8 期。

② 《公证债权文书执行规定》第 25 条规定："本规定施行前最高人民法院公布的司法解释与本规定不一致的，以本规定为准。"显然，《联合通知》有关公证债权文书范围的规定与本规定不一致，因此，有充分理由相信，《联合通知》有关公证债权文书范围的限制性规定已经被彻底否定。

到公证法规定上来的宣示性规定。至此,才可以说,笼罩在公证行业头上的公证债权文书适用范围"紧箍咒"终于被彻底揭开,公证强制执行债权文书业务的春天已经到来。

在笔者看来,在公证债权文书适用范围上,至少尚有以下问题值得讨论与解决。

首先,给付货币、物品、有价证券的思维能否予以突破。将公证债权文书的适用范围限定在支付金钱及其替代物、有价证券范畴,是目前承认强制执行公证债权文书作为民事执行名义的多数大陆法系国家的做法,如前述德国、日本、韩国等,我国《公证程序规则》规定的范围与此大致相近,只是《公证程序规则》将其定义为"给付货币、物品和有价证券"。笔者认为,货币作为给付内容无须作更多的解释,其是最为常见也是最为方便的给付内容。这里的"物品",与上述德日韩法例上的"金钱之替代物"指的应当是同一类物,因为金钱的代替物不可能指代不动产而应为动产,故大致应相当于我国法上的"物品"之范畴。从广义上来讲,有价证券也是一种金钱的替代物,但由于有价证券一般都可以直接流通交易,才将其单列以示区别。笔者的问题是,我国《公证法》第 37 条规定的"有给付内容"的债权文书是否就仅指"给付货币、物品、有价证券"的债权文书这一范畴?其实,在本章前面的讨论中,笔者已经表明观点,即"有给付内容"的债权文书范围应当大于"给付货币、物品、有价证券"的债权文书范围。这是因为,这一限定范畴中并不包含不动产。我们知道,"物品",泛指各种可移动的东西或物件,并不能涵盖土地、建筑物等非移动物。而不动产往往又是债权文书所指向的主要标的,如房屋买卖、租赁,土地使用权流转等,这是其一。其二,行为,如知识产权的交付、劳务之提供等通常也是可以作为民事执行标的的,完全排除在公证债权文书的范围之外,也不利于充分发挥强制执行效力公证纾解讼累的作用。

其次,除金融债权文书外,强制执行公证还可以在哪些领域适用。从晚近 10 多年间公证债权文书所触及的范围来看,绝大多数都是围绕融资行为而展开,如公司信贷、商品房买卖按揭(抵押)贷款、民间借贷等。前面讨论到的担保债权文书公证赋予强制执行力问题,实际上也是主要适用于金融信贷的担保。目前,对公证债权文书适用范围进行细化分解和列举的规范性文件并不多,如何对我国《公证法》第 37 条所授权的范围进行合理界定,是一个需要解决的问题。当然,鉴于社会经济发展的与时俱进性,交易方式的变化与更新性,可能难以做到面面俱到、滴水不漏式的完整列举,但"有给付内容的债权文书"这个大的范围是确定的,因此,只需要划定其边界,就可以大致梳理出其所应涵盖的适用范围。已有的两个列举公证债权文书范围的规范性文件,一个是《联合通知》,另一个是《风险防控通知》,虽然《风险防控通知》进行了大量的列举,但鉴于其限定在金融信贷领域,故在此不作讨论。在我国《联合通知》列举的适用范围中,除涉及融资债权者之外,大致还包括借用合同、无担保的租赁合同,以及给付赡养费、抚养费、扶养费、学费、赔(补)偿金为内容的债权文书。其中,借用合同在现实生活中主要针对一般动产,且发生在熟人社会中的概率较高,故采用公证强制执行手段保护债权的可能性较低。赡养费、扶养费、抚养费、学费所涉债权文书主要集中在家事领域,如涉及离婚子女抚养协议、子女对老年父母的赡养协议、兄弟姐妹之间的相互扶养协议等。这方面的强制执行公证业务,长期以来缺乏研究与实践运用,确实需要加以开发利用。但鉴于这一领域大多牵涉亲情关系,受中国传统文化意识的影响,其开展空间依然有限。赔偿性债权文书,是我国强制执行公证可能或者需要大力开发的业务领地。第一,赔偿性债权文书适用范围广,在整个债权责任法范畴内都会涉及,如交通事故赔偿、建筑安全事故赔偿、医疗事故赔偿、环境污染事故赔偿、工业安全事故赔偿等;第二,这类事故所涉赔偿,发生争议的概率高,债权债务关系需要具有公信力的机构予以及时固定与保护;第三,侵权行为人事后赖账的可能性大,特别需要公权力的强制保障;第四,公证强制执行方式能够有效纾解受害人的情绪,有利于侵权赔偿纠纷的快速解决。对补偿性债权文书的强制执行公证,业界过去极少关注和开发利用,这不能不说是一大遗憾。现代社会,补偿性债权债务关系大量发生,比如,政府征地拆迁补偿、劳务人员下岗补偿、职工退职或辞职补偿、城镇房屋拆迁补偿、夫妻离异财产补偿、提前解除交易关系补偿等。在这类补偿关系中,通常都存在一方强势一方弱势的情况,而弱势方往往又恰恰是债权人,引入强制执行公证,无疑是对弱势方给予充分保护的最佳方式。

除上述这些在法律上和司法实践上已被完全认可的公证债权文书外,需要加以深入讨论的是,一般性交易债权文书如房屋买卖、股权让与、合资经营、知识产权转让等是否可以经公证赋予强制执行效力。理论上一般认为,在有对待给付、互付债务的交易关系中,在本方未履行义务情况下,对方无权请求执行,唯有本方已经履行义务而对方未履行义务的情况下才有权请求执行。按照这一理论,强制执行的客体或标的,必然是债务人的财产或其他给付,且其不享有对待给付的抗辩。鉴于此,笔者认为,所有的具有给付内容的合法交易行为都可以作为强制执行公证债权文书的客体,如货款的给付,[①]只是实际被执行的须为不享有对方债权而存在单纯给付义务的债务人而已。即所需满足的强制执行条件应当是,在对待给付中,一方已经履行了给付义务,而另一方存在怠于履行的情况。

再次,有担保的租赁契约能否经公证获得执行名义。在日本,租赁契约是公证业务的主要事项,也是公证强制执行债权文书的主要适用范围之一。最高人民法院《执行异议复议规定》第 22 条规定的公证机构可以对有担保的债权文书,以及单独的担保债权文书赋予强制执行效力的规定,并未限定其适用范围,因此应当包含有担保的租赁契约在内。鉴于此,目前公证机构完全可以对有担保的租赁合同办理赋予强制执行效力公证。关于租赁债权文书公证问题,本书第十一章将进行详细讨论。

最后,涉及土地、房屋等不动产流转的债权文书强制执行公证。这是一个具有一定

---

① 参见李浩主编:《强制执行法》(修订版),厦门大学出版社 2005 年版,第 223 页。

挑战性意义的命题。从其他法例上看，法国、奥地利奉行不限制主义，因此，对涉及土地等不动产流转的债权文书完全可以经公证赋予强制执行效力。德国等国规定，公证可以对土地债务赋予执行效力。笔者认为，不动产交易是当今社会最重要的交易标的之一，促进不动产交易的顺畅、便捷是现代社会法律制度的重要使命。当前，我国的房地产交易市场异常活跃，交易量十分巨大，但交易纷争也频频发生。倘若在商品房交易尤其是二手房交易中植入公证债权文书制度，可以更加快捷地促进交易效率，实现交易目的。同理，目前我国正在推进乡村振兴战略，而实现乡村振兴的一个重要前提就是必须促使农民手中的承包地变成资本，能够有效利用并产生增殖。主要措施是实行农地所有权、承包权与经营权的"三权分置"，以促进土地承包经营权的快速、合法流转。在农地流转的过程中，也可以引入强制执行公证制度，保护和帮助农地权利人顺利实现流转权利。当然，这其中的法律问题比较复杂，尚需进行深入研判。

第四章　强制执行公证的原则与标准

原则是制度之内核与准绳，可称为制度之制度。一切法律的具体规范都是围绕着该法律规范所应贯彻的原则而展开，为原则而服务，或者说在原则之统领下起着实际的效用。由此可见，研究强制执行公证原则之重要性。标准，也称尺度，是指做事、行为需要达到的人为设定之某种程度。标准也是规范和衡量行为的评价体系，是一切人类活动走向科学管理的必要方式。公证行业正在建立和完善自己的活动运行标准，并以此走向规范化运作、科学化管理。作为公证活动的重要组成部分的强制执行公证，也应该有符合自己运行规律的实务标准。

第一节　强制执行公证的原则

强制执行公证的原则，是指在强制执行公证程序中起指导作用的一般性准则，是强制执行公证的证明人、当事人、执行人，以及其他利害关系人在债权文书公证及其实施执行过程中应当遵守的基本规则。由于强制执行公证是公证证明活动中的一个种类，与公证证明具有种属关系，故而强制执行公证首先需要遵循公证证明活动的总原则，并在这些总原则的统摄下根据强制执行公证区别于其他公证的特点，抽象出导引强制执行公证运作的具体准则。鉴于此，欲考察梳理强制执行公证的原则，需要先行厘清公证证明的基本规则，唯其如此，才能顺理成章地探寻强制执行公证所独具的活动原则。

一、公证活动原则概说

与原则有关的概念在公证法学上因其涵摄的范畴之差异，通常有不同的认识与解说，即使是在同一表征范畴内也存在不尽相同的理解，正所谓各有所重，见仁见智。从公证制度视角抽象和表述的教义学原则，通常也称公证的原则。这些原则往往既包含证明活动需要遵循的准则，也涵盖着公证人职业制度方面需要遵照的规则。从国外公证法上的规定来看，一般将这些原则抽象概括为以下几项：(1)公证人不得兼职原则；①(2)终身任职原则；②(3)不得拒绝当事人请求原则；③(4)保密原则；④(5)回避原则；⑤(6)公正原则；⑥(7)客观原则；⑦(8)守法原则；⑧(9)使用本国、本民族语

---

① 如《法国公证法》第7条规定：公证人不得兼任普通法院的法官、书记官、执行官、检察官及代理检察官、警察、收税官、代诉人、拍卖人等。《德国公证人法》第8条规定：公证人不得兼任其他公务，不得经营商业或作为商业公司和以营利为目的的社团法人的代表或雇佣人。

② 如《法国公证法》第2条规定：公证人为终身职务；《德国公证人法》第3条规定：专职公证人为终身职；《比利时王国公证法》第2条规定：公证人为终身职。

③ 如《法国公证法》第3条规定：公证人必须接受当事人的请求；《德国公证人法》第15条规定：公证人如无充足理由，不得拒绝执行职务。《日本公证人法》第3条规定：公证人没有正当理由不得拒绝申请。

④ 如《德国公证人法》第18条规定：除法律另有规定的外，公证人及其雇员就其执行职务时得知的事情，负有保密的义务；《日本公证人法》第4条规定：公证人除法律另有规定外，不得泄露其所办理的事件，但经申请人同意时除外。

⑤ 如《德国公证人法》第3条规定：公证人不得就下列事项进行公证：(1)公证人自己的事务，以及与公证人有若干连带权利或义务的事务；(2)公证人的配偶、以前的配偶或者未婚夫(妻)的事务；(3)公证人或其配偶的直系亲属，公证人的三亲等以内旁系血亲或公证人配偶的两亲等旁系血亲的事务；(4)公证人为其合法代表或属于其代表机构的人的事务；(5)授权公证人办理事务的人或公证人经常为其服务或与其有业务关系的人的事务。《日本公证人法》第22条规定：在下列场合，公证人不得执行职务：(1)公证人是申请人及其代理人或与受申请事项有利害关系人的配偶，四亲等内的亲属或同居的亲属时(亲属关系终止后亦如此)；(2)公证人是申请人或其代理人的法定代理人或辅佐人时；(3)与受申请事项有利害关系时；(4)公证人是受申请事项的代理人或辅佐人时，或曾是其代理人或辅佐人时。

⑥ 如《德国公证人法》第14条规定：公证人必须信守誓言，忠诚地执行其职务。公证人不是一方当事人的代理人，而是双方当事人的公正的办事人；其第13条规定的公证人誓言为："我向全知全能的上帝宣誓：我定遵守基于宪法制定的法律，并根据良心公正地履行公证人的义务。"《俄罗斯公证立法纲要》第14条规定：首次被任命的公证人作如下宣誓："我庄严宣誓，我将依照法律和良心履行公证人的义务，保守职业秘密，在自己的行为中遵循人道主义和尊重人类的原则。"

⑦ 如《法国公证机关条例》在第1条有关公证人定义的内容中表述到：公证人"受理当事人必须或愿意使真实性得到确认的一切文件和合同，赋予其公证效力。"亦即，公证人的使命是确认当事人文件和合同的真实性。《德国公证人法》第1条规定，公证人是为了证明法律事实和预防纠纷而设置的独立公职人员。证明法律事实，无疑就是保证和确认事实的真实性。

⑧ 如《日本公证人法》第2条规定：公证人制作的文件，如不具备本法及其他法律所规定的条件，没有公证的效力；《俄罗斯联邦公证立法纲要》第5条规定：公证人在自己的活动中要不偏不倚并保持独立而且服从俄罗斯联邦宪法、作为俄罗斯联邦成员的共和国的宪法、本纲要、俄罗斯联邦和作为俄罗斯联邦成员的共和国的立法文件及自治州、自治区、边疆区、州、莫斯科和圣彼得堡市的国家权力机关在其权限范围内通过的法律文件，还有国际条约。

言文字的原则。[①] 我国理论界对公证原则的梳理，也有许多不同的观点，但通常都仅将公证活动应当遵循的一些基本准则纳入公证原则的范畴，而对“不得兼职”“终身任职”等外国公证法上非常看重的公证人职业保障与禁业纪律方面的准则，则一般未归入公证原则之范畴。从我国有关公证的著作中不难看出，学者们对公证原则的认知比较混乱，甚至是五花八门。如有一原则说、[②]三原则说、[③]六原则说、[④]七原则说、[⑤]八原则说，[⑥]甚至还有十二原则说[⑦]等。

在我国《公证法》总则部分明确以“原则”定义和标示的只有两项，即客观原则与公正原则。[⑧] 笔者在《公证证明论》一书中指出，从我国公证活动所应遵循的、贯通于整个公证证明行为始终的要旨角度审视，可以确立为公证活动基本原则的应为以下五项。

第一，守法原则。该原则要求办理任何公证，公证机构与公证员都必须严格按照法律规定运作。首先，要遵守实体法律规范。在受理和审查当事人的公证事项时，要根据现行有效法律判断当事人的主体地位是否合法、意思表示是否合法、根据其意思表示形成的契约等法律文书之内容是否合法。其次，要遵守公证程序法的规定。从受理、告知、审查、核实，到制作公证文书、审签出证、送达，乃至立卷归档等公证活动的所有环节，都需要严格按照《公证法》和《公证程序规则》以及其他办证规则的流程要求办理。再次，公证证明结论的法律适用必须合法、准确。凡是法律明令禁止的事项，不得变通作出合

---

① 如《德国公证人法》第 5 条规定：公证书应使用德文；《日本公证人法》第 27 条规定：公证人不得制作不是使用日语的公证书。

② 一原则说认为，公证制度只有一个原则，即真实合法原则。参见张思之：《律师、公证与调解业务》，中央广播电视大学出版社 1990 年版，第 428 页。

③ 三原则说认为，我国的公证原则包括真实客观原则、合法原则、公正中立原则三项。参见熊选国主编：《公证理论与实务》，法律出版社 2018 年版，第 36 页。

④ 六原则说认为，公证活动的原则应当包括真实合法、公正、直接、告知、保密和回避六项。参见张文章主编：《公证制度新论》，厦门大学出版社 2005 年版，第 54 ~ 67 页。

⑤ 如我国台湾地区学者认为，公证原则包括申请原则（又称自愿原则）、公正原则、保密原则、直接原则、真实原则、合法原则、妥速原则。参见赖来焜：《最新公证法论》，台北，三民书局股份有限公司 2004 年版，第 29 ~ 47 页。

⑥ 八原则说认为，公证的原则包括真实合法原则、客观公正原则、依法独立公证原则、公证员亲自办证原则、回避原则、保密原则、便民原则、使用本国和本民族语言文字原则等 8 项。参见王俊民主编：《律师与公证制度教程》，北京大学出版社 2009 年版，第 254 ~ 259 页。

⑦ 如有学者将公证证明的基本原则划分为一般原则和特有原则两大类：一般原则包括以事实为根据和以法律为准绳原则、遵守宪法和法律原则、接受国家社会和当事人监督原则、独立办证受法律保护原则、保密原则、回避原则、使用本国和本民族语言文字原则等 7 项；特有原则包括客观真实原则、合法原则、直接原则、法定与自愿相结合原则、本人申请办证与代理人申请办证相结合原则等 5 项。两类原则加起来多达 12 项。参见张云柱等：《现代公证法学》，新华出版社 2001 年版，第 25 ~ 42 页。

⑧ 我国《公证法》第 3 条规定：“公证机构办理公证，应当遵守法律，坚持客观、公正的原则。”

法性确认。最后,对当事人、公证事项的利害关系人申请的复查等救济活动,必须严格依法处理、依法纠错。

第二,客观原则。该原则亦称真实原则,是指公证机构及其公证员在公证活动中,应当秉持求真务实的精神,确保所公证的事项不存在虚假。贯彻该原则,需要做到以下几点:(1)当事人的主体身份真实,不存在冒名顶替的情况,从形式要件来看,需要人证相符;从实质要件来看,须为公证事项的适格主体。(2)意思表示真实。要审查判断当事人是否是在完全自由、自主的情形下作出的法律意思表示,书面记载与其内心想法是否相吻合,是否存在受胁迫、欺诈或存在重大误解等不真实的现象。(3)公证事项的内容真实。法律文书所记载的内容与其意欲建立的权利义务关系,如债权文书等是否一致,是否是其所追求的私权目的。需要辨析的是,公证活动中公证员对公证事项的判断是适用客观真实为标准,还是以法律真实为标准。前者追求与客观情况完全一致,即一是一、二是二,该事项的真实确定无疑;而后者一般是法院审判案件时运用的真实标准,是通过证据证明出来的真实,仅追求其高度盖然性,但不一定就是事项的本来面目。对此,理论上存在一定的争议。笔者认为,由于公证活动所涉事项繁多,对真实性的把握不宜一概而论,否则将有失偏颇。就绝大多数行为类公证事项而言,由于当事人的意思表示是在公证员面前发生的,故应以客观真实为标准,而就类似继承、出具执行证书及部分事实类公证事项而言,追求客观真实几乎不可能,因此,应以法律真实为原则。

第三,公正原则。对该项原则可以从以下不同维度来加以阐释和理解:其一,如果将法律比拟为社会公平正义的化身,则公正意味着合法。换句话说,只要是合法的,就是公正的。从这个意义上来讲,公证活动只要是在法律规定的程序框架范畴内运行,且能够保障所证明的公证事项不与法律相冲突,即为遵循公正原则。其二,如果将公证视为一项维护民商法律事务公正公平的预防性制度,则公证活动本身即为公正。或者毋宁说,公证就是公正的代名词和实际体现。其三,如果从公证活动是一项中立的证明活动,恰如第三方信用的角度考量,也可以认为,公证活动就是一项公平正义的象征,抑或说,公证以其不偏不倚,平等保护的价值观表达了公正的要旨。其四,如果从公证既平衡当事人之间的利益,促使达致双赢,也平衡当事人与第三人之间的利益,避免他人利益遭受侵害,还平衡当事人与国家社会之公共利益,维护社会稳定的更为宽泛的范畴审视,也可以说,公证就是社会公正的宣示者与捍卫者。

第四,回避原则。公证活动的回避原则,也称避亲原则,还有称之为回避制度者,是指在公证行为中,为保障公证人执行职务的公正性,公证人对于申请公证事项的当事人有近亲关系或利害关系,或者与所申办公证的内容有特殊关系,应依据法律规定程序而避开或退出该公证事项办理的一项执业原则。因此,从广义上来讲,回避原则也是公正原则的应有内涵之一。[①] 各国或地区公证法都一致规定了此项原则，并认为其是保障公证人执业公正性的关键措施之一，这充分说明了回避制度在公证活动中的重要地位，这也是笔者将其从“公正原则”中单列出来作为一项独立原则的考量。我国《公证法》没有明确将避亲要求作为一项执业原则，而是在公证员禁止行为中予以规制，[②]虽然也能起到规范的作用，但存在的问题是：其一，没有从公证员自觉回避角度加以引导，只是强硬地加以禁止；其二，对避亲的范围和利害关系人的认定过分抽象，不易把握；其三，没有赋予申办公证的当事人提请公证员回避的权利，亦即缺乏监督机制。对后一个问题，《公证程序规则》有所意识，根据其第 23 条的规定，当事人要求公证员回避的，公证机构应指派其他公证员办理。对第一个问题，笔者认为，应从职业道德教育和具体的操作规程两个方面加以约束，要求公证员自觉履行避亲、避利益关联之双重义务。

第五，保密原则。其是一切从事公务，或者提供劳务者均需要遵循的一项执业操守。在现代社会，在互联网大数据搜寻技术十分发达的当下，甚至可以认为，所有的人都负有自觉遵守保守他人信息秘密的义务。即越是在信息透明的环境中，越是应该重视对他人信息的尊重，越是需要规制侵犯他人秘密的行为。公证活动中的保密原则，是指公证机构及其公证人员，以及其他与公证活动有关联的人，对其在公证行为中所接受到的国家秘密、商业秘密或个人秘密，负有不得泄露的义务。[③] 我国《公证法》第 13 条第 4 项及第 23 条第 8 项明确规定了公证机构和公证员应遵守保密义务。[④] 尤其是在《民法总则》明确规定要保护自然人个人信息安全的背景下，[⑤]公证人的保密义务所涉范围更加宽泛，在执业活动中的守密责任更加繁重。在强制执行公证事项中，公证员所接触的秘密主要为商业秘密和个人秘密，但也不排除接触国家秘密的情况，如国有重点工程融资贷款与国有企业权利质押担保、知识产权担保等。[⑥]

二、强制执行公证的特有原则

基于强制执行公证行为的特殊性，也需要考察其自身的运行规律以及在此规律中所

---

① 林世超、李惠宗编著：《公认证书状范例》，台北，五南图书出版公司 1987 年版，第 28 页，转引自赖来焜：《最新公证法论》，台北，三民书局股份有限公司 2004 年版，第 31 页。

② 我国《公证法》第 23 条规定：“公证员不得有下列行为……（三）为本人及近亲属办理公证或者办理与本人及近亲属有利害关系的公证。”

③ 参见赖来焜：《最新公证法论》，台北，三民书局股份有限公司 2004 年版，第 36 页。

④ 我国《公证法》第 13 条第 4 项规定，公证机构不得泄露在执业活动中知悉的国家秘密、商业秘密或者个人隐私。第 23 条第 8 项也规定，公证员同样负有与第 13 条第 4 项规定的机构保密义务相同的义务。

⑤ 我国《民法总则》第 111 条还特别规定，“自然人的个人信息受法律保护。任何组织和个人需要获取他人个人信息的，应当依法取得并确保信息安全，不得非法收集、使用、加工、传输他人个人信息，不得非法买卖、提供或者公开他人个人信息。”

⑥ 参见李全一：《公证证明论》，法律出版社 2016 年版，第 102 页以下。

体现出来的一些特有证明规则。当然,这里的特有并非绝对意义上的特有,毋宁是指强制执行公证需要特别重视和关照的前述一般公证活动原则之外的,对强制执行公证之效力生成起着决定性作用的那些证明行为规则。需要特别强调的是,本书所称之强制执行公证的原则,主要是指在强制执行公证的具体证明操作规程中,应当贯穿始终的规则,且这些规则是在公证活动一般原则统率下的程序性规范,是在遵循了公证活动一般原则基础上,需要追加贯彻的一些准则。基于如是考量,笔者认为,以下规则可视为强制执行公证需要遵循的具体原则。

(一)效力告知原则

告知,乃告诉并使之知晓的意思。其是公证法确立的公证机构受理公证事项及其公证员办理公证事务时,须向当事人阐明证明事项的法律意义和可能产生的法律后果的一项释明义务。[①] 告知义务与审查义务、核实义务一起,构成了我国公证证明活动中必须履行的三大法定义务,倘若不履行或者履行不充分、不能使当事人明了其所申办之法律事项的作用及可能产生的不利后果,致使当事人的意思表达与其欲达成之法律目的相抵牾,则公证人可能要承担专家证明人审慎职责尽职不到位的法律责任。[②] 鉴于此,公证程序法上所设之告知义务,相对于审查、核实义务而言,更具重要性。首先,告知是启动公证程序的先履行义务,具有指引当事人在明确所申办公证事项之法律意义与效果的前提下,如实表达公证意图,准确陈述公证事项的内容与作用。故其在很大程度上,是一项释明法律规定与公证程序规范之宣讲性义务。如果未能使当事人在"明明白白"的提前下表述其公证目的,后面的审查与核实将无从谈起。其次,告知是帮助当事人慎重抉择的必要措施。这里的抉择,既包括让当事人再次确认是否确实需要申办待证公证事项,也包括让当事人在明确待证公证事项所带来的法律后果后,确定是否与相对人建立公证法律关系,同时还包括让当事人根据待证公证事项的价值意义与可能产生的不良效果,重新设定或订正、补充公证事项的内容。最后,告知可以使当事人对公证事项的履行后果作出一定预测。公证告知的法定内容之一,是告知当事人申请公证事项的法律后果,[③]而法律后果可能是正面后果、积极后果,如完全达成当事人所期望之目的,也可能是负面后

---

① 参见李全一:《法定公证研究》,四川大学出版社2014年版,第4页。

② 最高人民法院《关于审理涉及公证活动相关民事案件的若干规定》第4条规定:"当事人、公证事项的利害关系人提供证据证明公证机构及其公证员在公证活动中具有下列情形之一的,人民法院应当认定公证机构有过错:(1)为不真实、不合法的事项出具公证书的……(4)违反公证程序、办证规则以及国务院司法行政部门制定的行业规范出具公证书的;(5)公证机构在公证过程中未尽到充分的审查、核实义务,致使公证书错误或者不真实的……"这3项引致公证机构及其公证员承担法律责任的情形中,都或多或少与履行告知义务不到位、不准确、不具体有关。

③ 我国《公证法》第27条第2款规定:公证机构受理公证申请后,应当告知当事人申请公证事项的法律意义和可能产生的法律后果,并将告知内容记录存档。

果、消极后果,如与当事人的期待相佐,还可能是因情形变更,原来所期盼的目的不可能实现。唯有使当事人在明知这几种可能性的情形下所作出的公证事项决定,方能在日后履行与承担实现效果时能够心甘情愿地承受。

将告知作为一项公证人履行职务的具体工作原则,是各国公证法上的一贯做法,且通常将其放在相对突出的地位。《德国证书法》第 17 条(原则)规定,向当事人说明公证事项所涉及的法律,在笔录中清楚、准确地记录当事人的意思表示,是公证人应当履行之义务。① 同时,此条还就公证人如何履行告知义务进行了详细规定。《日本公证人法实施规则》也对公证人的释明义务加以明确、详尽地规定,②其意图是使当事人在充分知悉法律效力的前提下作出公证决定。俄罗斯公证法更是明确将告知规定为公证人的法定义务,③公证人在公证活动中必须履行。

由上可见,笔者将告知视为强制执行公证证明活动中公证员应当遵循的一项基本原则,既符合公证活动的基本规律,也能够满足公证证明标准的要求。虽然告知是公证员在一切公证事项中均需要履行的一项法定义务,但由于强制执行公证本身所具有的超强效力,使这项义务在证明活动中显得更加重要。笔者将其视为强制执行公证的特别原则加以强调,显然是因为强制执行公证的法律意义与法律后果,对当事人产生的影响与可能生成的效果意义特别重大,公证员在履行告知意义时,需要作出与一般公证事项告知明显区别的提示与释明。

与一般公证事项通常主要具有证据效力不同,强制执行公证具有公法意义上的强制执行力,因此,强制执行公证的告知要点应当围绕法律关于强制执行效力的法律意义与后果而展开。中国公证协会于 2008 年 4 月 23 日印发的《强制执行公证指导意见》第 10 条规定,公证机构办理强制执行公证,应重点告知当事人以下内容:(1)申办具有强制执行效力债权文书公证的法律意义和后果;(2)债权人申请出具执行证书的程序、期限和举证责任;(3)债务人(包括担保人)对债权人申请出具执行证书提出异议的程序、期限和举证责任。笔者认为,这一告知内容的设计存在一定缺陷。

首先,《强制执行公证指导意见》混淆了告知内容。按照我国《公证法》第 27 条的规

---

① 《德国证书法》第 17 条规定:“公证人应了解当事人的真实意愿、澄清事实,向当事人说明公证事项所涉及的法律,在笔录中,清楚准确地记录当事人的意思表示。公证人应注意避免错误和疑义,不使无经验的和老实的当事人受到损害。对事实是否符合法律或对当事人的真实意愿有怀疑时,公证人应与当事人交换意见。公证人若怀疑事实,而当事人坚持要求公证时,则公证人应在笔录中加以说明并注明当事人对此所作的陈述。”

② 《日本公证人法实施规则》第 13 条之一规定:“公证人在对法律行为制作公证书或给予认证时,如对该法律行为是否有效,当事人是否已作相当考虑,或是否有进行该法律行为的能力有怀疑时,须提请有关人员注意,并使其作出必要的说明。公证人对非法律行为的事实制作公证书时,如对会受该事实影响的私权关系有怀疑,与前款同样处理。”

③ 《俄罗斯公证立法纲要》第 16 条规定:“公证人必须给予自然人和法人在实现其权利和合法利益中以协助,向他们解释权利和义务,预先告知实施公证行为的后果,以免不知法律给他们带来损害。”

定，公证员履行告知义务的主要内容是当事人申办公证事项的法律意义及其可能产生的法律后果，而不是申办该项公证的法律意义和法律后果。而《强制执行公证指导意见》则强调的是"申办具有强制执行效力债权文书公证的法律意义和后果"，显然这是两个不同的告知内容。债权文书赋予强制执行效力的法律意义，是一旦经公证赋予该效力，债务人违约时债权人即可不通过诉讼径直请求法院强制执行债务人财产受偿，其本质意义是债务人先行承诺放弃诉权，自愿接受债权人申请的强制执行。而申办债权文书强制执行公证的法律意义，则是一旦公证，公证机构就对该债权文书赋予了执行力，对债务人承诺执行的意愿予以确认，并将其上升为公法意义上的执行效力，同时，债权人也就取得了一个申请执行的预设根据。

其次，后果设定不明。债权文书申请公证赋予强制执行效力的法律后果，就是倘若债务人自己承诺愿意接受强制执行后，如果不按照债权文书所约定的期限、数额、质量乃至地点履行偿债义务，则难免承担被法院强制执行的后果，因此，其后果往往是消极的、不利的；而债权人申办该公证的法律后果，则是可以依法获取一个申请法院执行的法定依据，从而实现收回债权的目的，故而其后果往往是积极的，有利的。

最后，重点不突出。《强制执行公证指导意见》没有将债权文书具备可执行性的最重要条件，即"文书必须具有给付内容，且该给付内容是可以强制执行的"，作为重要的告知内容，显然有失偏颇。

笔者认为，在我国公证法的语境下，在强制执行公证事项中强调履行告知义务，尤其是履行好效力后果的告知义务，其实还有一层含义，即对公证机构和公证员的免责作用。众所周知，在法律规定上权力有多大，其权力主体所承担的责任就有多大，其是反向对等的关系。法律明确将本属法院专享的执行依据生成权力拆分一部分给非诉性质的公证证明机构享有，同时也必然要求公证机构承担生成该执行力依据相等的法律责任。学理上认为，强制执行公证是一种偏向于保护债权人利益的公证事项，债务人在其中处于相对弱势的地位，因此，债务人接受执行的意思表示，"必须基于债务人正确之理解为前提，如债务人仅有形式上之执行承诺则尚有不足"。[①] 从这个意义上来讲，告知在强制执行公证中对公证机构和公证员无疑是一项重要的保护措施，因此，任何办理强制执行公证的公证处和公证员都没有不加以认真对待、慎重履行的理由。

（二）内容特定原则

内容特定原则，是指强制执行公证事项能否经公证赋予执行效力，应当特别审查其内容的法律限定性，只有符合法律规定的赋予强制执行效力的内容，公证机构方可受理公证并赋予其强制执行效力。强制执行公证事项与其他公证事项最大的不同，就是其所

---

① ［日］松村和德：《民事执行救济制度论》，第230页。转引自郑云鹏：《公证法新论》，台北，元照出版公司2015年版，第395页。

涉的内容必须特定。按照我国现行民事实体法和程序法的规范,该特定内容包含两层含义:首先,须为债权文书,即具有明确、具体的债权债务关系;其次,须为具有给付内容的债权文书,按照《公证程序规则》的限定,还必须为给付货币、物品、有价证券为内容的债权文书。

强制执行公证的内容特定原则,是贯穿于整个公证程序之中的一项程序性准则。

(1)受理阶段遵守该原则的意义。在公证申请的受理审查中,如果发现当事人申请公证的法律文书不是债权文书,则不能受理为强制执行公证事项。例如,当事人申请办理委托他人代为向第三人收取欠款的行为,表面看似乎涉及债权,但其并不是直接的债权债务关系,故不得申办赋予强制执行效力的公证。当事人申办劳务合同公证,雇佣方要求公证机构对被雇佣方按时、按要求提供劳务赋予强制执行效力,此契约虽然也形成明确的权利义务关系,但由于不符合法定的给付内容规定,也不能受理为强制执行公证事项。

(2)审查核实阶段遵循该原则的意义。债权文书公证申请受理后,公证员需要对合同条款的约定内容向当事人进行深入的询问核实,目的是使契约条款清晰、明确,便于理解与履行。因此,在该环节的公证程序中,理解和落实强制执行公证的内容特定,还需要进行进一步的审查判断。在实务中,该阶段发现的问题是多方面的。例如,当事人申办还款内容的债权文书公证,约定:若债务人按期归还欠款,则不计利息,如果不按期归还欠款则按年息35%收取利息。由于35%的年利率已经超过法定民间借贷利率上限,超过部分利息属于违反内容特定原则的债权内容,故不能对该部分债权赋予强制执行效力。当事人签订抵押担保借贷契约,同时约定:若债权人发现债务人有违约之虞时,即可代理债务人处分其抵押财产以提前受偿。此明显有违禁止流押规则的限制,亦属于典型的违反内容特定情况,应当建议当事人剔除该约定内容,否则中止公证。最高人民法院《关于审理民间借贷案件适用法律若干问题的规定》(以下简称《民间借贷司法解释》)第27条规定,借据、收据、欠条等债权凭证载明的借款金额,一般认定为本金。预先在本金中扣除利息的,人民法院应当将实际出借的金额认定为本金。本条规定了两个问题:一是认定本金数额的依据;二是禁止从本金中预先扣除利息。预先在本金中扣除利息,是指在借款合同中约定,贷款人在向借款人提供贷款时,按照贷款利率计算的利息事先在提供的贷款本金中加以扣除,这种做法一般称为"贴水贷款"。① 在民间借贷中,预先扣除利息俗称"抽头"或"抽头息",也称为"砍头息"。现实中预先扣除利息主要有两种情形:一种是预先扣除第一个月的利息,即扣除头息;另一种是预先扣除借款期内所有的利息,即预扣全息。我国法律和司法解释对预先扣除利息的行为是禁止的。如最高人民法院《关于贯彻执行〈中华人民共和国民法通则〉若干问题的意见(试行)》(以下简称《民法

① 参见全国人大法工委研究室编写组:《中华人民共和国合同法释义》,人民法院出版社1999年版,第306页。

通则司法解释》)第125条规定,在借款时将利息扣除的,应当按实际出借款数计息。我国《合同法》第200条规定,借款的利息不得预先在本金中扣除。利息预先在本金中扣除的,应当按照实际借款数额返还借款并计算利息。我国《民间借贷司法解释》坚持了这一原则。在民间借贷公证中,公证员宜将这一禁止性规定明确告知当事人,若发现当事人有此种行为,经告诫后仍不纠正的,应不予公证。

(3)出具执行证书阶段遵循该原则的意义。在债权人认为债务人届期怠于偿债而申请公证机构出具执行证书时,公证机构对内容特定原则的坚守更为重要,如果公证机构在执行证书中载明的执行标的内容不确定,或者内容有违给付范畴,则法院民事执行机构无法执行,显然达不到维护债权实现的目的。实务中以下几种情形可能引致内容不特定:其一,对债权数额有争议。如债权人认为债务人所欠债务为100万元(包含利息),而债务人认为只欠80万元,且双方争执不下,在此种情形下,如果公证机构按照债权人的主张出具执行证书,即为内容不特定。其二,利率计算不清楚。利率的计算,在出具执行证书时,是一个不能具体确定的问题,需要灵活处理。这是因为出具执行证书的时间与法院实际实施执行措施的时间之间存在一个时间差,如果公证机构仅将利息计算至出具执行证书之日,则债权人的利息债权有可能受到损害,故宜设计为利率计算公式,并注明截至实际执行之日,否则也有可能违反内容特定原则。其三,实现债权的费用,其中尤其是律师费用殊难把握。公证机构在签发执行证书的过程中,审查债权人聘请律师实现债权的费用时,通常难以确切判断其所支出的律师费用的真实数额。因此,需要穷尽一切核实手段,据实计算律师费的执行数额。

(三)核实履行原则

公证活动中遵循核实原则,通常包括三层含义:第一层意思是指在办理公证时,通过对当事人的询问、制作谈话笔录等方式核实申办公证的文书载明的内容,与当事人申办公证的目的、实施方式是否一致,是否为其真实意图。第二层意思是指核实当事人提供的证明材料是否完整、充分、可信,是否与待证事项具有关联性。换言之,亦即核实证据材料的真实性与可采信性。第三层意思是指公证员对有疑义的事实,通过向有关组织和个人进行调查、询问等方式,或者委托异地公证机构调查,搜寻和采集能够证明当事人申办公证事项真实性的事实证据,抑或揭穿当事人虚假公证的情况。因此,可以说核实是公证程序中一项至关重要的证明规则。

然而,强制执行公证程序中的核实,除需要核实清楚当事人建立债权债务关系时的真实意图,债权履行的数额、期限、质量、地点,以及核实清楚债务人是否自愿作出接受强制执行的意思承诺,是否明确知悉强制执行的法律意义及其可能产生的法律后果外,最为关键的是事后对违约事实的核实。违约事实的核实,是指在债权人申请出具执行证书时,公证机构对债务人(担保人)履行债务情况的查明。最高人民法院、司法部2000年出台的《联合通知》第5条规定,公证机构签发执行证书应当注意审查以下内容:(1)不履行或不完全履行的事实确实发生;(2)债权人履行合同义务的事实和证据,债务人依照债权文书已经部分履行的事实;(3)债务人对债权文书规定的履行义务有无疑义。最高人民法院2018年9月30日发布的《公证债权文书执行规定》第5条规定,债权人申请执行公证债权文书,有下列情形之一的,人民法院应当裁定不予执行;已经受理的裁定驳回执行申请:(1)债权文书属于不得经公证赋予强制执行效力的文书;(2)公证债权文书未载明债务人接受强制执行的承诺;(3)公证证词载明的权利义务或者给付内容不明确;(4)债权人未提交执行证书;(5)其他不符合受理条件的情形。出具执行证书时的核实,需要满足上述规定的要求,避免核实不到位导致执行不能。

第二节　强制执行公证的证明标准

标准根据价值观和行为方式的不同,有不同的认知与设定,带有极强的主观性,而技术标准往往也是经验总结和反复试错得来的结晶。因此,毋宁说,标准是主观作用于客观之后又上升为主观的一种衡量准则,能够体现事物的规律性重复与社会的需求和有用性。公证的证明标准,是我国《公证法》《公证程序规则》以及其他具体办理公证的规范所要求达到的,由公证书所体现出来的真实性、合法性程度。

我国公证理论与实务界都疏于对公证标准,或者公证证明标准的研究,通常都是从效力角度来反推公证文书需要达到的公信力程度。蒋轲先生的《公证证明标准与责任》一书是笔者查询到的唯一以“标准”命题的公证学术专著。[①] 该书对公证证明标准进行了比较深入的探讨,然而不无遗憾的是,其并没有明确建立起公证证明标准的体系框架。笔者所著《公证证明论》也辟专章讨论了公证证明标准问题,[②]就不同公证事项提出了笔者自己心中的证明标准体系,但可惜的是未能引起业界的充分讨论与评说,也尚未达成必要的共识。公证活动的标准问题,仍是业界需要重点关注的重大理论课题,毕竟任何没有明确建立起标准体系的活动,都是无法准确判断其价值的生产,也无法获得体系化、科学化的认知,更难以形成一门具有社会科学价值的学科。鉴于此,建立科学、合理的公证证明标准体系,乃是中国公证行业的当务之急。

一、法律行为类公证事项的证明标准

不同的公证事项类型,有不完全相同的证明标准,就像不同身高的人或者男女之间存在不同的穿着需求,不同受教育背景的人有不同的文明习惯一样,公证的证明标准也必须与该事项所需要证明的程度相吻合。按照我国《公证法》对公证事项的类型化抽象,

---

① 参见蒋轲:《公证证明标准与责任》,北京大学出版社2015年版。

② 参见李全一:《公证证明论》,法律出版社2016年版,第239～271页。

公证事项主要分为三个大类，即行为类、事实类和文书类，其中行为类是主要类型，事实类次之，文书类则相对较少。鉴于强制执行公证属于典型的民事行为类公证，故在具体讨论强制执行公证的证明标准前，有必要先行对法律行为类公证事项的证明标准加以考察。同时，由于强制执行公证是一个复合性概念，其包含了赋予债权文书强制执行效力公证和签发执行证书两个具体的证明行为，因此，在讨论强制执行公证的证明标准时，宜将其拆分开来分别加以考察探讨。

笔者认为，考察和揭示公证事项的证明标准，包括法律行为类公证事项的证明标准，在法律没有明确界定"标准"的情形下，我们只能从我国《公证法》和《公证程序规则》有关公证审查要件的要求中去探寻。我国《公证法》确实没有明确规定公证的证明标准，不过其对公证活动中公证机构及其公证员需要审查的事项作出了明确要求。[①] 显而易见的是，公证程序中的审查之目的，就是保障证明效果的真实、合法，从这个意义上讲，也可以将其视为公证证明需要达到的一般标准。《公证程序规则》第 36 条、第 37 条和第 38 条，分别对民事法律行为类公证、有法律意义的事实类公证和有法律意义的文书类公证需满足的条件进行了规范，且将我国《公证法》表述的审查内容直接界定为"公证的条件"。虽然我国《公证程序规则》将这些满足出证的内容规定为"公证的条件"，而没有直接称作"标准"，但鉴于立法者是将其规定在"出具公证书"一章，而并非设定在公证的"程序"一章之中，故其意图已经不言而喻，就是把这些"条件"看作出具公证书需要满足和达到的标准。

按照我国《公证程序规则》第 36 条的规定，法律行为类公证事项的公证书出具的条件（标准）包括：当事人主体适格、意思表示真实、内容形式合法及不违背社会公德三项，同时还需满足我国《公证法》规定的其他条件，以及不同的行为类事项办证规则的特殊要求。很显然，三个必备要件是依据我国《民法通则》第 55 条有关法律行为构成要件来设定的。鉴于在我国《民法总则》实施后，上述内容已经有所修订，故这三条必备要件应当按照我国《民法总则》第 143 条的规定来理解。《民法总则》对《民法通则》第 55 条的前二项要件未予修订，但对第三项要件进行了比较大的调整。一是将原规定的"不违反法律"，修订为"不违反法律、行政法规的强制性规定"。这一调整的意义重大。不违反法律的提法，没有区分不违反的是法律的任意性规定还是强制性规定，因此容易造成

① 我国《公证法》第 28 条规定："公证机构办理公证，应当根据不同公证事项的办理规则，分别审查下列事项：(1) 当事人的身份、申请办理该公证的资格以及相应的权利；(2) 提供的文书内容是否完备，含义是否清晰，签名、印鉴是否齐全；(3) 提供的证明材料是否真实、合法、充分；(4) 申请公证的事项是否真实、合法。"

理解上的混乱。[①] 根据民法原理,法无禁止即可为。是故,唯有违反法律强制性规定的行为,方可能引致效力上的失格。二是将“不违背公共利益”,修订为“不违背公序良俗”。众所周知,公共利益仅涵盖社会公德部分,而未包括善良风俗;公序良俗的提法,则不仅包含了社会公德,也涵摄了社会善良风俗的内容,内涵更为宽泛。[②] 从总体上来看,这些条件都无一例外地围绕着真实合法而展开。鉴于此,“真实、合法”应为法律行为类公证乃至所有公证的基本证明标准。毫无疑问,这也是强制执行公证所必须遵循的证明标准。

二、债权文书赋予强制执行效力公证的证明标准

民事法律行为包括双务行为和单务行为两种,强制执行公证所涉之法律行为事项,原则上应为双务行为。[③] 从大的类型上划分,强制执行公证显然应当涵摄于法律行为公证之中。因此,凡是法律行为类公证需要把握和满足的条件,强制执行公证均不能例外,但由于强制执行公证与普通的民事法律行为公证存在一定的差异,需要对强制执行公证的证明标准加以特别考察。这些差异主要表现在:第一,主体差异。在普通的法律行为公证中,一切适格的民事行为主体均可以成为民事行为公证的主体,包括自然人、法人和非法人组织;而在强制执行公证中,主体范围有所限制。这一限制就是,只有能够建立民商事债权债务关系的自然人、法人或非法人组织才是强制执行公证事项的适格主体,如在商业借贷行为中,行政机关原则上就不能被视为适格的债权债务关系主体;在担保性债权关系中,国有事业单位原则上也不宜作为适格之担保主体。第二,意思表示受债权文书内容限制。普通的民事法律行为公证中,除有违法律禁止性规定的表意之外,公证机构应该完全尊重当事人的意思表示来确立证明事项;而在强制执行公证中,除尊重当事人建立债权债务关系的意思自治之外,还需特别注重探明债务人愿意接受强制执行的意思表示,如果没有这一意思表示,或者这一意思表示有瑕疵足以引致执行不能,则达不到强制执行公证的出证标准。第三,内容不违反法律和公序良俗,需要从广义上适用与理解。普通的民事法律行为,只要不违反效力性禁止性规范,一般认为公证机构均可涉

---

① 民法理论上将法律分为任意性规定与强制性规定。任意性规定,不具有强制性,允许当事人作不同的约定。任意性规定的意义,一是起示范作用,供当事人订立合同时参考,即当事人可以按照法律规定订立合同;二是起补充作用,对于当事人订立合同未约定某项内容,可按合同法关于该项内容的规定予以补充。正因如此,故任意性规定不具有强制力,允许当事人作不同的约定,当事人的约定与法律任意性规定不同时,当事人的约定有效。也就是说,当事人的合同如果违反法律之任意性规定,并不导致合同无效。而强制性规定则不同,法律上的强制性规定不允许当事人违反,倘若合同违反法律强制性规定,将发生合同无效或者使当事人遭受其他不利益等后果。可参见王泽鉴:《民法概要》(第2版),北京大学出版社2011年版,第73页以下。

② 参见李全一:《民法总则背景下的公证法律适用》,载《中国公证》2017年第8期。

③ 但并非所有强制执行公证事项均为双务行为。其实,在实务中,单务行为也可以赋予强制执行效力,如欠条、借据、保函等。因此,应以双务为原则,单务为例外。

足;而强制执行公证,由于内容需要具有可执行性,也就是说需要考虑强制执行的适宜性,因此,不但对违反禁止性规定的债权债务关系不能赋予执行效力,凡是超出法院或者国务院司法行政主管机关允许公证赋予执行效力范围的债权债务关系,即使不违反法律的禁止性规定,也不宜受理公证并赋予其强制执行效力。如当前,根据司法部公证机构办理公证“五不准”通知的要求,有关民间借贷的债权文书就暂时不被允许作为强制执行公证的标的。

对具有强制执行效力的债权文书公证,《公证程序规则》第 39 条规定了其需要符合与满足的几个基本标准。首先是内容标准,需要满足以给付货币、物品、有价证券之债权的要件。其次是意思表示标准之一,需要满足当事人对债权债务关系确定无疑,且双方对债权文书所载明的有关给付内容无疑义。再次是意思表示标准之二,需要满足债务人在债权文书中明确表明,其在不履行义务或者履行义务不适当时,愿意接受强制执行的承诺。最后还要满足补强标准,即我国《公证法》规定的其他条件,如主体资格条件、地域管辖条件、提供证明材料充分且不至于产生疑问的条件等。概括起来,除遵循我国《公证法》《公证程序规则》规定的民事法律行为类公证的一般标准外,强制执行公证中债权文书赋予执行效力公证事项的特殊证明标准,主要有三项,以下逐一加以解析。

(一)对债权文书范围标准的解析

关于公证债权文书的范围,目前有两种理解。一种理解,是严格按照我国《公证法》第 37 条规定的“具有给付内容的债权文书”范围;另一种理解,是我国《公证程序规则》第 39 条规定的“给付货币、物品、有价证券的债权文书”范围。显然,由于前者未对“给付”加以限制,故其范围明显大于后者;而后者,则是对前者的限缩性规范。如果按照法律大于规章的立法理论,应当遵循前者;而如果按照时间关系来考察,由于后者在前者之后颁布实施,且为前者之实施性规章,后者的意图也可以说是对前者的注解,故而适用后者也有一定道理。鉴于此,笔者以下姑且按后者规范的范围来探讨如何把握公证债权文书范围的标准问题。

给付货币的债权文书,在其他法例上也称作给付金钱的债权文书,①是债权文书公证的主要业务类型。对于这里的“货币”,既然未进行限制,应将其理解为包括中国货币和外国货币。这里的“物品”,是指可以成为交换与诉讼标的的一切有形物,既包括特定物,也包括种类物。需要特别注意的是,我国《公证程序规则》所规定的“物品”,似乎仅指动产而言,但参考其他法例上有关“金钱替代物”的注解,也可以包括不动产和知识产权等一切可以用金钱折价转换的财产。尤其是最高人民法院《执行异议复议规定》放宽公证

① 如韩国强制执行法认可的公证债权文书对象,是以给付一定金钱或代偿物或一定数量的有价证券为目的的债权文书。其中,金钱及其替代物的给付是最主要的对象。参见[韩]姜大成:《韩国民事执行法》,朴宗根译,法律出版社 2010 年版,第 49 页。日本、德国的规定也大致相近。

机构对担保性债权文书赋予强制执行效力后,“物品”的内容包括不动产和知识产权已无异议。这里的“有价证券”,是指标有票面金额,用于证明持有人或该证券指定的特定主体对特定财产拥有所有权或债权的凭证。有价证券是虚拟资本的一种形式,它本身没价值,但有价格。有价证券有广义与狭义两种定义,广义的有价证券按其所表明的财产权利的不同性质可分为三类,即商品证券、货币证券和资本证券。而狭义的有价证券,则仅指资本证券。商品证券,是指证明持券人有商品所有权或使用权的凭证。取得这种证券就等于取得这种商品的所有权,持券者对这种证券所代表的商品所有权受法律保护。属于商品证券的有提货单、运货单、仓库栈单等。货币证券,是指本身能使持券人或第三者取得货币索取权的有价证券,货币证券主要包括两大类:一类是商业证券,主要包括商业汇票和商业本票;另一类是银行证券,主要包括银行汇票、银行本票和支票。资本证券,是指由金融投资或与金融投资有直接联系的活动而产生的证券。持券人对发行人有一定的收入请求权,它包括股票、债券及其衍生品种如基金证券、可转换证券等。[①] 最常见的有价证券有汇票、支票、本票、债券、存款单、仓单、提单以及可转让的股份、股票等。

(二)对给付内容无疑义标准的解析

债权人和债务人对给付内容无疑义,是指双方对约定的给付数额、期限、质量、地点等无分歧,并一致认可。但其前提应当是债权债务关系明确,即双方对建立债权债务关系协商一致,且对建立债权债务关系的出发点和其可能产生之后果有清醒的认知和预判。需要特别指出的是,这里的“对给付内容无疑义”,与出具执行证书时审查的履行义务无疑义是两个不同的法律问题,虽然二者之间有因果关系,但前者指的是当事人双方对建立债权债务关系是否一致认同,是否存在数额、期限、质量以及履行地点等的不同认知;后者则显然是指债权债务的实际履行,如已经履行了多少,履行中是否存在数额、期限、质量以及履行地点与债权文书约定条款不一致,甚至相冲突的情况。换言之,债权文书公证审查之给付内容无疑义标准,要求的是债权文书的明确性、具体性与可履行性,而出具执行证书时审查对履行义务是否有疑义之标准,要求的是解决未履行或者履行不适当的事实判断问题。

在对债权文书的给付内容无疑义的标准适用中,公证员需要排除内心一切合理的怀疑。因此,有必要从如下方面强化审查核实与判断职责:一是对标的的真实性、合法性的核查。例如,现实中时常会出现金融借贷中的借新还旧行为,这种表面看似建立债权债务关系的借贷契约中,实际上并未发生新的借贷关系,债权人往往并不出借款项,而是将所谓的贷款转化为清偿,但债务人却承担了新的债务(因利息的增加而发生债的增加)。这种情形下的借贷债权文书即不符合给付内容无疑义的标准,且也违反了中国人民银行关于不得借新还旧的规定。二是对履行期限的真实性的审查。实践中有这种情况,银行

① 参见李全一:《公证证明论》,法律出版社2016年版,第255~256页。

的贷款合同已经生效一段时间,且贷款已经划入借款人账户,即债权人的放款义务已经履行完毕。但在订立合同建立债权债务关系时,没有申办赋予强制执行效力的公证,其后债权银行担心债务人有违约之虞,或者为应付上级检查,向公证机构申请办理赋予强制执行效力债权文书公证。此时,如果公证机构受理借贷合同办理强制执行公证,则实际上办理的应当是一个还款契约公证,而非借贷合同公证。如果依借贷合同办理就与给付内容无疑义产生冲突,因为债权人的履行期限已经不存在,故不适宜这样办理。三是对数额真实性的审查。在一些民间小贷公司的借贷债权文书中,时常出现"砍头息"的条款,如双方约定的借贷资金为人民币 100 万元,利率为年息 20%,出借人预先扣除人民币 24 万元,实际出借给借款人的是人民币 76 万元。此种借贷债权文书,就属于典型的给付内容与实际不相符的债权文书,同时也违反了不得预先从本金中扣除利息的禁止性规定,因此,不能对其赋予强制执行效力。

(三)对债务人承诺接受强制执行标准的解析

笔者在《公证证明论》一书中曾经谈道:"债权文书之所以具有执行效力,并非指的是公证机构依职权强制赋予债权文书这种效力,而是由债务人主动放弃事后的诉权,同意债权人在本方怠于履行偿债义务(或者合同约定的条件成就)时,自愿接受债权人申请公证机构出具执行证书,由法院强制执行自己的财产来消灭债权的一种以债务人为主因的效力生成模式。根据这一机理,公证赋予债权文书强制执行效力也是当事人意思自治的结果,于此而言,毋宁说是债务人赋权公证机构设定该强制执行力。鉴于此,债务人愿意接受强制执行的承诺就成了启动公证赋予债权文书强制执行效力的核心内容,也就成为此类事项能否获得公证证明并赋予执行力的关键标准。"①说其是关键标准,是因为倘若无债务人愿意接受强制执行的承诺,便无公证机构赋予债权文书强制执行效力的可能。

解析该标准,重点是探讨 3 个问题:第一,债权文书是否明确载明债务人愿意接受强制执行。如果载明该条款且经核实债务人(担保人),其也表示为自愿约定,则公证机构赋予其强制执行效力即已满足该公证标准之要求。但实践中可能出现这样的情况,即银行的格式条款中标明:"如果贷款方要求申办公证,则本合同具有强制执行效力。"显然,这种表达并不能体现债务人愿意接受强制执行的意图,有债权人单方要求或逼迫的嫌疑,故而难以满足《公证程序规则》对该标准的要求。第二,债务人是否确实自愿表示接受强制执行。在实务中偶尔会遇到这样的案例,债权人所持的借贷契约中没有标明债务人是否愿意接受强制执行的条款,在公证员提示时,债务人才勉强同意接受强制执行。在这种情形下,债务人也许不自愿,但碍于情面和举债之迫切,不得已作出承诺。在此种情况下所制作的强制执行公证债权文书,也无法确切地认为已经满足该项标准的要求。

① 参见李全一:《公证证明论》,法律出版社 2016 年版,第 257 页。

第三,债务人是否已经明确知悉自愿接受强制执行承诺的法律意义和法律后果。笔者认为,债务人之所以愿意在债权文书中作出接受强制执行的承诺,目的是给债权人一个信用保证,以取信于债权人,从而顺利建立借贷关系、融通到急需的资金。因此正常的接受强制执行承诺,一定是发自债务人内心的真实写照,故其对所要产生的法律后果必然了然于胸;反之,则必然含混不清,甚至经公证员解答与告知后,仍不甚了了。在后一种情况下,公证员就不宜贸然决定赋予债权文书强制执行效力,否则也难免产生不能完全满足该项标准之虞。

三、签发执行证书的证明标准

签发执行证书,也称出具执行证书,是强制执行公证中公证机构依据债权人的请求,根据双方事先申办的债权文书公证,在查明债务人(担保人)不履行义务或者履行义务不适当的事实后,签发给债权人作为向人民法院申请实施执行的证明文书。由于我国法律在设定公证强制执行制度的初期,未要求公证赋予强制执行效力的债权文书在债务人违约后,债权人还需向公证机构申请签发执行令,故在20世纪90年代及以前,我国的强制执行公证只有一项证明,即证明债权文书具有强制执行效力,债务人违约后债权人凭事先申办的公证债权文书可以直接向人民法院申请执行,是否执行概由人民法院行使裁量权。据此,有学者认为,"申请执行公证债权文书的,该债权文书和公证文书本身就是有执行力的证明,债权人仅提交其正本即可"。①

签发执行证书的法定程序,始于2000年最高人民法院、司法部的《联合通知》。《联合通知》第4条规定:"债务人不履行或不完全履行公证机构赋予强制执行效力的债权文书的,债权人可以向原公证机构申请执行证书……债权人凭原公证书及执行证书可以向有管辖权的人民法院申请执行。"此后,司法部于2006年印发的公证程序规则对公证机构签发执行证书制度进行了固定。我国《公证程序规则》第55条规定:"债务人不履行或者不适当履行经公证的具有强制执行效力的债权文书的,公证机构可以根据债权人的申请,依照有关规定出具执行证书。执行证书应当在法律规定的执行期限内出具。执行证书应当载明申请人、被申请执行人、申请执行标的和申请执行的期限。债务人已经履行的部分,应当在申请执行标的中予以扣除。因债务人不履行或者不适当履行而发生的违约金、滞纳金、利息等,可以应债权人的要求列入申请执行标的。"笔者认为,本条中规定的"依照有关规定出具执行证书",在当时,所指的"有关规定"主要就是指《联合通知》的有关规定。②《联合通知》第5条规定,公证机构签发执行证书应当审查以下内容:(1)不履行或不完全履行的事实确实发生;(2)债权人履行合同义务的事实和证据,债务人依照

---

① 孙加瑞:《中国强制执行制度概论》,中国民主法制出版社1999年版,第228页。

② 之所以这样认为,是因为在当时除《联合通知》的规定外,再无其他相关规范。

债权文书已经部分履行的事实;(3)债务人对债权文书规定的履行义务有无疑义。加上第6条规定的"签发执行证书应当注明被执行人、执行标的和申请执行的期限"。以上4项,就构成了这一阶段公证机构签发执行证书的基本条件,也就是出具执行证书应当遵循的基本标准。关于签发执行证书的标准,目前尚存在以下问题需要讨论。

(一)实质性审查还是形式审查

在签发执行证书时,公证机构对债权人请求认定债务人不履行债务或者履行债务不适当的事实,是秉持实质性判断的理念来认定还是仅需作出形式上的审查即为已足,在理论与实务上都存在不同的认识。在司法理论界,有学者认为,"执行证书的作用,是让公证机关负责对争议事实进行实质审查,而执行机构仅对申请人提交的材料作形式审查"。① 还有学者认为,执行证书制度的意义,是要求公证机构进一步核实从法律文书的生效到申请执行这段时间内,债权债务的实际状况,亦即对债权人的"实体权是否存在作出判断"。② 这也基本上代表了法院的主流观点。③

从《联合通知》第5条规定的文义上来看,应当是在要求公证机构进行实质性审查。同时,根据中国公证协会印发的《强制执行公证指导意见》第12条、第13条、第14条的规定,④公证机构出具执行证书,除按照《联合通知》第5条规定的内容进行审查外,还需审查债权人的证据材料、债务人怠于履行义务的事实是否属实等内容。这也显然是在要

---

① 刘哲:《论执行程序中对公证债权文书的审查》,载唐宝奇主编:《裁判方法论》,人民法院出版社2006年版,第620~621页。

② 李浩主编:《强制执行法》(修订版),厦门大学出版社2005年版,第514页。

③ 如参与《联合通知》起草的蒋惠岭法官解读《联合通知》的适用时即认为,公证机构签发执行证书,应作如下相应审查:"第一,履行事实的审查。在对本通知规定的几种合同进行公证时,义务履行事实可能尚未发生,而到债权人申请强制执行时,债务人可能已经履行了部分义务。此时如果完全按照债权文书书面载明的权利义务强制执行,势必造成错误。所以,此时执行的是事实已经发生变化的债权文书。公证机构对相关事实和证据的审查,并不是说公证机构可以像人民法院那样可以认定事实或证据。公证机构只能在双方当事人对事实和证据没有争议的情况下,才能签发执行证书。第二,债务人的再次无疑义表示。在办理强制执行公证时,条件之一是双方当事人对债权文书中的给付内容没有疑义。在签发执行证书时,公证机构必须再次确认债务人对债权文书规定的履行义务没有疑义。否则,公证机构不能签发执行证书。"参见蒋惠岭:《论公证债权文书的强制执行效力》,载《中国公证》2000年第6期。

④ 《强制执行公证指导意见》第12条规定:"公证机构出具执行证书,除需要按照《联合通知》第五条规定的内容进行审查外,还应当重点审查下列内容:(1)债权人提交的已按债权文书约定了履行义务的证明材料是否充分、属实;(2)向债务人(包括担保人)核实其对债权文书载明的履行义务有无疑义,以及债权人提出的债务人(包括担保人)不履行或者不适当履行债务的主张是否属实。"第13条规定:"公证机构在出具执行证书前,对债务人(包括担保人)不履行或者不适当履行债务的事实进行核实时,当事人对核实方式有约定的,应当按照当事人约定的方式核实;当事人没有约定的,可以依据本指导意见第九条的规定自行决定核实方式。"第14条规定:"有下列情形之一的,公证机构不予出具执行证书:(1)债权人未能对其已经履行义务的主张提出充分的证明材料;(2)债务人(包括担保人)对其已经履行义务的主张提出了充分的证明材料;(3)公证机构无法在法律规定的执行期限内完成核实;(4)人民法院已经受理了当事人就具有强制执行效力的债权文书提起的诉讼。"

求公证机构进行实质性审查。我们知道，实质审查虽然在效率上不占优势，然而却是最可靠、最能体现公平正义的审查方式，因此也是最能反映法的价值的审查方式。但是，实施实质性审查必须具备一定的前提要件：一是必要性，即该法律关系必须进行实质性审查方能体现正义；二是审查机构必须具备一定的审查能力。公证实务界一般认为，这里的审查应当是形式上的审查，即只要债权人提供债务人未履行或者未完全履行、未适当履行债务的证据，且该证据是充分的，公证机构即可为其签发执行证书，[①]没有必要采取实质性质证的审查方式。

如果出具执行证书时要求公证机构进行实质性审查，就意味着必须查明当事人对履行债务是否存在争议。如此，则会出现这样一个悖论：一旦债务人声称有疑义，由于公证机构并无解纷判讼之职能，即无法出具执行证书，也就必然会造成执行不能。同时，也就意味着债务人可以肆无忌惮地违反承诺，收回事前放弃诉权的申明。如此一来，不但私法理论中"禁反言"的基本原理会受到破坏，强制执行公证制度的社会价值也将黯然失色。同时，笔者还认为，公证机构不具备对债权文书履行争议进行实质性审查判断的资格。众所周知，公证机构是一个非诉证明机构，而并非纠纷处置机构。公证机构的职能为：根据当事人的申请，对当事人之间无争议的法律事项，依据其提供的证据材料进行审查判断，依法认定该事项的真实性与合法性。而签发执行证书时对履行义务有无疑义进行审查，则在必要时显然需要对争议、纠纷进行评判，在这种评判过程中必须适用举证与质证的规则、查明与判断的规则，而这些规则都是司法审判机关适用的规则，由公证机构来适用明显有僭越司法审判权的嫌疑。尤其是现行的民诉法将诉讼时效的中止与中断也适用于执行时效制度中，这就给实质性审查带来了更大的困难。因此，就提出了一个是否有必要继续保留出具执行证书制度的问题。设若我国的法律框架构造上明确采行的是司法权与公证证明权分离原则，亦即非诉事务与诉讼事务相区隔，就没有必要保留公证机构出具执行证书的制度。关于这一制度的衔接，可借鉴日本和韩国民诉法上的规定和做法，公证机构仅对债权文书赋予执行效力，且公证机构赋予执行效力的债权文书即称作"执行证书"，一旦债权人获得该执行证书，即意味着其已经取得了申请执行的权利，事后出现债务人（担保人）怠于履行债务之执行情由时，债权人即可持该证书单方径直向有管辖权的法院申请执行，而是否予以实际执行，审查判断权概由人民法院来行使。

（二）如何审查时效的中止、中断

按照我国《民事诉讼法》第 239 条的规定，申请执行的期间为 2 年。[②] 申请执行时效的中止、中断，适用法律有关诉讼时效中止、中断的规定。鉴于此，公证机构在签发执行证书时，不但要遵循 2 年的执行时效，也要适用和审查中止、中断的情由。诉讼时效的中

① 参见刘疆：《强制执行公证争议问题研究（下）》，载《中国公证》2007 年第 4 期。

② 我国《民法总则》已经将其修订为 3 年，执行时效是否一并调整尚待修法确定。

止与中断同为法定的消灭时效情由,但二者的区别十分明显:首先,两者发生的事由不同。诉讼时效中止的法定事由通常为客观事由,一般为当事人主观意志所不能控制的事由。而诉讼时效的中断的法定事由则是主观事由,即体现权利人或者义务人自主意志的法定事由。① 由于这些事由的发生,表明权利人积极主张权利或者义务人同意履行义务。因此,可以实现维持权利的目的,诉讼时效应予中断。其次,两者发生的时间不同。诉讼时效的中止事由原则上只发生在诉讼时效期限届满前的6个月内。而诉讼时效中断的事由可以发生在诉讼时效期间开始起算之后至届满之前的任何时点。最后,法律上的效果不同。诉讼时效中止的法律效果为中止事由发生的时间不计入时效期间,但在中止事由结束后,诉讼时效期间继续计算。而诉讼时效中断的法律效果,则是在中断事由发生以后,已经经过的时效期间不再继续计算,待中断事由结束后重新开始计算时效期间。

1. 时效中止审查的标准

根据我国《民法总则》第194条的规定,在诉讼期间的最后6个月内,由于以下这些障碍,致使行为人不能行使请求权的,诉讼时效中止:一是不可抗力;二是无民事行为能力人或者限制民事行为人没有法定代理人,或者法定代理人死亡、丧失民事行为能力、丧失代理权;三是继承开始后未确定继承人或者遗产管理人;四是权利人被义务人或者其他人控制;五是其他导致权利人不能行使请求的障碍。自中止时效的原因消除之日起满6个月,诉讼时效期间届满。与我国《民法通则》的中止规定相较,我国《民法总则》一是对《民法通则》第139条规定的"其他障碍"进行了类型化,使其更具可操作性;二是将司法解释中的一些规定上升和固定为法律规定;三是可以借鉴国外法例的合理做法,中止障碍消除之时,如果诉讼时效期间剩余部分少于6个月,则将诉讼时效的剩余部分延长至6个月。② 就强制执行公证事务中的签发执行证书审查标准而言,考虑其主要可能发生在不可抗力情由中,故我们仍将这些中止情由概括为不可抗力与"其他障碍"来讨论。

其一,不可抗力导致中止时效的审查标准。如前所述,不可抗力是引起诉讼时效中止的主要客观原因。就目前我国公证机构赋予强制执行效力的债权文书公证而言,主要集中在以给付货币、物品、有价证券为内容的债权文书范围内,而在这些债权文书中,尤以金融机构为权利人一方主体的债权文书为众。由于这类债权文书中的权利人均为法人,因此发生不可抗力以外的"其他障碍"导致时效在期限届满前6个月中止的情形极为鲜见。这是因为,按照我国《民法总则》第194条第1款的列举性规定来看,这里的"其他障碍"情形,一般都发生在自然人之间。然而,不可抗力引起的中止则既可能发生在自然人的债权债务关系中,也可能发生在法人或非法人组织的债权债务关系中。故而,对不

① 最高人民法院民事审判第二庭编著:《最高人民法院关于民事案件诉讼时效司法解释理解与适用》,人民法院出版社2008年版,第342页。

② 参见张荣顺主编:《中华人民共和国民法总则解读》,中国法制出版社2017年版,第655~656页。

可抗力因素的研究,就是公证机构研究执行时效中止情形的重点。

根据民事请求权的一般规则,公证机构在审查债权人提起的时效中止事由时,仍应坚持"谁主张,谁举证"的原则,要求债权人(申请签发执行证书人)向公证机构举证证明不可抗力存在的事实。由于时效的中止导致的结果是,时效期间实际上的延长,因此,准确扣除中止期间及合并前后进行时间计算是关键。有观点认为,在中止事由消除以后,剩余时间如果不足6个月,可能仍然会阻碍权利人行使权利,因此应在法律上规定剩余时间不少于6个月,但主流观点持否定态度。笔者也认为,确实没有必要作这样的规定。因为法律规定诉讼时效的中止只能在最后6个月发生,扣除中止期间后,等到时效再进行时,权利人完全有时间主张权利。此外,还需特别注意以下两种情况:第一,并非所有发生不可抗力事由的情形均必然中止执行时效。如前所述,虽然有不可抗力事由发生,但该事由没有发生在诉讼时效期间届满前6个月内,或者虽发生在诉讼时效期间届满前6个月内,但该事由并不影响债权人行使权利的,则不能适用诉讼时效中止的规定。第二,客观不可抗力事件发生在诉讼时效期间届满前6个月外,但持续到诉讼时效期间届满前6个月内的如何看待。司法实务理论认为,如果该不可抗力事件在诉讼时效期间届满前6个月内还持续存在,则其在6个月内持续的期间,应中止时效。①

其二,"其他障碍"引起中止的公证审查标准。在"其他障碍"所引起的时效中止事由中,如权利人行为能力障碍、无法定代理人、继承开始后未确定遗产管理人、权利人被控制无法主张权利,以及其他导致权利人不能主张权利的客观情形等,在公证机构签发执行证书时,其适用主体,应当主要考虑发生在民间借贷等自然人之间的债权文书经公证赋予强制执行效力的情形。但在权利人被控制无法主张权利的事由中,有可能发生在法人之间或法人与自然人、非法人组织之间的债权债务关系中,如总公司与子公司之间等。在审查中,一是要坚持告知原则,提醒债权人时效中止事由不成立可能导致的法律后果;二是可以借鉴民事诉讼中时效中止的审查方法,坚持证据查明原则,必要时还可以举行听证会进行质证。

2. 时效中断审查的标准

我国《民法总则》第195条所规定的时效中断情由,系对最高人民法院《关于审理民事案件适用诉讼时效制度若干问题的规定》的肯认,亦即对《民法通则》第140条的细化,同时亦借鉴了境外立法例规定的做法。② "诉讼时效的目的,在于惩罚那些躺在权利上面睡觉的人,即对权利不行使的制裁。如果存在与当事人不行使权利相反的事由,则不

---

① 最高人民法院民事审判第二庭编著:《最高人民法院关于民事案件诉讼时效司法解释理解与适用》,人民法院出版社2008年版,第345页。

② 参见张荣顺主编:《中华人民共和国民法总则解读》,中国法制出版社2017年版,第659页。

应当实施这种惩罚。中断就是这种解除惩罚的方法。"[①]诉讼时效中断的特点包括：第一，时效的中断发生在时效的进行之中，如果时效尚未开始计算，或时效已经届满，则不适用诉讼时效的中断。第二，发生了一定的法定事由，导致时效存在的基础被推翻。第三，时效的中断使已经进行的时效从法律事由发生之日起重新起算。诉讼时效中断的法律效果：一是原有的已经经过的时效统统归于无效，已经计算的时效只要尚未届满都可以因为中断事由的出现而失去效力。二是中断事由消除以后，时效期间重新计算。关于中断后重新计算的时效期间究竟应当有多长，在学理上存在不同的看法，但主流观点认为，重新计算的诉讼时效期间应当保持不变；如果原时效为特别诉讼时效，重新起算的诉讼时效期间应当转变为普通时效期间。[②] 三是时效中断以后，可能会发生时效再次中断的效果，如权利人再次主张权利。因此，时效的中断可能出现多次重复发生的情况。诉讼时效中断的情由通常由法律规定。卡尔·拉伦茨认为，时效中断的最重要的情况是义务人对请求权的非要式的承认、提起诉讼，以及与提起诉讼有同等效力的旨在开始诉讼程序的行为。[③] 按照我国《民法总则》第 195 条的规定，下述情形都将引致时效中断：第一，权利人向义务人提出履行请求；第二，义务人同意履行义务；第三，权利人提起诉讼或者申请仲裁；第四，与提起诉讼或者申请仲裁具有同等效力的其他情形。具体到公证债权文书执行时效中断的审查，张卫平教授认为，可以考虑将"要求对方履行义务"以及对方"同意履行义务"作为其事由。亦即在申请执行期间（包括签发执行证书期间）进行过程中，只要权利人要求义务人履行义务，或者义务人同意履行义务，申请执行的期间就要发生中断。[④] 笔者认为，这一判断标准甚为简洁、明了，在签发执行证书时审查时效中可资参考。

（1）公证行为是否构成时效中断。权利人向公证机构申请公证，如申请对催收信函的邮寄行为，或者现场送达催款通知的行为进行保全证据公证，是否构成时效的中断，在司法实务中存在争议。一种观点认为，其是一种独立的权利人主张权利的方式，就此构成时效中断，如辽宁省高级人民法院"关于诉讼时效若干法律问题的指导意见"就持此观点。另一种观点认为，如果公证书只是证明了权利人作出主张权利的文书的事实，未证明该催收文书已送达义务人的控制范围之内的，则该公证书证明的事实不具有诉讼时效中断的效力。[⑤] 笔者认为，申请办理公证本身并不必然导致时效的中断。这是因为，公证

---

① 李永军：《民法总论》，法律出版社 2006 年版，第 735 页。

② ［德］卡尔·拉伦茨：《德国民法通论》（上），王晓晔等译，法律出版社 2002 年版，第 343 ~ 344 页。

③ 汪渊智：《我国民法诉讼时效制度之构想》，载《法学研究》2003 年第 3 期。转引自王利明：《我国民法典重大疑难问题之研究》，法律出版社 2006 年版，第 145 页。

④ 张卫平：《民事诉讼法》（第 4 版），法律出版社 2016 年版，第 489 页。

⑤ 最高人民法院民事审判第二庭编著：《最高人民法院关于民事案件诉讼时效司法解释理解与适用》，人民法院出版社 2008 年版，第 173 页。

是程序性法律制度,是固定证据、证明行为、意义与事实的活动,而不是处理纠纷、解决实体性事务的行为。因此,当事人申请办理公证原则上不能导致时效的中断。但是,公证证明的后果可以导致时效的中断。具体而言,又分为以下几种情况:第一,保全证据公证可能产生时效中断的效果。如公证送达催收通知的行为,如果证明义务人收到了该通知,则该保全证据公证就会引起时效的中断。第二,还款协议公证产生时效中断的后果,因为还款协议公证既证明了债权人主张债权的行为,又证明了义务人承诺义务的行为。第三,债务人单方发表履行义务声明的公证产生时效中断的效果,因其为义务人认诺义务的一种最有效的要式表示。第四,向公证机构申请签发执行证书产生时效中断的效果,这是因为债权人申请签发执行证书的行为,相当于提起诉讼追讨债权。第五,公证调解产生中断时效的效果。按照规定,公证机构没有主动调解权,但对经过公证的债权文书产生纠纷时,如果双方当事人都自愿申请公证机构调解,则公证机构应当予以调解。在此种情形下,不管公证机构是否调解成功,均产生中断时效的效力。

(2)公证保全送达行为是时效中断的最佳证据。利用公证证明方式保全送达行为,以引起时效的中断,是现实中权利人经常采取的保护债权请求权的方法,且相对于自行送达和公告送达而言优势明显。该类业务,也是近年来公证机构增长最多的业务类型之一。但在实务中也存在一些问题,主要是送达函件是否确已到达义务人难以判断。也就是说,对在何种情形下送达行为使义务人确实知晓的认定标准不明确。因此,在诉讼中也经常发生证明力不强或不被采信的问题。究其原因,主要是对被送达人的范围认定存在争议。最高人民法院发布的《诉讼时效若干问题规定》第 10 条对该问题作出了明确规定,这对公证机构更好地开展好此类业务极其有利,公证员应当认真予以把握。根据该条第 1 款第 1 项的规定,当事人一方直接向对方送达主张权利的文书,对方当事人虽未签字、盖章,但能以其他方式证明该文书到达对方当事人的,应产生时效中断的效力。这就为当事人以公证证明方式送达文书提供了直接的法律依据。因为,在此种情形下,公证证明是最好的"其他方式"。一是公证证明的送达是权利人在公证员的面前作出的送达行为,虽然对方当事人未签字、盖章,但公证员可以凭借职业法律人的专家责任,认可现场发生的事实;二是公证书可以对当事人将送达函件留置在受送达人处的客观情形予以固定证据(如以拍照、摄像等方式),避免日后起纷争。

与此同时,上述《诉讼时效若干问题规定》第 10 条第 2 款还将受送达主体的范围作出了明确规定,有利于公证员作出判断。一是认定法人或其他组织的受送达签收人可以是法定代表人、主要负责人,也可以是其负责收发信件的部门或者被授权人。其中,尤其是对"其他负责收发信件的部门"的规定极具意义。因为在通常情况下,直接送达时,法定代表人或负责人都会有意回避,而规定其负责收发信件的部门,如收发室、办公室等可以作为签收人有利于催收函件的送达。二是规定受送达人是自然人的,其本人、同住的具有完全行为能力的亲属或者被授权主体都可以作为签收人。这样规定,也较好地解决了对自然人送达中,由于受送达人范围过窄无法送达的情况。但这里的“同住亲属”应当包括哪些人还有待具体解释。笔者认为,此处宜作宽泛解释,即只要是同住的,具有亲属关系的人,如父母、子女、祖父母、外祖父母、孙子女、外孙子女、兄弟姐妹等都应当包括在内。公证机构在可能的情形下,应当尽量采用公证保全证据的方式协助债权人送达讨债文书,促使执行时效的有效中断,高质量的保全送达行为公证书,无疑也是签发执行证书时,公证机构认定时效中断的“帝王证据”。

第五章　强制执行公证的证明方式

方式与方法是人们时常混用且习惯性连用的两个名词，如“解决问题的方式方法”“处理事务的方式方法”“接人待物的方式方法”等。在语言学上，如果作深入的解析，也可以认为方式是抽象的方法，而方法往往就是具体的方式，故《新华字典》对方式的解释是：说话、做事所采取的方法和形式。基于如此难以划分的语言学现象，故本章所言之强制执行公证的方式，也涵盖着强制执行公证证明的方法与形式。众所周知，具有超强的证明效力，并能够作为民事强制执行的法定执行根据，是强制执行公证文书所展示出来的主要特征。那么，这种超强的证明力与执行力在公证证明活动中是如何生成的？或者换言之，什么样的公证证明程序与证明方式能够促成这种超强证明力与执行力的生成？这是本章所要探讨的内容。

第一节　赋予债权文书强制执行效力的方式

理论上认为，公证的证明方式可分为实质性证明与形式证明两种。[①] 实质性证明，是需要明确判断与确认当事人的待证事项既具有毋庸置疑的真实性，也具有毫无冲突之合法性的证明方式，采用的审查方法为实体性审查，故此种证明方式也可称为实体模式的公证证明方式。根据我国《公证法》第 2 条的规定，我

① 参见李全一：《公证证明论》，法律出版社 2016 年版，第 221 页以下。

国的所有公证事项都须满足真实性、合法性的审查与证明要求,[①]基于此可以认为,我国公证的证明方式为实质性证明方式。形式证明,是仅需对当事人的待证事项进行真实性判断,且只要满足形式审查即为已足的证明方式。德国、日本、韩国等国公证法上存在的"认证"证明事项,[②]即为典型的形式证明方式;而英美法系上的公证证明方式,则完全采用形式证明方式,[③]故英美法系公证人制作的公证文书在法院作为证据使用时,需要通过质证方能被采信。

一、公证债权文书的启动受理方式:共同申请

共同申请,是我国债权文书申办强制执行公证的基本启动方式。债权文书一般为债权人和债务人双方共同订立,在特殊情况下,也包括多方共同订立的情况,如有担保的借贷债权文书,就可能既有债权人(贷款方),也有主债务人(借款方),还有担保人(从债务人)。有时还可能有多种担保形式和多个担保人与债权人、主债务人共同订立一份担保贷款债权文书的情况,如在对同一主债权提供的担保中,既有保证担保,又有抵押担保和质押担保的情形。因此,债权文书申办强制执行效力公证,通常需要当事人共同向公证机构提出申请,方能启动强制执行公证活动。正是基于此,学理上一般认为,当事人共同申请公证,是公证债权文书形成的程序要件之一。如有学者认为,公证债权文书,"是一种多方法律行为,因而应由双方当事人共同申请公证,既不允许公证机关依职权主动公证,也不允许一方当事人代替另一方当事人单独申请公证"。[④] 还有学者从公证法规定强制执行公证的立法本意角度进行阐释,认为:"《公证法》第 37 条第 1 款完全是以当事人双方契约为前提的条文,即当债权人和债务人满足该条第 1 款的构成要件的,意味着双方当事人已经达成一个放弃诉讼直接进入执行程序的契约。这个契约类似于仲裁中

---

① 权威解读认为,我国《公证法》第 2 条规定的是公证的定义,那么,公证是公证机构根据当事人的申请,"依照法定程序对民事法律行为、有法律意义的事实和文书的真实性、合法性予以证明的活动"的表述,则鲜明地揭示出,中国公证机构和公证人的公证活动是一种实质性的审查与判断活动,需要确切地得出公证事项既真实也合法的证明结论。可参详王胜明、段正坤主编:《中华人民共和国公证法释义》,法律出版社 2005 年版,第 8 ~ 12 页。

② 德国、日本等国的公证法上明确将公证与认证两种证明方式分开,公证为实体证明,认证为形式证明;而英美法系上的公证制度,则全部采行形式证明方式。但传统的拉丁公证国家,如法国等则不承认认证的证明方式,将公证都列为实体证明范畴。

③ 需要指出的是,"英美法系公证人"与"英美法系国家公证人"是两个存在区别的概念。前者仅指使用英美普通法制度办理公证的公证人,而后者则包括了英美法系国家的所有公证人。如果不加区别或限制地说,英美法系国家的公证人办理公证都采形式主义,则有违事实。其实,在美国、加拿大等国家,虽主要采普通法制度,但如美国的路易斯安那州、加拿大的魁北克省等原属法国领地的地区仍然采行大陆法传统,故其公证证明形式主要还是采用实体证明法。

④ 孙加瑞:《中国强制执行制度概论》,中国民主法制出版社 1999 年版,第 204 页。

双方当事人达成的仲裁协议。"[①]因此,必须由双方共同向公证机构申请赋予执行效力,才符合我国《公证法》第37条第1款条文之意图。

基于有请求权的法律行为之成立生效属性,以及前述学理认知,中国公证协会制定的《强制执行公证指导意见》第2条明确规定:当事人申请办理具有强制执行效力的债权文书公证,应当由债权人和债务人共同向公证机构提出。涉及第三人担保的债权文书,担保人(包括保证人、抵押人、出质人、反担保人)承诺愿意接受强制执行的,担保人也应当共同向公证机构提出申请。根据本条规定,共同申请是申办强制执行公证债权文书的程序性必备要件,单方申请不符合公证债权文书的受理条件。

然而,在其他国家的公证债权文书办证理论和程序上,似乎并不这样看待。笔者认为,公证债权文书的强制执行效力,确实系主要由债务人承诺愿意接受强制执行的意思表示而生成,在向公证机构(或公证人)申请对此承诺做成执行公证证书时,仅由债务人单方提出请求也不违背私权自治之法理,无可厚非。同时,在某些特定情形下,债权文书的要约与承诺是分离或分开达成的,在这种情况下,单方申请公证更加便利可行,如保函、还款承诺书、赡养费支付自认书等。但需要指出的是,在德国、日本、韩国公证法和民事强制执行法上的强制执行公证制度中,并无事后签发执行证书的程序设计,因此,债务人单方申请强制执行公证并不存在法律上的障碍,只要债务人将赋予有强制执行效力的生效公证证书(日本、韩国径直称"执行证书")交付给债权人,在债务人不履行给付义务或履行给付义务不适当时,债权人即可凭此公证证书正本向法院申请执行,而在我国公证法律制度和民事执行制度的框架下,显然无法这样操作。

第一,如果仅由债务人(担保人)单方向公证机构申请办理赋予强制执行的债权文书公证,那么,债权人便不是本公证债权文书的公证当事人,其也就丧失了事后向公证机构申请签发执行证书的资格和权利。第二,如果径由债务人单方向公证机构申请办理强制执行公证,其实质是办理的一份单方承诺书公证,倘若此前的债权人要约未申办公证,则难免形成债权关系不平衡的现象,即要约书不是特定的要式文书,而承诺书则是具有强制力的特殊要式文书。第三,债务人的接受执行承诺是建立在债权债务关系有利于本方的基础之上的,如果允许债务人单方申办强制执行公证,则公证机构无法审查债权文书上双方权利义务的真实性、合法性与可行性,因此也就无法判定债务人接受承诺表示的契约基础是否形成,是否能够承载强制执行的严厉约束。第四,在双务契约中,双方当事人充分协商、意思一致,是契约成立的关键,共同向公证机构提出赋予强制执行效力的申请,有利于双方在公证人面前再次检视契约条款的合理性,从而避免纠纷隐患。第五,需要特别指出的是,债务人单方申办强制执行公证的模式,是建立在对这类公证主要采取

---

① 董少谋:《民事强制执行法学》(第2版),法律出版社2011年版,第77页。

形式审查证明方式基础上的,[①]而按照我国现行公证制度规范,强制执行公证是一种审查核实严格的公证事项,属于典型的实质证明模式,是故其也无法容纳单方申请公证证明方式。

二、公证债权文书的审查方式:实质性审查

如前所述,实质性审查是我国公证证明的基本属性。所谓实质性审查,简单地说,就是要查明当事人所申办的公证事项真实、合法。就赋予债权文书强制执行效力的公证而言,由于其属于典型的民事法律行为类公证,因此,对其首先需要按照民事法律行为的构成要件来加以检视与判断,其所遵循的规则就是我国《民法总则》第 143 条所规定的几项要件,易言之,就是需要达到主体适格、意思表示真实,行为内容不违反法律、行政法规的禁止性规定,且不违背公序良俗。

关于公证债权文书的审查方法,各国或地区公证法律对其的要求有所区别,有的实行实质性审查,而有的仅要求形式审查即为已足。在法国,由于其《公证人法》第 19 条明确规定,所有公证文书在法兰西共和国境内都具有执行效力,故按照法国公证法学理论阐释,公证文书不但要满足要式性形式要件的规定,还需要具备证明力和可执行力,且具有与终审判决一样的既判效力。[②] 基于此,法国公证人对债权文书的公证,实际上是对合同的一种"公正仲裁",[③]是用"法律手段来验证当事人的协议",要求其不但要达到当事人追求的效果,还必须是一个包含合法协议的公式文书。[④] 在德国,按照其《公证人法》第 1 条对公证人性质的定义,其也是在要求公证人在公证行为中负有实质判断的职责。[⑤]《德国证书法》第 4 条特别强调对合法性的审查,其规定:"公证人应拒绝办理与其职责无关的公证,特别应拒绝显然不合法或为达到不正当目的而申请公证的事项。"《日本公证

---

① 如我国台湾地区的公证人认为,执行公证书的取得具有简易迅速的特性,并认为:"在公证程序中,所谓公证人之作用,仅止于就当事人之陈述,依法律所定严格的方式制式地作成证书,就审查证书内记载权利关系实体上正当性之权限与责任而言,公证人均无。"参见郑云鹏:《公证法新论》,台北,元照出版公司 2015 年版,第 392 页、第 425 页。

② 如时任法国国务顾问的里亚尔就曾指出:"在负责调解和审理纠纷的官员之外,安定召唤另一类公务人员。他们是当事人无私的顾问,又是表达他们意思的公正执笔者,向其说明签约的责任范围,将这些承诺用明晰的语言拟成文书,赋予其公式文书的特性和终审判决的效力;让他们的记忆永远保留,并忠实地保存这些公证文书;防止在善意的人们之间产生争议,遏制贪婪者的成功希望和挑起不义争讼的妄想。这些无私的顾问,这些公正的起草人,这种让缔约当事人无可反悔地承担义务的志愿审判官,就是公证人;这个机制就是公证制度。"参见[法]让·叶戈、让-佛朗索瓦·皮伊布:《公证执业法》,唐觉译,法律出版社 2008 年版,第 9~10 页。

③ 法国公证协会于 1979 年 12 月 24 日在其《全国公证章程》中增加公证人"是受理合同的公正仲裁,是个人、企业和集体的顾问;他确保合同生活的道德和安全"的表述。

④ 参见[法]让·叶戈、让-佛朗索瓦·皮伊布:《公证执业法》,唐觉译,法律出版社 2008 年版,第 10 页。

⑤ 《德国公证人法》第 1 条规定:"公证人是为了证明法律事实和预防纠纷而设置的独立的公职人员。"

人法》第26条规定:“对违反法令事项,无效的法律行为及由于没有行为能力而必须撤销的法律行为,公证人不得制作证书。”由此可见,在日本,对公证证明的要求,也是遵循的实质性判断。但按其《公证人法实施规则》的有关规定,又似乎要求得并不十分严格。[①]鉴于此,是否可以认为,日本公证人的审查方式是一种有限的实质审查。《韩国公证人法》第25条规定:“公证人就下列任一情形,不得制作公证书:(1)与法律相违背的事项;(2)无行为能力人的行为;(3)因无行为能力可撤销的法律行为。”这说明,韩国公证人法对公证事项的证明要求,也是须作实体性判断,即需要对合法性加以确认。就公证债权文书的合法性审查问题,可兹佐证者,如有韩国学者认为,以下方面的情形需要明确判断与排除:其一,无能力者的欺骗行为;其二,因错误、欺诈、胁迫而作出的错误的意思表示;其三,与自己的契约和双方代理;其四,表见代理。此外,还要求公证人必须根据债权人和债务人双方的共同申请,才能为其制作具有强制执行效力的公证债权文书。[②] 当然,上述德国、日本、韩国公证制度上的认证证明方式,对合法性的审查要求就没有公证证明那么严格,仅需要在形式上作出真实性判断即可。

对公证债权文书的审查方式,我国台湾地区的公证学者的认识有所不同。他们认为,执行公证书在制作当时,对证书内所记载的内容并不需要进行实质性审查。并认为,在公证程序中,所谓公证人的作用,仅于就当事人的陈述,依法律所定的严格方式制式地作成证书,公证人没有审查证书内记载权利关系实体上是否正当的职责与权力。所谓执行公证书执行效力的根据,主要系基于债务人向公证人所作出的愿意接受强制执行的意思表示。“因此,就有关执行公证书所载权利义务关系之存否均不能发生确认之效果,当事人在日后对之产生纷争时,仍须提起诉讼解决。”[③]由此可见,我国台湾地区的公证人主张,对债权文书赋予强制执行效力,主要考虑和审查的就是债务人的承诺接受执行之意思表示,其他的都可以忽略不论。无独有偶,韩国有学者也认为,对债权文书公证,“主要记载当事人签订的买卖契约中拖欠货款,或者借贷契约中约定的返还义务,至于买卖契约或借款契约的构成要件等,没有必要一一记载。记载请求权发生的原因,可能与实际情况多少有点出入,但不影响认定请求权的同一性即可。而且,也没有必要一一说明请求权的成立原因,特别是在双务契约的情况下,没有必要记载契约的全部内容。”[④]

不过笔者认为,鉴于强制执行公证超强的法律效力,如果公证人不对债权文书进行

---

① 日本《公证人法实施规则》第13条第1款规定:“公证人在对法律行为制作公证书或给予认证时,如对法律行为是否有效,当事人是否已作相当考虑,或是否有进行该法律行为的能力有怀疑时,须提请有关人员注意,并使其作出必要的说明。公证人对非法律行为的事实制作公证书时,如对会受该法律事实影响的私权关系有怀疑,与前款同样处理。”

② 参见[韩]姜大成:《韩国民事执行法》,朴宗根译,法律出版社2010年版,第47页、第55~57页。

③ 郑云鹏:《公证法新论》,台北,元照出版公司2015年版,第392~393页。

④ [韩]姜大成:《韩国民事执行法》,朴宗根译,法律出版社2010年版,第50页。

严格的真实性、合法性审查,难免造成执行不能,也将无端加重当事人和社会的救济负担,这也与公证预防纠纷、避免诉讼的制度宗旨不相符。需要特别说明的是,合法性审查与判断,应该也是大陆法系公证制度,尤其是拉丁公证联盟所有成员应当遵循的一项基本原则。正因如此,其座右铭才会设计为:“我们书写的是法律”。

实质性审查与真实性、合法性判断,作为我国强制执行公证的证明方式,是法律、法规的明确要求。从法律上看,我国《公证法》第 2 条、第 28 条规定公证需要进行真实性、合法性审查,否则不符合出具公证文书的条件。从法规上看,我国《公证程序规则》第 25 条、第 48 条要求当事人申办公证需要提交真实、合法、充分的证明材料,否则公证机构有权不予办理公证;第 36 条从主体资格、意志表达、内容不违反规定 3 个方面作出了合法性审查要求。另外,从法院司法解释中也可以找到公证债权文书需要进行实质性审查的理论支撑。这一点,我们可以从最高人民法院《民诉法解释》第 480 条的规定中窥见一斑。① 该条虽然主要规定的是人民法院认定公证债权文书确有错误的情形,但如果我们辩证地来认识,其反面恰好就是公证债权文书需要达致的合格性生成条件。具体到强制执行公证的实质性审查,在现有法律框架的规范下,主要就是应当按照《公证程序规则》第 39 条规定的条件来加以审查判断。第一,债权文书以给付货币、物品、有价证券为内容;第二,当事人对债权文书内容无异议;第三,债务人承诺接受强制执行的意思表示已经载明。

在债权文书赋予强制执行效力的公证实务中,债权文书的合法性审查一般比较容易把握,主要就是判断其是否存在有与法律禁止性规定相冲突的情况。相对而言,真实性的审查判断则更加重要,也更为困难。关于公证证明活动的真实性审查,在实务界存在着客观真实与法律真实之争,对公证债权文书的审查带来困扰。理论上,对于公证证明的真实性判断,有多种界定。一种观点认为,真实性是指“公证书所证明的法律行为或者有法律意义的文书、事实及其各项内容都是真的、实在的,或者曾经发生过的事实,确属客观存在的,而不是假的、伪造或者虚构的”。② 这种观点强调公证书所证明的内容必须客观存在,即强调证明待证事项的客观真实性。另一种观点认为,公证的真实原则,“是指公证文书所证明的法律行为、有法律意义的文书和事实的内容在公证时是客观存在

① 最高人民法院《民诉法解释》第 480 条规定:“有下列情形之一的,可以认定为民事诉讼法第二百三十八条第二款规定的公证债权文书确有错误:(1)公证债权文书属于不得赋予强制执行效力的债权文书的;(2)被执行人一方未亲自或者未委托代理人到场公证等严重违反法律规定的公证程序的;(3)公证债权文书的内容与事实不符或者违反法律强制性规定的;(4)公证债权文书未载明被执行人不履行义务或者不完全履行义务时同意接受强制执行的。人民法院认定执行该公证债权文书违背社会公共利益的,裁定不予执行。公证债权文书被裁定不予执行后,当事人、公证事项的利害关系人可以就债权争议提起诉讼。”

② 肖胜喜主编:《律师与公证制度教程(修订本)》,中国政法大学出版社 1996 年版,第 283 页。

的，或者是有充分证据证明其是客观存在的，而不是虚假或伪造的事实"。[①] 这种观点在强调客观真实的同时，还认为如法律行为、有法律意义的文书和事实的内容被有效证据所证明是真实的也可视其为客观真实，也就是认为法律真实也是公证证明之真实性的内容之一。还有一种观点认为，公证证明的真实性，"是指公证文书中所证明的法律行为、具备法律意义的文书和法律事实是确实发生的事实，没有任何虚假因素"。[②] 这种观点未强调真实性的客观性，而是从公证机构判断角度出发，认为只要公证员通过审查判断达到内心确信其为真实的，并排除一切虚假因素，即为公证证明的真实性。笔者认为，对公证证明真实性的认识，宜区别不同的证明客体和证明要求来判断，但追求客观真实是其不懈的目标。具体就公证债权文书证明的审查而言，应当利用一切审查方式和手段，勤勉而审慎地探明待证债权文书之立约主体、当事人建立债权债务关系的目的、债务人承诺接受执行的约束，以及合同所载内容的客观真实性。

三、公证债权文书的判断方式：真实合法性判断

如前所述，就赋予强制执行效力的债权文书公证的真实性审查而言，无疑应当以追求客观真实为基本原则，具体要求包括：(1)尽一切努力探知当事人建立债权债务关系的意图真实。要达到固定当事人建立债权债务关系之意图真实的要求，需要公证员通过草拟债权文书或者修改债权文书、与当事人双方进行深入细致的询问谈话，以及必要时的核实印证等方法，探知当事人尤其是债务人一方建立债权债务关系的真实想法，以及欲达到的交易目的。通过当事人意思表示的审查判断，避免虚假、欺诈和重大误解等情况的发生。(2)审慎核实债务人愿意接受强制执行的意思表示。公证债权文书具有执行效力的关键，在于债务人在文书中承诺愿意接受强制执行，这无疑是强制执行公证的基础，如果这一基础不牢固，必然导致整个公证债权文书建立起来的执行效力坍塌、失效。从法理上来看，强制执行公证对债权人有利，而对债务人不利，从保护弱者利益的法律正义理念出发，也有必要重点关照债务人一方的意思表示。

在以下几份银行贷款合同和担保合同的格式文本中，有关债务人承诺接受强制执行的意思表示条款就难免使人产生是否为债务人、担保人真实意愿的怀疑：

(1)某村镇银行的《个人借款合同》中的强制执行条款约定。其第15条第1款约定："甲乙双方共同确认并同意，根据有关法律规定，各方已经对强制执行公证的含义、内容、程序、效力等完全明确了解。经慎重考虑决定，自本合同签订后10日内，各方自愿向公证处办理本合同公证并赋予强制执行效力。"第2款规定："甲乙双方共同确认，一旦本合同经公证机关办理强制执行公证，主合同债务人未能按期足额清偿所欠乙方的债务本息

① 张文章主编：《公证制度新论》，厦门大学出版社2005年版，第54页。

② 王公义等：《中国公证制度改革研究及国际比较》，法律出版社2006年版，第21页。

及其他应付费用或者有其他违约情形时，乙方可直接向公证处申请强制执行证书，然后向有管辖权的人民法院申请强制执行，而无须经过诉讼程序。甲方同意无条件地接受人民法院强制执行并放弃一切抗辩权。”从表面看，该强制执行债权文书确实载明有强制执行的意思表示，似乎没什么问题。但如果认真分析，就会发现其至少存在以下瑕疵：其一，看不出债务人自愿承诺接受强制执行的意图，其似乎是囿于债权人的要求，而不得不“同意无条件接受”执行；其二，要求债务人“放弃一切抗辩权”的提法显然过分霸道，实际上债务人认为执行不当完全有理由抗辩，且此应为债务人的基本救济权，不能以约定方式完全排除；其三，接受强制执行的意思应为单方行为，而并非“共同确定”。面对这些疑问，公证员在办理公证时，应当提出修改意见或者弄清债务人一方的真实意图，否则公证债权文书有可能存在事实不清之虞。

（2）某商业银行的《最高额保证合同》中的强制执行条款约定。该合同第 10 条第 4 款约定：“本合同如经甲、乙双方办理赋予强制执行效力的公证后，乙方到期不履行或履行不适当，甲方可向原公证机构申请执行证书，并凭原公证书及执行证书向有管辖权的人民法院申请强制执行，乙方自愿接受人民法院的强制执行。”该格式合同文本较之上一个合同文本而言，债务人（保证人）自愿接受强制执行的承诺得到体现，但仍存在下述问题：第一，债务人（保证人）接受执行的表示逻辑关系颠倒，设定为债权人向法院申请执行时，债务人才自愿接受执行。按照强制执行公证债权文书的法理，应当是债务人（保证人）自愿承诺接受强制执行后，如果承诺人违约，债权人才有权申请法院强制执行。第二，最高额保证合同中作为债务人的保证人承担清偿责任的前提应当是主合同债务人未履行债务清偿义务或者清偿不适当时，债权人方有权要求保证人承担清偿责任。这一逻辑关系在本条中未能体现出来。对该合同条款，公证员在办理公证时，也应当进行必要的法律释明与真实性判断和必要的修订。

（3）某商业银行的《网贷通循环借款合同（企业版）》（2018 年版）中的强制执行条款约定。该合同“解决争议”部分的第 6 条约定：“本合同系经公证处公证并依法赋予强制执行效力的债权文书，债务人到期不履行义务，债权人可根据《民事诉讼法》的相关规定，直接向有管辖权的人民法院申请执行。”该条款中存在的问题显而易见。首先，没有债务人的执行承诺，条文中完全看不出债务人表示愿意接受强制执行的意思表示；其次，从内容上看，似乎是在强调公证机构将强制执行效力径直赋予债权文书，而并非债权人与债务人之约定；再次，“本合同系经公证处公证”的表述，违背了当事人自愿申请公证的原则；最后，作为公证债权文书中最为重要的约定条款，本条约定过分简单、粗疏，亦容易导致纠纷。

从上述 3 例债权文书有关强制执行条款的设置来看，都不同程度地存在意图不清晰，未达到真实地体现债务人自愿接受强制执行的表示的要求。鉴于此，在办理债权文书赋予强制执行效力的公证证明活动中，就接受强制执行的承诺问题，公证员宜单独与债务人进行询问谈话，以探明其真实的想法和意图，从而避免胁迫、诱导、显失公平等情形的发生，这是其一。其二，从公证员审慎尽职的角度考量，应当建议当事人对合同内容进行必要的修改与完善，当事人不愿意修订的，应将其意见详细记录于询问笔录中。经询问核实，仍无法排除合理怀疑的，可以不予办理赋予强制执行效力的债权文书公证。

四、公证债权文书的证明载体：要素式文书格式

公证书是公证证明活动的结晶与载体，是固定公证审查与核实结果，对公证事项作出真实性、合法性的公正价值评价的法律文书。因此，其是公证证明力的外在表现形式。就强制执行公证而言，债权文书公证书和执行证书型构起了公证执行根据的形式要件和实体框架。

司法部于2009年7月1日起在全国公证行业推行的《强制执行类要素式公证书通用格式》（以下简称《执行公证书格式》），作为公证文书写作改革的重点内容之一，强化了公证文书效力中最具社会价值的公证债权文书的强制执行效力，起到了良好的规范与提升质量之作用。按照《执行公证书格式》的要求，强制执行债权文书公证书的证词应当载明以下必备要素：（1）申请人姓名、申请日期及申请公证事项。（2）公证机构查明的事实，包括：①当事人的身份及签订债权文书的民事权利能力与行为能力判断；②代理人身份及其代理权限；③担保人的身份及其能力判断；④债权文书所附担保合同标的物的权属情况及相关权利人的意思表示；[①]⑤债权文书主要条款是否完备，内容是否明确、具体；⑥当事人签订债权文书的意思表示是否真实、是否对所有条款达成了一致意见；⑦当事人是否了解、确认了债权文书的全部内容；[②]⑧是否履行了法律规定的批准、许可或登记手续；[③]⑨公证机构对强制执行公证的法律意义和可能产生的法律后果的告知内容；[④]⑩债权文书当事人对强制执行的约定及债务人、担保人自愿接受强制执行的意思表示；⑪债权文书当事人就《执行证书》出具前公证机构核查内容、方式达成的在先约定。

---

① 此要素与前一要素应为有担保的情况，或者单独的担保债权文书才需要查明的情况，并非适用于一切公证债权文书。

② 此条要素的注释强调，对债权文书为格式合同的，应予特别重视。

③ 公证债权文书需要先行履行批准、许可或登记的情况较少，抵押担保等需要登记的情形应当不包括在其中。

④ 公证债权文书公证书通用格式在对本要素的注释中认为，公证告知的内容应包括：（1）强制执行公证的法律意义和可能产生的法律后果；（2）我国《民事诉讼法》第215条（现为第238条）有关申请执行期限的规定以及债权人未来申请《执行证书》时需要给予公证机构核查债权债务所需的合理时间；（3）最高人民法院《关于当事人对具有强制执行效力的公证债权文书的内容有争议提起诉讼人民法院是否受理问题的批复》的规定。鉴于一些新规定的相继推出，笔者认为，现在还需要增加的告知内容包括：其一，我国《民事诉讼法司法解释》第480条、第481条的规定；其二，《执行异议复议规定》第22条的规定；其三，《公证债权文书执行规定》的相关内容。

笔者认为,强制执行债权文书公证书采用要素式文书格式的优势主要体现在以下方面:第一,借鉴了法院判决书的法律文书结构体例,对当事人申办公证事项之事实的真实性认定以及证明结论的合法性确认有了一定的说理阐述,便于使用人识别公证文书的效力。第二,必备要素的设定与不可或缺,可以促使公证员在办理公证时明确审查重点,突出关键环节与重点内容,具有显著的办证指引性。第三,选择性要素的适用,给公证员彰显其办证水平与办证风格提供了极大的自由空间,这种统一必备要素下的其他要素之灵活性选择与把握,可以界分出公证员办证能力的高下,有利于对公证质量的考核评比。然而无可否认的是,该要素式文书格式也还存在明显的缺陷。笔者在此指出,目的在于促使《执行公证书格式》得到必要的完善,使其适用更加符合公证证明的规律,更加切合公证赋予债权文书强制执行效力的证明实践。

(一)公证书标题存在的问题

按照《执行公证书格式》的要求,强制执行公证书的标题应当为:"具有强制执行效力的债权文书公证书"。辩证地看,这样规定的好处在于:一是可以开宗明义地强调本公证书的目的、效果即在于赋予债权文书的强制执行效力,给人一目了然、开门见山的直观感受。二是可以起到彰显与强化公证的强制执行效力的外观表征,具有强烈的宣示效果。然而,存在的问题亦是不言而喻的。

首先,这一标题设计突破了此前公证文书统一使用"公证书"作为标题的一般规则,与其他公证文书形成明显的界分,容易导致公证文书分类的混乱。采用开宗明义的标题虽然有利于人们对某类公证书的直接感知,但是作为法律文书大家庭中非常重要的一个分支,"公证书"这一名称已经是一种约定俗成的文书类型,早已深入人心,并以其名称的简约化和概括性,与判决书、裁定书、调解书、仲裁书等法律文书形成体系化与类型化的比较关系。贸然作出更改,会直接冲击人们对"公证书"的认知,甚至可能产生适得其反的效果。

其次,就"具有强制执行效力的债权文书公证书"这一标题本身来看,其仅应被视为公证书的一个二级分类标题,不具有引导公证文书标题改革迈入内部类型化设计规范的示范价值。对法律文书标题作二级分类的现象在现实中确实存在,如法院的判决书就分为民事判决书、刑事判决书和行政判决书。如果按照这一样本改革公证书标题,似乎也可以产生多种划分类型的模式。比如,按照公证书所证明的事项类型划分,可以分为契约公证书、单方行为公证书、保全证据公证书、现场监督公证书,等等;如果按照公证书的证明效力划分,可以分为证据效力公证书、文书生效效力公证书、强制执行效力公证书,等等;如果按照公证书的证明力划分,还可以分为实质证明公证书、形式证明公证书;倘若根据程序规则证明标准的分类,亦可将其划分为法律行为证明公证书、法律事实证明公证书和法律文书证明公证书。然而,如果我们仔细研究,就会发现前述任何一种类型化的划分方法都无法做到严谨、科学,都会产生不同的歧义。是故,就公证书这一独特的法律文书部门而言,不宜进行标题的二级划分。

再次,"具有强制执行效力的债权文书公证书"这一标题缺乏简明性与严谨性。文书的标题是文书的灵魂,一般要求既要简明扼要、提纲挈领,概括性强,又要言简意赅、严谨规范。而这一标题则既冗长,又缺乏严谨的概括与抽象。如果确实有必要对公证机构赋予强制执行效力的债权文书公证书的标题予以特别标示,那么,即使使用"强制执行效力公证书"作为标题,也明显比现在《执行公证书格式》采纳的这一标题来得简明妥帖。

最后,法律文书的效果并不在文书标题上,而在于其所判断、确认与证明的结论之中。正如我们从民事判决书这一标题中,无法得知某一民事判决书的裁判结论一样,我们也没有必要必须在公证书的标题中对某类事项的证明结论予以明示,且即使明示了也未必就能让当事人与第三人能直接知晓具体的证明结果。

鉴于此,笔者认为,对公证文书的标题作进一步的分类,完全没有必要。具体的分类,应当交由公证文书的"证明事项"来解决。易言之,应当回归到让所有的公证证明都统一使用"公证书"这一约定俗成的规范性标题上来,唯其如此,对公证证明活动的结晶——公证文书来说,应当才是最具抽象效果、最具概括价值的法律文书名称选择。

(二)证明事项存在的问题

如果"公证书"是公证文书的通用标题,那么,公证证词中的"公证事项"就是公证文书的专用标题;倘若公证文书的通用标题要求应当尽量抽象与概括,那么,公证文书的专用标题则必须具体而明确,能够准确表达概括文书所载明的内容。《执行公证书格式》规定,具有强制执行效力的债权文书公证书的公证事项是"赋予某某合同/协议强制执行效力"。笔者认为,这一专用标题的设计,也明显存在概括不全且不切合实际的硬伤。

业界皆知,在赋予债权文书强制执行效力的公证事项中,公证机构赋予债权文书执行效力的前提应当是债权文书已经依法成立且生效,同时,债务人在文书条款中明确承诺愿意接受强制执行。然而现实中的情形往往是二者同时发生,即债权文书的达成与债务人愿意接受强制执行的承诺均同时在公证机构(或开发商的售楼中心、贷款银行等签约地)作出或发生。比如,债权文书明确约定,"本协议经公证生效"的情况即属此类;债权文书由公证员代书作成,并在公证员面前签订生效的情形亦属之。在前述情形下,公证机构不但要根据当事人的申请对债权文书赋予执行效力,也要证明当事人签订该债权文书的真实性与合法性,甚至更为重要的还是对后者的证明。因为倘若债权文书不能有效成立生效,即使债务人在契约中明确表明愿意接受强制执行,该债权文书也不具有约束力和执行力。同理,即使是债权文书已在申办公证前成立生效,在申办债权文书赋予强制执行效力的公证中,公证机构仍然应当对该债权文书的真实性、合法性予以必要的实质性审查,否则赋予该债权文书所载明的强制执行效力就会成为无源之水,甚至出现与事实不相符的错误。

如果公证事项只标明"对合同/协议赋予强制执行效力",而忽视对合同或协议真实性、合法性的审查,那么是否也可以作这样的推断:即只要对债务人愿意接受强制执行的承诺加以证明即为足已,再深入推论下去,即只需要债务人单方向公证机构申请即可达到这一效果。然而这样一来,不但有违我国设置公证债权文书制度的初衷,也与公证实践的具体情况不相吻合。这是因为在实务中,通常情况下,当事人都会既要求对合同或协议的效力进行审查证明,又要求对该债权文书赋予强制执行效力。因此,对赋予强制执行效力债权文书公证之证明事项的准确界定应当是:证明某某合同或协议并赋予其强制执行效力。

(三)执行异议核查在先约定存在的问题

《执行公证书格式》必备要素之二"公证机构查明的事实"中的第 11 项要求,公证机构应当对债权文书当事人就《执行证书》出具前公证机构核查内容、方式达成的在先约定进行查明。① 笔者认为,这一要求存在以下问题值得商榷。

第一,违反契约不得约定第三者义务的原则。根据最高人民法院和司法部《联合通知》第 5 条第 3 项的规定,公证机构在签发执行证书时,应当审查债务人对债权文书规定的履行义务有无疑义。公证机构在出具执行证书前的这一审查义务,是一种法定义务,是公证机构的责任范畴,并非当事人的权利义务内容。要求当事人在债权文书中约定公证机构这一契约当事人之外的中立第三人、中介人之审查义务的做法,明显有违契约法的基本原理。第二,违反契约自由原则。根据契约法则,契约的内容(当事人的权利义务)应当由当事人在没有外界干扰,完全自主自愿的前提下达成。作为证明机构的公证处在办理契约公证时,除对契约不真实、不合法的内容享有审查核实、建议修改或拒绝证明的权利外,没有任何理由强制当事人设定契约条款。第三,出具执行证书前审查债务人对履行义务的疑义,属于公证机构的事后义务,即使当事人未在契约中对审查的方式方法达成一致,公证机构也没有任何理由不尽此法定核实义务。第四,鉴于债权文书经公证是否可以赋予强制执行效力的权源只能来自于债务人的单方承诺,故对其是否在履行过程中对履约行为有疑义的证明方式,也应当由债务人单方判断。因此,在债权文书中约定核查方式的做法虽对公证机构的事后审查带来方便,但也可能给债务人规避审查创造空间。

鉴于此,笔者认为,在《执行公证书格式》中明确要求当事人对出具执行证书前公证

---

① 中国公证协会《强制执行公证指导意见》第 13 条规定:"公证机构在出具执行证书前,对债务人(包括担保人)不履行或者不适当履行债务的事实进行核实时,当事人对核实方式有约定的,应当按照当事人约定的方式核实;当事人没有约定,可以依据本指导意见第九条的规定自行决定核实方式。公证机构按照当事人约定的方式进行核实时,无法与债务人(包括担保人)取得联系,或者债务人(包括担保人)未按约定方式回复,或者债务人(包括担保人)回复时提出异议但未提出充分证明材料,不影响公证机构按照法定程序出具执行证书。"根据此条的规定,似乎认为约定核实并非必备要素。但鉴于协会指导意见无法对抗司法部的公证书格式规定,故仍应以司法部的要求来加以衡量。

机构的核查方式作出在先约定的做法并不妥当,有干扰当事人契约自由之嫌,尤其是作为必备要素的审查规定更是存在强人所难的意味。如果将此项规定作为选择要素列出,则在法理上相对缓和。当然,如果建议债务人在自愿的前提下,以单方承诺书的方式作出这样的在先表态,从法理上讲则似乎更为适宜。

(四)完善强制执行债权文书公证书格式的新要求

最高人民法院于2018年9月30日出台并于10月1日起施行的《公证债权文书执行规定》,是关于公证债权文书执行的最新规定,有许多创新之处。其第3条明确规定作为执行依据的是公证债权文书而并非执行证书;其第4条则更是明确规定,公证证词应当列明权利义务主体和给付内容,且将其作为执行依据的标准之一;其第9条第1款规定,申请执行时效从公证债权文书履行期间的最后一日起算,而非执行证书确定的履行期间的最后一日起算;其第10条规定,应当依据公证债权文书确定执行内容,而不是依据执行证书确定执行内容。这其中,尤其是根据第4条的规定,公证债权文书的要素式公证书证词应当加以完善。

《公证债权文书执行规定》第4条规定:"债权人申请执行的公证债权文书应当包括公证证词、被证明的债权文书等内容。权利义务主体、给付内容应当在公证证词中列明。"此前在司法部公证债权文书的要素式证词必备要素中,没有明确要求公证证词要载明给付内容,只是在要素的"公证机构查明的事实"部分第5项中对"债权文书主要条款是否完备,内容是否明确、具体"进行确认。虽然对事实要素第5项的注释认为,可概述债权文书的关键内容,①但是,一是没有作出硬性要求,二是没有明确必须表述"给付内容"。鉴于此,笔者认为,《公证债权文书执行规定》第4条的规定,是一项新的强制执行债权文书公证证词的必备要素要求。在这一新要求下,公证债权文书的证词需要重新设计,其中尤其是要明确记载债权文书确定的给付内容。例如,在借贷公证债权文书中,其给付内容主要就是贷款银行向债务人出借贷款的实际金额加上借款期间所发生的利息。广义的给付内容,还应包括履行时间、地点、方式、违约金、滞纳金、罚金,以及实现债权的其他费用等。公证书关于给付内容的记载,我国台湾地区的学者认为,"应力求明确,以免将来实施强制执行时发生疑义或无从执行"。下列各种情形,尤其应当记载明确:(1)对待给付。当事人依双务契约,互负给付义务,约定应径受强制执行者,应将其相互应为之给付及其给付时期,于公证书内载明。(2)利息或租金。利息或租金之给付,约定应径受强制执行者,应于公证书内载明其每期给付之金额或计算标准及给付日期。(3)违约金。违约金之给付,约定应径受强制执行者,应将其违约事实及违约时应给付之金额,于公证书内载明。但违约事实是否确已发生,不能依该公证书断定者,仍不得就违

① 参见《具有强制执行效力的债权文书公证书通用格式》之注6,载司法部律师公证工作指导司编:《定式公证书格式使用指南》,法律出版社2011年版,第129页。

约金予以强制执行。(4)押租金或保证金。承租人交付出租人之押租金或保证金,约定应于交还租赁物后返还并径受强制执行者,应将其金额于公证书内载明。(5)分次履行。债务为分期偿付者,应将每期应付之债款及时间在公证书中载明。(6)附条件给付。需要将其设定之条件及于条件成就时债务人应为之给付,于公证书中载明。① 也就是说,根据我国台湾地区公证学者的观点,公证书应当对债权文书有关给付的所有内容进行具体表述。

但需要讨论的是,在债务人违约后的实际执行中,能够认可的给付内容与公证债权文书及其公证证词中确定的给付内容实际上是存在差异的,甚至会存在极大的差异。因此,法院要求公证机构在公证债权文书的证词中载明给付内容,实际上主要目的还在于方便执行法院在执行时识别执行内容,以避免出现不清晰、不明确的情况。真正的执行内容,还有赖于公证机构对债务人(担保人)未履行债务或者履行债务不适当的事实作出的核实确认,也就是还要以执行证书确定的执行内容来做参考。

第二节　签发执行证书的证明方式

在公证债权文书赋予强制执行效力后,当债务人违约时,债权人需要再向公证机构申请签发一个执行证书,以作为向法院请求实施执行的依据,是中国大陆强制执行公证制度中的一项特色,与其他国家或地区公证法和民事强制执行法上的公证执行依据的方式规定有所区别。可以认为,这是具有中国特色的公证执行依据形式。

一、有中国特色的签发执行证书证明方式

《法国民事执行程序法》第3条规定,具备执行形式的公证文书是执行根据之一种。这里的所谓"执行形式",也被译作"加盖执行令的文书",指法院书记员或公证人在某些文书上加盖的执行令形式,从而赋予该文书执行力。它等同于国家元首向公共力量发出的执行命令,或者协助执行的命令。② 由此可见,在法国,公证文书的执行,不需要债权人于事后再向公证人另行申请出具一份执行证书,而是由公证人在公证债权文书上加盖一个执行令即可付诸法院执行。《意大利民事诉讼法典》第474条规定,公证员或其他公共事务官员依法提供的载明有执行力的文书,是执行文书之一。该法典第475条规定,"判决、法院作出的其他决定以及公证员或公共事务官员提供的文书须具备执行形式,才能产生强制执行文书的效力"。这种执行形式的要求是:"书记员、公证员或其他公共事务官员在文书正本或副本签章处写明以下内容:'兹命令所有被要求的司法官或负责主体

① 参见杨与龄编著:《强制执行法论(最新修正)》,中国政法大学出版社2002年版,第67页。

② 参见《法国民事执行程序法》,罗结珍译,中国法制出版社2002年版,第2页注解①。

执行本文书,公诉人提供协助,警方人员根据法律规定给予配合'。"可见,其也无须事后再另行出具一份执行证书。在俄罗斯,法院认可的强制执行公证文书,主要是支付赡养费的公证文书。根据《俄罗斯联邦执行程序法》第7条的规定,这种公证文书一经制作完成,即可作为执行根据,一旦支付赡养费义务人不履行义务,享受赡养费的权利人即可凭借公证书直接请求法院执行。在韩国,公证债权文书被径直称作"执行证书"。只要是公证人根据法律规定的赋予执行效力范围所制作的具有执行效力的公证书,均统称作"执行证书"。公证人一经制作完成,该执行证书即具有执行效力,倘若债务人不履行约定的给付义务,或者履行给付不恰当,债权人即可直接凭此执行证书(公证书)向法院请求执行。[①] 日本的规定与韩国大体相同,由公证人作成的,记载债务人立即服从强制执行的公证证书(执行证书)本身就是执行根据,债权人可直接凭此证书申请法院实施执行。

由上可见,我国采行的这种于事后出具执行证书的方式,与其他国家的强制执行公证制度存在以下明显差异:(1)我国的强制执行公证书作为执行依据,必须由公证机构对公证债权文书的履行实事加以判断和确认;而其他法例上的强制执行公证,虽然有的也要在事后向法院签送执行令,但原则上不再进行审查判断。(2)我国的强制执行公证书作为执行依据,需要公证机构以要素式执行证书的方式作出类似于法院判决书、裁定书的执行结论,否则法院不予执行;而其他法例上的强制执行公证,则仅在公证债权文书上注明或附署具有执行效力的指令即可。(3)在我国的强制执行公证程序中,签发执行证书的制度设计,系法院让渡事后审查权给公证机构的一种程序架构,形成一个典型的二次审查程序;而其他法例上的强制执行公证,执行审查权完全由法院行使,公证机构无此判定权。

从上述简单的比较中我们不难发现,我国设定的公证机构签发执行证书制度,难免存在浪费公证资源的情况,但却有着显著减轻司法执行审查责任的优势,有利于节约司法资源。

二、执行证书是对履行事实的审查确认方式

从理论上分析,事后签发执行证书制度,有些类似于对民事强制执行根据的审查制度,即再次对强制执行的依据作一次实质上的审查判断。从司法制度上来讲,审查执行根据(包括公证债权文书作为执行的根据),应当是法院的专利。在民事强制执行法学上,所谓民事强制执行根据的审查,是指法院对能够启动民事强制执行程序的已经生效的法律文书的审查。从整个民事强制执行工作的全过程来看,审查民事强制执行根据是启动民事强制执行程序,确保民事强制执行工作顺利完成的第一步。法院对民事强制执

① 参见[韩]姜大成:《韩国民事执行法》,朴宗根译,法律出版社2010年版,第46页以下。

行根据的审查主要包括以下方面:[①]其一,对执行根据法律效力的审查。一是要查看生效的法律文书在原审卷宗中是否按照法定程序履行完毕,债权人的私权有无实现,法律文书是否真实生效。二是要认真地审查民事强制执行根据有无送达到位。笔者之所以认为,公证机构签发执行证书的方式与法院审查执行根据相类似,是因为两者的审查方式方法基本相同。其二,对民事强制执行根据主文的审查。一是查看民事强制执行根据主文是否与当事人的诉讼请求相符;二是审查民事强制执行根据主文与生效裁判文书上所确认的事实是否相符;三是要审查民事强制执行根据主文是否与被执行人具有直接的可强制执行的法律上的因果关系;四是审查民事强制执行根据主文是否符合法律规范的要求;五是审查其主文是否是可以实际履行的行为。其三,对执行根据所确认的事实证据的审查。一是审查执行根据与所确认的事实是否相吻合;二是审查当事人提供的证据是否真实;三是审查这些证据是否经过质证。其四,执行根据所列当事人情况的审查,看其是否与债权债务关系的主体相一致,是否存在张冠李戴的情况。其五,其他审查,如对保全措施的审查、对执行根据中存在瑕疵的处理和补救方法等。总之,对执行根据的审查,其目的就是查明是否能够执行、是否需要执行和是否可以执行。

在强制执行公证实务中,公证机构签发执行证书时的审查与法院的审查,在理论上应当是一致的,即要通过签发执行证书的审查,判定债务人是否存在不履行或不适当履行公证债权文书所载明的义务之事实,同时,也要再次对当事人建立债权债务关系所指向的给付内容,以及债之关系是否真实存在等事实情况加以判断确认,以避免与事实不相符与法律相冲突的情况发生。这是从价值论上所作出的诠释。然而,如果从制度学上来看,公证机构签发执行证书的审查又与法院执行审查存在明显的区别,这些区别主要表现在:第一,公证签发执行证书时的审查属于实质性审查,有些类似法院的民事裁定;而法院的执行审查原则上为形式审查,只要执行依据的构成要件具备即可付诸执行。第二,公证签发执行证书时的审查主要判断的是债务人未履行或履行义务不适当的事实,属于非诉性质的审查判断;而法院的执行审查范围更加宽泛,既要审查执行根据所载明的主体、客体、内容情况,也要审查履行期限等方面情况,带有显著的司法审查方式。第三,公证机构签发执行证书的审查属于前置性的审查,是否执行还需依赖法院的执行审查为准;而法院的执行审查属于终极审查,经审查符合要求的直接进入执行程序,不符合要求的裁定不予执行。

三、执行证书的出具方式

执行证书的签发,属于典型的单方行为,即只需要债权人单方向公证机构提出申请

---

① 本部分以下内容主要参见蓝贤勇:《民事强制执行法理论与实务》,人民法院出版社2004年版,第117~120页。

即可启动。公证机构受理债权人签发执行证书申请后,需要进行以下必要的审查核实工作:首先,根据债权人提交的证据材料,向债务人进行核实,主要核实其是否对债权人主张的自己未履行义务或履行义务不适当情况是否有异议,其是否有相反的债权债务履行事实证据。实际上,这一做法的目的,是公证机构在通过核实提醒债务人,其可以行使抗辩权以维护自己的权利,因此,这也是公证机构公平、公正对待双方当事人,平等保护各方利益的一种必要措施和手段。其次,如果债务人(担保人)明确表示对债权人的主张有异议,如认为给付标的数额不准确、履行期间有疑问、偿债方式有疑义等,公证机构应当向债权人进行进一步的核对。倘若债权人、债务人各执一词难以辨明,必要时可以通过举行听证会来查明事实。最后,如果公证机构向债务人(担保人)发出核实函后,债务人(担保人)在合理的期限内不予回复,回复时未提出异议,或者提出异议但未能提出充分的证明材料,致使公证机构无法作出确切的异议事实成立之判断,则不影响公证机构出具执行证书。

执行证书,应以要素式文书格式拟定和出具。按照司法部要素式文书格式中执行证书通用格式的要求,执行证书证词的内容中必须包含以下必备要素:(1)申请执行人和被申请执行人的名称或姓名、申请日期及申请事项。(2)申请执行人申请执行所提交的证据材料。[①] 这些证据材料主要应包括:①公证债权文书;②债权人履行义务的证明材料;③债务人未履行义务或履行义务不适当的证明材料;④请求确认执行的标的及其数量、质量、期间等。(3)公证机构查明的事实。这是支撑执行证书证明结论成立的主要内容,既需要准确、实在,又需要全面、完整,同时还要做到明确具体,不存疑问。这些应查明的事实主要包括:①申请执行人与被申请执行人订立债权文书经公证并赋予强制执行效力的情况,[②]主要指的应为在先订立的公证债权文书正本原件;②申请执行人履行义务的事实,以及被申请执行人未履行义务或履行义务不适当的事实,[③]这些事实一定是经过公证机构审查核实后所确认无疑的事实,如果其中有利息等不能完全确定数额的内容,应加以必要的说明,但需要列出计算公示及截止计息时间;③申请执行人与被申请执行人在债权文书中就公证机构核查内容、方式所作的在先约定,实务界对这一要素的设置存在

---

① 笔者认为,这里的“申请执行所提交的证据材料”,即为“申请出具执行证书所提交的证据材料”。因为,此时申请执行人向公证机构提交的证据材料,应当主要是指其掌握的债务人未履行偿债义务或者偿债不适当之证据,目的是说服公证机构签发执行证书;而所谓“申请执行的证据材料”,应当是申请执行人持公证机构出具的执行证书向法院申请执行时提交的证据材料,其中也包含公证机构出具的执行证书、公证债权文书等证明材料。

② 主要包括:签订债权文书的主体、时间、地点、公证债权文书的编号、债务人以及担保人自愿接受强制执行的承诺内容等。

③ 其中,申请执行人履行义务的事实证据主要为转账凭据、借款人出具的收条等;而被申请执行人不履行或履行义务不适当的事实证据主要为欠款(物)凭证(包括名称、金额、数量等)。

争议；[1]④公证机构签发本执行证书前进行核查的过程，[2]亦即公证机构及其公证员尽职核查的具体情况。(4)公证结论，包括：①被申请执行人，[3]包括债务人、抵押人、保证人等；②具体执行标的(违约金、利息、滞纳金等可列入执行标的)；[4]③第三人对申请出具本证书是否提出过异议，此要素的核实在实务中存在困难，是否需要设立也存在争议；[5]④申请执行的期限，[6]应按照司法解释的新规定来确认。

总之，执行证书的签发方式，就是要求公证机构在核实清楚债务人(担保人)不履行义务或履行义务不适当的基础上，向债权人出具一份经查明且确定债务人(担保人)怠于履行偿债义务或偿债义务不适当的违约事实证明。签发执行证书的方式，是一个典型的事实判断，而非价值判断，十分类似法院的民事判决、裁定或者仲裁机构的裁决方式。

第三节　无纸化公证债权文书证明方式的创新

一、实践探索

随着"互联网+"时代的到来，业界也在以极大的热情，探讨在互联网与金融交易深度融合下，金融债权文书强制执行公证的新型证明方式。如北京市中信公证处与石景山法院共同推出网上执行证书推送，以无纸化的方式极大地方便了法院对执行证书真实性的审查，既提高了公证文书的传递与使用效率，也提高了执行的工作便捷和效率。在一

---

① 笔者认为，此内容在执行证书证词中载明没有道理，姑且不论这种约定合理与否，即使可以这样约定，也没有必要在执行证书中予以强调。

② 这里所指的核查过程，应当是指公证机构按照办证规则及债权文书当事人在债权文书中事先约定的核查内容、方式，就债权债务的实际履行情况所作的核查。从这一要素所强调的内容来看，更加说明前一项必备要素没有存在的理由。

③ 按照要素式执行证书格式注(7)对本要素的注解，其是指："债权文书无担保的，被执行人为债务人；债权文书附担保内容的情形下(如《抵押贷款合同》)，被执行人仍应为债务人，但同时，可具体写明担保人(抵押人/出质人等)为债务人的履行提供了某种担保。"笔者认为，这种解说是存在问题的。在担保性债权文书中，保证人、抵押人、出质人等担保人都是一种债务人，如果债权人申请执行的是担保人，也必须将其列作被执行人，否则法院难以执行。尤其是在最高人民法院《执行异议复议规定》出台后，更是必须这样列明。

④ 这一要素的"等"字中应包含实现债权的律师费、评估费、讨债所支付的车旅费等费用。

⑤ 这一要素的要求有些不合情理，在通常情况下，凡是设置第三人(案外人)权利保护的制度，都同时配置有公示、公告程序，而在执行证书的签发制度中并无此配套制度，故公证机构无法确切作出第三人无异议之判断。在实务中，一般都将该要素予以省略。

⑥ 我国现行《民事诉讼法》第239条规定的期限为2年，同时适用诉讼时效的中止、中断，但我国《民法总则》将诉讼时效放宽为3年，因此仍存变数。另外，有关时效的起算时间，《公证债权文书执行规定》将其规定为以债权文书约定的履行期间的最后一日起算，而并非出具执行证书之日或执行证书所确定的履行期间的最后一日起算。

段时期里,业内不少公证机构都在探讨对网上 P2P 信贷等网络金融债权文书的公证模式。[①] 如北京市中信公证处建立的社会金融公证服务平台,就有将强制执行公证服务分别向前、向后延伸,意欲覆盖整个金融产业链的构想。[②] 后因司法部办理公证"五不准"禁令的出台,民间借贷公证被叫停,导致这方面的探索暂时中断。

从发展趋势来看,互联网金融不可逆转,极有可能导致实体银行的式微乃至消亡。公证也必须紧跟时代发展的步伐,在这一网络化交易方式的变革中继续发挥促进债权便捷实现的作用。正如有论者所言:"互联网 + "时代,为金融行业的蓬勃发展提供了一个适宜的"温床"。而公证对以信贷合同为代表的金融合同公证的长期介入,又使其可以作为互联网金融产业链的一环参与进来,这毫无疑问为"互联网 + "下金融公证种类的丰富打开了又一扇天窗。[③] 不过,天窗虽然已经或正在打开,公证介入的方式方法却仍在摸索中。

二、发展前景展望

要解决互联网金融公证,尤其是金融债权文书强制执行公证的网上办证创新问题,必须未雨绸缪,先行解决电子签名公证的立法确认问题。在 20 世纪 80 年代初,随着信息技术的发展和信息化时代的到来,美国公证事务发生了很大的变化。变化之一,就是根据美国于 1995 年颁布的世界上第一部《数据签名法》和 1999 年颁布的《统一电子交易法》的规定,在美国公证人协会的大力促进下,美国公证人开展了大量的电子认证公证事务。如 2000 年亚利桑那州通过的《电子商务法》即明确规定,电子公证人可以进行下列电子公证行为:(1)制作电子确认书;(2)接受与电子文件和电子认证行为有关的宣誓、确认;(3)制作与电子文件和电子认证行为有关的附誓证明。但遗憾的是,美国公证文书的效力不具有特殊证明力和公信力,更无强制执行的效力。但无论如何,其在世界上率先解决了公证的电子证明问题,就这一点而言,值得借鉴。在法国,电子借贷合同也可以远程受理,虽然仍需要面见公证人本人,但电子借贷合同公证的执行力无可否认。[④] 相较而言,我国的网络平台公证模式尚处于外在的工具化时代,即仅仅是利用了互联网作为

---

① 参见郭梦达:《电子借贷合同赋予强制执行效力公证的可行性分析及解决方案的思考》,载马宏俊主编:《中国公证十年文萃:公证法的理论与实践》,北京大学出版社 2016 年版,第 242 ~ 257 页;袁野、袁强:《对"互联网 + 公证金融服务"的构想》,载《中国公证》2015 年第 6 期。

② 参见北京市中信公证处课题组:《赋予强制执行效力公证——实践与趋势》,载《中国公证》2018 年第 3 期。

③ 参见刘沛佩、李运洪、孟宇亮:《"互联网 + "时代下公证机构的创新与反思》,载《中国公证》2016 年第 5 期。

④ 参见郭梦达:《电子借贷合同赋予强制执行效力公证的可行性分析及解决方案的思考》,载马宏俊主编:《中国公证十年文萃:公证法的理论与实践》,北京大学出版社 2016 年版,第 250 ~ 251 页。

办理公证的帮手,离真正的公证电子签名证明时代仍有距离。鉴于此,解决电子化、无纸化强制执行公证债权文书的证明创新,乃至整个公证的互联网证明化时不我待、刻不容缓。唯其如此,中国的强制执行公证才能紧跟时代步伐,在实现现代化的路上,更好地发挥出其维护交易秩序,保障债权便捷实现的良法价值。

第六章　强制执行公证的效力

强制执行公证,是所有公证中效力最强的公证类型。其不但具有一般公证文书都拥有的证明效力(特定证据效力),还因其涵摄着类似于法院司法裁决书的既判力,故而具有民事强制执行法上的执行效力。对强制执行公证效力的认知,笔者拟从两个层面(两个维度)来加以解析。第一层面,从公证文书所体现出来的预防效用体系上展开分析;第二层面,从公证执行依据的效力,亦即以法院视角来进行分析。前一层面主要揭示:第一,作为强制执行公证主要表现形式的公证债权文书,其所拥有的超强法律约束力和独特的预置之公共震慑力;第二,作为强制执行公证的执行令形式的执行证书,其所具有的固定债务人违约事实、确定具体执行内容,以及指示法院实施执行的强大证明效力。后一层面,主要讨论公证强制执行依据在时间上、空间上以及对人方面的效力问题。

第一节　公证效力与强制执行公证效力

一、公证效力

效力,有作用、效能、价值、功效等的含义。公证的效力,也称作公证文书的效力或公证书的效力,[①]指的是生效公证文书所体现出来的被法律所确认的实际效用。关于公证的效力,学理上有不同的理解和认知。

有学者认为,公证的法律效力,是指公证书在法律上的效果和作用。进而认为,“公证书具有证明的作用,同时也约束当事人

---

① 学理上的通说认为,公证活动终于公证书之出具,以此体现公证的效力。参见王俊民主编:《律师与公证制度教程》,北京大学出版社2009年版,第293页。

履行义务的行为,具有预防纠纷的作用”。[①] 也有学者认为,公证的效力,是指公证证明在法律上的作用和约束力。“公证之所以产生效力,是公证机构以其自身的信用为担保,依照法定的程序和条件,对申请公证事项的真实性、合法性进行严格核实的结果。”[②]还有学者将公证的效力定义为,“公证书依据法律能够产生的实体法效力和程序法效力”。[③] 持第一种观点的学者认为,公证书具有四项效力,即使法律行为成立的效力、法律上的证明效力、作为强制执行根据的效力和引导的效力。[④] 持第二种观点的学者认为,公证的效力包括证明效力、强制执行效力、法律行为生效效力等三项效力。[⑤] 持第三种观点的学者则将公证的效力分为三类:第一类,公证书在民事实体法上的效力。主要包括要式效力、对抗效力、受领当事人意思表示的效力等;第二类,公证书在民事诉讼法上的效力,主要包括公文书效力、形式证据力效力、实质证据力效力;第三类,强制执行法上的效力。应当说,上述各种公证效力论,都从不同的侧面揭示了公证效力的生发现象,但都未能达到完全周延、令人心悦诚服的程度。在第一种观点所言的四项效力中,第一项效力实指法定公证的效力。在实务中应为法律文书生效效力,而非成立效力,虽然法律文书的生效往往需要以成立为前提,但在法律上成立的文书却不一定能够生效,反之,生效的文书则必然已经成立,故而,该效力没有抽象出法定公证的实质内涵。第四项效力为引导效力,其意图大致是说公证具有规范和约束当事人行为,从而促使民商事交往和谐顺畅,是故,如果确实要将其抽象为一项效力,不如直接称之为预防效力或规范效力更加明白晓畅。第二种观点与公证法的效力规定比较吻合,也是前述效力论说中最为可取的,但仍存在不分层次,笼统界说的缺陷。实际上,公证文书的效力表现出层级性和差异性,并非所有公证文书都具有论者所述的三种效力,因此,有必要对其加以完善并进一步的体系化。第三种观点看到了公证效力在实体法和程序法上表现出来的不同特征,但所抽象出来的效力体系混乱,逻辑纷扰,显然无法自圆其说。

为了更好地理解与把握公证的效力,有必要对法律规定进行回溯性考察。国务院于1982年颁布的《公证暂行条例》是中华人民共和国第一部公证法规,该条例仅就公证的业务范围、管辖、机构组织与领导、办证程序等方面作出了规范,未就公证的效力予以明确表述,更未对其加以必要的概念抽象。虽然《公证暂行条例》第24条对经公证的债权文书,当事人可以向人民法院申请强制执行的效力作出了规定,但仍未从效力角度对债权文书加以明确与固化。不过我们还是可以从《公证暂行条例》第2条有关公证性质的

① 王公义等:《中国公证制度改革研究及国际比较》,法律出版社2006年版,第61页。
② 王进喜主编:《律师与公证制度》,中国人民大学出版社2013年版,第254页。
③ 熊选国主编:《公证理论与实务》,法律出版社2018年版,第37页。
④ 参见王公义等:《中国公证制度改革研究及国际比较》,法律出版社2006年版,第62~71页。
⑤ 参见王进喜主编:《律师与公证制度》(第2版),中国人民大学出版社2013年版,第255~262页。

表述中，体味到公证书证明效力的伸张意图。[①] 也就是说，在《公证暂行条例》时期，证明法律行为、事实或文书真实合法的效力，应为公证文书的特定效力。对这一认知，我们从1991年颁布的《民事诉讼法》第67条的文意中，也可以得到有力的印证。[②] 我国2005年颁布的《公证法》第一次辟专章（第五章）并以3个条文规定了公证的效力，且为3种不同的效力。当下人们考察公证的效力，通常都是引据这3个条文的规定来加以分析和论说。也就是说，这3个条文大致可以被看作中国公证效力的法律依据。

我国《公证法》第36条规定，经公证的民事法律行为、有法律意义的事实和文书，应当作为认定事实的根据，但有相反证据足以推翻该项公证的除外。权威解读认为，本条是关于公证证据效力的规定，并认为公证书所体现的证据效力是一种具有较高证明力的证据效力，其不但可以作为诉讼中无须质证即可采信的证据，还可以作为人们解决非诉纠纷的法定依据。[③] 其实，此条基本上是对我国《民事诉讼法》相关条款的重复性规定，在《公证法》中起到的作用也就是宣示性效果而已。不过，其确实应被看作我国公证文书法律效力的基本规范。其他效力性规范，多由此条规定引申而来，或扩张所致。

二、强制执行公证效力在公证效力体系中的地位

我国《公证法》第37条规定，对经公证的以给付为内容并载明债务人愿意接受强制执行承诺的债权文书，债务人不履行或者履行不适当的，债权人可以依法向有管辖权的人民法院申请执行。通说认为，本条是继承《公证暂行条例》第24条的规定而来，于公证法典上进一步规范和确立了经公证的债权文书具有强制执行的法律效力，该效力具有与法院判决相同的执行力。[④] 但毋庸置疑的是，公证的强制执行效力首先应当具有生效公证文书的法定证明力和证据力，方可成为有效的执行依据。本条规定与我国《民事诉讼法》第238条（公证法实施时应为民诉法第214条）也基本一致，但二者的规范角度不同，所强调的内容也存在区别，是一种互为补充的关系。我国《公证法》第38条规定，法律、行政法规规定未经公证的事项不具有法律效力的，依照其规定。本条是关于法定公证事项生效效力的规定，亦可称为法律行为生效效力之规范。[⑤] 显而易见的是，这一效力规

---

① 我国《公证暂行条例》第2条规定："公证是国家公证机关根据当事人的申请，依法证明法律行为、有法律意义的文书和事实的真实性、合法性，以保护公共财产，保护公民身份上、财产上的权利和合法利益。"

② 我国1991年《民事诉讼法》第67条规定："经过法定程序公证证明的法律行为、法律事实和文书，人民法院应当作为认定事实的根据，但有相反证据足以推翻公证证明的除外。"这里规定得很明显，虽然公证书在法院是作为一个书证在使用，但法院看重的实际上是公证书所拥有的证明力，亦即对公证事项之真实、合法的证明效力。民诉法上的这一表述，在此后的修订中虽然几经变动，但基本意思未发生过实质性改变。

③ 参见王胜明、段正坤主编：《中华人民共和国公证法释义》，法律出版社2005年版，第134～136页。

④ 参见王公义等：《中国公证制度改革研究及国际比较》，法律出版社2006年版，第69～70页。

⑤ 参见王俊民主编：《律师与公证制度教程》，北京大学出版社2009年版，第296～298页。

定,也是从我国《公证法》第36条延展而来,也即只有被公证证明确认为真实合法的法定公证事项,方始具有法律行为之生效效力。但鉴于我国实体法基本上未与公证法之程序规范相匹配,此条规范所确立的公证效力实际上仅为摆设式具文,不过其确实是一项效力性条款。综上所述,学理上一般认为,基于上述3个条文之规定,我国《公证法》确立了公证的证据效力、强制执行效力和法律文书生效效力这三大效力。①

笔者认为,公证的效力与公证书的效力可以等量齐观,这一点并无疑问。但公证的几个效力并非平行地、相区隔地体现其价值与功用,而是存在不同层次的一个效力体系现象。公证书的基本效力或者称之为最高效力、一般性效力,就是证明效力,即证明公证法律事项真实合法的效力。在证明效力之下,涵盖着三种相互关联但又有所区别的公证效能,也就是公证效力所展现的功能现象,具体包括:特殊证据效能、强制执行效能和法律文书生效效能。② 笔者之所以认为公证文书第一层次的效力应为证明效力,是因为公证文书无论是作为一个特殊证据在法院的诉讼抗辩中被采信或在非诉活动中被认可使用,还是作为一个具有强制力的执行依据引起民事执行的实施,抑或是作为法律文书生效的判断依据以确定该文书之生效与否,都是因为在当事人的法律行为、事实或文书上,公证机构赋予了一个真实性、合法性的判断性确认,亦即作出了一个公正的证明。对此,我国著名诉讼法学专家张卫平教授有比较客观的阐释。只不过,笔者与其观点略有不同地方在于,张卫平教授认为,应将公证的"证据效力"改称为"证明效力",亦即公证的效力包括证明效力、执行效力和法律文书生效效力;③而笔者则认为,证明效力在公证效力体系中是统摄证据效力、执行效力和法律文书生效效力的上位效力。换句话说,所有的公证文书都首先须具有证明之效力,在此基础上,多数公证文书在使用上被当作证明材料采用,因而具有了诉讼法学上的证据效能;一些公证文书因法律的规定或当事人的约定,将其作为不可撤销的生效要件,故具有法定文书的生效效能;而还有一些公证文书,因载明有债务人愿意接受强制执行的承诺,因此具备了民事强制执行法上的执行效能。鉴于此,可以认为,在公证文书效力体系中,强制执行公证效力是其重要组成部分,是公证效力中具有超强效能的一个独特效力现象。

第二节 强制执行公证效力解析

如上所述,强制执行公证文书的效力,在整个公证文书效力体系中,是一种比较特殊

---

① 参见叶青、黄群主编:《中国公证制度研究》,上海社会科学院出版社2004年版,第112页以下;张文章主编:《公证制度新论》,厦门大学出版社2005年版,第132页以下。

② 参见李全一:《公证证明论》,法律出版社2016年版,第272~296页。

③ 参见张卫平:《公证证明效力研究》,载徐昕、黄群主编:《司法公证的中国进路》(第6辑:公证的中国进路专号),厦门大学出版社2011年版,第24~54页。

的效力现象。与其他效力相较,不但其公文书效力的特征最为明显,其对当事人的约束力最为强大,同时其背后的法律保障措施也最为强硬。由于强制执行公证文书由公证债权文书和执行证书构成,以下对其效用现象予以分别解析。

一、公证债权文书的效力

基于前一节的分析,公证债权文书应当同时具有证明效力与强制执行效力,或者说,其证明效力具体体现为强制执行之效能。这是占在整个公证效力体系的范畴上所作出的基本判断。然而就公证债权文书这一单一公证文书类型的实际效用而言,从其作用力上,我们还可以做进一步的解构与阐释。

(一)公证债权文书的拘束力

强制执行公证的拘束力,在公证债权文书上,可以分别解析为赋予力与约束力。公证债权文书的赋予力,是指公证机构根据债权文书当事人的约定,尤其是根据债务人之自愿承诺,依据法律的规定,赋予债权文书具有民事执行力的效用。赋予力是一种公权力,赋予力的表现形式为公文书,也称为公式证书。公证债权文书的约束力,是指当事人就双方在债权文书中设定的权利义务条款负有实际履行的义务,不履行或者履行不适当,将承担违约责任,就债务人一方而言,将产生被强制执行的不利后果。赋予力与约束力是一对前后承接且相互作用的效力关系。

首先,赋予力是债权文书当事人依意思自治的原则,自我限定权利与扩张权利的一种私权决断。在这种特定权利的自主设定中,债务人一方作出了限制本方权利的承诺,甚至是赋予了债权方处置自己财产的优先权;相应地债权人一方则获得了救济权的扩张,即从私力救济扩张为公力救济。同时,又是公权力基于私权力之授权,对这一决断所作出的确认,一经确认便形成公文书上的权利,并获得公权力的强制性保护。鉴于此,赋予力表现为私力赋予与公力赋予相结合,约束力表现为自我约束与授权他方约束相结合。赋予力基于约束力之自我判断为条件,而约束力则基于赋予力的给定得以固化与强化。

其次,赋予力与约束力紧密联系但区别存在。赋予力主要体现为权利的加注与享有,约束力则体现为权利的限制与丧失。一般来说,公证强制执行效力主要为赋予力,即赋予债权人作出或不作出某种行为,也就是请求或不请求执行的权利,且该权力受国家强制力的支持与保障。而对债务人来说,公证强制执行效力则主要表现为约束力,即约束其必须作出或不得作出某种行为,亦即履行公证债权文书确定的给付内容的义务或不得怠于履行应尽之给付的义务,否则将受到国家强制力的强行制裁。

最后,赋予力与约束力通常会溢出当事人而产生对其他人的规制效力。主要表现在:其一,赋予力赋予公证机构享有向债权人签发执行证书的权力,同时赋予了法院执行机构实际执行公证债权文书的权力。其二,约束力约束公证机构在签发执行证书时,有义务调查核实给付内容未履行或履行不适当的事实，否则将承担证明失当的相应法律责任。同时，还要约束法院执行机构必须按照公证执行依据所确定的执行标的、范围和数量实施执行，否则债权人可以通过司法途径寻求救济。

（二）公证债权文书的规范力

强制执行公证的规范力，在公证债权文书上，可解析为规范压力与规范动力两个方面。亚里士多德认为，“法律的实际意义却应是促成全邦人民都能进入正义和善德的（永久）制度”。[①] 法律是促成人民秉持正义与良善的方式，无非是引导、规范与惩罚等措施，亦即教育引导先行，规范约束跟进，惩治处罚殿后，乃不得已而为。是故，法律于所规制之对象而言，具有某种精神方面之“压力”。有学者认为，法律的压力，是指法律所具有的与其规制对象的自然本性方向相反的消极作用力，即法律对人的意志自由和行为自由范围和程序的明确标示与强行限定。相反，法律的规范动力，则是指法律所具有的与其规制对象自然本性方向大体一致的积极作用力，“是法律对人在意志自由与行为自由方面的自主性的认可”。[②] 可见，法律之规范压力会限制人的自由，规制人的行为，而法律的规范动力，则会引导和鼓励行为人向善，从而获得守信提前下的自由。

公证债权文书对当事人的规范力显而易见，但主要体现在对债务人一方的规范上。公证债权文书对债务人的规范压力尤其显著，如日本学者就认为，公证书具有心理压力之效力。所谓公证书的心理压力效力，主要指于法律行为类公证事项，如债权文书之强制执行效力公证事项，因当事人于事前作成了公证证书，往往对债务人产生一定的心理压力，可以起到督促其“不为无谓之争执”，而迫使其自动履行义务的效果。[③] 对此，笔者曾在《公证证明论》一书中分析到：“可见，心理压力即为法律上的强迫力和拘束力，它可以迫使当事人自觉履行契约义务，否则将招致不利益的法律后果。这也是公证证明具有事前预防功能的缘由所在。”[④]将公证债权文书的执行震慑作用归为心理压力，无疑在法理逻辑上能够得到更为合理的解释。

与规范压力主要为基于心理压迫，或者震慑之下不得已而履行公证债权文书所确定的义务不同的是，规范动力则主要是从当事人积极履行公证债权文书的视角对其效用所作出的解析。公证债权文书的规范动力既体现于债务人一方的主动履约行为，也体现在债权人一方的积极主张权利。其一，对于债务人来说，如果自动履行公证债权文书所确定的债务，就可因心理压力之解除而获得意志自由和行为自由。其二，主动自觉履行义务，还可以受得社会的诚信评价，获得不可低估之信用利益。其三，当其受到不法执行的

---

① ［古希腊］亚里士多德：《政治学》，吴寿彭译，商务印书馆1965年版，第142页。

② 姚建宗：《法律效力论纲》，载《法商研究——中南政法学院学报》1996年第4期。转引自蓝贤勇：《民事强制执行法理论与实务》，人民法院出版社2004年版，第139～140页。

③ 参见郑云鹏：《公证法新论》，台北，元照出版公司2015年版，第486页。

④ 参见李全一：《公证证明论》，法律出版社2016年版，第286页。

侵害时,亦可以积极之心态谋求司法救济。可见,债务人主动、认真、及时、全面地履行债权文书所确定的偿债义务,其所获得的正面利益远大于经济利益的价值评估。从债权人方面来看,积极主张债权的意义亦非同小可。首先,在债务履行期届至前及时催促债务人履行义务,有利于提醒债务人诚实守信,使对方免于遭受迟延给付之不利,也可使本方获得道德善意的社会评价。其次,债务履行期届至后,积极主张债权,能够获得时效中断重新起算所带来的请求权利益,避免因消极讨债而丧失请求权。最后,更为重要的是,债权人积极主动行使权利,可以及时获得法院强制执行的国家强力保障,从而强迫债务人履行债务,收回债权。

从公证债权文书的履行实践来看,正是由于有强制执行效力所涵摄的规范压力与规范动力的存在,促使该类债权文书体现出极高的履行率。换句话说,也可以认为强制执行公证的震慑力,迫使债务人能够主动自觉地履行债务,从而达至社会所期待的民商事交往及时、顺畅、健康之法律效果。对此论断,可以从以下实证中得到肯定的证成:(1)据司法部2014年的统计数据,当年全国公证机构共办理强制执行公证案件68.5万件,出具执行证书累计2.4万件,出具执行证书占比仅为3.5%。(2)据人民法院报统计,2018年1~10月,全国法院系统新增各类执行案件450万件,其中民商事类执行案件占70%,达320万件。在民商事执行案件中,公证债权文书执行案件为6.4万件,仅占2%。[①] (3)据四川省司法厅2017年《公证业务报表》所载,2017年四川全省公证机构共办理赋予债权文书强制执行效力公证15.73万件,出具执行证书3955件,出具执行证书占比为2.58%。(4)据成都市公证协会2018年工作总结所载,2018年成都市管辖的23家公证机构共办理各类赋予债权文书强制执行效力公证103,370件,出具执行证书1310件,出具执行证书占比为1.28%。(5)根据厦门中院执行局课题组的调研,2014年12月至2016年6月30日,厦门鹭江公证处共办理公证债权文书12,800件,截至2016年7月7日,累计出具执行证书251件,占比仅为1.9%。该课题组通过实证分析,最终得出结论认为:“无论是全国累计出具执行证书占比还是厦门思明区鹭江公证处出具的执行证书占比均未超过5%。”[②]

二、执行证书的效力

(一)执行证书效用辨析

公证机构出具的执行证书,其效力原本无可置疑,就是作为公证机构签发给执行法

---

① 参见佚名:《公证债权文书执行工作新态势与新思路》,载中国公证网:http://www.chinanotary.org/,最后访问日期:2019年2月4日。

② 厦门市中级人民法院执行局课题组:《公证债权文书强制执行现状调研分析——以厦门法院公证债权文书执行裁决审查情况为例》,载《中国应用法学》2018年第1期。

院的一个执行令状,与公证债权文书一起构成公证执行依据。然而2018年最高人民法院《公证债权文书执行规定》出台后,执行证书的这一实际效用似乎正在发生着变化,基于此,有必要予以重新解析与认知。

《公证债权文书执行规定》第3条规定:"债权人申请执行公证债权文书,除应当提交作为执行依据的公证债权文书等申请执行所需的材料外,还应提交证明履行情况等内容的执行证书。"本条规定,实际上明确了执行证书的定位,即其是申请强制执行的特殊要件,同时又是证明债务履行情况的证据材料。这就有些欲颠覆此前学界一致认为的"执行证书是公证机构向法院签发的执行令"观点的意味。因为,《公证债权文书执行规定》第10条明确规定:"人民法院在执行实施中,根据公证债权文书并结合申请执行人的申请依法确定给付内容。"如果我们把本条规定中申请执行人的"申请"看作执行证书,言下之意很清楚,即人民法院应当根据公证债权文书而非执行证书确定给付内容来实施执行。按照这一规定,在《公证债权文书执行规定》施行的大背景下,公证机构签发执行证书的作用,就成了核实债务履行的事实,相当于法院将审查核实公证债权文书执行根据的义务外包给公证机构来完成。但这一新的定性,却带来了以下解释上的疑问:

首先,是否与设置执行证书制度的初衷相违?众所周知,执行证书制度是2000年最高人民法院与司法部《联合通知》新设的一项强制执行公证程序制度。按照《联合通知》第4条至第7条的规定,执行证书是债务人不履行或不完全履行债务的事实确实发生后,公证机构根据债权人的申请,对其签发的向人民法院申请执行的凭证,债权人应凭借公证债权文书和执行证书两份强制执行公证文书向人民法院申请执行。因此,其是申请强制执行的"第一关",①不可或缺。按照《联合通知》的主要起草人之一江晓亮先生当年的解释,由于公证机构赋予强制执行效力具有的预置属性,而从预置效力到实际效力的实现尚有一个过程,可能发生各种影响执行的情况。"为使人民法院明确了解应当执行的对象及标的,《联合通知》规定公证机构签发执行证书,是公证强制执行效力实现的环节,是法定程序,这是对原有程序的重大变革。因此,公证的强制执行效力从预置到实现要经过三个环节,即公证机构赋予强制执行效力→签发执行证书→人民法院执行。"②这里解释得很清楚,公证债权文书是固定债权债务关系赋予执行效力的预置行为,而执行证书才是确认执行内容的公证执行依据。公证机构公证债权文书、签发执行证书和法院实施执行之间是一个递进性质的关系,执行证书是固定实际执行内容的依据,公证债权文书则应为执行证书的证明材料。而《公证债权文书执行规定》第3条的规定,基本上反转了签发执行证书制度的这一最初设计。

其次,是否与证书制度相悖?在其他国家或地区,执行证书制度,又被径直称为证书

---

① 参见蒋惠岭:《论公证债权文书的强制执行效力》,载《中国公证》2000年第6期。

② 江晓亮:《谈最高人民法院、司法部的联合发文》,载《中国公证》2000年第6期。

制度,其作为一项非诉执行制度,从其诞生之日起即为公证机构(公证人)依照法律规定和职权签发给执行人——人民法院的一项执行令,与法院自己签发的支付令本质相同。虽然各国采取的方式有事前签发与事后签发,或者一次性签发与二次签发之别,但其命令法院对债权文书实施执行的属性并无二致。正是基于此,《联合通知》使用了"签发"执行证书这一表述,这一用语显然比后来《公证程序规则》使用的"出具"执行证书表述更加切合该项制度的实际效用和意义。《公证债权文书执行规定》贸然将执行证书从执行令状的身份上剔除,而给予其一个新身份谓之证明材料,难免有与证书制度内涵相扞格的嫌疑。

再次,是否与实践运行方式相佐?在强制执行公证实践中,法院往往是非常看重公证机构签发的执行证书的,甚至主要是依据执行证书所确定和载明的给付内容来实施具体的执行。何以如此?这是因为公证债权文书所确定的给付内容在实施执行时通常是不准确,或者与需要执行的内容不相符的。债权人申请执行的债权,是其在债务履行期届至后债务人没有履行或履行不适当的债权,这时的债权内容既有可能小于公证债权文书所确定的债权数额,也有可能大于公证债权文书所确定的债权数额。小于的情况相对而言更为多见,如债务人已经履行了部分义务尚欠部分债务的情况;而大于的情况虽然少见但也不是不可能产生,如在融资公证债权文书中,债务人既未履行偿还借款本金的义务,也未履行支付利息的义务,甚至还应当包括支付罚息、实现债权的其他费用等,此时需要执行的给付内容就显然大于了公证债权文书所确定的债权数额。由此可见,只有依据执行证书所确定的给付内容来实施执行才最为符合实际,也才能真正满足债权人的申请执行保护期待。正是基于此,法院才十分看重和信赖执行证书所载明的给付内容。例如,2016年1月21日北京市法院执行局局长座谈会第7次会议形成的《会议纪要》第3条即明确规定,以下两种情形属于执行法院应当裁定驳回执行申请的情由:(1)公证书或执行证书没有给付内容的;(2)公证书或执行证书确定的给付内容不明确、不具体的。①

最后,是否与强制执行公证的法理逻辑相冲突?强制执行公证的程序有如前述,包括:对当事人的债权文书赋予强制执行效力→向债权人签发执行证书两个相互关联且呈递进状态的公证行为,前一个行为确定的是当事人建立债权债务关系,尤其是债务人承诺愿意接受强制执行的事实;后一个行为则是在债务人违约且怠于履行义务或履行义务不适当时,根据债权人的申请通过审查核实确认债务人违约之事实,以便于执行法院实施执行。前一个行为的意义是建立基础关系,形成有给付内容且可予执行的公证债权文书;后一个行为的意义则是对实际执行内容的固定并向法院发出可予执行的指示。因

① 这里的"公证书"显然指的就是公证债权文书。参见《北京市法院执行局局长座谈会纪要》,载《中国公证》2016年第2期。

此，两个行为不可偏废，共同构成法院的执行依据。如果说仅将公证债权文书视为执行依据，而将执行证书仅看作一个证明材料，则明显有厚此薄彼的嫌疑，也与强制执行公证的法理逻辑相抵牾。

在国外法例上，也有执行依据和执行文制度。就强制执行公证文书的执行而言，执行依据即为公证债权文书，在通常情况下，当债务人届期未偿债或偿债不适当时，债权人系径直以公证债权文书正本向法院请求执行。但在发生债权人或债务人产生继受事实时，则根据执行文的记载来确定执行当事人。各国签发的执行文方式大同小异。在德国，公证证书（公证债权文书）的执行文，由保管该证书的公证人发给；该证书是由官署保管时，由该官署发给。① 在日本，直接称公证债权文书为执行证书，对执行证书以外的执行依据，根据申请，保管案件笔录的法院书记官负责通过申请来签署执行文；对执行证书，则由保管其原件的公证人负责通过书面申请来签署执行文。② 在韩国，诉讼执行依据的执行文由第一审法院的法院书记官、事务官、法院主事或法院副主事付与（签署），如果诉讼记录在上级法院，由该法院事务官等付与执行文；③公证人制成的公证债权文书（执行证书），由保存该证书的公证人付与执行文。④

由上可见，在其他国家，执行文也是事后签发，但其作用主要是针对存在继受执行当事人的情况。我国强制执行公证中的签发执行证书制度，则是将这种执行文加以扩大化使用，即无论是否存在执行当事人需要继受的事实，都由公证机构签发执行文书。同时与其他国家执行文仅在于确定执行当事人不同，我国的执行证书，还要确定执行标的、数额等给付内容。但无论是其他国家的执行文也好，还是我国的执行证书也罢，其效用价值都是在向执行法院签署一份执行令状，这一事实显而易见。

（二）执行证书的实际效用

从前述分析讨论中，不难发现，我国强制执行公证体系中的执行证书，也存在三个层面的效用。其第一个层面的效用是确认法律事实，亦即确认债务人不履行给付义务或者履行给付义务不适当的事实确实存在、确定无疑。在他国法例上，这一行为一般由法院实施，公证机构或公证人原则上无此权利。其第二个层面的效用，是指示债权人申请法院执行，亦即作为债权人向法院申请执行的凭据之一，以启动执行程序。其第三个层面的效用则是引导法院实施执行，即指令法院按照公证机构在证书中所确定的给付内容、方式、时间予以实际执行，并最终实现债权。

基于此，可以认为，执行证书具有与法院民事判断书相类的功能。民事执行法理论

---

① 参见《德国民事诉讼法》第797条第2款。

② 参见《日本民事执行法》第26条第1款、《日本民事执行规则》第16条第1款。

③ 参见《韩国民事执行法》第28条第2款。

④ 参见《韩国民事执行法》第59条第1款。

上认为,民事执行依据之所以对当事人产生强制执行的效力,是因为执行依据尤其是法院作出的执行依据具有既判力。所谓既判力,又称判决实质上的确定力,这是许多国家通用的一个诉讼法上的法律术语,是指已对作为诉讼标的的法律关系作出终局判决后,当事人就不得再以该法律关系提起诉讼,并且在其他诉讼中所运用的攻击或防御方法,也不得与该确定的判决相抵触;就法院而言,也不得再就已判决的案件作出相反的裁判。[①] 最高人民法院曾于2008年12月26日作出《执行批复》,该批复明确指出,经公证的债权文书不可诉,且不但债权人不可诉,债务人亦丧失诉权。[②] 按照该规定,强制执行公证文书就享有了类似于法院终审判决书相同的既判力效果。

对此,我们从强制执行公证的具体实务操作中也可窥其一斑:由于执行证书是对公证债权文书生效后,在履行中出现债务人违约事实的一种认定,涵摄有显著的判断事实成分。这与当事人因债权关系产生纠纷,向法院提起诉讼以判定履行或不履行事实基本一样。在公证机构签发执行证书的过程中,也要求双方当事人举证,如根据中国公证协会《强制执行公证指导意见》第9条的规定,公证机构在办理债权文书公证时,可以指导当事人就出具执行证书过程中双方当事人的举证责任,以及对债务人等履行义务的核实方式作出约定;根据其第11条的规定,债权人向公证机构申请出具执行证书时,应一并提交"已履行了债权文书约定义务的证明材料";也要对证据进行查明,如根据《联合通知》第5条规定,公证机构签发执行证书要审查债权人、债务人各自履行合同义务的事实,尤其是要审查债务人对债权文书规定的履行义务有无疑义。也要允许双方抗辩,在双方争执不下时还可举行听证会以辩明事实,如根据中国公证协会《公证复查争议投诉处理办法(试行)》第15条的规定,处理投诉事项,根据需要或者投诉人、被投诉人的申请,可以举行听证;也要最终得出是否可以执行的确切判断,如根据中国公证协会《强制执行公证指导意见》第14条的规定,对债权人申请签发执行证书但未提出充分的证明材料等情况,公证机构可以不予出具执行证书。

鉴于此,如果公证债权文书尚不具有确定的既判力,那么,执行证书因为有着前述与司法审查相近的查明程序,则已经显然具有了既判力的价值。产生这一判断,是基于公证机构通过审核核实,可以向申请执行人(债权人)作出不予出具执行证书的决定,这大致相当于法院判决民事诉讼的原告败诉。正是基于此,所以法院一般是按照公证机构签发的执行证书在执行公证债权文书。执行法官撰写的强制执行实务操作指引认为,公证债权文书的申请执行人申请法院执行时,"应同时提交债权文书和执行证书,且应严格按

---

① 参见孙加瑞:《中国强制执行制度概论》,中国民主法制出版社1999年版,第206页。

② 《执行批复》规定:"经公证的以给付为内容并载明债务人愿意接受强制执行承诺的债权文书依法具有强制执行效力。债权人或者债务人对该债权文书的内容有争议直接向人民法院提起民事诉讼的,人民法院不予受理。"

照执行证书确定的范围列明执行请求”。[①]

2018 年 9 月 30 日最高人民法院发布的《公证债权文书执行规定》,其第 22 条规定:“有下列情形之一的,债务人可以在执行程序终结前,以债权人为被告,向执行法院提起诉讼,请求不予执行公证债权文书:(一)公证债权文书载明的民事权利义务关系与事实不符;(二)公证的债权文书具有法律规定的无效、可撤销等情形;(三)公证债权文书载明的债权因清偿、提存、抵消、免除等原因全部或者部分消灭。”这一规定实际上否定了《执行批复》的观点,重新恢复了公证债权文书债务人的诉权。

其实,对具有强制执行效力的公证债权文书的内容有争议提起诉讼时,人民法院是否受理,即本书所称之公证债权文书是否可诉问题,法院一直存在两种观点。对此,我们从学者归纳的《执行批复》出台前的论证争议中就可窥其一斑。[②] 当时,在司法实务界,一种观点认为,公证债权文书可诉。主要理由如下:(1)《民事诉讼法》和《公证法》,乃至《公证程序规则》《联合通知》都没有规定公证债权文书的当事人不再享有诉权,故公证债权文书不能排斥诉权。(2)最高人民法院的指导案例支持公证债权文书的可诉性,[③] 并认为当事人对公证债权文书是以申请法院执行方式实现债权还是提起诉讼实现债权,应享有自决权和选择权。(3)我国《公证法》第 40 条规定公证文书具有可诉性。[④] 另一种观点则认为,公证债权文书不可诉。理由为:(1)可诉有违一事不再理的民事诉讼基本原则。公证债权文书与法院判决书、仲裁裁决书具有同等法律效力,本身即为一种法定的执行依据。(2)债权人逾期不申请执行属自身过错,应自担责任,不能再给予其诉权;允许债务人提起诉讼,将导致公证债权文书效力形同虚设。公证界的认识一直比较统一,[⑤]一致认为公证债权文书不可诉。主要理由为:公证债权文书是以非诉方式便捷实现债权的一种方式,其法理就在于公证机构通过对债务人接受强制执行承诺的固定,赋予债权人一个排斥诉权的执行依据。[⑥] “以非诉方式实现债权,意味着经公证的赋予强制执行效力的债权文书出具后,债权人或者债务人均不再享有提起诉讼的权利,法律不允

① 王柏东、张阳主编:《强制执行实务操作指引》,法律出版社 2018 年版,第 66 页。

② 参见林文学:《最高人民法院〈关于当事人对具有强制执行效力的公证债权文书的内容有争议提起诉讼人民法院是否受理问题的批复〉的理解与适用》,载《中国公证》2009 年第 6 期。

③ 最高人民法院公报登载的最高人民法院(2001)民二终字第 172 号判决书,支持公证机构依法赋予强制执行效力的债权文书可诉性的观点。

④ 我国《公证法》第 40 条规定:“当事人、公证事项的利害关系人对公证书的内容有争议的,可以就该争议向人民法院提起民事诉讼。”

⑤ 当然,也有学者认为公证债权文书的债权人当然不再享有诉权,而债权人则不一定完全丧失诉权。但债务人的诉权只能是在公证债权文书被推翻、公证机构决定不予出具执行证书或者当事人重新达成协议办理公证的情形下方可恢复。参见刘疆:《强制执行公证争议问题研究》(下),载《中国公证》2007 年第 4 期。

⑥ 参见李全一:《赋予强制执行效力债权文书公证的若干法律问题》,载《中国公证》2004 年第 12 期。

许当事人通过诉讼方式就同一事项再取得一个执行根据。”①

那么,究竟公证债权文书的可诉有何利弊呢?我们知道,如果公证债权文书具有可诉性,大致会涉及两种情况:其一,债权人提起诉讼。债权人提起诉讼通常是因为债权人的债权过了申请强制执行的期限但却在诉讼时效期限内,希望通过胜诉判决获得执行依据。其二,债务人提起诉讼。债务人提起诉讼往往是债务人想通过诉讼的方式对抗债权人强制执行的申请,一是拖延偿债时间,二是避免执行造成更大的损失。

显然,在上述情形下,如果让公证债权文书的债权人拥有诉权,就是给予其过度的保护。同时,在新民事诉讼法将执行时效与诉讼时效并轨且一并适用时效的中断、中止情由后,执行时效过期而诉讼时效犹存的情况已不复存在,债权人几乎不可能劳神费事、叠床架屋地一定要去取得两个执行依据。由此可见,现在讨论公证债权文书债权人的诉权问题已经没有实际意义。那么,给予公证债权文书债务人诉权是否有意义呢?的确,在公证债权文书的执行问题上,是否允许当事人享有诉权,对其最看重的无异于是债务人一方。如果债务人享有诉权,则其偿债的灵活性将会极大地提升。但有如前述,这样一来必将导致公证债权文书的效力大打折扣,公证赋予债权文书强制执行效力的制度价值也将受损。

其实,从目前我国法律制度的协调性上来看,恢复公证债权文书可诉性的主要理由就是我国《公证法》第 40 条的规定。但笔者认为,姑且不谈该条规定是否合理,就其立法本意来看,其也无法指向和涵摄具有强制执行效力的公证债权文书。理由是:首先,公证债权文书是公证文书中的一个特殊种类,其前提是当事人双方对债权文书所载债权无异议,除非弄虚作假,不存在本质上和实质上的争议,②正所谓“借债还钱,天经地义”。其次,如果双方当事人对债权文书的内容有争议,一是事前达不成一致,公证机构不会受理公证;二是事后发生争议,如果有债务已经清偿或者被免除、抵销等情况发生,公证机构也可以在出具执行证书时通过审查核实予以有效解决。最后,我国《公证法》第 39 条和《民事诉讼法》第 238 条规定了明确的救济机制,如果公证债权文书确有无效或可撤销等情形之错误,当事人可以通过复查程序和执行异议程序加以纠正。正是因为这一道理,故有学者明确指出,我国《公证法》第 40 条的规定不应适用于具有强制执行效力的公证债权文书。③ 根据上述简单分析,笔者认为,在执行程序中再给予债务人起诉的机会没有实质上的意义。实际上,只要公证债权文书有错误,公证机构经审查不予出具执行证书,债务人的诉权便自动得以恢复,这是不言而喻的。因此,没有再在公证审查机制之外,赋予债务人诉权的必要。

---

① 黄祎:《巩固和完善强制执行公证制度的重要之举》,载《中国公证》2009 年第 8 期。

② 实务中常见的争议,主要是债之数额的大小以及偿债方式、担保人代偿等方面的争议。

③ 参见黄祎:《巩固和完善强制执行公证制度的重要之举》,载《中国公证》2009 年第 8 期。

从《公证债权文书执行规定》第22条有限恢复公证债权文书当事人诉权的规定来看,不难看出其仍然有些举棋不定,犹豫不决。第一,《公证债权文书执行规定》只恢复了公证债权文书债务人的诉权,没有恢复债权人的诉权,因此对公证债权文书仍持原则上不可诉的观念;第二,将债务人的诉权限定在执行程序中提起,其第2款还同时规定,债务人提起诉讼不影响执行,这样规定的出发点似乎主要在于补强纠错机制,即在执行中再给被执行人一个伸张正义的机会;第三,可诉性针对的是履行事实与债权文书权利义务不符合合同无效、可撤销等强制情形,以及债权因清偿、提存、抵销、免除等原因全部或者部分消灭的情况,也就是说,必须是严重违反事实和法律的强制性规定或者债务已经事实上消灭的情形下方可提起诉讼。

从上述规定来看,其对公证债权文书的执行效力影响不大。然而虽然影响不大,但也要看到其可能产生的不利后果。这些不利后果大致包括:(1)对公证债权文书效力产生减损的效果。在债务人恢复可诉的背景下,强制执行公证业务对债权人的吸引力有可能会降低。(2)债务人纠缠公证复查投诉不放。理由是:既然在执行过程中债务人仍享有诉权,举重以明轻,债务人自然会认为公证复查争议投诉中的"涉诉案件不受理投诉"原则也应被推翻,故而纠缠复查投诉,给该项工作增大难度。基于上述分析,《公证债权文书执行规定》施行后公证机构在办理强制执行公证及其出具执行证书时,有必要从以下两方面提升审查质量和办证的精准度,以避免债务人以诉讼对抗执行从而抵销公证债权文书执行效力的情况发生:第一,在债权文书赋予强制执行效力公证的审查中特别注意核查并杜绝合同无效或可撤销的情况。这里的无效是禁止性强制性规范,既包括管理上的禁止性规定也涵盖效力上的禁止性规定,当然还包括不得违反公序良俗的规定。因此,在公证中绝不能以侥幸心理"打擦边球"。而凡是涉嫌欺诈、胁迫、乘人之危、重大误解等行为的,均可能导致合同的可撤销,故而在固定当事人意思表示时也需要特别审慎。第二,避免带病签发执行证书。公证债权文书载明的民事权利义务关系与事实不符,以及公证债权文书载明的债权因清偿、提存、抵销、免除等原因全部或者部分消灭的情况,通常都能够在出具执行证书的核实阶段予以查明和排除,因此,强化签发执行证书的审查核实程序无疑是防止债务人起诉的有效措施。

(三)不予出具执行证书的公证裁量

不予出具执行证书,其显然是对债权人不利。从学理上来审视,不予出具执行证书,是公证机构行使出具执行证书自由裁量权的一种制度安排。既然是一项自由裁量性的制度,就需要慎重地考察其限度与边界,避免出现滥用自由裁量权给债权人造成损失的情况发生,同时,既然属于自由裁量范畴,必然关涉裁量失准而产生的救济问题。不予出具执行证书的裁量,从另一个侧面观察,也是对强制执行公证效力问题的一个考量和评判。那么,对如何设定不予出具执行证书的情由,方可符合该项制度设置之初衷?且不至于减损强制执行公证文书的价值?有必要加以考察。

不予出具执行证书的规定，始见于中国公证协会于 2008 年 4 月 23 日通过的《强制执行公证指导意见》，该意见第 14 条规定："有下列情形之一的，公证机构不予出具执行证书：(一)债权人未能对其已经履行义务的主张提出充分的证明材料；(二)债务人(包括担保人)对其已经履行义务的主张提出了充分的证明材料；(三)公证机构无法在法律规定的执行期限内完成核实；(四)人民法院已经受理了当事人就具有强制执行效力的债权文书提起的诉讼。"按照这一规定，公证机构可以在上列 4 种情形下，向债权人出具不予出具执行证书的决定书。但由于中国公证协会的业务指导意见不是法律法规亦达不到规章的位阶，故其在公证活动中仅具参考价值，而不具有法律上的约束力，故在 2008 年 12 月 22 日，最高人民法院发布关于当事人对具有强制执行效力的公证债权文书的内容有争议提起诉讼人民法院是否受理问题的《执行批复》的背景下，业内对公证机构究竟可否不予出具执行证书也产生了疑虑。① 这是因为《执行批复》规定，经公证赋予强制执行效力的债权文书，"债权人或者债务人以对该债权文书的内容有争议为由向人民法院提起民事诉讼的，人民法院不予受理"。只有当"公证债权文书确有错误，人民法院裁定不执行的"，当事人、公证事项的利害关系人才可以就强制执行债权文书的争议向人民法院提起诉讼。

然而，2018 年最高人民法院发布的《公证债权文书执行规定》第 8 条规定："公证机构决定不予出具执行证书的，当事人可以就公证债权文书涉及的民事权利义务争议，直接向人民法院提起诉讼。"这一规定，显然有对中国公证协会《强制执行公证指导意见》第 14 条规定的肯认和容纳的意味，亦即从司法角度支持公证机构在出具执行证书时行使自由裁量权，可以决定不予出具执行证书。从执行实务上来看，给予公证机构出具执行证书的自由裁量权，可以有效减少法院执行审查中的负担，有利于节约司法资源，但从公证实务上审视，则可能极大地加重公证机构的审查责任。其实，按照我国《民事诉讼法》第 238 条的立法本意，似乎是将执行审查权完全交由法院行使的，②并不主张带有司法裁量性质的事务由其他组织来行使。当然，从社会学和制度学的范畴来考量，是否执行的审查交给什么组织行使都没有增加社会成本负担，都符合社会治理的逻辑。

现在需要讨论的问题是，公证机构在行使出具执行证书的自由裁量权时，将哪些情形设定为可以不予出具执行证书的当然情由方能符合实际？之所以提出这样的问题，是因为笔者认为，中国公证协会《强制执行公证指导意见》第 14 条设置的 4 项情由，均有值得斟酌的地方。

首先，我们来看该条设定的第一项情由，"债权人未能对其已经履行义务的主张提出

---

① 参见李全一：《对出具执行证书几个争议问题的看法》，载《中国公证》2017 年第 2 期。

② 此观点，可参见全国人大常委会法制工作委员会民法室编：《〈中华人民共和国民事诉讼法〉条文说明、立法理由及相关规定(2012 修订版)》，北京大学出版社 2012 年版，第 378～379 页。

充分的证明材料”。这一设定表面看似乎没有问题,但仔细分析则不尽如人意。债权人未能提供履行义务的充分证明材料,可能存在多种原因。比如,一时间找不到证明材料,但确实已经履行,或者划账凭证丢失、电脑数据遗失无法恢复等;虽然债权人提供的履行义务证明材料不充分,但债务人承认对方已履行等。故而,仅设置“债权人未能对其已经履行义务的主张提出充分的证明材料”作为不予出具执行证书的理由,不尽合理。毕竟,设立公证债权文书执行制度的目的,主要是为了充分维护债权人实现债权的权益。因此,需要对该项情由加以必要的限定。笔者认为,可以这样设定:债权人未能对其已经履行义务的主张提出充分的证明材料,且经公证核实或诉讼审查也无法证明债权人履行了义务。

其次,我们来分析第二项情由,“债务人(包括担保人)对其已经履行义务的主张提出了充分的证明材料”,此项情由的设计存在两个明显的问题,第一,履行义务分为全部履行和部分履行,因此“履行义务”并不等于可以绝对阻却出具执行证书,如果在部分履行的情况下,未履行部分仍可执行;第二,债务人、担保人提出履行义务的证明材料,债权人是否认可,如果债权人不认可,势必需要公证机构查明。鉴于此,笔者认为,该项情由宜设定为:债务人(包括担保人)对其已经履行全部义务的主张提出了充分的证明材料,且债权人未提出相反证据。

再次,我们来分析第三项情由,“公证机构无法在法律规定的执行期限内完成核实”,这项情由的设定完全没有道理。第一,公证机构无法在法律规定的执行期限内完成核实,在现实中几乎不可能发生,因为债权人一旦向公证机构提出出具执行证书的申请,时效就会中断。第二,公证机构无法及时完成核实,其本身就是公证机构的过错,不能将自己的过错让别人承担责任。因此,此项情由应当删除。

最后,我们来看第四项情由,“人民法院已经受理了当事人就具有强制执行效力的债权文书提起的诉讼”,此项规定应当区别对待。从公证债权文书执行制度的设立本意来看,其确实是为了排斥诉讼,在无确切证据证明不予执行前,债权人、债务人和担保人的诉权均为丧失,但鉴于本次《公证债权文书执行规定》第 24 条规定:“有下列情形之一的,债权人、利害关系人可以就公证债权文书涉及的民事权利义务争议直接向有管辖权的人民法院提起诉讼:(一)公证债权文书载明的民事权利义务关系与事实不符;(二)经公证的债权文书具有法律规定的无效、可撤销等情形。债权人提起诉讼,诉讼案件受理后又申请执行公证债权文书的,人民法院不予受理。进入执行程序后债权人又提起诉讼的,诉讼案件受理后,人民法院可以裁定终结公证债权文书的执行;债权人请求继续执行其未提出争议部分的,人民法院可以准许。利害关系人提起诉讼,不影响人民法院对公证债权文书的执行。利害关系人提供充分、有效的担保,请求停止相应处分措施的,人民法院可以准许;债权人提供充分、有效的担保,请求继续执行的,应当继续执行。”因此,本项不予出具执行证书的情由已经不能成立。

此外,笔者认为,公证机构发现已出具的公证债权文书确有重大错误需要撤销的,也应列入不予出具执行证书的范畴。当然,在此种情形下,应当给予债权人充分的救济保护,以避免和减少其不必要的损失。

基于上述分析,笔者还认为,有下列情形之一的,公证机构应当决定不予出具执行证书:(1)债权文书属于不得经公证赋予强制执行效力的;(2)公证债权文书未载明债务人接受强制执行承诺的;(3)存在债务人、担保人未亲自或者未委托代理人到场申办公证或者其他严重违反法律规定的公证程序的;(4)债务人、担保人对其已经全部履行义务的主张提出了充分的证明材料,且核实无误的;(5)人民法院已经受理了当事人对公证债权文书的实体争议提起诉讼的;(6)超过公证债权文书执行申请时效的;(7)出具执行证书违背公序良俗的;(8)其他不能出具执行证书的情形。公证机构决定不予出具执行证书的,应告知当事人可以向公证机构申请复查救济,也可以就公证债权文书涉及的民事权利义务争议直接向人民法院提起诉讼。

第三节　公证债权文书执行依据的效力

公证文书执行依据之效力与公证债权文书的效力,是两个不同的概念。前者,是指作为法院执行依据的公证文书在执行法上所拥有的效力现象;而后者,则主要是考察债权文书经公证赋予执行效力后,其在公证法上所具有的效力。换句话说,是在两个不同的部门法上对强制执行公证文书的理论解析。公证文书执行依据中既包含有公证债权文书,也包含有公证机构签发的执行证书。因此,从生效文书范围上来看,本节讨论的对象也要大于公证债权文书的效力范畴。

公证文书作为民事强制执行依据之一,表明其具备和拥有作为执行令状的法律效力。那么,公证文书执行依据的效力表现在哪些方面呢?应当如何加以认识呢?有必要加以分析讨论。理论上认为,执行依据的效力可以从时间效力、空间效力,以及对人之效力几个维度加以考察。以下,笔者即循此方法,对公证债权文书作为法院民事执行依据所应有的效力进行必要的分析讨论。

一、公证债权文书执行依据的时间效力

各国民事诉讼法或民事强制执行法对民事强制执行依据时间效力的规定并不完全一致,主要有两种不同的规定方法:一种方法,是在民事诉讼法或民事执行法中对债权人申请执行的期限直接作出限制性规定。我国民事诉讼法上的执行时效规定,即为这种方法之典型法例。我国《民事诉讼法》第239条规定:“申请执行的期间为二年。申请执行时效的中止、中断,适用法律有关诉讼时效中止、中断的规定。前款规定的期间,从法律文书规定履行期间的最后一日起算;法律文书规定分期履行的,从规定的每次履行期间

的最后一日起算;法律文书未规定履行期间的,从法律文书生效之日起计算。"这是我国法律关于执行依据时间效力的规定,当事人向法院申请执行,应当在法律规定的时效内提出;超过规定期限的,法院对申请执行请求不予支持,亦即不予执行。因此在我国,执行时效的直接称谓是"申请执行的期间"。在该期限内,有时效中止,如遭遇地震、特大洪水等自然灾害导致时效暂停,或者遭到其他不可抗逆因素致使时效无法连接等,则须待中止之情形恢复后再继续计算;抑或时效中断,如执行和解等,则执行时效期间重新计算。我国2年执行时效的规定,显然过于短促,不利于充分保护债权人实现债权的权利。理论上对此已经开始反思,认为有必要予以适当延长。① 尤其是在我国《民法总则》将诉讼时效延长为3年后,我国的执行时效已经与诉讼时效不相一致,因此有必要加以调整。

另一种方法,是在民事诉讼法或民事强制执行法上对申请执行的期限不作直接规定,而适用民法的消灭时效制度,即根据民法规定的消灭时效制度确定债权人请求强制执行的期限。德国、日本采取这种方法。有学者认为,民事强制执行请求权是公法上的权利,并无消灭时效的问题。但民事强制执行根据所载债权人的债权是有消灭时效的,债权人必须在实体法规定的时效范围内请求强制执行。债权人取得民事强制执行根据后,可以随时据以请求强制执行,即使债权实际上已受清偿或不存在,或者已经超过申请执行期限,抑或民事强制执行根据的时间效力已满,民事强制执行机构也应根据债权人的申请采取民事强制执行措施。此时,债务人保护自己的选择,可以为以债权人为被告提起异议之诉,使该民事强制执行根据的效力归于消灭。②

公证文书执行效力依据的时间效力,在公证实务上还有一层适用问题需要讨论。由于公证债权文书的执行需要债权人于债务人违约时,即申请执行的期间到来时,先行向公证机构申请签发执行证书,因此,该时效并非是从向法院申请执行时起算,而是应该以向公证机构申请签发执行证书时起算。鉴于此,该时效的审查和把握主要在公证机构。倘若当事人在时效期间内向公证机构申请签发执行证书,公证机构因种种原因怠于签发,致使债权人的时效效力丧失,则应承担相应的法律责任。当然由于2年执行时效要适用中止、中断的情由,因此,公证机构在审查出具执行证书时,还需要一并审查是否存在中止、中断的情形,这对公证机构而言无疑是一项艰难繁重的审查任务,在实务中如何操作,需要研究的问题还很多。

基于时间效力的不可逆转性,公证机构在审查和出具执行证书时有必要遵循以下几个原则:第一,及时原则。当债权人向公证机构申请签发执行证书时,公证机构需要立即

① 最高人民法院执行局草拟的《强制执行法(草案)》第6稿第33条规定:"申请执行的时效为五年,适用有关法律关于时效中止、中断的规定。"参见江必新、贺荣主编,最高人民法院执行局编:《强制执行法的起草与论证(三)》,中国法制出版社2014年版,第586页。

② 参见蓝贤勇:《民事强制执行法理论与实务》,人民法院出版社2004年版,第141页。

启动审查核实程序,尽快为债权人节约申请法院实际执行前所耗费的时间,为法院的实际执行留出足够的期间。第二,准确原则。唯有事实准确,债权标的审核与载明无误的执行证书,才不会出现法院受理执行阻却的情况,也才会使债权人的债权得到顺利有效地实现。第三,具体原则。执行证书是公证机构依据公证债权文书签发给法院的执行实施通知或指令,法院通常是依据公证执行证书所载标的展开执行,因此,执行标的的数量、金额(包括利息的计算方式、其他实现债权费用的具体金额等)等,必须具体、明确,否则法院无法实施执行。

二、公证债权文书执行依据的空间效力

执行依据的空间效力,也称为地域效力,是指执行依据在什么样的地域空间范围内发生效力。理论上认为,执行依据的空间效力,与强制执行法的地域效力相同,即可及于全国范围。但除外的情况是,对驻在我国的外国使领馆不发生效力,而对我国驻外使领馆则发生效力。[①] 这是不言而喻的,因为一国法律可以及于主权管辖的一切领土范围,驻外使领馆在国际法上被视为主权国家延伸之国土。这是从广义或法之效力的普遍意义上所言之执行依据的空间效力。狭义或具体执行法意义上的执行依据空间效力,则是指在一国内债权人凭借执行依据可以向哪些法院申请执行。换句话讲,即哪些法院对具体的执行依据享有执行实施权。按照我国《民事诉讼法》第224条的规定,为区别两种执行依据来适用执行实施权之管辖:其一,发生法律效力的民事判决、裁定,以及刑事判决、裁定中的财产部分,由第一审人民法院或者与第一审人民法院同级的被执行的财产所在地人民法院执行。也即凡是法院判决、裁定中涉及财产的民事执行,一律由一审法院或财产所在地同级法院管辖。其二,法院判决、裁定以外的执行依据,一律由被执行人住所地或者被执行人财产所在地法院实施执行。

公证文书作为执行依据的空间效力,属于上述第二种类型,即只能在债务人(被执行人)住所地及其财产所在地法院发生执行效力。需要讨论的是,由于公证机构的管辖权受制于公证法所规定的执业区域的限制,公证债权文书执行依据之空间效力,在公证法上可以分为两种情形:一是不涉及不动产的公证债权文书作为执行依据,其空间效力所及于之范围比较宽泛,即凡是债务人住所地或者财产所在地均发生法律效力;二是涉及不动产的公证债权文书,根据我国《公证法》第25条的规定,其原则上只能由不动产所在地的公证机构所管辖。[②] 因此,需要辨析的是,公证执行依据之地域效力是否也要遵循公证法上的这一规定。或者换句话说,法院实施执行的管辖是否也要受此限制?笔者认为,从我国《民事诉讼法》第224条第2款的立法本意来看,法院的执行应当不受公证管

① 参见孙加瑞:《中国强制执行制度概论》,中国民主法制出版社1999年版,第206页。

② 本条第2款规定,申办涉及不动产的委托、声明、赠与、遗嘱公证的除外。

辖的限制,亦即涉及不动产作为执行标的的公证债权文书,公证机构仍然可以向被执行人住所地法院签发执行证书。不过从便于执行,节约执行资源和降低执行成本的角度考量,对涉及不动产作为清偿标的的公证债权文书,倘若债务人住所地与不动产所在地不相一致的,公证机构在出具执行证书时,还是应当考虑以向财产所在地法院签发为原则,而向住所地法院签发为例外。鉴于此,对公证法的此条规定,有必要在公证程序规则中作出与民事执行法相一致的灵活解释。

三、公证债权文书执行依据的对人效力

公证文书执行依据的对人效力,又称执行根据之主观范围,是指公证文书执行依据对什么范围内的人具有约束力。这里的"人"是一个泛指,既包括自然人、法人,也包括非法人组织。学理上对民事强制执行依据的对人效力之范围存在不同的认识,一种观点认为,民事强制执行依据对人的效力,原则上仅限于对债权人、债务人(包括担保人)有效,只有在特定情况下,才能及于当事人以外的其他人。[①] 另一种观点则认为,民事强制执行依据的对人效力虽然首先是作用于当事人,但对所有的人也都发生着效力,这其中也包括执行机关。[②] 笔者赞同后一种观点。之所以说公证文书执行依据除对当事人产生效力之外,还会对当事人之外的其他人产生效力,是因为公证文书强制执行依据的效力具有普遍性。

公证文书执行依据的对人效力,首先,是对当事人尤其是对债务人(担保人)的规制,债务人(担保人)怠于履行债权文书的偿债义务,将不得不接受强制执行的法律后果。这一点,在前面的讨论中已经有较为深入的阐释,不再赘述。

其次,对第三人也有约束力。民事强制执行法理论上认为,在一定条件下,执行当事人以外的其他人也会进入民事强制执行依据的适用范围,成为民事强制执行依据的规制对象。这一理论,也为各国或地区民事强制执行法所一致认同。如《日本民事强制执行法》第23条规定:"得为强制执行之人之范围:(1)依执行证书以外之债务名义所为强制执行,得对以下所揭之人为之,或为其人而为之。a.表示于债务名义之当事人;b.表示于债务人名义之当事人系为他人而成为当事人者该他人;c.前二款所揭之债务名义成立之继受人。(2)依执行证书所为之强制执行,得对表示于执行证书之当事人或执行证书作成后之继受人为之,或得为此等人而为之。(3)依第一项规定债务名义所为之强制执行,亦得对为同项各款所揭之人持有请求标的物之人为之。"由此可见,公证文书执行依据的效力也可及于第三人。在通常情况下,公证文书执行依据规制到的第三人,主要涵摄以下情况。

---

① 参见孙加瑞:《中国强制执行制度概论》,中国民主法制出版社1999年版,第206页。

② 参见蓝贤勇:《民事强制执行法理论与实务》,人民法院出版社2004年版,第144页。

（一）当事人的继受人

继受人，也称承受人，是指承继当事人法律上之地位的人。① 换句话说，也就是指在执行依据确定后，继受了当事人实体权利义务的第三人。法理上认为，继受可以基于法律的规定发生，也可以根据双方当事人的约定发生。② 依据继受的权利义务关系的范围不同，通常将其分为一般继受和特定继受。一般继受，是指概括的承受当事人的一切权利义务，如作为当事人的自然人死亡后他的继承人，或者法人因新设合并后新成立的法人，这类继受人对执行依据中当事人权利义务的承受即为一般继受。"由于一般继受人实际上与当事人处于同一法律地位，所以执行力对其有效。"③有学者明确认为，所谓公证债权文书的继受人，是指"继受公证书所载法律行为之权利义务之人"。④ 我国《民事诉讼法》第 232 条规定："作为被执行人的公民死亡的，以其遗产偿还债务。作为被执行人的法人或者其他组织终止的，由其权利义务承受人履行义务。"这是关于执行当事人中债务人继受的规定。强制执行公证实务中，被执行人继受的情况时有发生，如按揭贷款公证债权文书中借款人死亡，但银行贷款债务本息尚未偿还完结的情况，此时应将其继承人确定为被执行人，或者由其继承人一并继承遗产债权和遗产债务；又如在公司贷款公证债权文书中，借款公司在尚未清偿银行贷款债务时，被其他法人主体兼并，兼并后如果贷款银行申请公证机构签发执行证书，则应将兼并后的新设公司确定为被执行人。

在公证文书执行依据的继受当事人中，债权人被他人继受的情况，主要发生在民间借贷公证、租赁债权文书公证等行为中，处理方法与债务人继受相类。

关于特定继受人，学理上认为，主要指因买卖、赠与等法律行为，或因法院拍卖或转付命令等公法行为，或依据法律规定，而受让诉讼标的权利和义务的人。主要包括以下两种情况：一是受让执行依据中确定的债权的当事人；二是从执行依据中确定的债务人处受让债务的第三人。⑤ 强制执行公证实务中通常遇到的主要是第一种情况。2006 年 8 月 14 日司法部在对四川省司法厅《关于经公证的具有强制执行效力的合同的债权依法转让后受让人能否持原公证书向公证机构申请出具执行证书的问题的批复》中认为："债权人将经公证的具有强制执行效力的合同的债权依法转让给第三人的，受让人持原公证书、债权转让协议以及债权人同意转让申请人民法院强制执行的权利的证明材料，可以向公证机构申请出具执行证书。"而对第二种情况，是否能够在公证实践中适用，尚待考

---

① 参见孙加瑞：《中国强制执行制度概论》，中国民主法制出版社 1999 年版，第 210 页。

② 参见崔建远：《合同法总论（中卷）》，中国人民大学出版社 2012 年版，第 382～383 页。

③ 肖建国：《执行当事人及其变更和追加》，载江必新、贺荣主编：《强制执行法的起草与论证（三）》，中国法制出版社 2014 年版，第 238 页。

④ 杨与龄编著：《强制执行法论（最新修正）》，中国政法大学出版社 2002 年版，第 69 页。

⑤ 参见肖建国：《执行当事人及其变更和追加》，载江必新、贺荣主编：《强制执行法的起草与论证（三）》，中国法制出版社 2014 年版，第 238～239 页。

察。不过笔者认为，按照我国《合同法》第 84 条之规定，只要债权人同意，[①]似乎也应该得为允许才符合债权法理。

（二）为当事人或其继受人利益占有请求标的物之人

为当事人或其继受人利益占有请求标的物的人，主要指管理人、保管人、代管人、同居者等，对这些人来说，“持有标的物对他们来说并不具有独立的利益，而真正的利益仍归属于当事人或其继受人，在法律地位上，标的物占有人显然应当视同当事人。执行力向这些人扩张不但不损害其固有的实体利益，也不损害其程序利益。所以，这些人应该被执行的效力所及”。[②] 我国台湾地区的学者认为，公证债权文书效力范围所及之所谓“为当事人或其继受人占有所请求之标的物者”，是指为公证法律行为当事人或其继受人之利益而占有应给付之标的物者而言。[③] 由此可见，公证文书执行依据的效力范围，也会及于这类人，但在公证机构签发执行证书时并不会涉及这类第三人，只有法院在实施执行过程中这些人才会受到公证强制执行依据的拘束。

（三）生效法律文书确定的债权债务利益所及的连带债权人或连带债务人

债权法上之连带之债，是指债的当事人一方为多数，且多数人一方的各当事人都有权请求对方履行全部债务或者都负有向对方履行全部债务的义务，全部债权债务关系因债务的一次性履行而归于消灭之债。最高人民法院《关于人民法院执行工作若干问题的规定（试行）》（以下简称《执行规定》）第 76 条、第 77 条和第 78 条即对这种连带情况的规定。[④] 在公证债权文书中发生的现象较少见，但并非绝对不会发生。例如，在涉及合伙关系的借贷债权文书作为执行依据时，可能出现这种情况；在涉及农村家庭承包经营权的担保债权文书中，也有可能出现这种现象。但需要注意的是，这种情况只能由法院裁定追加连带被执行人，公证机构无此判断权力。

除上述三种情况外，学理上认为，执行依据还可能及于诉讼担当时的被担当人，以及除诉讼标的物之外的责任财产的持有人。前者也称“为他人而为原告或被告的其他人”，

---

① 我国《合同法》第 84 条规定：“债务人将合同的义务全部或者部分转移给第三人的，应当经债权人同意。”权威解读认为，本条规定的是债务承担的条件，此类债务承担，非经债权人的同意，不产生债务转移的效力。参见江平主编：《中华人民共和国合同法精解》，中国政法大学出版社 1999 年版，第 69 页。

② 肖建国：《执行当事人及其变更和追加》，载江必新、贺荣主编：《强制执行法的起草与论证（三）》，中国法制出版社 2014 年版，第 241 页。

③ 参见杨与龄编著：《强制执行法论（最新修正）》，中国政法大学出版社 2002 年版，第 69 页。

④ 《执行规定》第 76 条规定：“被执行人为无法人资格的私营独资企业，无能力履行法律文书确定的义务的，人民法院可以裁定执行该独资企业业主的其他财产。”第 77 条规定：“被执行人为个人合伙组织或合伙型联营企业，无能力履行生效法律文书确定的义务的，人民法院可以裁定追加该合伙组织的合伙人或参加该联营企业的法人为被执行人。”第 78 条规定：“被执行人为企业法人的分支机构不能清偿债务时，可以裁定企业法人为被执行人。企业法人直接经营管理的财产仍不能清偿债务的，人民法院可以裁定执行该企业法人其他分支机构的财产。”

也就是为他人的权益以自己的名义进行诉讼，所受确定判决的执行力，除对当事人有效外，还及于该权益的真正主体及其继受人，民事强制执行标的物的占有人。① 后者是指债务人的责任财产改由第三人持有时，生效法律文书的执行力的主观范围也会扩张至该实际持有人。②《执行规定》第 79 条至第 81 条，对这类被执行人进行了列举性规定。③ 但这种情况，在公证债权文书作为执行依据的民事执行中一般不会发生。

① 参见蓝贤勇：《民事强制执行法理论与实务》，人民法院出版社 2004 年版，第 147 页。

② 参见肖建国：《执行当事人及其变更和追加》，载江必新、贺荣主编：《强制执行法的起草与论证（三）》，中国法制出版社 2014 年版，第 243 页。

③ 《执行规定》第 79 条规定："被执行人按法定程序分立为两个或多个具有法人资格的企业，分立后存续的企业按照分立协议确定的比例承担债务；不符合法定程序分立的，裁定由分立后存续的企业按照其从被执行企业分得的资产占原企业总资产的比例对申请执行人承担责任。"第 80 条规定："被执行人无财产清偿债务，如果其开办单位对其开办时投入的注册资金不实或抽逃注册资金，可以裁定变更或追加其开办单位为被执行人，在注册资金不实或抽逃注册资金的范围内，对申请执行人承担责任。"第 81 条规定："被执行人被撤销、注销或歇业后，上级主管部门或开办单位无偿接受被执行人的财产，致使被执行人无遗留财产清偿债务或遗留财产不足清偿的，可以裁定由上级主管部门或开办单位在所接受的财产范围内承担责任。"

第七章　强制执行公证的瑕疵规避

公证属精神产品，乃人为事物，但凡人为之物事，产生瑕疵乃至错误在所难免。鉴于此，“零失误”“百分之百合格”等提法，只能是写在纸面上的美好追求和善良愿景，很难真正达至。辩证地看，这也正是为何所有的法律制度都需要设置救济渠道和救济措施的缘由所在，亦即客观地承认人会犯错，人之行为难免有失。公证活动中可能出现瑕疵，需要时刻防范，加以排除与杜绝。然而排除与杜绝的前提，除提升公证员的责任心、事业感，以及技能技巧与职业道德、执业纪律素养外，还需要通过精细的研判，揭示出容易产生瑕疵的原因与规律，以便做到防范有的，前事不忘，后事之师，此乃本章之意图也。

第一节　公证债权文书可能产生的效力瑕疵

有学者认为，公证债权文书的效力瑕疵，可以从形式上和实体上两个方面来予以考察。形式上的瑕疵，主要指公证债权文书在以下方面存在法律上的欠缺：(1)公证人未按公证法规定的程序制作公证债权文书；(2)公证债权文书所载之给付内容不符合法定范围之规定；(3)公证债权文书未明确载明债务人径受强制执行之意思表示；(4)请求公证之债权已届清偿期。而实体上的瑕疵，主要指的是，公证债权文书所载之法律行为，有无效、可撤销或事后消灭之虞的情形。[①] 韩国学者也认为，执行证书(在韩国公证债权文书被径直称作执行证书)的效力瑕疵，可分为形式

---

① 参见郑云鹏：《公证法新论》，台北，元照出版公司2015年版，第431～432页、第408～424页。

上的无效与实质上的无效两类。形式上的无效情况包括:(1)一方当事人单独申请之下制成的执行证书;(2)具有除斥事由的公证人制作的执行证书;(3)公证人违反管辖区域的规定,在执行职务的区域之外制作的执行证书;(4)没有载明承诺执行的意思表示的执行证书;(5)委托人(申请人)没有署名盖章的执行证书;(6)所载明的金额或数量没有确定的执行证书;(7)无能力者做出承诺执行意思表示的执行证书;(8)根据表见代理而制成的执行证书。实质上的无效情形包括:(1)法律行为无效;(2)法律行为撤销而导致的执行证书无效;(3)执行证书上所载明的事实与客观事实不相符而导致的执行证书无效等。① 韩国民事执行法理上认为,执行证书实质上无效,但只要具备形式要件,也可认定具有执行力。执行证书实质上无效的问题,可以依据民事执行法的规定提起异议之诉解决。

我国民事执行法学者也从民事执行根据的构成要件视角,讨论过公证债权文书的形式要件和实质要件问题,②从中我们也可反推出公证债权文书可能出现的形式瑕疵与实体瑕疵现象。就形式瑕疵而言,依该学者考察,主要反映在以下方面:其一,欠缺公文书的基本要件,比如公证债权文书出具时没有加盖公证机构印章;其二,当事人不明确,如公证债权文书中债权人或债务人的名称、姓名错误,张冠李戴,或者执行证书中被执行人死亡,其继受人不清;其三,没有明确的民事强制执行事项,亦即内容不清,如给付金钱的数额不确切、实现债权的费用如律师费等不具体。而实质要件瑕疵则主要包括:第一,执行证书所载之公证债权文书尚未生效,如履行期限尚未届至,或者附条件的债权文书其条件尚未成就;第二,是否具有强制执行效力不明确,如当事人在债权文书中既选择了接受执行内容,也选择了诉讼解决纠纷,究竟哪一项解决争议方式是当事人的优先选择并不清楚;第三,给付内容不符合实施强制执行,如债权文书中载明有以房抵债的事先约定、限制债务人人身自由的执行内容等。应当说,上述学者从不同视角分析的公证债权文书之形式瑕疵与实体瑕疵,无疑都击中了公证债权文书容易发生错误之要害,对深入研判强制执行公证文书瑕疵并予以有效防控与剔除极有帮助。

按照我国《公证程序规则》的规定,公证文书瑕疵分为程序瑕疵和内容瑕疵两类。这两种瑕疵大致可以对应前述学者所言之形式瑕疵与实体瑕疵,但又有一定的区别。不过笔者认为,这种机械地从形式与实体两个侧面分析探讨强制执行公证瑕疵的方法,也往往会存在形式、实体划分标准难以确立的问题,难免出现逻辑混乱的现象。例如,债权文书上未载明债务人愿意接受强制执行的意思表示,按照我国台湾地区公证学者的划分,其属于形式瑕疵,而按照《公证程序规则》的规定,应属于典型的内容瑕疵(实体上的瑕疵)。而我国民事执行法学者列举的形式瑕疵中,当事人不明确,按照公证法理来讲,其

---

① [韩]姜大成:《韩国民事执行法》,朴宗根译,法律出版社2010年版,第59页。

② 参见蓝贤勇:《民事强制执行法理论与实务》,人民法院出版社2004年版,第123~128页。

应该是实体性瑕疵而非仅仅为形式上的错误。鉴于此,笔者以下的分析讨论,不从形式与实体角度来阐释,而是另辟蹊径,分别从债权文书本身的常见瑕疵现象,以及公证机构赋予债权文书强制执行效力的常见瑕疵现象,这两个维度和侧面来加以抽丝剥茧。

一、债权文书自身的瑕疵之修正

对债权文书自身可能存在的瑕疵现象之揭示,是一个典型的经验性判断问题,或称实证性问题,囿于笔者的视野所限,难免偏居一隅,以致以偏概全,抑或浮光掠影,不得要领。权衡之下,笔者只好从自己在实务中所接触到的债权文书范围,依循考察民事法律行为效力之惯例,从债权文书之主体、客体、内容这三个民事法律行为的必备构成要件视角来对其加以检视分析。

(一)主体瑕疵

主体瑕疵,主要指当事人不适格。这里的当事人通常包括债权人、债务人、担保人等。他们之间作为公证债权文书债权债务关系的适格主体,需要满足不受法律禁止的基本要件。例如,按照最高人民法院《民间借贷司法解释》第11条的规定,法人之间与其他组织作为民间借贷的主体时,是有限制的。这个限制就是法人之间、其他组织之间,以及它们相互之间可以作为民间借贷主体的前提,是看它们是否是为了生产、经营之需要而订立民间借贷合同,以生产、经营为目的的民间借贷契约有效;反之,则属于禁止之列,不能办理公证,更不能对其赋予强制执行效力。对这种情况,如果仅从当事人的一般行为主体上来看,很难判决出其主体是否合法,只有结合合同内容来审查才能够予以准确识别。

在公证实践中,常见的债权文书主体瑕疵主要有以下几种现象:(1)行为能力方面的瑕疵。一种情况是,企业已经多年未年检注册、歇业或者已进入破产清算环节,但其仍以生产经营为由申办贷款债权文书公证。另一种情况是,企业名称、法定代表人已经变更,但仍以原企业名义或原企业法定代表人签署债权文书。还有一种情况是,在商品房按揭贷款债权文书中,购房人系未成年人,但按揭合同无法定代理人代为申办强制执行公证。(2)共同主体方面的瑕疵。第一种情况是,为他人提供抵押担保的财产为夫妻共有,但抵押担保契约仅由一方签订,明显有侵害另一方共有人权益之虞。第二种情况是,在农村承包地经营权租赁债权文书中,仅由户主一人对外签订承包地出租协议,其他承包地共有人未到场签字,也未征求其意见。在农村土地承包与流转关系中,村民从集体组织承包土地,按照法律规定,可由户主一人代表全体家庭成员签订承包合同。但在承包经营权的租赁流转行为中,基于其债权属性,应由承包地的全体承包人共同同意出租,租赁债权文书方始生效。第三种情况是,夫妻共同名义借贷,但由一方在借贷合同上署两人之名,这种情况在夫妻共同购房的按揭贷款契约中时有所见。在这种借贷中,不能将夫妻一方的签约行为视为表见代理，[①]而是必须拥有合法的代理授权方可代为签字。(3)债务人虚假。如某企业由于信用不好，无法通过银行贷款审查程序，故请一信用较好的企业出面借款，但所贷款项由自己使用，并在借贷合同中明示贷款划入实际用款人账户，还贷也由其承担。这种情况表面看似乎无主体瑕疵，但却是不真实的借贷关系。

(二)客体瑕疵

强制执行公证的客体，就是债权文书。而债权文书的瑕疵主要指的是，债权文书不适宜作为赋予强制执行效力的文书而导致的执行不能的情况。《公证债权文书执行规定》第5条第1项规定，“债权文书属于不得经公证赋予强制执行效力的”，人民法院应当裁定不予受理；已经受理的，裁定驳回执行申请。这一规定，实际上触及了公证赋予债权文书强制执行效力的一个“痛点”——公证债权文书的范围。本来，公证债权文书的范围是确定的，就是我国《公证法》第37条第1款规定的“具有给付内容的债权文书”，然而由于有《公证程序规则》第39条第1项的限缩性规定，[②]以及《联合通知》第1条更为狭窄的限制，才导致成为一个辨识不清且公证、法院两端长期以来争执不休的问题。好在最高人民法院《公证债权文书执行规定》第1条再次予以明确：“公证债权文书，是指根据公证法第37条第1款规定经公证赋予强制执行效力的债权文书。”

在一段时间内，对有担保的公证债权文书，一些法院认为作为公证债权文书的客体存在与2000年《联合通知》相冲突的问题，通常不予执行。而中国公证协会于2008年印发的《强制执行公证指导意见》，则认为可以对担保性债权文书赋予强制执行效力。从本书第三章列举的法院不予执行公证案例上看，这一时期公证债权文书客体的瑕疵主要出现在担保行为赋予执行效力上。在2014年最高人民法院《执行异议复议规定》出台后，这一问题已经得到解决。最高人民法院《公证债权文书执行规定》第1条重申公证债权文书范围应回归到我国《公证法》第37条“具有给付内容”债权文书的宣示，更是一种崇法尚理的积极表现，使我们理解和适用公证债权文书的范围，有了一个确切的判断依据。

目前，法律、法规和政策明确规定不能经公证赋予强制执行效力的债权文书，大致包括以下几种：(1)违反法律强制性规定的债权文书。此类债权债务行为通常是无效民事法律行为，即行为缺乏法律规定的效力构成要件，因此从行为开始之时，其确定的内容就不对双方发生效力，但是否不产生法律后果，对此负有责任的一方仍要承担相应的举证等民事责任。此前，我国《民法通则》第58条规定的无效民事行为比较宽泛，规定了六种无效的情形：一是因主体失格原因而无效，包括无行为能力人实施的和限制行为能力人

---

① 如我国台湾地区学者就明确认为，强制执行公证不适用表见代理，甚至所有的公证事项都不能适用表见代理。参见赖来焜：《最新公证法论》，台北，三民书局股份有限公司2004年版，第531页。

② 《公证程序规则》第39条规定：“具有强制执行效力的债权文书的公证，应当符合下列条件：(一)债权文书以给付货币、物品或者有价证券为内容……”

不能独立实施的行为。其中对于限制行为能力依法不能独立订立的合同,我国《合同法》将其调整为效力待定的合同。二是因违背真实意思而无效,包括欺诈、胁迫、乘人之危。此后,我国《合同法》把基于欺诈、胁迫而订立的合同分成两种情况:在损害国家利益的情况下,合同无效;在不损害国家利益的情况下都作为可撤销的合同处理。三是双方一起串通损害国家、集体、他人利益的无效。四是违反法律和社会公共利益的无效。五是因违反国家指令计划的无效,此种行为在我国《合同法》颁布后,已经不再规定。六是以貌似合法的行为达到非法目的的无效。我国《民法总则》则进行了必要的收缩,规定以下五种情形下实施的民事法律行为当然无效:一是无民事行为能力人实施的民事法律行为;二是行为人与相对人以虚假的意思表示实施的民事法律行为;三是违反法律、行政法规强制性规定的行为;四是违背公序良俗的行为;五是行为人与相对人恶意串通,损害他人合法权益的行为。限制民事行为能力人实施的民事行为仍设定为效力待定的行为,而我国《民法通则》第58条和《合同法》第52条所规定的其他无效行为,均设定为可撤销的行为。凡是有上述无效或可撤销之虞的债权文书,都不能作为强制执行公证的客体。(2)民间借贷债权文书。民间借贷债权文书其内容只要不违反最高人民法院《民间借贷司法解释》的规定,原本赋予强制效力没有问题,但在2017年司法部印发"办理公证五不准"后,其属于暂时限制办理的公证业务,故民间借贷债权文书暂不具备作为强制执行公证之客体的要件。(3)债权债务关系不明确,或者未载明债务人自愿接受强制执行承诺的债权文书。《民诉法解释》第480条第1款第4项规定,"公证债权文书未载明被执行人不履行义务或者不完全履行义务时同意接受强制执行的",人民法院不予执行。从此项规定来看,即使是债务人(包括担保人)以单独承诺书方式作出接受强制执行承诺,而公证债权文书中没有此项记载也可能导致不予执行。(4)存在同时履行抗辩的债权文书。公证债权文书从法理上审视,在双务合同中当事人之间的债权债务关系应当建立在异时履行的前提下,即有先后履行之顺序。我国《合同法》第66条规定:"当事人互负债务,没有先后履行顺序的,应当同时履行。一方在对方履行之前有权拒绝其履行要求。一方在对方履行债务不符合约定时,有权拒绝其相应的履行要求。"此为同时履行抗辩权,亦可称为不履行抗辩权。如学者所言,"法律上设立同时履行抗辩权的目的在于维持当事人在利益关系上的公平。一方当事人不履行自己所负义务而要求对方履行义务则有悖于公平观念"。[①] 是故,凡是属于此类享有同时履行抗辩权的债权文书,都不能作为公证债权文书的适格客体。

(三)内容瑕疵

审查债权文书的内容,主要在三个方面:一是所载内容是否是当事人的真实意思表示;二是内容是否存在违反法律、行政法规强制性规定和公序良俗的情况;三是契约条文

① 江平主编:《中华人民共和国合同法精解》,中国政法大学出版社1999年版,第56页。

是否明确、具体,不存在歧义。在公证债权文书中,准确固定当事人的真实意思表示,是公证员办理强制执行公证的首要工作。而要探知当事人的真意,公证员就必须亲自与当事人交流,通过询问谈话方式了解当事人建立债权债务关系的真实想法。违反法律、行政法规强制性规定的约定,通常都比较容易识别,但也要警惕暗藏的违法内容。更多的则是在合同中存在重大误解或显失公平的情况。契约条文含混不清、可能产生歧义的情况,在债权文书中也时有出现。在公证实务中,对债权文书内容瑕疵的避免与排除,有时需要综合审查判断上述三方面内容,方能在整体上作出评判。一般来讲,需要警惕的通常都并非是违法以及违背公序良俗这些极易识别的内容,而是不公平、不合理、易于产生歧义和纷争等容易忽略的条款内容。

举例来讲,在债权文书格式合同文本中经常会出现以下有利于提供格式文本一方而不利于相对方的权利义务内容:一是直接限制责任的条款,也称免责条款;二是赋予强势方以任意解除合同权利的条款;三是限制对方权利的条款;四是限制对方寻求法律救济的条款;五是其他违背诚实信用原则的不公平条款。因此,在公证中需要特别注意审查当事人的真实意思表示,判断免责条款是否违法,并识别条文中是否隐含有对债务人(包括担保人)显失公平的内容。

我国合同法对格式合同条款进行了必要的规制。这些限制包括:第一,订立格式合同须遵循公平原则。我国《合同法》第 39 条第 1 款规定:“采用格式条款订立合同的,提供格式条款的一方应当遵循公平原则确定当事人之间的权利和义务”。格式条款有的未与合同书之类的合同文件合并在一起,如悬挂于经营场所,一些格式条款的文字晦涩让人难以理解等。格式条款通常为一方当事人事先拟定,含有不公平内容的可能性较大。因此,合同法规定订立格式条款合同,须遵循公平原则,即在订立格式合同时,当事人之间的权利义务的确定要符合公平观念,权利义务要有适当的平衡。第二,提供格式条款的一方应主动提请对方注意并尽到说明之义务。我国《合同法》第 39 条第 1 款规定,提供格式条款的一方应当“采取合理的方式提请对方注意免除或者限制其责任的条款,按照对方的要求,对该条款予以说明”。这里的“采取合理方式”,是指提供格式条款的当事人在提请对方注意免除或者限制其责任的条款(免责条款)时,采用的方式要能起到让对方注意的作用,如果不能引起对方的注意,那么,这种方式就是不合理的。具体而言,“采取合理的方式”要求免责条款在合同文本上要被明显地标示出来,提请注意的时间要在订立合同过程中,即在合同成立之前。此外,提供格式条款的当事人还有对格式条款进行说明的义务。这里的“说明”是对格式条款的有关内容的介绍,并根据相对人的要求进行相应的解释。第三,不合法格式条款不予采用的强制性规定。我国《合同法》第 40 条规定,“格式条款具有本法第五十二条(合同无效之列举)和第五十三条(无效免责条款之列举)规定情形的,或者提供格式条款一方免除其责任、加重对方责任、排除对方主要权利的,该条款无效”。这里规定的是格式条款不予采用的一些情形,也就是说在这些情形中格式条款无效,不发生法律效力。这些情形包括:(1)我国《合同法》第52条规定的无效合同,如以欺诈、胁迫的手段订立的;恶意串通损害国家、集体、第三人利益的;以合法形式掩盖非法目的的;损害社会公共利益的;违反法律、行政法规的强制性规定的。(2)我国《合同法》第53条规定的免责无效合同,如造成对方人身伤害的;因故意或者重大过失造成对方财产损失的。(3)免除提供格式条款一方主要义务、排除对方主要权利的。第四,解释利益相反和非格式条款优先原则。我国《合同法》第41条规定:"对格式条款的理解发生争议的,应当按照通常理解予以解释。对格式条款有两种以上解释的,应当作出不利于提供格式条款一方的解释"。这里的不利于条款提供人的原则,又称不利于条款制作人的原则。该原则来自罗马法的"有疑义应为表意者不利之解释"原则,该原则一直为许多国家的判例和学说所接受。对于格式条款的解释适用此项原则,是为了限制提供格式条款的一方利用其优势地位损害另一方当事人利益的情形发生。我国《合同法》第41条同时还规定,"格式条款和非格式条款不一致的,应当采用非格式条款"。这里规定的是非格式条款优于格式条款原则。该原则来自"特别规定优于普通规定"的法律解释原则。格式条款是当事人为了重复使用而预先拟定,并在订立合同时未与对方协商的条款,它是一般的普通规定的条款。非格式条款不是由一方当事人预先拟定的而是由合同当事人之间特别协商约定,它是特别规定的条款。如果格式条款与非格式条款不一致,可视为提供格式条款的一方当事人放弃了格式条款而采用非格式条款。因此,在同一合同中,特别协商约定的合同条款要比格式条款效力高。例如,在公证债权文书中,原格式合同文本中,没有债务人自愿接受强制执行效力的约定,经公证员提示,双方在公证时债务人自愿增加了这一约定。如果原合同条款中同时载有诉讼解决争议之约定,则由于后增加之强制执行非格式条款的效力优于原有诉讼解决争议的格式条款,故增加之非格式条款应予优先适用之。

以下,笔者对某商业银行前几年在全行系统统一使用的一份《个人借款合同》格式文本和一份《个人住房抵押借款合同》格式文本中存在的问题进行剖析,以此揭示格式文本债权文书可能出现的瑕疵现象,以此提示在强制执行公证中对其加以认真审慎审查的重要性。

其一,公开或隐匿免责。如这两份合同都在条款中着重强调规定了借款人、担保人的违约责任,但只字未提贷款方自己的违约责任。对贷款方的责任,我国《合同法》第201条有明确规定,"贷款人未按照约定的日期、数额提供借款,造成借款人损失的,应当赔偿损失"。然而,这两份格式借贷合同却视而不见,未进行任何规定。这种在合同中只规定单方(借款人、债务人)违约责任的做法,是明显的隐匿免责行为。再如,其中一份合同第50条规定:"贷款人不经借款人和担保人同意,可将其在本合同项下的权益转让给他人,借款人和担保人应继续履约本合同的责任或义务;借款人和担保人未征得贷款人的书面同意不得将其在本合同项下的任何还款及其他责任或义务转让给第三者"。该条内容与合同法的规定明显抵触。我国《合同法》第 80 条规定:“债权人转让权利的,应当通知债务人。未经通知,该转让对债务人不发生效力。”这里,贷款人公开地免除了自己应尽的通知义务(因该义务应为事后义务,把这里的约定看作通知,似乎难以解释),同时亦属于排除相对方权利的“霸王条款”。

其二,排除对方的权利。如一份合同中有这样的规定:“第 10 条,‘抵销权’:借款人连续 2 期或累计 3 个月未按时偿还贷款本息的,贷款人有权从借款人在贷款人处开立的任何其他账户(包括定期存款账户)中扣收相关款项,包括贷款本金、利息、罚息以及实现债权的费用等。”而根据我国《合同法》第 91 条的规定,抵销权是双方当事人事后约定之权,是终止合同履行的一种协商解决债权债务关系的平等权利。这里提前作约定,明显是为了排除借款方的协商权。此外,银行直接从借款人账户上扣款也存在违规的问题。又如该合同第 25 条规定:“本合同中‘借贷条款’如因导致部分或全部无效,不影响‘保证条款’的效力,保证人仍应按照约定承担责任。”该条也存在排斥保证人权利的情况。这是因为,借贷条款中也许就有标的条款(主债权条款)无效的情况,若主债权无效,担保债务自然失效,即主合同无效,从合同亦无效。再如,一份合同第 41 条规定:“抵押物抵押期间,若贷款人认为有必要对抵押物重新估价,抵押人必须予以合作……”这一条也存在违反物权法和担保法规定,蔑视对方当事人(抵押人)的嫌疑。

其三,加重对方责任的条款。如一份合同第 1 条第 3 款规定:“乙方自愿将前款所述《商品房购销合同》约定的,乙方名下购买的房屋及其添附的装修物的全部价值,设立以甲方为抵押权人、以本合同项下借款本息金额为主债权的抵押担保……”从法理上来讲,这里的装修是可以独立抵押的,且一般来讲,以房屋尤其是所购在建之商品房设置抵押时,房屋的实际价值通常都会远远超过借款金额,如按银行抵押贷款的惯例,贷款额通常不能超过房屋价值的 65%。而按担保法有关规定,抵押物价值超过债权的部分,可以再行设置抵押。又如同一合同第 7 条第 2 款规定,“乙方必须在预定提前还款日一个月前书面向甲方提出提前还款申请。该申请一经发出即不可撤销”。从法理上来讲,提出申请和撤销申请(只要是在申请未得到批准前)都是当事人的权利,为何不准对该自愿撤销申请?这显然从另一个侧面加重了申请人的责任负担。

其四,条款相互冲突。一份合同第 48 条规定,“本合同履行中发生纠纷,合同各方应协商解决,协商不成的,任何一方都可以向贷款人所在地人民法院提起诉讼”。同时第 52 条又规定,“借款人及担保人(保证人、出质人、抵押人)到期不履行合同义务时,依法接受强制执行”。由于两条都是格式条款,这两条显然只能采用其中一条,而不能同时适用。在申请公证机构办理赋予强制执行效力的债权文书公证的情形下,则只能选择后一条,不能选择前一条,否则与强制执行公证的法理相违背。

以上这些在合同中显见或隐藏的约定条款瑕疵,如果不对当事人尤其是债务人和担保人加以必要提示并引起其注意,甚或建议修改、调整,一是公证员难以免除未尽到审慎审查之责任，二是有可能出现利益受损方主张效力瑕疵而导致公证债权文书执行不能的情况发生。

二、公证证明中的瑕疵

公证债权文书是否有瑕疵，通常从三个途径来发现与确认：一是当事人提出复查要求，公证机构经核查承认有瑕疵；二是公证机构自查自纠发现有错误，自行纠正；三是法院认为有错误，裁定不予执行。有学者检索了中国裁判文书网2013年1月1日至2016年6月30日的公证执行异议裁定书，共计711件，其中裁定不予执行的为167件。在167件不予执行的案件中，有50件因公证债权文书的内容与事实不符被裁定不予执行；有26件因严重违反法律规定的公证程序被裁定不予执行，有16件被认定为内容违反强制性规定而不予执行；其他为属于不得赋予强制执行效力的债权文书和无债务人接受强制执行的意思表示的情况。① 由此可见，公证债权文书中的瑕疵现象不可小觑。为更有说服力地探讨和防范赋予债权文书强制执行效力公证证明中的瑕疵问题，以下，笔者主要以法院裁定不予执行的部分案例，以及实务中时常发生的证明错误来予以揭示和分析。

（一）债权文书公证中的瑕疵

从公证员尽职审查核实角度来看，办理赋予债权文书强制执行效力公证产生的瑕疵，一般表现于以下方面。

1. 审查失误产生的瑕疵

案例一：合同关系及债权给付内容不明确导致的证明瑕疵——舜发典当公司公证债权文书案②

莱芜市舜发典当有限公司（以下简称舜发公司）与恒达公司签订最高额贷款抵押合同，抵押物为恒达公司所拥有的所有资产和权益及朱某田（恒达公司法定代表人）的一套住宅及机动车一辆，担保人朱某某、王某某、裕华公司、李某某。合同约定：本合同经公证后，赋予强制执行效力，若借款人违约，贷款人有权不经诉讼直接申请有管辖权的法院强制执行；保证人自愿承担连带还款义务，并自愿接受有管辖权的法院强制执行。但合同中约定的抵押物一直未办理抵押登记。后因恒达公司到期未履行债务，舜发公司向济南铁路运输法院（以下简称铁路法院）申请执行上述债权文书，公证机构签发的执行证书载明执行标的为本金200万元，公证费6000元，以及其他实现债权的费用。铁路法院立案执行。在执行过程中，保证人裕华公司、李某某提出执行异议。铁路法院作出（2012）济

① 北京市中信公证处课题组：《赋予强制执行效力公证——实践与趋势》，载《中国公证》2018年第3期。

② 详见最高人民法院：《莱芜市舜发典当有限公司与山东恒达食品有限公司、莱芜市裕华矿山设备有限公司等合同、无因管理、不当得利、申请承认与执行法院判决、仲裁裁决案件执行裁定书》[（2015）执监字第1号]。参见李舒、唐青林、吴志强编著：《保全与执行裁判规则解读》，中国法制出版社2018年版，第73～74页、第76～77页。

铁执异字第197号执行裁定书,认为舜发公司与恒达公司签订的合同名为典当,实为资金拆借。故以合同违反法律规定为由,认定合同无效,裁定对公证债权文书不予执行。舜发公司对裁定不服,向铁路人民法院提出异议,要求对本案继续执行。铁路人民法院经审委会讨论,认为原认定合同无效和裁定不予执行均有不妥,遂作出(2012)济铁执异字第197—1号执行裁定,撤销原不予执行裁定,对公证债权文书继续执行。保证人裕华公司、李某某对继续执行裁定不服,向铁路中院申请复议,请求对本案不予执行。复议期间,公证机构出具《情况说明》认为:"《最高额抵押合同书》借款应有抵押,如果抵押不真实,合同性质就发生了变化,由抵押贷款变为信用贷款,在执行过程中导致抵押担保责任与保证担保责任的范围不明确。"铁路中院作出(2014)济铁中执复字第2号执行裁定书,裁定对公证债权文书不予执行。舜发公司不服铁路中级人民法院的上述裁定,向山东省高级人民法院提起申诉,请求继续执行。山东省高级人民法院对舜发公司的请求未予支持,驳回其申诉请求。舜发公司再不服,又向最高人民法院申诉,请求继续执行第197—1号执行裁定书,最高人民法院以本案债权债务关系不明确、保证人给付内容存疑为由,驳回舜公司申诉请求。

最高人民法院在对本案的审理结论部分这样认定该公证债权文书的瑕疵:"本院认为,本案合同名为最高额贷款抵押合同,但合同内容中,既有最高额抵押的内容,又约定了典当、续当、绝当、典当综合费用等典当合同的内容。根据《典当管理办法》第42条的规定,典当行经营房地产抵押典当业务和机动车质押典当业务,应当和当户依法到有关部门先行办理抵押登记,再办理抵押典当手续。本案中,抵押物均未办理登记,不符合上述规定,故本案合同性质不明确,而合同性质对合同条款的效力,约定不明时的解释,发生争议时的法律适用等都会产生重要影响……《中华人民共和国物权法》第一百七十六条规定:'被担保的债权既有物的担保又有人的担保的,债务人不履行到期债务或者发生当事人约定的实现担保物权的情形,债权人应当按照约定实现债权;没有约定或者约定不明确,债务人自己提供物的担保的,债权人应当先就该物的担保实现债权。'因此,在当事人有特别约定时,按照约定处理,在当事人没有约定或约定不明时,债权人应当先就债务人的担保物实现债权。本案合同书中第八条约定:'……如乙方违约,乙方承诺甲方可先处置抵押物,也可追索担保人。'该条特别写明是'乙方承诺',即本案债务人恒达公司的承诺,是否对李某某等产生约束力并不确定,且在合同书中,对担保人和担保单位有特别说明,明确担保人为朱某某、王某某、李某某,裕华公司为担保单位,第八条约定中的担保人能否扩大解释到裕华公司也并未确定。因此,本案是否属于《中华人民共和国物权法》第一百七十六条规定的'没有约定或者约定不明确'情形,舜发公司是否应当先就恒达公司的担保物实现债权,李某某、裕华公司在何范围内承担担保责任均不明确,进而导致本案债权债务关系不明确……《联合通知》第一条规定:'公证机关赋予强制执行效力的债权文书应当具备以下条件:(一)债权文书具有给付货币、物品、有价证券的内容;

（二）债权债务关系明确，债权人和债务人对债权文书有关给付内容无疑义；（三）债权文书中载明债务人不履行义务或不完全履行义务时，债务人愿意接受依法强制执行的承诺。'而本案债权债务关系并不明确，担保人的担保责任范围也不明确，且担保人朱某某与王某某已经死亡，本案担保人李某某和担保单位裕华公司又对债权文书有关给付内容提出了疑义，此种情况下，公证处赋予本案债权文书强制执行效力不符合法律规定。"

在上述案例中，公证机构和公证员存在以下审查失误：第一，误将典当债权文书认作借贷债权文书，是造成本案债权债务关系不明确的主要原因；第二，公证员对典当法律规定不熟悉，是本案中涉及不动产抵押或财产质押未经登记就出具公证书，从而导致担保行为不生效力的直接原因；第三，公证员未能审查出自物型担保与第三人其他担保混存时，或者约定不明确时，自物型担保应优先偿债，是导致出具的公证债权文书和执行证书给付内容不明确的重要原因。由此可见，办理赋予强制执行效力的债权文书公证，不但需要公证员具备尽职审查的责任心，还需要具备深厚的法律知识功底。

案例二：公证债权文书部分内容违反强制性规定，部分不予执行——金某某与银盛公司民间借贷公证债权文书案。①

2013 年 1 月 16 日金某某与银盛公司签订一份《借款合同》，银盛公司向金某某借款 1 亿元，以月利率 2% 计息（超出银行同期贷款利率的 4 倍）。合同约定：逾期不还款滞纳金为日万分之八；无锡市政建设集团有限公司（以下简称市政公司）为本合同提供连带保证担保。同时约定：银盛公司不能按约履行还款义务，银盛公司、市政公司自愿放弃全部诉权，接受法院强制执行。本合同经公证并赋予强制执行效力。嗣后，金某某与银盛公司签订《股权质押协议书》，银盛公司将其持有的市政公司 80.97% 的股权质押给金某某，并办理质押登记和公证。合同约定：如债务到期无法偿还，则金某某有权申请法院对质押股权采取强制执行措施。银盛公司到期未履行债务，金某某向公证处申请出具执行证书后向无锡中院申请强制执行。执行标的为：借款本金 1 亿元以及利息、滞纳金和债权人实现债权支出的相关费用。此后，金某某又向法院提交《关于申请强制执行内容和金额的说明》，明确放弃约定的超过银行贷款基准利率四倍利息的债权孳息部分。在执行过程中，银盛公司向无锡市中级人民法院提出中止执行的异议请求，无锡市中级人民法院裁定驳回其执行异议。银盛公司不服无锡市中级人民法院异议裁定，向江苏省高级人民法院申请复议，请求撤销无锡市中级人民法院执行裁定，对公证机构出具的执行证书不予执行。江苏省高级人民法院驳回银盛公司请求。银盛公司不服，向最高人民法院申请执行监督。最高人民法院通过调阅公证债权文书卷宗、召集双方当事人听证等方式

① 参见最高人民法院：《金某某申请承认与执行法院判决、仲裁裁决案件执行裁定书》[（2015）执申字第 12 号]。转引自李舒、唐青林、吴志强编著：《保全与执行裁判规则解读》，中国法制出版社 2018 年版，第 87～88 页、第 90 页。

进行审理,最后裁定驳回银盛公司申诉请求。

最高人民法院在该案驳回裁定的说理部分作出如下分析论述:“本院认为:案涉借款合同所约定的利息,确已超出相关司法解释规定的银行同期贷款利率的四倍标准。银盛公司据此认为,公证文书已经违反强制性规定,即使金某某放弃超出四倍利率部分,仍应当整体不予执行。关于公证文书部分内容具有不予执行情形如何处理,现行立法与司法解释并未直接规定,需要按照相关法律精神与类比制度加以阐释解决。本院认为,如果因公证文书部分内容具有不予执行情形而整体不予执行,对债权人而言显失公平,也不利于维护公证文书效力的稳定性。因此,在公证文书所涉给付内容能够区分执行的情况下,如部分内容具有不予执行情形,则应当仅对该部分不予执行,而对其余部分准许执行。最高人民法院《关于适用〈中华人民共和国仲裁法〉若干问题的解释》第477条,对于仲裁裁决部分内容具有撤销或不予执行情形的处理规则,亦体现了上述法律精神,公证文书的司法审查应当加以参照。本案中,申请执行人金某某已放弃超出四倍利率部分的执行,无锡市中级人民法院亦仅按照四倍利率予以执行,这种执行方式既公平保护债权人权益、合理维护公证文书效力,又避免银盛公司合法权益遭受实际损害。因此,本院对银盛公司的该项主张不予支持。”

本案中,虽然公证债权文书中给付内容合法部分最终得到了执行,但其中也反映出公证审查不严,导致部分内容违法,造成不必要的执行纠纷的问题。这是在《民间借贷司法解释》尚未出台时期的民间借贷公证债权文书案例,在《民间借贷司法解释》适用的背景下,其仍有一定的警示意义。第一,超出法定利率的利息部分,原则上不应在公证债权文书中间出现,因其即使在法律允许的自然债务范畴内(如年利率24% ~36%的利率部分),也只是许可当事人自愿履行,并不受法律的强制性保护。第二,倘若一时疏忽,在公证债权文书中未予剔除,也应在出具执行证书时严格按照合法利率标准审查出具执行证书。《民间借贷司法解释》确定的民间借贷最高合法年利率为24%,该年利率系既包括利息,也包括违约金及其他费用的总和。

2. 适用法律错误产生的瑕疵

在对债权文书赋予强制执行效力的公证证明中,适用法律的错误,主要是在公证文书的结论部分反映出来。这些瑕疵,通常都是由于公证员疏忽大意造成的。常见的错误主要包括:

(1)法律修订后,仍然适用旧法规定。比较典型的,如我国《民事诉讼法》于2012年修订后,申请执行的时效已经调整为2年,且法条已由第214条调整为第238条,但公证书中仍然适用的是旧法第214条规定的自然人1年、法人半年的时效。再如,物权法对担保法物的担保部分进行了大幅度修订,甚至基本颠覆了担保法有关物的担保的规定,在我国《物权法》生效后,有关物的担保之法律适用应以物权法为准,但公证证词中,仍然只引用担保法条文,而不引用物权法条文。

(2)下位法与上位法重叠引用。按照法理和法律文书制作要求,当上位法有明确规定时,不再引用下位法的规定,除非上位法规定不明确,而下位法有明确规定,方可以同时引用下位法之规定。但在实务中,一些强制执行公证文书的结论部分,既引用公证法、民事诉讼法的规定,也引用《联合通知》的规定,鉴于《联合通知》与公证法的规定存在冲突,且也与最高人民法院《公证债权文书执行规定》内容相抵触,笔者认为,强制执行公证书结论部分不宜引用《联合通知》的规定。

(3)适用法律不准确。如在对有抵押或质押担保的借贷债权文书的公证书中,没有适用抵押物依登记生效的规定,在质押担保中没有适用质物以交付质权人占有生效之规定,而是笼统写作"本合同经当事人签字、盖章之日起生效"。而规范、完整的表述应当为:本合同的贷款条款部分,经当事人双方签字、盖章之日起生效,本合同的抵押担保条款自抵押人与抵押权人签字、盖章之日起成立,抵押权的设定,自当事人依法办理抵押权登记之日起生效(或者本合同的质押条款自出质人与质权人签字、盖章之日起成立,质权的设定,自出质人将质物交付质权人占有之日起生效)。

(4)适用法律不全面。例如,对既有人的担保又有物的担保的借贷合同,只引用担保法的规定,而未引用合同法和物权法的规定;民间借贷合同仅引用合同法的规定,没有引用最高人民法院《民间借贷司法解释》的规定等。

(5)适用法律存在缺漏。如按照最高人民法院《公证债权文书执行规定》第 4 条的规定,公证债权文书中的给付内容应当在公证证词中列明,但长期以来的公证文书制作惯例则是不在公证证词中列明债务人之给付内容。在《公证债权文书执行规定》实施后,如果不予列明,法院有权不予执行。

(二)签发执行证书的瑕疵

按照有关法律法规的规定,公证机构在签发执行证书的过程中,在受理债权人的出具执行证书申请后,一是要履行通知债务人的义务,要求其对履行债权文书义务是否有疑义提出抗辩;二是要履行法定的债权文书履行实事核查义务,以查明是否确实存在债务人(包括担保人)不履行债权文书所确定的给付义务,或者履行给付义务不适当的情形。签发执行证书的瑕疵也通常发生在这两个环节上,要么疏于尽通知义务,要么核实义务履行不到位,致使执行证书记载的执行标的不准确、不具体或者不明确,导致执行不能。下述所引案例,即反映出这类问题。

1. 签发执行证书审查核实不到位、给付内容不具体

案例一:郑州豫新置业有限公司执行申诉案①

豫新公司(抵押担保人)与张某(借款人)、吴某某(出借人)公证债权文书执行一案,

① 案件信息源于最高人民法院(2013)执监字第 108 号,参见最高人民法院网。转引自王柏东、张阳主编:《强制执行实务操作指引》,法律出版社 2018 年版,第 97 ~ 98 页。

豫新公司申请不予执行公证债权文书,郑州市中级人民法院经审查作出(2011)郑执一字第388—2号民事裁定书,驳回豫新公司申请。豫新公司不服裁定,向郑州市中级人民法院提出异议,郑州市中级人民法院审理认为:公证处赋予本案中的《抵押担保贷款合同》具有强制执行效力,没有法律依据,超越法律所赋予的职权范围,故作出(2012)郑执异字第16号执行裁定书,撤销本院此前作出的(2011)郑执一字第338—2号民事裁定书。吴某某对裁定不服,向河南省高级人民法院申请复议。河南省高级人民法院审理认为,公证机构可以对有财产担保的贷款合同依法赋予强制执行效力,遂作出(2012)豫法执复字第00021号执行裁定,撤销郑州市中级人民法院(2012)郑执异字第16号执行裁定。豫新公司不服河南省高级人民法院的执行裁定,向最高人民法院申诉,请求予以执行公证债权文书。

最高人民法院的审理认为:根据我国《民事诉讼法》第238条规定,人民法院在执行程序中,因被执行人提出不予执行抗辩的,应当对公证债权文书的内容是否确有错误进行审查,该审查应当包括公证债权文书的程序和实体问题。此外,公证机关在签发执行证书时,必须对债权债务的履行情况、执行标的等进行确认。"而本案中,公证处在签发执行证书时,没有向担保人豫新公司核实其对债权文书载明的履行义务有无异议及债权人提出的债务人(包括担保人)不履行或者不适当履行债务的主张是否属实。而且执行证书的执行标的没有明确逾期利息、违约金数额的具体计算标准,公证书也未向豫新公司送达,致使担保人豫新公司在执行过程中对借款的真实性、数额、利息计算和抵押效力均提出异议。由此可见,公证机关未尽审查义务,程序明显不当。综上,该案公证书认定事实不清,程序错误。公证债权文书确有错误的,应不予执行。"

本案中,最高人民法院认定公证处签发执行证书的过错较多:一是未向债务人和担保人进行核实,并认为核实债权债务的履行情况应为公证机构必须履行的义务,未予履行,系违反法定义务必须履行的规定;二是认为执行证书中没有将借款之逾期利息、违约金数额及其计算标准予以明确记载,属于给付内容不明确;三是执行证书未向被执行人(担保人豫新公司)送达,阻碍了豫新公司的抗辩权。笔者认为,前两项认定没有任何问题,确属公证处在签发执行证书时存在的过错,但对所列举的上述第三项错误则不能苟同,有需要商榷的地方。

公证机构根据债权人的申请向其签发的执行证书,是否有必要向被执行人送达,在法院与公证机构之间存在不同的认识。部分法院认为,公证机构应当向被执行人送达所签发的执行证书,如果未向被执行人送达执行证书,则法院可以不予执行。而公证机构则认为,执行证书是债权人单方向公证机构申请签发的一项执行指令,公证机构无义务也不应当向被执行人进行送达。这一争议究竟孰是孰非?有必要予以厘清。

在法律、法规的规定上,没有明确公证机构出具的执行证书是否应当向被执行人送达。我国《公证法》第32条只是规定"公证书自出具之日起生效",《公证程序规则》第46条则进一步规定,领取公证书的应当为当事人或其代理人。《联合通知》第6条也只是规定,“公证机关签发执行证书应当注明被执行人、执行标的和申请执行的期限”;第7条规定:“债权人凭原公证书及执行证书可以向有管辖权的人民法院申请执行。”也没有要求执行证书应当向被执行人送达。在前述规定中不难看出,公证文书只有当事人及其代理人有权签收,亦即公证机构只能将公证文书送达给当事人或其代理人,而不能发送给当事人或其代理人以外的人。具体到出具执行证书中,由于申请签发执行证书的当事人仅为债权人一方,故毋庸置疑,执行证书只能向申请执行人送达,而不能发送给其他利害关系人,也包括被申请执行人。然而对如此常识性的问题,为何一些法院还会有相反的认识呢?笔者认为,可能是由于对最高人民法院有关民事诉讼法司法解释理解与适用著作中专家观点的误读,从而产生的理解偏差。笔者注意到,在沈德咏主编的《民事诉讼法司法解释理解与适用》一书中,在谈到如何解读《民诉法解释》第480条第2项关于“被执行人一方未亲自或者未委托代理人到场公证等严重违反法律规定的公证程序的”情形,应当认定为公证债权文书确有错误时,该权威观点认为:在此类严重违反法律规定的公证程序情形中,亦应包括“实践中反映比较突出的执行债务人未收到公证债权文书”的情由。[①] 显然,前揭书中所列举的债务人未收到公证债权文书的情形,是指公证机构赋予强制执行效力的债权文书公证书,而并非债务人违约时债权人申请公证机构出具的执行证书。这一点,从最高人民法院民事强制执行法起草小组起草的《强制执行法》草案中也可以看出来。该草案第五稿第114条规定的是对公证债权文书不予执行的情由,其中第5项为:“债务人未收到公证债权文书的”不予执行;[②]新近的第六稿第40条将对公证债权文书不予执行理由中的第5项修改为“执行债务人未收到公证债权文书的”。[③] 由此可见,法院对公证机构签发的执行证书不予执行的情由之中,有关送达的规定,只能包括公证债权文书未送达承诺接受强制执行的债务人(包括担保人),而并不涵盖且不可能将被执行人包括在公证机构于事后所签发的执行证书的送达对象中。

在实务中,如果要求公证机构向被执行人送达执行证书,有可能带来以下问题:其一,债务人、担保人提前转移资产,导致执行不能;其二,混淆人民法院送达执行令与公证机构签发的执行证书的性质,致使法院的执行权变相地部分被公证机构所侵蚀;其三,倘若被执行人“跑路”,公证机构显然无法送达,从而造成申请执行人的债权难以实现。鉴于此,业界学者对法院要求向债务人送达执行证书的观点给予了明确的驳斥,认为债务人不是执行证书的申请人,“无权要求领取执行证书”。[④] 一些地方的规范性文件也明确

---

① 参见沈德咏主编:《最高人民法院民事诉讼法司法解释理解与适用(下)》,人民法院出版社2015年版,第1276页。

② 参见江必新、贺荣主编,最高人民法院执行局编:《强制执行法的起草与认证(三)》,中国法制出版社2014年版,第527页。

③ 同上书,第588页。

④ 参见王京:《执行证书签发遇到的几个问题》,载《中国公证》2016年第10期。

规定,执行证书不需要送达债务人。[①]

案例二:公证债权文书中当事人仅约定股权收益权的最低结算限额的计算方法,执行证书也未载明具体执行金额,属于给付数额约定不明确——四川信托公司执行公证债权文书裁定案[②]

江西省高级人民法院在本案的不予执行裁定中认为:"江西华申投资有限公司与四川信托有限公司签订的《股权收益权转让合同》中,该4600万股赣州银行股权收益权,不仅包括股权卖出收入,还有股息红利,股权因分红、公积金转增、拆分股权等而形成的收入。因此,股权收益的金额是一动态数额,取决于市场和赣州银行的经营情况。虽然合同中约定,标的股权收益权金额不低于:标的股权收益权转让价款15,860万元×(1+12.05%×信托实际天数÷365),但并非是明确的金额。根据《最高人民法院关于人民法院执行工作若干问题的规定(试行)》第二条第(四)项'执行机构负责执行下列生效法律文书:公证机关依法赋予强制执行效力的关于追偿债款、物品的债权文书'的规定,以及《联合通知》第一项:'公证机关赋予强制执行效力的债权文书应当具备以下条件:(一)债权文书具有给付货币、物品、有价证券的内容;(二)债权债务关系明确,债权人和债务人对债权文书有关给付内容无疑义'的规定,本案《股权收益权转让合同》不符合上述规定,给付的内容、债权债务的标的、数额不明确。"故裁定不予执行。

在本案裁定中,虽然法院在说理部分的有关表述尚有值得斟酌的地方,比如,究竟是《股权收益权转让合同》赋予强制执行的公证标的不符合有关司法解释的规定,还是公证机构所证明的《股权收益权转让合同》所载之标的不明确?存在逻辑混淆情况。再如,适用的司法解释内容之间也存在冲突。其所引之最高人民法院《关于人民法院执行工作若干问题的规定(试行)》第2条第4项有关"执行机构负责执行下列生效法律文书:公证机关依法赋予强制执行效力的关于追偿债款、物品的债权文书"的规定,属于1982年《公证暂行条例》对公证债权文书范围的限定,在《联合通知》发布后,尤其是我国《公证法》《公证程序规则》实施后,这个范围已经明显扩大,不能再作为认定公证赋予强制执行效力债权文书的适用范围。

但要看到的是,在本案中,公证机构确实存在记载执行给付内容不明确、不具体的情况。如果在《股权收益权转让合同》的赋予强制执行效力公证中仅记述了给付标的的计算公式还情有可原,那么,在出具执行证书时,其具体的执行标的金额未清晰计算和记载则属于不可原谅的重大公证瑕疵。

---

① 如济南市中级人民法院、济南市司法局《关于公证机构赋予强制执行效力的债权文书执行有关问题的意见》第10条规定:"公证书应当送达当事人或其代理人,执行证书可以不送达债务人"。

② 详见江西省高级人民法院(2014)赣执审字第1号。转引自李舒、唐青林、吴志强编著:《保全与执行裁判规则解读》,中国法制出版社2018年版,第77~78页。

2. 执行证书所载给付孳息及其他费用之标的不明确

以下3个案例都属于公证机构签发的执行证书因给付孳息的计算,或者给付实现债权的其他费用记载不明确或者无依据而被裁定不予执行。

案例一:北京市顺义区人民法院(2014)顺执异字第31号执行裁定书

在本案中,北京市顺义区人民法院在裁定中认为,公证处出具的执行证书执行标的未明确支付利息、违约金的起止时间及计算标准,执行标的不明确。因此,执行证书应属于确有错误的情形,裁定不予执行。

对这一问题,在法院内部也有不同的观点。如在北京某信用担保公司向北京市第一中级人民法院申请执行北京市中信公证处(2009)京中信内经证字11928号公证书及(2010)京中信执字00049号执行证书一案中,被执行人一方申请不予执行公证债权文书,理由之一是民间借贷的最高利率不得高于同期银行贷款利率的四倍,超过部分不应保护;执行证书多计算了千余万元的非法利息,执行数额明显错误。最高人民法院认为:执行证书是否多计算债权数额,不能构成人民法院不予执行的理由。如果确实存在多计算债权数额的问题,人民法院查实后在执行程序中可以进行核减。①

案例二:上海市浦东区人民法院(2015)浦执字第18515号裁定书

上海市浦东区人民法院在裁定中认定,执行证书中关于实现债权所支付的其他费用的执行标的表述不明确,对公证书不予执行。

案例三:成都市中级人民法院(2013)成裁字第6号裁定书

成都市中级人民法院在裁定中认为,申请执行人主张支出的律师费用为433万余元,但并未就此支出举出证据证明,亦未对该支出的合理性、必要性作出解释,且执行依据对此执行事项也未确定具体的数额,故对《执行证书》载明的第四项执行事项中的律师费不予执行。②

第二节 违反公证程序的瑕疵

公证程序包括申请、受理、审查、核实、审批、出证等若干环节,在此环节中,大多数都需要由公证员亲自完成。违反公证程序的瑕疵,通常表现为公证员未能亲自办理公证,或者法定程序缺失等。

---

① 详见最高人民法院(2011)执监字第180号《执行裁定书》。

② 以上3个案例,参见中信公证处课题组:《赋予强制执行效力公证——实践与趋势》,载《中国公证》2018年第3期。

一、公证员未亲自办理公证

公证的证明主体一般是指公证机构及其公证人，在我国实行机构本位证明模式的情形下，主要指的是公证机构，但公证员则是受公证机构的指派，以职务行为从事具体的公证证明活动，因此其是隐性的公证证明主体。[①] 虽然理论上也认为，当事人也应为公证证明之主体之一，但其与本节所讨论的问题无关。实务中发生的公证证明主体瑕疵问题，大致有以下情况：其一，公证员未亲自办理债权文书赋予强制执行效力公证，而是委托其助理独立办理公证。[②] 如在按揭贷款债权文书公证中，到开发商售楼部现场受理公证的为公证员助理，并非公证员，而出具的公证书上则署的是某公证员之名。这种情况明显违反《公证程序规则》第 5 条之规定，[③]以及司法部有关公证员助理管理的相关规定。[④]其二，公证员将办理公证的材料交给其他中介机构，如商品房代售机构、贷款银行等的工作人员代为办理公证，但公证书由公证员出具。这种情况，更是严重违反公证法的规定。对以上两种违反规定办理的公证债权文书的效力问题，目前实务界有不同的看法，一种观点认为应属无效公证文书，另一种观点则认为有效。笔者认为，虽然我国公证制度采行的是机构本位制，即公证事项的受理与出具都以公证处为表征，法律责任也由公证机构承受，但公证员不亲自办理公证，则已经显著违反公证法律法规之规定，应属公证证明主体瑕疵之范畴，也属于重大的程序错误。至于公证书的效力，应为效力待定，如果当事人主张无效，经公证处复查可以撤销；如果当事人已经使用并未提出异议，则发生法律效力。

二、当事人未亲自到场或未委托代理人到场公证

《民诉法解释》第 480 条第 1 款第 2 项规定，被执行人一方未亲自或者未委托代理人到场公证等严重违反法律规定的公证程序的公证债权文书，人民法院不予执行。实务中出现这种瑕疵的原因，主要是审查不严，找人冒名顶替申办公证。如兰溪市人民法院在(2015)金兰执异字第 15 号执行裁定中认定，公证处在对借款抵押协议进行公证时，借款

---

① 有关公证证明主体的分析研究，可参见李全一：《公证证明论》，法律出版社 2016 年版，第 152～160 页。

② 这种瑕疵往往是当事人申请复查和投诉处理的主要理由。

③ 《公证程序规则》第 5 条规定："公证员受公证机构指派，依照《公证法》和本规则规定的程序办理公证业务，并在出具的公证书上署名。依照《公证法》和本规则的规定，在办理公证过程中须公证员亲自办理的事务，不得指派公证机构的其他工作人员办理。"

④ 2005 年 7 月 7 日司法部办公厅印发的《关于严格规范公证员助理管理有关问题的通知》第 1 条规定："公证处、公证员均无权委托公证员助理履行公证员职责。公证员助理不得独立开展公证业务、出具公证文书。"第 2 条规定："公证员助理协助公证员办理公证事务的范围包括：解答有关公证业务咨询；指导当事人填写公证申请表，接受公证当事人委托代书申办公证的有关材料；审核公证当事人的资格及其提交的证明材料、制作谈话笔录；调查取证；立卷归档；其他公证事务辅助工作。"

人本人并未到场,而系他人冒名顶替参与办理公证,借款抵押协议书上借款人的签名及手指印均系他人冒名代为。故公证书确有错误,裁定不予执行。

三、签发执行证书时未进行核实或未按照当事人约定方式核实

按照《联合通知》的规定,签发执行证书时公证机构需要核实债务人(包括担保人)对履行义务是否有疑义,如果未尽核实义务或者核实方式方法违背当事人约定,[①]则也可能被法院认定为程序错误而不予执行。典型者,如河南省郑州市中级人民法院(2015)郑执异字第98号执行裁定书认为,公证处在出具执行证书时仅对借款人进行了电话核实,但电话核实没有录音,对于另外一名借款人以及担保人没有进行核实。故认定公证处没有尽到依法核实的义务,程序明显违法,裁定不予执行。又如,在最高人民法院(2015)执监字第1号裁定书中,法院认为,当事人约定公证机构出具执行证书前,以国内特快专递信函或电话的方式,向被申请执行人寄送履约情况核实函,或拨打电话方式向债务人核实履约情况,被申请执行人在收函后7日内可以书面回复履约情况。在该条款后,被申请执行人留有电话和详细通讯地址。但公证处出具执行证书时并未按照上述约定的方式核实履约情况,也未给予被申请执行人7日的回复履约情况期限,而是在同一天一并出具了公证书和执行证书,故认定公证程序不符合法律规定。对签发执行证书前的核实问题,最高人民法院认为,只要公证机构有证据证明自己履行了核实义务,即使未能实际核实到被申请执行人等,也可认定不违反核实程序之规定。[②] 如在最高人民法院(2016)最高执复21号裁定中,最高人民法院认为,关于本案公证程序是否违法的问题。根据《联合通知》第4条、第5条的规定,公证机关在制作执行证书之前,应当核实审查债务履行的情况以及债务人对履行义务有无疑义等。根据中国公证协会《强制执行公证指导意见》第9条、第13条的规定,公证机关可以采取信函核实或当事人约定的方式向债务人核实债务履行情况。本案中,各方当事人在合同中明确约定了可通过传真、邮递、快递,或双方同意的其他方式送达对该方,并注明了联系地址和联系电话,方圆公证处按照约定中的地址和电话联系香山公司、达嘉公司、方某某、陈某某,虽未能取得联系,也应当视为履行了核实义务。

四、违反管辖规定的瑕疵与防范

按照我国《公证法》第25条的规定,不动产公证应向不动产所在地公证机构申请,但

---

① 按照中国公证协会《强制执行公证指导意见》第13条的规定,公证机构在签发执行证书之前,应按当事人约定的方式核实,只有在当事人无此约定或约定不明时,才可以依据本意见第9条之规定采用信函、电话(传真)等方式核实。

② 参见北京市中信公证处课题组:《赋予强制执行效力公证——实践与趋势》,载《中国公证》2018年第3期。

涉及不动产的委托、声明、遗嘱等单方行为除外。涉及不动产的债权文书基本上都属于双方行为或者双务行为，因此，应当按照司法行政管理部门核准的执业区域受理公证。公证机构违反本条规定，受理执业区域以外的不动产抵押合同强制执行公证，原则上应认定为违反程序规定。

但需要讨论的是，在金融担保贷款债权文书中通常存在这样的情况，即贷款银行在管辖范围内，而抵押物在管辖范围之外，或者贷款银行在管理范围之外，而抵押物在管辖范围之内，对此应当如何看待。笔者认为，主债权合同与抵押担保合同是分离的两个合同，原则上应该分开受理，即贷款主合同和抵押担保合同分别由有管辖权的公证机构受理出证。如果主从合同合并于一份合同内，则宜区分不同的情况处理：一种情况是，主债权合同只设有一个抵押担保从合同条款的，为便于对抵押物的执行，可以由抵押物所在地的公证机构受理；另一种情况是，主合同设有多个担保行为，且既有抵押行为又有保证行为甚至还有质押行为，此种合同应根据方便执行和以主要债务人、担保人所在地的公证机构管辖为适宜。

笔者认为，我国公证法对不动产公证事项的管辖缺乏必要的灵活性，而且与法院的执行管辖也不相匹配。按照民事诉讼法上执行管辖的规定，涉及不动产的执行，被执行人所在地和被执行财产所在地都有管辖权。鉴于此，强制执行公证事项中涉及不动产担保且主债务人与担保债务人所在地不一致的，应当规定两地公证机构都有管辖权，如果两地都已经分别受理，则宜由最先受理的公证机构办理。

第八章 强制执行公证的救济

法理上认为,越是拥有某种特殊权力者,越是需要对其进行必要的规制与约束,也越是需要对其所作用之对象加以特别关怀与保护,以避免权力滥用带来的社会危害,此即为何法律上都得设立救济制度之缘由。西方法谚云:有权利,斯有救济。反过来,也可以说:无救济,便无权利,也便无法律。本书所研究的强制执行公证亦是如此。强制执行公证因其在民事执行法上具有强制执行力,故而对其之纠错机制、救济措施也需要加以特别关照。鉴于强制执行公证效力的实现,需要经过公证赋予债权文书执行效力与核实确认签发执行证书,以及法院的实际执行两个不同的制度和三个不同的程序与环节,因此,对强制执行公证救济的考察研判,也需要从这两种制度、两个不同的视角,以及前后相关联的三个环节来展开讨论。

第一节 强制执行公证之公证救济

按照我国《公证法》的制度安排,当事人认为公证文书确有错误并给自己造成损害时,可采取的救济方式包括:申请复查纠错、投诉处理以及诉讼保护等。由于强制执行公证所带来的法律后果通常涉及的是当事人重大财产利益,因此在实务中,强制执行公证所涉救济的情形相对普遍,甚至滥用救济措施,纠缠复查、反复投诉的情况也屡见不鲜。鉴于此,深入分析研讨强制执行公证的公证救济机理,依法准确运用救济措施,不但对强制执行公证事项的当事人及其利害关系人具有极其重要的法律意义,同时对出具强制执行公证文书的公证机构而言,也有不可低估的避免证明风险之现实意义。

一、复查救济

复查,是公证法从公证文书纠错机制的角度给予当事人的一项救济措施。我国《公证法》第 39 条规定:“当事人、公证事项的利害关系人认为公证书有错误的,可以向出具该公证书的公证机构提出复查。公证书的内容违法或者与事实不符的,公证机构应当撤销该公证书并予以公告,该公证书自始无效;公证书有其他错误的,公证机构应当予以更正。”权威解读认为,本条是对公证书错误的补救措施之规定,①亦即公证法设定的纠错机制。就公证债权文书而言,如果确有错误,在尚未启动法院执行程序之前予以纠正,可以避免给当事人造成更大损失,也可以有效减少法律的救济成本,这是不言而喻的。需要注意的是,这里所指的“公证书”并非特指以“公证书”命名的狭义上的公证法律文书,而是包括了执行证书在内的广义的公证法律文书。因此,当事人、公证事项的利害关系人认为执行证书有错误的,也可以向出具执行证书的公证机构提出复查请求。实务中的情况是,当事人对公证债权文书的复查,往往是通过执行证书触发而所引致。从这个救济实务现象来看,在一定意义上可以认为,强制执行公证的复查救济,主要指的就是对执行证书所载执行内容的复查救济,或者说因执行证书所载执行内容之争议所引起的对公证债权文书公证书的复查救济。

(一)复查程序与内容

1. 复查程序

我国《公证法》第 39 条规定,是公证文书复查的主要法律依据。但其规定得并不具体,不便操作。《公证程序规则》第 61 条对《公证法》第 39 条的具体适用程序与时效进行了细化规范,有利于理解适用。按照《公证程序规则》第 61 条的规定,就公证债权文书而言,当事人或利害关系人向公证机构提出复查的时间分别为:(1)当事人认为公证债权文书有错误,向公证机构申请复查的期间为收到债权文书公证书之日起的 1 年以内,此为除斥期间,不适用中止、中断之情由;(2)公证债权文书的利害关系人认为债权文书公证书有错误的,可以自知道或者应当知道该公证之日起 1 年内提出复查申请,但能证明自己不知道的,提出复查的期限最长为 20 年。这一复查救济时效规定的适用,有两个问题需要讨论。

第一,如何与执行时效相协调。按照我国《民事诉讼法》第 239 条的规定,民事执行时效为 2 年,适用中止、中断的规定。该时效自公证债权文书约定的履行期间之最后一日起算,分期履行的自每次履行期间的最后一日起算,公证债权文书未规定履行期间的,自文书生效之日起算。由于执行时效没有“不知道”之最长时效 20 年的灵活规定,故前述公证债权文书利害关系人不知道之 20 年复查时效就与之产生抵牾,需要协调解决。

---

① 参见王胜明、段正坤主编:《中华人民共和国公证法释义》,法律出版社 2005 年版,第 144 页。

对一般的公证书，由于在复查争议的投诉处理规范中，有系争公证事项涉诉者不予受理投诉核查之规定，故能够予以回避，但公证债权文书原则上可对抗诉讼，因此这一问题有待研究处理。

第二，当事人的复查时效丧失，但公证债权文书确有错误，能否以诉讼方式进行最后救济。如公证债权文书的履行期间为1年以上，在公证书出具的1年之内当事人未发现其有错误，1年后才发现有错误，此时复查时效已过，按照我国《公证法》的规定公证文书不可诉；同时，根据2008年最高人民法院的《执行批复》规定，对生效之公证债权文书债权人与债务人均丧失诉权，在这种情况下当事人几乎失去了最后的救济希望。2018年最高人民法院出台的《公证债权文书执行规定》有条件地恢复了债务人的诉权，这一问题似有所缓和。但需注意的是，根据我国《民事诉讼法》第225～227条的规定，执行案件的当事人、利害关系人可以就执行行为提出异议和复议，对裁定不服还可以提起诉讼，而诉讼亦可能既有一审、二审，也会产生申诉再审。这一系列之救济规定，与现行公证复查与投诉处理的规定之间仍存在一定的冲突，需要深入研究，设计与民事执行规定相协调且更为合理的公证债权文书复查、投诉处理运行机制。

2. 复查内容

依照《公证程序规定》第62条的规定，公证机构收到公证债权文书的当事人或者利害关系人的复查申请后，应当指派原承办公证员之外的公证员进行复查，以避免徇私舞弊。根据学者对公证复查内容解析的观点，结合公证债权文书的实际，笔者认为，针对强制执行公证的复查内容，由于债权文书公证书与执行证书的证明方式方法并不完全相同，因此应分别而论。

首先，债权文书公证书的复查内容。一般应包括：(1)当事人的人数、身份、申请办理该项债权文书公证的资格及相应的权利，即对公证债权文书主体是否存在错误的核查；(2)被证明的公证债权文书的内容是否真实、客观、合法，如债权债务关系是否明确、给付内容是否真实并符合公证赋予强制执行效力的债权文书范围规定等；(3)卷内存档的相关证明材料是否真实、合法、有效、充分，亦即需要查明当事人据以证明债权债务关系及主体关系的证据是否存在虚假、是否形成可排除合理怀疑的证据链，并能够充分证明公证债权文书的合法有效性；(4)适用法律有无错误，即查明是否存在错误适用法律而导致债权文书不合法的情形；(5)证明程序有无错误，这里的程序主要应指法定不可或缺的公证证明程序，如是否存在未经审批出具债权文书公证书的情况，是否存在未向当事人尤其是债务人(包括担保人)送达公证债权文书公证书的情况等；(6)公证文书格式适用以及内容表述有无错误，如是否按照司法部颁布的要素式文书格式撰写债权文书公证书，公证书必备要素是否齐全，逻辑是否清晰，是否存在产生误解或歧义的表述等；(7)债务人(担保人)自愿接受强制执行的意思表示是否被如实记载与固定，当事人对公证员告知强制执行法律意义和法律后果的内容其是否已经知悉；(8)申请复查人主张权利的理由是否充分、合法,亦即公证债权文书是否确实存在申请复查人请求救济的瑕疵或错误。

其次,执行证书的复查内容。执行证书是载明债务人、担保人未履行给付义务或履行给付义务不完全、不适当之事实,并明确记载执行给付内容的证明文书。因此,复查程序中对执行证书的审查内容应主要包括:(1)申请执行人与被申请执行人是否清楚,被申请执行人是否确实为本案怠于偿债或偿债不适当之义务人;(2)签发执行证书时,是否向债务人、担保人进行了义务履行的核实,债务人、担保人是否对履行义务没有疑义;(3)如果债务人、担保人对履行义务有疑义,对该争议事实是否已经查清判明;(4)执行证书所载之应执行标的数额是否准确,涉及有利息、违约金等孳息的,是否计算清楚或者以计算公式的形式予以载明;(5)申请执行人主张的其他实现债权的费用是否有依据,是否计算准确。(6)执行时效是否还在法定期限内,存在有中止、中断情形的是否予以适用和连接;(7)签发的执行法院是否符合民事诉讼法的执行管辖规定。

(二)复查处理方式

经复查与核实后,应根据《公证程序规则》第63条之规定,区别不同情况,按照以下方式进行处理:第一,债权文书公证书或执行证书内容合法、正确,办证程序无误的,作出维持公证债权文书或执行证书之决定;第二,债权文书公证书或执行证书内容合法、正确,仅证词表述或者格式不当的,应收回债权文书公证书、执行证书,更正后重新制发给当事人,不能收回的制发补正债权文书公证书或执行证书;第三,债权文书公证书或执行证书的基本内容违法或者与事实不符的,予以撤销,但如果债权文书公证书正确,仅执行证书错误,则可撤销执行证书,或者撤销原执行证书,重新制作执行证书;第四,债权文书公证书或执行证书部分内容违法或者与事实不符的,可以出具补正债权文书公证书或执行证书,同时撤销违法或与事实不符之部分内容;或者收回债权文书公证书、执行证书更正后重新制发当事人。

在强制执行公证的复查处理环节,笔者认为,对《公证程序规则》第63条第5项规定,需要斟酌适用。该第5项规定:"公证书的内容合法、正确,但在办理过程中有违反程序规定、缺乏必要手续的情形,应当补办缺漏的程序和手续;无法补办或者严重违反公证程序的,应当撤销公证书。"对此项规定为何需要谨慎适用?理由在于:如果债权文书公证书或执行证书存在一些细小的瑕疵,比如,证词表述不准确或出现错别字等,则予以更正即可,而出现程序缺失则基本无法补救。程序乃过去了的流程,已成错误之事实,只能纠正不能补救。例如,债权文书公证书须经审批方可出证,倘若未经审批出证,则按照《公证法》第21条的规定,属于"私自出具公证书",为禁止行为;当事人双方或一方没有填写申请表,但却办理了公证,除非当事人自愿并经双方同意补填,这也属于不能补救的公证过错;当事人申办以不动产抵押担保的典当债权文书公证,抵押物尚未办理抵押权登记即予以受理并出具公证书,此属于违反《典当管理办法》强制性规定的行为,根本无法补救。在执行证书的复查中也一样,如果在签发执行证书时,公证机构未向债务人(包括担保人)核实债务履行情况即出具执行证书,也是不能或者根本无法补办手续的。鉴于此,凡是复查申请人以程序违法为由申请对债权文书公证书或执行证书的复查,如果错误属实,原则上都属于需要撤销之公证文书,不存在可以补救的问题。

此外,鉴于强制执行公证文书的复查请求,一般都发生在执行证书签发之后法院实际执行之前,因此所要复查的内容,往往是通过执行证书记载的内容而指向债权文书公证书所载明的内容,这就有一个执行时效的把握问题。如果完全按照《公证程序规则》第64条所规定的复查期间进行复查,[①]难免存在拖过执行时效给债权人造成更大损失之虞。是故,尽量压缩复查核实时间,给债权人留出充裕的申请执行时间是不得不考虑的一个实际问题。

二、投诉救济

公证救济制度中所称之投诉,是对复查结论不复的一种救济方式与路径,或可称为公证救济之救济。《公证程序规则》第67条规定:"当事人、公证事项的利害关系人对公证机构作出的撤销或者不予撤销公证书的决定有异议的,可以向地方公证协会投诉。投诉的处理办法,由中国公证协会制定。"当事人、公证事项的利害关系人不服公证机构对债权文书公证书,或者执行证书的复查处理决定的,可以按此规定向所在地的省、自治区、直辖市公证协会进行投诉。中国公证协会于2007年1月9日印发《公证复查争议投诉处理办法(试行)》(以下简称《投诉办法》)并于同年5月1日起施行。《投诉办法》第2条对复查争议投诉的定义是,公证当事人、公证事项利害关系人对公证机构作出的撤销或者不予撤销公证书的复查决定有异议,采用投诉方式提请地方公证协会予以处理的行为。质言之,强制执行公证复查投诉,就是当事人对公证机构作出的复查决定不复的一种申诉方式。

1. 投诉的启动

根据《投诉办法》的规定,复查争议投诉的启动要满足以下条件:第一,投诉期限符合规定。投诉人应当自收到或者知道公证机构作出的撤销,或者不予撤销债权文书公证书、执行证书的复查决定之日起60日内,向地方公证协会提出公证复查争议投诉。这里所指的地方公证协会,按照我国《公证法》的规定,只能是省、自治区、直辖市公证协会,并不包括该层级以下的地方公证协会。对上述行业协会的投诉处理启动规定,笔者曾在

---

① 《公证程序规则》第64条规定:"公证机构应当自收到复查申请之日起三十日内完成复查,作出复查处理决定,发给申请人。需要对公证书作撤销或者更正、补正处理的,应当在作出复查处理决定后十日内完成。复查处理决定及处理后的公证书,应当存入原公证卷宗。公证机构办理复查,因不可抗力,补充证明材料或者需要核实有关情况的,所需时间不计算在前款规定的期限内,但补充证明材料或者需要核实有关情况的,最长不超过六个月。"

《公证证明论》一书中提出过质疑,认为将“知道公证机构作出决定”也作为复查争议投诉的启动原因并不合理。知道复查决定不等于收到复查决定,此时投诉人手里尚无复查决定书,如何判断其存在“争议”?因此,有必要将这一启动缘由予以删除,明确规定启动复查争议投诉的缘由和时间均只有一个,也就是当事人、利害关系人收到复查决定之后;投诉申请时间也只能自收到复查决定之日起算。[①] 第二,投诉的形式符合要求。投诉人应当以书面形式提出,投诉书须载明投诉人的诉求及理由,并应提供支撑投诉理由的相关证明材料;投诉人委托代理人提出复查争议投诉的,代理人应提交有效的授权委托书。第三,符合投诉受理的实质要件。《投诉办法》第 9 条规定,协会受理投诉应符合以下条件:(1)投诉人及其代理人适格;(2)投诉的诉求须为对公证机构的复查处理决定不服;(3)被投诉公证机构须为隶属于受理投诉之地方公证协会的会员单位,亦即被投诉人适格;(4)投诉期限及形式符合规定,亦即须在时效内且以书面投诉为形式;(5)投诉事项未向人民法院提起诉讼,亦即投诉与诉讼都是处理纠纷的机制,不能同时存在,重复利用。

2. 投诉处理的程序

按照中公协《投诉办法》的规定,投诉处理的程序大致包括:(1)受理。地方公证协会应当自收到公证复查争议投诉之日起 10 个工作日内决定是否受理,并以口头或书面形式通知投诉人,不予受理的应说明理由。同时,受理后认为投诉人的说明理由或证明材料不充分的,可以要求其补充说明或补充证明材料。笔者认为,既然要求投诉人须以书面形式提交投诉申请,则对应的,也应当要求地方公证协会以书面形式决定受理或不予受理,而不能采用口头方式通知投诉人是否受理。采用口头方式通知,一是不专业、不严谨,二是无法获得已通知到的证据。(2)通知被投诉人答辩。地方公证协会受理投诉事项后,须及时将投诉材料送交被投诉人,并通知其进行答辩,被投诉人应当自收到答辩通知之日起 15 个工作日内提交答辩意见。该程序中未明确规定通知被投诉人的时间,似有不妥。因为程序是体现正义的最佳表现形式,再完善的纠错机制也需要合理的程序来保障与体现,过于随意的或者模糊不清的程序等于没有程序。(3)投诉的审理查证。在查证中规定有核实调查程序、复查疑难事项的听证程序、回避制度等,以确保能够客观、公正地查明投诉事实。查证和提出处理意见的时限为 60 个工作日,但因不可抗力、补充证明材料或者需要调查核实的时间可以不计算在该期间内。(4)投诉审理的终止。《投诉办法》第 21 条规定,有下列情形之一的,应当终止公证复查争议投诉的处理:一是公证复查争议投诉受理后,投诉人又就投诉事项向人民法院起诉的,或者发现投诉事项已由人民法院立案审理的;二是在投诉处理过程中投诉人撤诉的;三是在投诉处理过程中被投诉人主动变更原复查决定或者重新进行复查的;四是投诉人死亡(终止),继续处

① 参见李全一:《公证证明论》,法律出版社 2016 年版,第 344 页。

理该投诉事项已无意义的。在债权文书公证书和执行证书复查的投诉处理程序中,实务中存在较多的情形是,投诉人既向地方公证协会投诉,同时又以信访方式向有关部门反映,导致多头处理,浪费纠纷处理资源。鉴于此,笔者认为,有必要建立一个信访与投诉之间的协调机制,以便有效化解多头处理,相互干扰情况的发生。

3. 投诉的具体处理方式

按照《投诉办法》第19条的规定,投诉查证完结后,应当区别不同情况按以下方式进行处理:(1)认为公证机构撤销或者不予撤销债权文书公证书、执行证书的复查处理决定正确的,对投诉人的请求不予支持。这里的不予支持,即为维持公证机构的复查处理决定之意。既然是维持,也就意味着驳回了投诉人的诉求,因此,可径直采用"驳回投诉请求、维持原复查决定"的表述。(2)认为公证机构撤销或者不予撤销债权文书公证书、执行证书的复查处理决定错误的,对投诉人的请求予以支持,同时书面建议被投诉人(公证机构)撤销原复查处理决定,重新作出复查处理决定。这里的"建议"提法似有不当,因为公证协会对公证机构而言属于行业自律管理机构,可以"要求"其会员履行一定的义务,而不仅是建议。同时,"建议"者,受建议方可采纳也可不予采纳是也,而"要求",则被要求方必须落实,无条件可讲。此外需要注意的是,这里规定的"重新作出复查(处理)决定",应为重新作出与原决定不同的处理决定的意思,即从法理上排除了公证机构再次作出与原决定一致的处理决定的可能,以避免循环往复的复查与投诉。(3)认为公证机构撤销或者不予撤销债权文书公证书、执行证书的复查处理决定不适当或者有疑义的,建议被投诉人就原公证争议重新进行复查。这里的"重新进行复查",与上款规定的"重新作出复查(处理)决定"是两个完全不同的概念和表述。前者可以在查明事实、排除疑义的基础上,作出与原复查处理结论相同的决定,也可以是在完善并达致"适当"之要求后,部分修正原处理结论;而后者则不能也不可以这样处理。

4. 投诉处理实务中常见的复杂情况

在公证债权文书公证书、执行证书复查处理争议投诉处理的过程中,时常会发生以下一些相对复杂的情况:一是债权文书公证书和执行证书的复查争议投诉受理后,投诉人又就相关实体问题向人民法院提起诉讼,但地方公证协会投诉处理机构不了解涉诉情况,仍然作出投诉处理结论,导致与法院判决相冲突;二是当事人申请复查的是执行证书计算的给付标的数额不准确问题,但在复查争议投诉中却又变更诉求,提出要求撤销债权文书公证书,导致复杂诉求与投诉请求相冲突,致使投诉处理机构无法处理;三是公证机构出具的执行证书已经被法院受理,且已经进入执行程序,债务人(或担保人)又提起投诉,要求公证协会责令公证机构复查处理。上述第三种情况,已经不属于地方公证协会受理投诉的情形。因为此时,要么在法院诉讼处理中,要么已经在执行程序中,当事人应当以上诉、申诉方式解决,或者以向执行法院提出执行异议方式寻求救济。第一种情况,属于投诉处理机构核实处理不到位所致,可以通过改善复查投诉处理机制予以妥善解决。而第二种情况,实属投诉复查争议与复查诉求不一致,复查争议投诉处理机构应当不予受理,或者建议投诉人调整投诉内容重新启动投诉处理程序。

三、诉讼救济

公证法律制度上所称之诉讼救济,也称公证民事诉讼救济,是指当事人、公证事项的利害关系人认为自己的权益受到经公证的法律事项所侵害,或者对公证机构的损害赔偿发生争议时,向人民法院提起民事诉讼,以此来保护自身权益的救济方式。[①] 诉讼救济,乃是当事人、公证事项的利害关系人在公证救济阶段依法获得法律救济的最后手段和方法。按照公证法的有关规定,当事人、公证事项的利害关系人通过诉讼方式解决涉及公证纠纷的情形有两类:一为对经公证的法律事项内容产生争议的诉讼;二为对公证纠错中给予之赔偿内容产生争议而引致的诉讼。

(一)公证债权文书内容争议的诉讼救济

我国《公证法》第 40 条规定:"当事人、公证事项的利害关系人对公证书的内容有争议的,可以就该争议向人民法院提起民事诉讼。"对该条规定,因其指向存在模糊性,一度时间曾引起极大争论。争论的焦点是,"公证书的内容"的范畴如何界定。[②] 如果是包含了公证证词,则公证书就具有了可诉性,这就与民诉法的相关规定发生冲突。按照立法者的权威解读,这里的可诉内容是指当事人、利害关系人对公证书所公证的事项发生实体权利义务争议时,可以向法院提起民事诉讼。[③] 也就是说,此处所指的公证书内容,应为"公证书所证明的内容",亦即并不包括公证证词。但是,这样一来,似乎又存在超越法条语词解释的问题,这就需要以立法解释或司法解释来加以解决。2014 年 5 月 16 日最高人民法院印发《关于审理涉及公证活动相关民事案件的若干规定》(以下简称《审理公证案件规定》),并于 2014 年 6 月 6 日起施行。《审理公证案件规定》第 2 条规定:"当事人、公证事项的利害关系人起诉请求变更、撤销公证书或者确认公证书无效的,人民法院不予受理,告知其依照公证法第三十九条规定可以向出具公证书的公证机构提出复查。"根据本条司法解释之规定,公证书不可诉,当事人、利害关系人仅可通过向公证机构提出复查方式予以纠错救济。同时,《审理公证案件规定》第 3 条第 1 款规定:"当事人、公证事项的利害关系人对公证书所公证的民事权利义务有争议的,可以依照公证法第四十条规定就该争议向人民法院提起民事诉讼。"此条规定,实际上修正了《公证法》第 40 条含

---

① 参见李全一:《公证证明论》,法律出版社 2016 年版,第 348 页。

② 参见胡云腾、孙佑海主编,最高人民法院研究室、司法部律师公证工作指导司、中国公证协会编著:《最高人民法院审理涉公证民事案件司法解释理解与适用——条文 · 背景 · 适用 · 实务》,人民法院出版社 2014 年版,第 52 页。

③ 参见王胜明、段正坤主编:《中华人民共和国公证法释义》,法律出版社 2005 年版,第 149 页。

混不清、易起歧义的条文内容。至此,有关《公证法》第40条规定的争议画上句号。

需要特别注意的是,根据《审理公证案件规定》第3条第2款对公证债权文书的特别规定,对于公证债权文书来说,不但公证书本身不可诉,公证书所证明的债权文书原则上也不可诉。该款规定:"当事人、公证事项的利害关系人对具有强制执行效力的公证债权文书的民事权利义务争议直接向人民法院提起民事诉讼的,人民法院依法不予受理。但是,公证债权文书被人民法院裁定不予执行的除外。"该款规定沿袭了2008年最高人民法院关于公证债权文书是否可诉之《执行批复》的规定。《执行批复》,是对江苏省、重庆市等高级人民法院关于当事人对具有强制执行效力的公证债权文书的内容有争议提起诉讼人民法院是否受理的批复。《执行批复》明确指出:债权人或债务人对公证债权文书内容有争议直接向人民法院提起民事诉讼的,人民法院不予受理。但公证债权文书确有错误,人民法院裁定不予执行的,当事人、公证事项的利害关系人可以就争议内容向人民法院提起民事诉讼。显然,这里的争议内容,应当指的是公证债权文书所载明的当事人之间的债权债务关系内容,亦即契约所载之权利义务范畴。

2018年10月1日起施行的最高人民法院《公证债权文书执行规定》第22条规定:"有下列情形之一的,债务人可以在执行程序终结前,以债权人为被告,向执行法院提起诉讼,请求不予执行公证债权文书:(一)公证债权文书载明的民事权利义务关系与事实不符;(二)公证的债权文书具有法律规定的无效、可撤销等情形;(三)公证债权文书载明的债权因清偿、提存、抵销、免除等原因全部或者部分消灭。"这一规定实际上部分否定了2008年《执行批复》的观点和2014年《审理公证案件规定》第3条第2款规定的内容,在特定情况下重新恢复了公证债权文书之债务人的诉权。但需要注意的是,这里所指的债务人诉权,指的是在实际的执行程序中的诉权,因为本条第2款规定,"债务人提起诉讼,不影响人民法院对公证债权文书的执行。债务人提供充分、有效的担保,请求停止相应处分措施的,人民法院可以准许;债权人提供充分、有效担保,请求继续执行的,应当继续执行。"

那么,在公证债权文书及执行证书出具后的实际执行之前,当事人是否可以对公证债权文书之争议提起诉讼呢?根据本条的规定,似乎不可以,但再参考《公证债权文书执行规定》第23条第2款之规定,则可以得出肯定的结论。该款规定:"当事人同时就公证债权文书涉及的民事权利义务争议提出诉讼请求的,人民法院可以在判决中一并作出裁判。"此外,有学者还认为,除第22条规定外,《公证债权文书执行规定》还通过第7条之规定①完善了人民法院不予受理、驳回执行申请裁定两种情形的可诉性,通过第8

① 《公证债权文书执行规定》第7条规定:债权人对不予受理、驳回执行申请裁定不服的,可以自裁定送达之日起十日内向上一级人民法院申请复议。申请复议期满未申请复议,或者复议申请被驳回的,当事人可以就公证债权文书涉及的民事权利义务争议向人民法院提起诉讼。

条之规定[①]完善了公证机构决定不予出具执行证书情形的可诉性,通过第 11 条、第 12 条规定[②]完善了被执行人对实体权利有异议情形下的可诉性,通过第 24 条规定[③]完善了债权人、利害关系人在特定情形下的可诉性。上述条款的发布在较大程度上缓解了《执行批复》(法释〔2008〕17 号)可诉情形规定单一的不利影响,有利于统一规范债权文书赋予强制执行效力公证业务的统一操作,杜绝了认识不一的现象,为债权文书赋予强制执行效力公证业务的统一发展扫除了障碍。[④] 最高人民法院执行局负责人在就《公证债权文书执行规定》涉及的主要问题回答记者提问时,就记者提出的"允许当事人就实体争议直接提起诉讼,会不会出现滥诉的问题,以及是否会导致公证债权文书执行程序受到阻碍"问题时,该负责人答到:"如何避免滥诉是我们在起草《规定》过程中重点关注的问题之一。《规定》起草过程中,我们与司法部等有关部门作了大量沟通,也进行了反复论证。应该说,允许实体争议通过诉讼程序解决,更能够确保执行程序的顺利推进,促进公证债权文书得到依法执行。对于持有公证债权文书的债权人来说,毫无疑问,申请执行是最经济、最快捷、最稳妥的权利实现路径,因此,在公证债权文书内容符合其真实意思表示的情况下,债权人不会选择提起诉讼。对于债务人而言,允许实体争议进入诉讼也不会导致程序滥用。其一,不予执行案件当事人无需缴纳诉讼费,诉讼案件则收取诉讼费,出于经济考量,与此前笼统通过申请不予执行予以救济相比,债务人提起诉讼的意愿不会高于申请不予执行。其二,从数据上分析,以 2017 年为例,全国法院裁定不予执行公证

---

① 《公证债权文书执行规定》第 8 条规定:公证机构决定不予出具执行证书的,当事人可以就公证债权文书涉及的民事权利义务争议直接向人民法院提起诉讼。

② 《公证债权文书执行规定》第 11 条规定:因民间借贷形成的公证债权文书,文书中载明的利率超过人民法院依照法律、司法解释规定应予支持的上限的,对超过的利息部分不纳入执行范围;载明的利率未超过人民法院依照法律、司法解释规定应予支持的上限,被执行人主张实际超过的,可以依照本规定第 22 条第 1 款规定提起诉讼。第 12 条规定:有下列情形之一的,被执行人可以依照《民事诉讼法》第 238 条第 2 款规定申请不予执行公证债权文书:(1)被执行人未到场且未委托代理人到场办理公证的;(2)无民事行为能力人或者限制民事行为能力人没有监护人代为办理公证的;(3)公证员为本人、近亲属办理公证,或者办理与本人、近亲属有利害关系的公证的;(4)公证员办理该项公证有贪污受贿、徇私舞弊行为,已经由生效刑事法律文书等确认的;(5)其他严重违反法定公证程序的情形。被执行人以公证债权文书的内容与事实不符或者违反法律强制性规定等实体事由申请不予执行的,人民法院应当告知其依照本规定第 22 条第 1 款规定提起诉讼。

③ 《公证债权文书执行规定》第 24 条规定:有下列情形之一的,债权人、利害关系人可以就公证债权文书涉及的民事权利义务争议直接向有管辖权的人民法院提起诉讼:(1)公证债权文书载明的民事权利义务关系与事实不符;(2)经公证的债权文书具有法律规定的无效、可撤销等情形。债权人提起诉讼,诉讼案件受理后又申请执行公证债权文书的,人民法院不予受理。进入执行程序后债权人又提起诉讼的,诉讼案件受理后,人民法院可以裁定终结公证债权文书的执行;债权人请求继续执行其未提出争议部分的,人民法院可以准许。利害关系人提起诉讼,不影响人民法院对公证债权文书的执行。利害关系人提供充分、有效的担保,请求停止相应处分措施的,人民法院可以准许;债权人提供充分、有效的担保,请求继续执行的,应当继续执行。

④ 卢卫平:《公证债权文书执行司法解释出台的意义》,载新浪网:http://news. sina. com. cn/sf/news/fzrd/2019 - 01 - 15/doc - ihqhqcis6353816. shtml,最后访问日期:2019 年 2 月 23 日。

债权文书的案件数量,仅占全部公证债权文书执行案件数量的2%。据此可以推断,允许实体争议直接进入诉讼,不会因此出现大量的诉讼案件。其三,诉讼不会必然对执行程序产生影响,在取得生效判决之前,公证债权文书作为执行依据,应当依法执行。《规定》对债务人提起诉讼的时间和事由都作了明确限制,同时合理设置了执行程序与诉讼程序的衔接,明确规定债务人提起诉讼不影响人民法院对公证债权文书的执行,确保执行程序不受阻碍,防止恶意诉讼。"[①]笔者认为,是否确如执行局负责人所说如此乐观,尚有待观察。毕竟在我国欠债"老赖"现象十分突出,已成社会之公害,虽经多次重拳治理,但"执行难"之固疾依然难消。

(二)公证债权文书过错赔偿之诉讼救济

我国《公证法》第43条第2款规定:"当事人、公证事项的利害关系人与公证机构因赔偿发生争议的,可以向人民法院提起民事诉讼。"公证债权文书赔偿诉讼的前提是公证机构存在过错,给当事人造成了损失,且双方就是否赔偿或者赔偿数额多寡达不成一致。同时,按照《公证程序规则》第69条的规定,公证机构与当事人、公证事项的利害关系人可以就公证债权文书的损害赔偿问题进行协商,协商不成的,当事人通过诉讼方式救济。但协商是否是必经程序,并不清晰。从其他国家或地区关于公证赔偿的实现模式来看,大致有以下几种:(1)诉讼处理模式。例如,《法国公证机关条例》第4条的规定,当事人对于公证人由于本身业务上的行为而造成的损失,可以直接向大审法院提出赔偿之诉。[②]又如,《墨西哥联邦直辖区公证人法》第83条第2款规定,对公证人应负的民事责任,根据当事人的请求,由民事法院在其管辖范围内进行处理。[③] 再如,《比利时王国公证法》第53条规定,对公证人的停职、撤职、罚款及负损害赔偿责任的惩处判决,得由该公证人住所地的民事法院根据当事人或法院指定的代诉人,及检察官的起诉和建议宣告。[④](2)公证人赔偿模式。如德国公证人法规定,赔偿应区分故意或过失两种情形,对公证人故意违反职务义务给当事人造成的损害,受害人可以直接向公证人要求赔偿;而对公证人因过失造成的损害,须在先行以其他方式寻求赔偿无果的情形下,方可向公证人提出赔偿请求。[⑤] 需要说明的是,由于德国公证人主要设于法院,法院本身就是公证机构的监督者和主管方,故这种赔偿的本质,实际上依然可以看作是诉讼方式求偿。(3)保险赔偿加国家赔偿。我国目前实行的公证赔偿方式,主要是保险赔偿方式。

---

① 《最高人民法院执行局负责人就〈公证债权文书执行规定〉答记者问》,载 https://mp.weixin.qq.com/s?__biz=MzI5ODA3NjY3MA%3D%3D&idx=1&mid=2651453698&sn=abe2b0ab,最后访问日期:2019年2月23日。

② 司法部律师公证工作指导司编:《中外公证法律制度资料汇编》,法律出版社2004年版,第676页。

③ 同上书,第1025页。

④ 同上书,第815页。

⑤ 王胜明、段正坤主编:《中华人民共和国公证法释义》,法律出版社2005年版,第163页。

现行公证侵权赔偿的基本处理方法，主要是协商赔偿，但赔偿金由全国统一建立的赔偿保险金支付，不足部分由地方公证协会和公证机构在留存保险金中补足。① 在通常情况下，公证机构及其公证员因过错给当事人、公证事项的利害关系人造成损失时，均应承担相应的赔偿责任。赔偿主体是公证机构，不是公证员，但公证机构可以向有故意或有重大过失的公证员进行追偿。之所以说我国大陆的公证赔偿原则上为协商赔偿，是指公证机构因过错造成当事人、公证事项的利害关系人受损后，应就具体的赔偿问题进行自觉处理，亦即主动赔偿。当赔偿能够满足当事人的要求时，便不存在协商问题，只有双方就赔偿金数额产生讨价还价的情况下才发生协商赔偿。协商可能达成一致，也可能达不成一致。如果达不成一致，按照《公证程序规则》第 69 条第 2 款的规定，双方还可以将公证债权文书之赔偿争议提交地方公证协会调解。唯有协商或调解均达不成协议时，或者受害者不愿意提请调解时，最后的救济渠道才是诉讼解决。

公证债权文书赔偿争议之诉权，为债权文书公证过错受害人的法定权利，公证机构无权也没有理由以任何方式限制、阻碍和剥夺受害人的这一权利。协商赔偿不成情形下公证机构较为妥适的做法是，积极应诉，于诉讼中争取维护自己的合法利益。最高人民法院《审理公证案件规定》第 1 条规定："当事人、公证事项的利害关系人依照公证法第四十三条规定向人民法院起诉请求民事赔偿的，应当以公证机构为被告，人民法院应作为侵权责任纠纷案件受理。"因此，如果公证债权文书因过错给当事人造成损失产生的赔偿纠纷，属于侵权责任纠纷，人民法院按侵权纠纷予以审理。法理上认为，公证损害赔偿责任纠纷属于民事侵权纠纷的理由在于：第一，公证是一种具有严格程序的法定证明活动，不属于契约关系中的违约性质，公证书是对法律事实和文书真实性与合法性的认可，公证的基本属性是证明。第二，公证活动系基于当事人的申请而启动，在受理当事人申请后，系依法定权利和程序对公证事项进行审查判断，最终作出真实、合法的确认；而并非

---

① 我国的公证保险赔偿金的构成情况。2002 年 7 月 5 日中国公证员协会制定并下发《公证赔偿基金管理试行办法》。该办法规定："公证机构每年年初应按上一自然年度公证业务收入总额的 3% 一次性提取公证赔偿基金。"该基金须于每年的 3 月 31 日以前，按比例上缴或留存，其中：1/2 上缴中国公公证协会，用于集中缴纳公证责任保险；1/2 作为公证赔偿后备金（其中的 1/3 上缴中国公证协会、1/3 上缴省公证协会、1/3 留存本处）。公证赔偿基金用于偿付公证行业各公证机构及工作人员在履行职务过程中因过错给当事人造成的直接损失，以及其他有关专项支出。笔者认为，我国公证赔偿基金的性质类似于德国责任保险制和加拿大基金制的混合产物。因为该基金中的主要部分用于向中国人民保险公司投保公证职业责任保险，保险公司赔付不足的部分，又由中国公证协会、省公证协会及公证处补付。这种以保险金赔付为主，单位或行业基金补充为辅的赔偿责任方式适合我国的具体国情。但仍然存在因故意违法给受害人造成的损失不予赔偿的问题。我国《公证法》第 15 条明确规定："公证机构应当参加公证执业责任保险。"这一规定充分肯定了此前中国公证协会的责任保险做法，并将其以法定方式加以固定。但笔者认为，应当进一步完善该责任保险制度，宜将所有公证责任的赔偿均涵盖于其中，以利于更好地确保公证损害赔偿请求权的实现，维护公证的公信力。

是在当事人的委托授权下开展的法律活动。① 因此,公证损害赔偿之诉理应为侵权责任之诉。

我国侵权责任法的归责原则分为过错原则与无过错原则两种,即采用的是过错责任与无过错责任相结合的二元归责体系。② 然而,公证债权文书损害赔偿诉讼的归责原则仅能适用过错原则,并不适用无过错归责原则。这一点,从最高人民法院《审理公证案件规定》第4条的规定中即可得到肯定的回答。该条规定:"当事人、公证事项的利害关系人提供证据证明公证机构及其公证员在公证活动中具有下列情形之一的,人民法院应当认定公证机构有过错:(1)为不真实、不合法的事项出具公证书的;(2)毁损、篡改公证书或者公证档案的;(3)泄露在执业活动中知悉的商业秘密或者个人隐私的;(4)违反公证程序、办证规则以及国务院司法行政部门制定的行业规范出具公证书的;(5)公证机构在公证过程中未尽到充分的审查、核实义务,致使公证书错误或者不真实的;(6)对存在错误的公证书,经当事人、公证事项的利害关系人申请仍不予纠正或者补正的;(7)其他违反法律、法规、国务院司法行政部门禁止性规定的行为。"以上7项即为法院审理公证债权文书损害赔偿案件时,判断公证机构的公证行为是否存在过错的认定情由,或可称为判断过错之标准。

在强制执行公证的诉讼救济上,需要特别指出的是,执行证书原则上不会引致诉讼,因为执行证书作为一个核定公证债权文书履行事实的证明文书,其是为公证债权文书的实际执行服务的,故其所导致的纠纷一般会溯源和返回到公证债权文书上,毕竟法院执行的主要依据仍然是公证债权文书。但也并非可以完全排除。倘若公证债权文书记载的给付内容准确,而执行证书上记载的给付内容存在瑕疵,如实现债权的费用等衍生性执行债权计算有误,致使法院的强制执行给债务人(担保人)造成损失,则执行证书的记载内容也难免成为系争焦点,并引致损害赔偿诉讼之发生。

第二节　法院执行公证债权文书之救济

关于法院之强制执行救济内涵,学理上有不同认识,存在方法说和制度说之分。方法说认为,执行救济是指当事人或利害关系人之利益,因强制执行违法或不当而受侵害时,得请求救济之方法。③ 制度说认为,执行救济是指执行当事人、利害关系人或者案外

① 参见胡云腾、孙佑海主编,最高人民法院研究室、司法部律师公证工作指导司、中国公证协会编著:《最高人民法院审理涉公证民事案件司法解释理解与适用——条文·背景·适用·实务》,人民法院出版社2014年版,第40页。

② 参见最高人民法院侵权责任法研究小组编著:《中华人民共和国侵权责任法条文理解与适用》,人民法院出版社2010年版,第46页。

③ 参见杨与龄编著:《强制执行法论(最新修正)》,中国政法大学出版社2002年版,第169页。

人因为执行机构的执行行为而受到损害或有可能受到损害时,根据法律规定予以救济的制度。[①] 笔者认为,其实这两种观点仅仅存在视角不同,或者关注点不同的区别,并无本质上的差异。关于强制执行救济的方法,学理上也有不同的观点。有学者将其分为程序上的救济与实体上的救济两类,其中,程序上的救济又分为对执行行为的异议、执行标的的异议和执行分配的异议三种;实体上的执行救济又分为案外人异议之诉和许可执行之诉,以及参与分配表异议之诉两类。[②] 有学者认为,程序性执行救济包括当事人、利害关系人执行异议、案外人异议、分配方案异议三种;而实体性执行救济则包括案外人异议之诉、申请人异议之诉和分配方案异议之诉三种。[③] 有学者认为,执行救济涵盖执行异议、执行异议之诉和执行回转;[④]也有学者将执行异议与执行回转并列,认为二者相互并不包含;[⑤]还有学者认为执行救济应包括:执行异议(复议)、执行回转、国家赔偿、司法纠正等。[⑥] 总之,学理上的探讨,其本身就是一个见仁见智的问题,莫衷一是乃为常态。综观上述学者的观点,其实也只存在类型化方式和范围的差异问题。笔者认为,还是从公证债权文书法院执行可能产生的实证救济上考察,来得更清晰一些。

从实务中的情况来看,公证债权文书在法院阶段的救济,除前述依据我国《公证法》第 40 条规定就所证明事项产生争议提起诉讼,以及依据我国《公证法》第 43 条提起损害赔偿之诉外,就被执行人而言,主要的方式是请求法院裁定不予执行公证债权文书;同时,申请执行人与被申请执行人对法院的执行裁定不服,一般是通过提起异议或复议,或者提起异议之诉、分配之诉等方式进行再救济。以下,笔者主要讨论比较常见的公证债权文书不予执行请求,以及与执行相关的异议、复议救济问题,同时对执行异议之诉、执行回转加以简要述说。

一、不予执行公证债权文书请求之处理

民事执行法上的不予执行,是指在执行过程中,因发生法定情形而停止执行并终结执行程序。法院针对法定执行根据,裁定不予执行的情况,一般包括仲裁裁决、公证债权文书、外国法院裁判、外国仲裁裁决等,[⑦]在通常情况下,并不包括法院自己作出的判决、裁定与调解书。因此,不予执行,更准确地说,是指在对人民法院之外的机构制作的法律文书执行过程中,由于出现法律规定的事由,执行法院依当事人申请或依职权裁定停止

---

① 参见张卫平:《民事诉讼法》(第 4 版),法律出版社 2016 年版,第 504 页。

② 参见田平安主编:《民事诉讼法学》,法律出版社 2013 年版,第 346 ~ 349 页。

③ 参见杨秀清编著:《民事诉讼法学》,中国政法大学出版社 2017 年版,第 328 ~ 333 页。

④ 参见张卫平:《民事诉讼法》(第 4 版),法律出版社 2016 年版,第 504 ~ 509 页。

⑤ 参见杨秀清编著:《民事诉讼法学》,中国政法大学出版社 2017 年版,第 328 ~ 334 页。

⑥ 参见蓝贤勇:《民事强制执行法理论与实务》,人民法院出版社 2004 年版,第 380 页以下。

⑦ 参见董少谋:《民事强制执行法学》(第 2 版),法律出版社 2011 年版,第 169 页。

执行并结束民事执行程序的一项民事执行法上的特有制度。①

（一）不予执行公证债权文书的法定事由

按照《民诉法解释》第480条之规定，有下列情形之一的，人民法院可以认定为系我国《民事诉讼法》第238条第2款规定的公证债权文书确有错误，人民法院即可裁定不予执行：(1)公证债权文书属于不得赋予强制执行效力的债权文书；(2)被执行人一方未亲自或者委托代理人到场公证等严重违反法律规定的公证程序；(3)公证债权文书的内容与事实不符或者违反法律强制性规定；(4)公证债权文书未载明被执行人不履行义务或者不完全履行义务时同意接受强制执行；(5)公证债权文书违背社会公共利益。根据法院执行救济的实际处理情况来看，因上述前三类错误被裁定不予执行的公证债权文书较多，而因后两类错误裁定不予执行的则相对较少。

（二）不予执行公证债权文书裁定的运行规则

法院审查不予执行公证债权文书的请求，大致依下列程序和规则运行。②

1. 不予执行公证债权文书的请求时间。最高人民法院《关于执行案件立案、结案若干问题的意见》第9条第6项规定，被执行人对公证债权文书申请不予执行的，按照执行异议案件予以立案。根据《民诉法解释》第481条的规定，当事人请求不予执行公证债权文书的，应当在执行终结前向执行法院提出。由此可见，被执行人请求对公证债权文书不予执行的，应当自案件进入执行程序后至执行终结前方有权提出。

2. 不予执行公证债权文书的申请主体审查。不予执行公证债权文书的申请主体原则上应为被执行人（债务人或担保人），而申请执行人一般不可能成为不予执行请求的申请主体，因为其可以通过撤回或撤销执行请求达到不予执行的目的。

3. 不予执行公证债权文书请求之管辖法院。被执行人的不予执行请求，应当向受理债权人申请执行公证债权文书的法院提出，即由执行法院管辖。但公证债权文书被委托执行、指定执行、提级执行后，当事人提出不予执行申请的，则应由提出申请时负责执行该案件的法院管辖。按照最高人民法院《关于人民法院执行工作若干问题的规定（试行）》第131条的规定，上级法院发现下级法院执行的非诉讼生效法律文书有不予执行事由，应当依法作出不予执行裁定而不制作的，可以责令下级法院在指定时限内作出裁定。必要时，也可以由上级法院直接作出不予执行裁定。

4. 审查机构。按照规定，不予执行公证债权文书案件由执行法院的执行审查机构负责审查。审查不予执行案件，应当组成合议庭，但在审查时，执行案件的承办人不得作为合议庭成员，亦即需要实行执行审查回避。

5. 审查方式。最高人民法院《关于人民法院执行公开的若干规定》第12条规定："人

---

① 参见田平安主编：《民事诉讼法学》，法律出版社2013年版，第370页。

② 本部分主要参考王柏东、张阳主编：《强制执行实务操作指引》，法律出版社2018年版，第91页以下。

民法院对案外人异议、不予执行的申请以及变更、追加执行主体等重大执行事项，一般应当公开听证进行审查；案情简单、事实清楚、没有必要听证的，人民法院可以直接审查。”人民法院进行审查，可以通知当事人到庭就有关问题进行核实，被执行人拒不到庭的，按照撤回请求处理；其他当事人拒不到庭的，不影响人民法院进行审查。也就是说，人民法院裁定不予执行公证债权文书，原则上需要举行听证，听证时可要求出具债权文书公证书和执行证书的公证机构及其承办公证员到场进行说明。

6. 审查的内容。人民法院对公证债权文书是否确有错误的审查范围，是仅限于审查实体问题，还是包括程序和实体问题一并审查存在争议。从最高人民法院对《重庆德艺房地产开发有限公司执行案裁定书》[最高人民法院（2011）执复字第 2 号]的裁定结论来看，人民法院在执行程序中，因被执行人提出不予执行抗辩的，应当对公证债权文书的内容是否确有错误进行审查，该审查应当包括公证债权文书的程序和实体两个层面的问题。但也有学者认为，“除非涉及明显违背当事人真实意愿以及损害社会公共利益或者第三人利益的问题，执行程序中应将实体审查的对象限于被赋予强制执行效力的债权文书本身，不审查基础法律关系的内容”。① 实务中，人民法院主要审查以下两个方面的内容：其一，审查公证债权文书是否确有错误，主要判断标准即前述《民诉法解释》第 480 条规定的几个方面，实务中常见的错误大致包括：（1）公证债权文书没有给付内容，或者给付期限不明确；（2）被执行人一方未亲自或者未委托代理人到场办理公证；（3）公证机构未向被执行人送达债权文书公证书；（4）公证员为本人或近亲属办理债权文书公证；（5）公证人员办理公证债权文书时有受贿、舞弊行为；（6）债权人在放款时预扣利息，导致公证债权文书所载借款本金与实际不符；（7）债务人已经履行部分或全部义务，但公证机构在签发执行证书时未予查明；（8）民间借贷债权中包含过高利息及违约金；（9）公证债权文书未载明被执行人不履行义务或者不完全履行义务时愿意接受强制执行的承诺。其二，审查公证债权文书的内容是否违背公序良俗。如在商品房按揭贷款债权文书中，存在违反国家住房限购政策贷款的，就可能涉嫌违背社会公共秩序和公共利益。

7. 裁定结果。人民法院按上述步骤和方法审查被执行人提出的不予执行公证债权文书的申请后，根据不同情形，分别作出以下两种裁定：（1）公证债权文书确有错误，或者人民法院认定执行该公证债权文书违背社会公共利益的，裁定不予执行，并将裁定书送达双方当事人和公证机构。（2）对于不存在错误情形的公证债权文书，人民法院裁定驳回被执行人的不予执行申请，并将裁定书送达双方当事人。

（三）不予执行裁定之救济

在通常情况下，申请人民法院裁定不予执行生效之公证债权文书的，一般为债务人、担保人或者案外之利害关系人。是故，法院作出的不予执行裁定往往对债权人一方不

---

① 傅松苗、丁灵敏编著：《民事执行实务难题梳理与解析》，人民法院出版社 2017 年版，第 197 页。

利,这就可能会牵涉不予执行裁定损害申请执行人利益的问题。因此,有必要对不予执行裁定制度设置救济措施。按照现行法律的规定,我国民事不予执行裁定的救济措施主要有以下两种:

1. 提起复议。最高人民法院《执行异议复议规定》第10条规定:"当事人不服驳回不予执行公证债权文书申请的裁定的,可以自收到裁定之日起十日内向上一级人民法院申请复议。上级人民法院应当自收到复议申请之日起三十日内审查,理由成立的,裁定撤销原裁定,不予执行该公证债权文书;理由不成立的,裁定驳回复议申请。复议期间,不停止执行。"复议被驳回后,复议人不复,还可以提起申诉。

2. 提起诉讼。《民诉法解释》第480条第3款规定:"公证债权文书被裁定不予执行后,当事人、公证事项的利害关系人可以就债权争议提起诉讼。"但这里指的诉讼,主要指的是债权债务关系之争议之诉,并非是指对公证行为有异议之诉。

附:裁定不予执行公证债权文书之典型案例

案例一:林某诉孔某某等不予执行公证债权文书案——北京市朝阳区人民法院(2016)京0105执异37号民事裁定书①

2014年11月14日借款人林某与出借人孔某某、担保人胡某签订《借款合同》,约定林某向孔某某借款人民币40万元,借款期限3个月,胡某以其名下北京市某区某里某单元某号的房屋提供抵押担保,并于2014年12月9日经北京市方正公证处(以下简称方正公证处)公证,出具(2014)京方正内民证字第X号具有强制执行效力的债权文书公证书。2015年7月24日方正公证处依据孔某某的申请,出具(2015)京方正执行证字第X号执行证书,确定被执行人为林某、胡某。执行标的为:(1)借款本金人民币(大写)贰佰肆拾万元整(小写2,400,000.00元);(2)借款利息人民币:(大写)壹拾贰万玖仟陆佰元整(小写:129,600.00元);(3)违约金(每日支付尚欠借款本金的2‰),自2015年2月14日起截至执行之日;(4)实现债权所支付的费用。2015年8月19日孔某某凭借上述公证债权文书和执行证书向北京市朝阳区人民法院申请强制执行,朝阳区人民法院以(2015)朝执字第14617号立案受理。被执行人林某以执行证书确有错误为由,向朝阳区人民法院提出不予执行申请。

林某就其主张向朝阳区人民法院提交汇款凭证两张,分别为2014年12月18日林某名下账户向孔某某名下账户汇款100万元的汇款凭证、2014年12月16日林某某账户向孔某某账户汇款62.5万元的汇款凭证。在案件审查中,经询问林某某,其称与孔某某并无任何经济往来,因对林某负有债务,故按照林某指示将62.5万元汇至孔某某账户。此

① 本案例参见国家法官学院案例开发研究中心编:《中国法院2018年度案例》(执行案例),中国法制出版社2018年版,第219~221页。

外,林某称其名下有宝马车一辆,现由孔某某占有使用,并主张车辆系用于抵偿本案债务。

孔某某认可上述两笔汇款确已收到,认可与林某某无其他经济往来,亦认可林某名下的宝马车现在确由其占有,但主张两笔汇款均系林某代其亲属徐某某偿还另案借款,与本案无关,并对于林某所述“宝马车用于抵债”不予认可。孔某某就此提交(2015)东民(商)初字第14225号案件卷宗材料,主张该案审理当中徐某某已将本案中林某提交的两张汇款凭证作为证据提交,因此两张汇款凭证均与本案无关。此外,孔某某主张林某及林某某两笔汇款均未汇至本案借款合同中载明的账户,100万元汇款汇至的账户实际系其与徐某某的借款合同约定的账户,并提交与徐某某的借款合同,主张林某汇款与本案无关。

另查,2016年8月10日孔某某接受法院询问时出示借据一张,载明借款人徐某某,金额170万元,落款日期为2014年11月13日。当日,孔某某称林某偿还的100万元以及宝马车均系基于该笔借款,并非本案借款。2016年8月23日孔某某之代理人又提交书面代理意见,当中称林某100万元汇款及林某某62.5万元汇款均是偿还徐某某向孔某某另案借款的利息。

北京市朝阳区人民法院经审理认为:公证债权文书的内容与事实不符的,可以认定公证债权文书确有错误。在本案中,双方争议在于还款义务的实际履行情况与执行证书中载明的是否相符。林某主张其通过两种形式已经将本案债务清偿完毕,即一部分以宝马车抵债,另一部分通过其本人及林某某账户汇款。就其主张以物抵债部分,林某提交的证据材料不足以证明其与孔某某达成了抵债的相应合意,故法院对此项主张不予认可。就汇款的部分,各方对借款合同约定的借款期限内林某及林某某向孔某某账户汇款之事实不持异议,争议焦点在于款项的用途。前述款项虽未汇至借款合同中载明的账户,而是汇至孔某某的其他账户,但是鉴于各方就林某本人与孔某某仅本案一笔借款之事实不持异议,孔某某提交的证据材料均无法反映林某本人就“代他人偿还另案欠款”之事实曾予以认可,孔某某提交的另案生效法律文书中亦未对汇款用途予以确认,且孔某某及其代理人就相应款项用途的陈述存在前后不一致的情形,孔某某的反驳意见难以采信。林某之主张应予以采信。执行证书就该部分债务载明的未履行或未完全履行义务情况与实际履行情况不符,属于确有错误。林某之不予执行申请,应当予以支持。

综上所述,北京市朝阳区人民法院依照我国《民事诉讼法》第154条第1款第10项、第238条第2款,最高人民法院《关于适用〈中华人民共和国民事诉讼法〉的解释》第480条第1款第3项之规定,裁定如下:对北京市方正公证处作出的(2015)京方正执行字第01209号执行证书不予执行。该裁定送达即生效。

案例二:赵某某申请不予执行公证债权文书案——北京市海淀区人民法院(2016)京0108执异166号执行裁定书①

2014年8月26日张某某(借款人/抵押人,甲方)、赵某某(借款人/抵押人,甲方)、郭某某(出借人/抵押权人,乙方)、赵某(保证人,丙方)签订《借款合同》。合同约定:甲方因经营需要,向乙方申请人民币借款,乙方同意向甲方发放上述借款,丙方同意为上述借款承担连带保证责任。乙方同意出借金额为人民币200万元,借款于合同生效后以银行转账方式支付。借款月利率为同期银行贷款利率的4倍。借款期限为1个月,自2014年8月28日到2014年9月27日止,以实际放款日期为准。甲方同意以其有全部所有权及处分权的房屋向乙方提供抵押担保,并承诺在本合同签订之日起2日内配合乙方办理抵押登记手续。抵押房产为张某某名下坐落于北京市X区X路X号院X区X号-1层至2层全部的房产(房屋所有权证号:X京房权证昌字第X号)。甲、乙、丙三方同意对本合同办理赋予强制执行效力的债权文书公证,且各方对赋予强制执行效力的债权文书公证之含义、内容、程序、效力等完全清楚。《借款合同》签字处,赵某某名字由张某某代为签署。2014年8月29日北京市中信公证处出具(2014)京中信内民证字第45376号公证书,证明:甲方张某某作为赵某某的委托代理人、乙方郭某某和丙方赵某于2014年8月26日在北京,签署了前面的《借款合同》;各方当事人的签约行为符合《民法通则》第55条的规定,该合同的内容符合我国《合同法》的规定;合同上各方当事人的签字、印鉴均属实。根据我国《民事诉讼法》《公证法》《公证程序规则》的规定,自前面的《借款合同》生效及该合同项下债权债务形成之日起,本公证书具有强制执行效力。

2015年7月15日北京市中信公证处出具(2015)京中信执字第01176号执行证书,确定被执行人为张某某、赵某某、赵某,执行标的为:(1)借款本金人民币200万元;(2)借款利息(自2014年9月28日起至还款之日止的利息,利率按同期银行贷款利率的四倍计算);(3)实现债权所支付的费用(按实际发生额计算)。申请执行人郭某某应自2014年9月28日起2年内,持公证处签发的赋予强制执行效力的公证债权文书及本执行证书,向被执行人住所地法院或执行财产所在地人民法院申请执行。2015年7月23日郭某某向北京市海淀区人民法院申请强制执行。

另查:2014年6月4日赵某某与张某某到北京中信公证处办理委托书公证。赵某某在《办理国内公证申请表》中填写申请公证内容为:"委托张某某办理X区X路X号院X区X号-1层至2层全部的房产抵押借款手续。具体内容详见委托书。"《委托书》载明:委托人为赵某某,受托人为张某某。委托人与受托人系夫妻关系。在张某某名下有一套房产。位于X区X路X号院X区X号-1层至2层全部,房屋权属证号码为X京房权

① 本案例参见国家法官学院案例开发研究中心编:《中国法院2018年度案例》(执行案例),中国法制出版社2018年版,第223~226页。

证昌字第X号。现二人欲以上述房地产办理相应借款和抵押手续,但委托人工作繁忙,特此委托张某某全权办理与该借款和抵押相关的一切事宜和手续,具体包括但不限于:(1)在上述房地产已存在抵押时,代为办理提前还款、领取解除抵押证明材料、办理解除抵押登记及与之有关的一切手续,领取解除抵押后的权属证书。(2)代为以受托人名义(作为借款人)借款,并以上述房地产就借款提供抵押担保。具体包括代为决定下列问题:选择出借人,借款金额和方式,借款期限和利率,担保方式等,并代为签署相关借款合同法律文件、抵押合同法律文件以及其他相关法律文件,代为开立相关银行账户,代为领取借款。(3)代为办理下列事宜:……(六)代为办理相应借款合同法律文件、抵押合同法律文件,以及借款延期后签署的相应法律文件的公证并赋予强制执行效力手续。中信公证处在办理委托书公证时,接谈赵某某,询问其委托事项,赵某某陈述为:"委托人与受托人系夫妻关系;委托人赵某某的妻子张某某名下有一套房产,位于X区X路X号院X区X号-1层至2层全部,房屋权属证号码为X京房权证昌字第X号。现二人欲以上述房地产办理相应借款和抵押手续,但委托人工作繁忙,特此委托张某某为受托人,全权办理与该借款和抵押相关的一切事宜和手续,具体内容详见委托书。"2014年6月4日北京市中信公证处出具(2014)京中信内民证字第2674号公证书,证明:赵某某于2014年6月4日来到我处,在公证员面前,在前面的《委托书》上签名,按右手食指指纹,并表示知悉委托的法律意义和法律后果。赵某某的委托行为符合《民法通则》第55条的规定。2014年8月26日张某某向北京市中信公证处提交上述委托书和公证书,代赵某某签署了《借款合同》。北京市中信公证处据此出具了作为本案执行依据的(2014)京中信内民证字第45376号公证书。

北京市海淀区人民法院经审理认为:公证债权文书确有错误的,人民法院裁定不予执行。本案中,争议焦点在于张某某代理赵某某签订的《借款合同》,是否对赵某某发生效力。换言之,即张某某的行为是否超出赵某某在公证《委托书》中的授权范围。综观《委托书》及赵某某在办理委托书公证时的陈述,特别是《委托书》第2条中"代为以受托人名义(作为借款人)借款"的表述,对于赵某某是否为借款人的表述不明确。赵某某是作为借款人与张某某共同借款,还是作为配偶为张某某的借款协助办理房产抵押,在《委托书》的表述下已产生歧义。公证处在办理委托书公证以及借款公证时均未就此进一步询问核实,就出具了赵某某作为借款人的借款合同公证书,存在不当之处。现赵某某对张某某代其签订借款合同的行为不予认可,该合同效力处于待定状态,应通过审判程序对合同效力予以审查认定。法院不应再依据公证债权文书直接将赵某某作为被执行人予以强制执行。

综上,海淀区人民法院依照我国《民事诉讼法》第238条第2款,最高人民法院《关于适用〈中华人民共和国民事诉讼法〉的解释》第480条第1款第3项之规定,作出如下裁定:不予执行北京市中信公证处作出的(2014)京中信内民证字第45376号(债权文书)公证书以及(2015)京中信执字第01176号执行证书。

案例三:朱某某申请对葛某某等公证债权文书不予执行案——江苏省阜宁县人民法院(2016)苏0923执750号执行裁定书①

2011年10月14日吴某某、孙某某夫妇(甲方)与葛某某、谌某某夫妇(乙方)签订民间借款抵押协议书一份,约定甲方以房产作抵押,向乙方借款320万元,还款期限为2012年3月30日,月利率0.12%。3月30日,盐城市公证处出具(2011)盐城证经内字第631号公证债权文书,对上列借款抵押协议进行公证并赋予强制执行效力。2012年4月11日盐城市公证处对上列借款出具(2012)盐城证执字第2号执行证书。2012年4月17日阜宁县人民法院受理葛某某、谌某某申请执行吴某某、孙某某夫妇公证债权文书一案,后终止执行。2016年3月9日,阜宁县人民法院受理朱某某申请执行吴某某民间借贷纠纷案。2016年4月14日,朱某某以吴某某、孙某某与葛某某、谌某某之间存在虚假借贷为由,申请对案涉公证债权文书不予执行。听证中,葛某某、谌某某未能举证证明款项交付事实。阜宁县人民法院函询盐城市公证处有无对案涉款项交付进行审查,公证处答复:一般来说,双方当事人到场,对借条、借款事实无异议即可办理公证,公证员不可能做到核实好每一笔借款的真实性。

江苏省阜宁县人民法院经审查认为:公证是公证机构根据自然人、法人或者其他组织的申请,依照法定程序对民事法律行为、有法律意义的事实和文书的真实性、合法性予以证明的活动,盐城市公证处对案涉借款办理公证时,无证据证明已对借款的真实性予以审查,而申请执行人葛某某、谌某某亦未能举证证明款项交付事实,故可以认定案涉公证债权文书的内容与事实不符,应当不予执行。依照我国《民事诉讼法》第238条第2款和最高人民法院《关于适用〈中华人民共和国民事诉讼法〉的解释》第480条第1款第3项的规定,裁定如下:不予执行江苏省盐城市盐城公证处(2011)盐城证经内字第631号公证债权文书。

二、异议复议救济

在公证债权文书的法院执行程序救济中,常见的救济方式主要为异议与复议。执行异议,是指当事人或利害关系人认为执行程序、执行措施、方法违反法律规定,请求执行法院予以救济的制度。② 执行复议,是指当事人、利害关系人对人民法院作出的异议审查的裁定不服,向上一级人民法院申请复议审查的制度。这两项制度,均为法律针对执行

① 本案例参见国家法官学院案例开发研究中心编:《中国法院2018年度案例》(执行案例),中国法制出版社2018年版,第227~228页。

② 参见肖建国:《〈民事诉讼法〉执行编修改的若干问题探讨——以民事强制执行救济制度的适用为中心》,载《法律适用》2008年第4期。

程序中设立的对法院执行行为合法性审查的重要制度，其目的在于当执行违法时，为当事人和利害关系人提供相应救济，纠正违法，补救受到侵害人的利益，最大限度保护当事人和利害关系人的合法权益。[①] 根据学者的归纳，执行异议可划分为对执行程序上的异议与实体上的执行异议两个方面。程序上的异议又可细分为以下三种：(1)不服法院强制执行措施之异议；(2)认为强制执行程序错误之异议；(3)其他异议。而实体上的异议，则主要是指对执行根据的给付内容之异议。[②]

我国的民事执行异议、复议制度经历了一个相对漫长的演变与逐步完善过程。我国1991年颁布的《民事诉讼法》首次规定执行异议制度，其第208条规定："执行过程中，案外人对执行标的提出异议的，执行员应当按照法定程序进行审查。理由不成立的，予以驳回；理由成立的，由院长批准中止执行。如果发现判决、裁定确有错误，按照审判监督程序处理。"按照这一规定，提起异议的主体仅限于案外人，而且只能对执行标的提出实体权利异议，对程序性事项不能提出异议。1998年最高人民法院《关于人民法院执行工作若干问题的规定(试行)》第八部分专门对案外人异议进行了细化规定。我国2007年修订《民事诉讼法》，首次规定当事人可以提出执行异议，同时，规定对执行行为可以提起异议。该修订后的《民事诉讼法》第225条规定："当事人、利害关系人认为执行行为违反法律规定的，可以向执行法院提出书面异议……对执行法院所作异议裁定不服的，可向上一级法院申请复议。"首次规定了对异议裁定不服的复议制度，使上一级法院对下级法院执行行为的监督职能得到加强。2009年1月1日起施行的最高人民法院《关于适用〈中华人民共和国民事诉讼法〉执行程序若干问题的解释》(以下简称《执行问题解释》)第5条至第10条对执行复议程序进行了具体规定，使执行复议制度落到实处。2015年5月5日起施行的最高人民法院关于《执行异议复议规定》，进一步规范了执行异议和复议案件的办理程序，同时细化了利害关系人可以提出异议复议的具体情由，使我国的民事执行异议、复议制度得到完善。需要特别注意的是，当执行异议与复议联系在一起时，通常都是仅指当事人、利害关系人认为法院实施的执行行为违反法律规定所提起的救济方式。就公证债权文书的执行救济而言，申请异议与复议的主体既可能是申请执行人，也可能是被申请执行人，还可能是其他与公证债权文书执行有利害关系的人。笔者认为，申请异议救济，或者对异议不服再提起复议救济，无疑是当事人对公证债权文书在执行程序中最重要，同时也是最有效的救济方式之一。

---

① 参见王柏东、张阳主编：《强制执行实务操作指引》，法律出版社2018年版，第711页。

② 参见董少谋：《民事强制执行法学》(第2版)，法律出版社2011年版，第218~223页。

附:公证债权文书执行异议、复议典型案例

案例一:山西关东房地产公司、山西宝鑫房地产公司等执行异议、复议案——(2016)最高人民法院执复17号裁定书①

关东公司因工程项目施工款未结清,于2014年2月12日与城建公司、宝鑫公司签订《还款协议书1》。明确关东公司尚欠城建公司工程款43,244,759.04元,宝鑫公司以"山西运城空港区梅林新村在建工程"为该债务提供担保。该还款协议经三方同意,在公证处办理了第03185号《公证书》,赋予还款协议以强制执行效力。2014年2月10日城建公司、关东公司就"观澜国际商业及住宅区项目"办理了结算金额为人民币800万元的《工程结算书》,并约定还款日期及利息。为保障债权人债权的实现,保证人李某某与债权人、债务人经协商共同签订了《还款协议书2》,李某某同意对上述800万元债务向债权人提供连带责任担保,公证处出具第03186号《公证书》并赋予强制执行效力。

关东公司没有履行相应的还款义务。城建公司于2015年6月17日向公证处申请为上述两份还款协议书签发《执行证书》,公证处于2015年7月2日出具第0113号《执行证书》。城建公司依据03185号、03186号公证书及0113号《执行证书》向山西省高级人民法院申请执行。在执行中,关东公司、宝鑫公司、李某某向山西省高级人民法院提出异议,请求不予执行上述公证债权文书。山西省高级人民法院经审理,裁定驳回债务人、担保人的异议请求。关东公司、宝鑫公司、李某某不服山西省高级人民法院的异议裁定,向最高人民法院提起复议,最高人民法院经审理,裁定撤销山西省高级人民法院执行裁定,发回山西省高级人民法院重新审查。

最高人民法院在复议裁定中认为:"本案的焦点问题为,案涉公证债权文书是否应不予执行。对于当事人不予执行公证债权文书的申请,执行程序中应适用《民诉法》第二百三十八条、《民诉法解释》第四百八十条,结合《中华人民共和国公证法》、《最高人民法院、司法部关于公证机关赋予强制执行效力的债权文书执行有关问题的联合通知》以及《公证程序规则》等关于公证程序的法律法规进行审查,认定是否存在《民诉法》第二百三十八条规定的'公证债权文书确有错误'的情形,进而认定是否不予执行。其中,《民诉法解释》第四百八十条对于'公证债权文书确有错误'的具体情形进行了列举,包括:(一)公证债权文书属于不得赋予强制执行效力的债权文书的;(二)被执行人一方未亲自或者未委托代理人到场公证等严重违反法律规定的公证程序的;(三)公证债权文书的内容与事实不符或者违反法律强制性规定的;(四)公证债权文书未载明被执行人不履行义务或者不完全履行义务时同意接受强制执行的;以及人民法院认定执行该公证债权文书违背社会公共利益的。本案中,关东公司、宝鑫公司、李某某明确向山西高院提出了以

---

① 本案例参见李舒、唐青林、吴志强编著:《保全与执行裁判规则解读》,中国法制出版社2018年版,第87~93页。

上‘公证债权文书确有错误’的理由，如第03185号《公证书》中确定的43244759.04元工程款不存在；公证债权文书属于不得赋予强制执行效力的债权文书；公证债权文书的内容与事实不符、违反法律强制性规定；《还款协议书》没有约定宝鑫公司不履行义务时或者不完全履行义务时同意接受强制执行；公证债权文书违反公证程序、办证规定，在公证过程中未尽到充分的审查义务；关东公司与城建公司施工合同纠纷，运城市盐湖区人民法院正在审理之中等。但山西高院在审查过程中，仅审查了当事人签订《还款协议书》的情况、两份《公证书》的出具过程以及《执行证书》的主要内容等事实。而对于申请人提出的债权是否真实存在，担保人宝鑫公司是否承诺同意接受强制执行，公证机关制作《执行证书》之前是否核实审查债务履行情况，债务人对于履行情况有无疑义以及当事人另诉等相关事实，山西高院在异议裁定中未予查明，仅以公证机关进行债权文书的公证必须按照法律规定在当事人在场并系其真实意思表示的情况下才可以出具，异议人提出的理由及相关印证材料不足以证明公证机关有违法行为，不能证明异议人在签订协议时存在重大误解及受到胁迫等行为，不能证明公证债权文书确有错误为由，驳回关东公司、宝鑫公司、李某某的请求，认定基本事实不清、证据不足。另外，关东公司、宝鑫公司、李某某提出不予执行公证债权文书申请的，执行法院应当依照《民诉法》第二百三十八条、《民诉法解释》第四百八十条，结合公证程序相关法律法规进行审查，而山西高院（2015）晋执异字第3号裁定却适用了《民诉法》第二百二十五条规定，在法律适用上亦存在错误。”

案例二：许某某与房地产公司其他执行申请复议案——最高人民法院（2014）执复字第16号裁定书①

许某某申请执行内蒙古房地产公司公证债权文书一案，因内蒙古房地产公司未按和解协议履行义务，内蒙古自治区高级人民法院遂委托景通公司对内蒙古房地产公司进行评估，2013年11月3日景通过公司出具内景通估字（2013）第0821号《房地产估价报告书》，将涉案房地产评估值确定为5915万元。三江公司于2013年11月10日提交《资产评估异议书》，内蒙古自治区高级人民法院给予三江公司重新评估机会，三江公司未重新评估。故此，内蒙古自治区高级人民法院于2014年3月24日作出（2014）内执异字第1号执行裁定，驳回三江公司的异议请求。三江公司不服上述裁定，向最高人民法院申请复议，要求撤销该裁定，并增加理由：上述裁定对三江公司于2013年4月10日提出的执行异议未予审查，也未对上述异议作出裁决，遗漏了三江公司所提出的重要异议。作为本案执行依据的（2011）鄂证经字第5599号《具有强制执行效力的债权文书公证书》中约定的借款利息为月息2.4%，超过了民间借贷利率最高不超过银行同类贷款利率四倍的规定，本金20%的违约金的约定远远高于最高人民法院《关于适用〈中华人民共和国合

---

① 本案例参见王柏东、张阳主编：《强制执行实务操作指引》，法律出版社2018年版，第98～100页。

同法〉若干问题的解释(二)》第29条的规定,因此,该执行依据确有错误,内蒙古自治区高级人民法院不应受理许某某的强制执行申请。

最高人民法院在复议裁定中认为:"由于内蒙古自治区高级人民法院对内蒙古房地产公司提出的对(2011)鄂证经字第5599号《具有强制执行效力的债权文书公证》部分不予执行的异议请求未予回应,实属不当,应予纠正。但内蒙古房地产公司在向本院申请复议期间提出,'据以执行的公证文书约定的利息和违约金过高存在错误,不能再作为执行依据,法院应当对许某某的强制执行请求不予受理'。这一请求实际上是要求对(2011)鄂证经字第5599号债权公证书整体不予执行,但理由仍是利息和违约金过高。对此,即使应另行审查,利息和违约金过高也不构成对公证债权文书整体不予执行的理由,对于本金及未超出法律规定范围的利息及违约金部分仍应予以执行。因此,内蒙古自治区高级人民法院在另行审查中,只需要对内蒙古房地产公司提出的利息和违约金过高部分不予执行的请求予以处理。"

三、执行异议之诉讼救济

我国《民事诉讼法》有关执行救济的方式与途径之规定,是区别不同情形而设计的。有关执行行为违法的救济采行异议加复议方式,且复议为终局救济;而认为执行标的违反法律规定的救济,则采行异议加诉讼之模式。我国《民事诉讼法》第227条规定,在执行过程中,案外人对执行标的提出异议的,人民法院应当自收到书面异议之日起15日内审查,理由成立的,裁定中止对该标的的执行;理由不成立的,裁定驳回。案外人、当事人对裁定不服,认为原判决、裁定错误的,依照审判监督程序办理;与原判决、裁定无关的,可以自裁定送达之日起15日内向人民法院提起诉讼。依此规定,在我国就存在执行异议之诉的救济方式。

执行异议之诉,又称为实体上的执行救济,以与程序上的执行救济相区别。其类型,则可细划为案外人异议之诉、申请人异议之诉和分配方案异议之诉三种。在有关公证债权文书的执行中,涉及有物的担保的公证债权文书的执行,有可能在执行程序中出现异议之诉的情况。当然,其前提是,当事人对其用于担保的物权存在所有权瑕疵或者无权、失权情形;同时,还存在公证机构审查失准,造成该担保物不适当成为被执行之标的的情况。

(一)案外人异议之诉

案外人异议之诉,是指在执行程序中,案外人为维护自己的合法权益,向执行法院提起的请求作出不得强制执行生效法律文书的诉讼,目的在于阻止法院对执行标的的执行。①

① 杨秀清编著:《民事诉讼法学》,中国政法大学出版社2017年版,第330页。

1. 案外人提起异议之诉的条件

根据《民诉法解释》第 304 条、第 305 条的规定，案外人提起执行异议之诉，除须符合《民事诉讼法》第 119 条之规定外，还应满足以下条件：一是案外人的执行异议申请已经被人民法院裁定驳回；二是有明确的排除对执行标的执行的诉讼请求，同时诉讼请求须与原判决、裁定无关；三是须于自执行异议裁定送达之日起 15 日内提起；四是须向实施执行的法院提起。

2. 案外人异议之诉的处理

《民诉法解释》第 312 条规定，对案外人提起的执行异议之诉，人民法院经审理，按照下列情形分别处理：一是案外人就执行标的有足以排除强制执行的民事权益的，判决不得执行该执行标的；二是案外人就执行标的不享有足以排除强制执行的民事权益的，判决驳回诉讼请求。此外，如果在审理中案外人同时提出确认其权利的诉讼请求的，人民法院可以在判决中一并作出裁判。

3. 案外人异议之诉与原执行程序的关系

按照《民诉法解释》第 315 条的规定，案外人执行异议审理期间，人民法院不得对执行标的进行处分。但例外是，如果申请执行人请求人民法院继续执行并提供相应担保的，人民法院可以准许。倘若存在被执行人与案外人恶意串通，通过执行异议、执行异议之诉妨害执行的，人民法院应当依照我国《民事诉讼法》第 113 条的规定处理。[①] 同时，申请执行人因此受到损害的，可以提起民事诉讼要求被执行人或案外人赔偿。

（二）申请人异议之诉

申请人异议之诉，又称许可之诉，是指在民事执行过程中，当对执行标的的异议被执行法院裁定支持并中止执行后，申请执行人向执行法院提出要求，否定案外人对执行标的物享有足以中止执行的实体权利、并请求对执行标的继续执行的诉讼。[②]

1. 申请人异议之诉的提起条件

按照《民诉法解释》第 306 条之规定，申请人提起执行异议之诉，除须符合我国《民事诉讼法》第 119 条的要求外，尚需满足以下条件：一是依案外人执行异议申请，人民法院已经裁定中止执行；二是有明确的对执行标的继续执行的诉讼请求，且诉讼请求与原判决、裁定无关；三是须于执行异议裁定送达之日起 15 日内提起。

2. 申请人异议之诉的处理

根据《民诉法解释》第 313 条之规定，对申请执行人提起的执行异议之诉，人民法院经审理，按照下列情形分别处理：其一，案外人就执行标的不享有足以排除强制执行的民

---

① 我国《民事诉讼法》第 113 条规定："被执行人与他人恶意串通，通过诉讼、仲裁、调解等方式逃避履行法律文书确定的义务的，人民法院应当根据情节轻重予以罚款、拘留；构成犯罪的，依法追究刑事责任。"

② 参见田平安主编：《民事诉讼法学》（第 3 版），法律出版社 2013 年版，第 349 页。

事权益的,判决准许执行该执行标的;其二,案外人就执行标的享有足以排除强制执行的民事权益的,判决驳回诉讼请求。

3. 与执行程序的衔接问题

《民诉法解释》第 314 条第 2 款规定,对申请执行人执行异议之诉,人民法院判决准许对该执行标的执行的,执行异议裁定失效,执行法院可以根据申请执行人的请求,或者依职权恢复执行。

(三)分配方案异议之诉

分配方案异议之诉,是指多个债权人或参与同一执行财产分配的人对该财产如何分配的方案主张异议,向执行法院提起要求对分配方案予以修正的诉讼。根据最高人民法院《执行问题解释》第 26 条的规定,债权人或者被执行人对分配方案提出书面异议的,执行法院有义务通知未提出异议的债权人或被执行人。未提出异议的债权人、被执行人收到通知之日起 15 日内未提出反对意见的,执行法院依异议人的意见对分配方案审查修正后进行分配;提出反对意见的,应当通知异议人。异议人可以自收到通知之日起 15 日内,以提出反对意见的债权人、被执行人为被告,向执行法院提起诉讼;异议人逾期未提起诉讼的,执行法院依原分配方案进行分配。[①]

四、执行回转

我国《民事诉讼法》第 233 条规定:"执行完毕后,据以执行的判决、裁定和其他法律文书确有错误,被人民法院撤销的,对已被执行的财产,人民法院应当作出裁定,责令取得财产的人返还;拒不返还的,强制执行。"据此,执行回转,就是指在执行程序实施结束后,因据以执行的法律文书被依法撤销,法院对已执行的财产,责令取得人返还原被执行人的一项强制执行救济制度。该项制度的目的,是针对执行发生错误而采取的一种补救措施。法律规定执行回转须于执行完毕后才可补救,但也有学者认为,在执行程序中遇到执行依据被撤销的情形亦得适用之。[②]

据学者归纳,在司法实践中,发生执行回转的原因大致有以下几种:(1)人民法院制作的判决、裁定已经执行完毕后,该判决、裁定被本院或者上级法院通过审判监督程序予以撤销,权利人根据发生法律效力的再审判决、裁定,申请执行回转。[③] (2)人民法院制作的先予执行的裁定,在执行完毕以后被本院的生效判决或者上级法院的终审判决所撤

① 参见张卫平:《民事诉讼法》(第 4 版),法律出版社 2016 年版,第 508 页。

② 参见杨秀清编著:《民事诉讼法学》,中国政法大学出版社 2017 年版,第 333 页;田平安主编:《民事诉讼法学》(第 3 版),法律出版社 2013 年版,第 385 页。

③ 参见田平安主编:《民事诉讼法学》(第 3 版),法律出版社 2013 年版,第 386 页。

销,由于先予执行的财物要返还给被执行人,因而发生执行回转。[1] (3)法院之外的其他机关制作的由人民法院强制执行的法律文书,在执行完毕后被制作该法律文书的机关或者其上级机关撤销,应返还被执行的财物而发生的执行回转。[2]

公证债权文书的执行回转属于上述第三种类型。公证债权文书在执行过程中或者执行完毕后,发生被原出具强制执行公证书的公证机构撤销的可能性是存在的。比如,公证机构通过自查自纠发现所出具的公证债权文书确实存在实体上的错误,主动撤销公证书并承担法律责任的情况;当事人、案外人通过异议、复议、诉讼、司法监督程序,甚至信访方法等最终推翻了公证债权文书所确定的给付内容的情况等。对公证债权文书执行回转给当事人造成的损失,按照学者的观点,应由人民法院和公证机构承担赔偿责任。[3] 但是,笔者认为,如果确实出现因公证债权文书被撤销所引起执行回转给当事人造成损失的,该损失主要应由公证机构承担。理由很简单,公证机构才是实际的侵权人,而法院是依据公证机构的强制执行公证文书实施的执行措施。当然,在这种情况下,执行法院也有一定的责任,这就是对执行依据审查不严的责任,故让其适当承担责任也是合情合理的。

---

① 参见董少谋:《民事强制执行法学》(第2版),法律出版社2011年版,第223页。

② 参见张卫平:《民事诉讼法》(第4版),法律出版社2016年版,第509页。

③ 参见董少谋:《民事强制执行法学》(第2版),法律出版社2011年版,第225页。

第九章 融资信贷债权文书强制执行公证实务研究

2017年7月13日最高人民法院、司法部、中国银监会联合印发的《公证服务金融风险防控通知》要求,“进一步发挥公证书的强制执行效力,服务银行金融债权风险防控”。《公证服务金融风险防控通知》第1条列举了一系列新型的金融债权文书种类,如保理合同、债务重组合同、授信合同、票据承兑协议、融资租赁合同等,同时对一些传统金融信贷合同中比较特殊的债权文书,如委托贷款合同、信托贷款合同等也第一次明确规定,可以作为强制执行公证的证明客体。本章,笔者在对银行信贷债权文书强制执行公证进行概述的基础上,对上述金融债权文书中的委托贷款债权文书公证、信托贷款债权文书公证、保理债权文书公证和典当债权文书公证,以及授信债权文书公证、债务重组债权文书公证等具体的强制执行公证实务展开讨论。

第一节 银行信贷债权文书强制执行公证概述

银行信贷债权文书,即固定银行各类贷款发放行为之契约。长期以来,我国的强制执行公证业务,主要围绕着银行业金融机构的信贷活动而展开,因此,银行信贷债权文书公证是主要的强制执行公证业务类型。银行业的信贷方式和种类繁多,根据中国银监会对银行业信贷监管的类型化划分,可归纳为固定资产贷款、流动资金贷款、个人贷款和项目融资贷款等;根据借款主体的差异,大致可以分为针对企业法人的贷款、非法人组织的贷款和自然人的贷款;根据贷款期限的长短,可分为短期贷款、中期贷款和长期贷款;根据贷款是否有担保,可以分为有担保的贷款和无担保的信用贷款;根据是否申办公证并赋予强制执行效力,可以划分为赋予强制执行效力的贷款合同、未赋强制执行效力的贷款合同和未经公证的贷款合同。以下,笔者根据中国银监会对银行业金融机构的贷款监管类型化划分方式,分别对四类金融机构贷款债权文书强制执行公证加以简略的分析讨论。

一、固定资产贷款债权文书公证

根据银监会于2009年7月23日印发的《固定资产贷款管理暂行办法》(以下简称《固定资产贷款办法》)第3条的定义,所谓固定资产贷款,是指贷款人向企(事)业法人或国家规定可以作为借款人的其他组织发放的,用于借款人固定资产投资的本外币贷款。也就是说,固定资产贷款的借款主体,原则上应为法人或非法人组织,不能是自然人;同时贷款的用途必须是用于固定资产投资。这是办理此类借贷债权文书公证时,必须首先把握的借贷关系基本属性问题。其中,对法人、非法人主体资格的审查与其他公证无多少差异,不作赘述。

经济学、会计学上所称之固定资产,是指企业为生产产品、提供劳务、出租或者经营管理而持有的,使用时间超过12个月的,价值达到一定标准的非货币性资产,包括房屋、其他建筑物、机器、机械、运输工具以及其他与生产经营活动有关的设备、器具、工具等。① 按照相关规定,结合强制执行公证实务,在固定资产贷款债权文书公证的证明活动中,公证员应重点审查以下内容:

(一)借款人条件的审查核实

按照《固定资产贷款办法》的规定,当事人申请固定资产贷款应具备以下条件:(1)借款人依法经工商行政管理机关或主管机关核准登记。即借款人须为合法设立的企业法人组织或经有关机关注册登记的非法人组织,对此公证机构有必要通过工商行政部门企业注册登记网、民政部门社团注册登记网和政府人事部门事业法人登记网查询、核对当事人的登记信息,以辨别真伪。(2)借款人信用状况良好,无重大不良记录。一般而言,对这些内容贷方银行已经事前进行过借款人的征信审查,但公证员仍然需要查询其征信记录,以免虚假。(3)借款人为新设项目法人的,其控股股东应有良好的信用状况,无重大不良记录。(4)国家对拟投资项目有投资主体资格和经营资质要求的,符合其要求。这主要是针对一些涉及重大国有投资项目、公益项目等需要限制主体资格的情况。

---

① 固定资产是企业的劳动手段,也是企业赖以生存的主要资产。从会计学及其实务上划分,固定资产一般被分为生产用固定资产、非生产用固定资产、租出固定资产、不需用固定资产、融资租赁固定资产、接受捐赠固定资产等。参见"360搜索"中"固定资产"词条定义,载:https://baike.so.com/doc/439175-465053.html,最后访问日期:2019年3月27日。

公证员需要核查其资质条件是否与项目建设审批报告相匹配。(5)借款用途及还款来源明确、合法。按照规定,固定资产贷款应有明确具体的符合国家政策的对应项目,不得对多个项目打包处理;借款人的还款来源无论是项目本身产生的收益,还是财政拨款补贴,抑或借款人的其他综合收益,都应当在合同条款中载明。(6)项目符合国家的产业、土地、环保等相关政策,并按规定履行了固定资产投资项目的合法审批、审核程序。公证员在审查中,主要是核查其各项审批资料。(7)符合国家有关投资项目资本金制度的规定。资本金制度,是对固定资产投资项目风险的一种约束机制,借款人与贷款人都不得以任何方式突破或变相突破项目资金制度,不得以债务性资金冲抵项目资金。对此,公证员应在告知中予以明确提示。(8)贷款人要求的其他条件。这是一个兜底性规定,是贷款银行的自由裁量问题。公证员只需在询问记录中要求贷款人加以说明即可,但应明确告知其不得擅自附加违反法律规定的苛刻条件,或者任意放宽放贷条件。

(二)审查协议承诺事项

根据《固定资产贷款办法》的规定,银行固定资产贷款合同的必备条款包括:具体的贷款金额、贷款期限、贷款利率、用途、贷款的发放与支付、还贷保障及风险处置、借款人提款条件、信贷资金支付接受贷款人管理控制等条款。同时要求借款人应在合同中作出如下承诺:(1)贷款项目及其借款事项符合法律法规的要求;(2)及时向贷款人提供完整、真实、有效的材料;(3)配合贷款人对贷款的相关使用检查,发生影响其偿债能力的重大不利事项时及时通知贷款人;(4)进行合并、分立、股权转让、对外投资、实质性增加债务融资等重大事项前征得债权人同意。在一般情况下,在固定资产贷款合同中,贷款银行还会要求借款人承诺:如果出现未按照约定用途使用贷款,或者未按照约定方式使用贷款资金,或者有申请贷款的证明材料信息失真等失信情况时,应当承担违约责任。在固定资产贷款合同申办债权文书强制执行公证时,尚需借款人(担保人)在债权文书中承诺愿意接受强制执行。同时笔者认为,还有必要要求债务人(担保人)就怠于偿债或者偿债不适当时,配合债权人、公证机构对违约事实的核实方式等作出相应的承诺。

(三)审查当事人是否知悉法律后果

这里的法律后果,除固定资产贷款法律规定,强制执行的法律效力,申办公证的真实性、合法性要求等外,还应当审查当事人是否知悉以下后果:其一,借款人出现以下情形时,贷款人应与借款人协商补充贷款发放和支付条件,或根据合同约定停止贷款资金的发放和支付:(1)信用状况下降;(2)不按合同约定支付贷款资金;(3)项目进度落后于资金使用进度;(4)违反合同约定,以化整为零方式规避贷款人受托支付。其二,固定资产贷款的法律责任。《固定资产贷款办法》第38条规定,贷款人违反本办法规定经营固定资产贷款业务的,银行业监督管理机构应当责令其限期改正。贷款人有下列情形之一的,银行业监督管理机构可根据《银行业监督管理法》的规定,采取监管措施:(1)固定资产贷款业务流程有缺陷的；(2)未按本办法要求将贷款管理各环节的责任落实到具体部门和岗位的；(3)贷款调查、风险评价未尽职的；(4)未按本办法规定对借款人和项目的经营情况进行持续有效监控的；(5)对借款人违反合同约定的行为未及时采取有效措施的。在既往的银行贷款债权文书公证中，业内通常强调的都是对债务人一方的告知与审查核实，而疏于对债权人一方的告知与审核，就契约公正性而言，这是不公平的，也是存在证明风险的，因此笔者认为，在金融债权文书强制执行公证中，公证员有必要同时审查债权人一方的行为，并告知其相关法律责任。

二、流动资金贷款债权文书公证

2010年2月12日中国银监会发布《流动资金贷款管理暂行办法》(以下简称《流动资金贷款办法》)。按照《流动资金贷款办法》的定义，所谓流动资金贷款，[①]是指贷款人向企(事)业法人或国家规定可以作为借款人的其他组织发放的用于借款人日常生产经营周转的本外币贷款。其借款主体与固定资产贷款的借款主体一样，都仅适用于法人或非法人组织。因此，对流动资金贷款的公证审查，许多地方与固定资产贷款相近，但也存在一些显著区别的地方。鉴于此，流动资金债权文书强制执行公证的告知和审查，除与上述固定资产贷款告知、审查相同内容外，还应包括以下内容。

(一)告知贷款人要履行尽职调查

根据《流动资金贷款办法》第13条的规定，贷款人的尽职调查内容主要包括：(1)借款人的组织架构、公司治理、内部控制及法定代表人和经营管理团队的资信等情况；(2)借款人的经营范围、核心主业、生产经营、贷款期内经营规划和重大投资计划等情况；(3)借款人所在行业状况；(4)借款人的应收账款、应付账款、存货等真实财务状况；(5)借款人营运资金总需求和现有融资性负债情况；(6)借款人关联方及关联交易等情况；(7)贷款具体用途及与贷款用途相关的交易对手资金占用等情况；(8)还款来源情况，包括生产经营产生的现金流、综合收益及其他合法收入等；(9)对有担保的流动资金贷款，还需调查抵(质)押物的权属、价值和变现难易程度，或保证人的保证资格和能力等情况。

(二)告知借款人贷款用途的禁止性规定

流动资金贷款主要用于支持企业日常生产经营周转。因此按照规定，流动资金贷款不得用于固定资产、股权等投资，更不得用于国家禁止生产、经营的领域和用途。否则，贷款方有权终止贷款或提前收回贷款，同时还可以追究借款人的违约责任。这一点，公证员在办证时需要特别告知和提示借款人。

---

① 流动资金，从会计学上讲，即企业流动资产，是指企业可以在一年内或者超过一年的一个生产周期内变现或者耗用的资产合计。广义的流动资金是指企业的全部流动资产，包括现金、存货(材料、在制品及成品)、应收账款、有价证券、预付款等项目。流动资金贷款，一般用于企业的日常生产经营周转。

（三）审查贷款合同必须约定的内容

这些法定必备内容包括：第一，贷款人应在借款合同中与借款人明确约定流动资金贷款的金额、期限、利率、用途、支付与还款方式等条款。① 第二，借款人应在贷款合同中承诺以下事项：(1)向贷款人提供真实、完整、有效的材料；(2)配合贷款人进行贷款支付管理、贷后管理及相关检查；(3)进行对外投资、实质性增加债务融资，以及进行合并、分立、股权转让等重大事项前征得贷款人同意；(4)贷款人有权根据借款人资金回笼情况提前收回贷款；(5)发生影响偿债能力的重大不利事项时及时通知贷款人。第三，贷款人应与借款人在借款合同中约定，出现以下情形之一时，借款人应承担的违约责任和贷款人可采取的措施：(1)未按约定用途使用贷款的；(2)未按约定方式进行贷款资金支付的；(3)未遵守承诺事项的；(4)突破约定财务指标的；(5)发生重大交叉违约事件的；(6)违反借款合同约定的其他情形的。第四，申办强制执行债权文书公证的，借款人（担保人）还必须在合同中作出自愿接受法院强制执行的承诺。

三、个人贷款债权文书公证

根据中国银监会于2010年2月12日发布的《个人贷款管理暂行办法》（以下简称《个人贷款办法》）的规定，所谓个人贷款，是指贷款人向符合条件的自然人发放的用于个人消费、生产经营等用途的本外币贷款。在公证实务中，通常将法人借款称为公司借款，而将个人借款称为自然人或私人借款。个人贷款债权文书申办强制执行公证最多的类型是商品房按揭贷款、个人其他消费贷款，以及城镇个体工商户、农村承包经营户所贷之生产经营性贷款。这里，仅就个人贷款的一般法律规定及公证证明要求进行分析。笔者认为，个人贷款债权文书公证的审查与告知等要点，主要有以下内容。

（一）审查借款人的基本条件

银监会《个人贷款办法》第11条规定，个人贷款申请应具备以下条件：(1)借款人为具有完全民事行为能力的中华人民共和国公民或符合国家有关规定的境外自然人；(2)贷款用途明确合法；(3)贷款申请数额、期限和币种合理；(4)借款人具备还款意愿和还款能力；(5)借款人信用状况良好，无重大不良信用记录；(6)贷款人要求的其他条件。从民事法律行为公证视角审视，自然人作为借款主体还需要具备以下要件：其一，具有完全民事行为能力，且能够作出真实意思表示；其二，明确知悉借贷法律关系的权利义务及法律后果（在公证员告知后表示知悉，亦可）；其三，对贷款合同内容无疑义。

（二）要求贷款方承诺其已履行了尽职调查义务，同时对这方面内容进行公证审查

按照《个人贷款办法》的规定，对个人贷款的发放，贷款方要履行以下尽职调查：

① 这里所指支付条款，包括但不限于以下内容：(1)贷款资金的支付方式和贷款人受托支付的金额标准；(2)支付方式变更及触发变更条件；(3)贷款资金支付的限制、禁止行为；(4)借款人应及时提供的贷款资金使用记录和资料。

(1)借款人基本情况的调查。即审查核实借款人与其身份信息是否一致,有无欺诈贷款现象存在。(2)借款人收入情况。一般要求提供有效的收入情况证明,如工资收入、纳税证明等。(3)借款用途。个人贷款的借款用途有所限制,只能用于本人消费或者生产经营,不能用于其他用途,尤其不能用于民间借贷中的放贷款项。(4)借款人还款来源、还款能力及还款方式。此主要从收入证明,以及查询其征信情况来加以判断。(5)保证人担保意愿、担保能力或抵(质)押物价值及变现能力。个人贷款,原则上均应有担保,而无担保的信用型个人贷款,通常都不需申办强制执行公证。

(三)审查几项特殊规定的履行情况

《个人贷款办法》对个人贷款的格式合同文本、有担保的贷款合同,以及贷款合同的展期等有着与企业贷款管理不同的要求。需要在公证中引起注意。(1)关于格式合同的规定。《个人贷款办法》第25条第2款规定,个人贷款的"借款合同采用格式条款的,应当维护借款人的合法权益,并予以公示"。这里的公示,应当理解为系要求各商业银行在自己的网络平台上公开合同文本,而并非像物权公示那样需要进行登记公示。同时,本款规定的目的在于以公平原则保障借贷双方的合同权益。公证员在涉及格式贷款合同的公证审查中,需要依据此款规定提示借款人注意,并按照合同法有关格式合同的限制性规定对合同条款进行合法性审查。(2)关于担保的规定。《个人贷款办法》第26条第2款规定,按合同约定办理抵押物登记的,贷款人应当参与。贷款人委托第三方办理的,应对抵押物登记情况予以核实。实务中,对商品房按揭等个人贷款,不少银行都采取委托其他中介公司代办抵押登记等事务,因此在公证中,公证员需要告知贷款人本款的要求。此外,《个人贷款办法》第26条第3款规定,"以保证方式担保的个人贷款,贷款人应由不少于两名信贷人员完成"。这里的"完成"应当是指对保证人资格及其能力、信用的审查核实需要"两名信贷员"共同进行。而并不包括申办公证等事项,故在公证中无须要求必须两名信贷人员共同代理申请。(3)关于展期的规定。《个人贷款办法》第39条规定,"经贷款人同意,个人贷款可以展期"。但在涉及个人贷款的展期合同公证中,需要注意审查的是,一年以内(含一年)的个人贷款,展期期限累计不得超过原贷款期限;一年以上的个人贷款,展期期限累计与原贷款期限相加,不得超过该贷款品种规定的最长贷款期限。展期贷款合同超过上述规定期限的,公证机构应当不予受理。

四、项目融资贷款债权文书公证

项目融资,是近20年来才在我国逐步兴起的一种新兴融资手段。其是以项目的名义筹措一年期以上的资金,以项目营运收入承担债务偿还责任的融资形式。项目融资的方式繁多，例如，有 BOT、[1]TOT、[2]PPP[3] 模式等。项目融资贷款，就是建立在上述融资模式上的贷款方式。

根据中国银监会于 2009 年印发的《项目融资业务指引》的规范，目前，银行业金融机构主要支持以下特征的项目融资贷款：(1)贷款用途通常是用于建造一个或一组大型生产装置、基础设施、房地产项目或其他项目，包括对在建或已建项目的再融资；(2)借款人通常是为建设、经营该项目或为该项目融资而专门组建的企事业法人，包括主要从事该项目建设、经营或融资的既有企事业法人；(3)还款资金来源主要依赖该项目产生的销售收入、补贴收入或其他收入，一般不具备其他还款来源。也就是说，只有同时符合以上三个特征的项目融资，银行方能参与并作为融资业务的贷款方。其中，再融资，是指借款人因各种原因需要重新筹措置换项目原有负债时向其发放的贷款。这也是公证机构介入项目融资贷款公证业务时，需要首先弄清楚的基础性法律问题。在项目融资贷款债权文书公证中，公证员需要注重审查以下两方面内容。

(一)审查项目融资贷款合同的基本要素

按照《项目融资业务指引》规定，项目融资业务需要重点包括以下要素：(1)贷款金额的综合审查性。项目融资金额通常都较为巨大，因此，应当按照固定资产投资项目资

---

① BOT(Bwld-Operate Fransfer)模式，是指国内外投资人或财团作为项目发起人，从某个国家的地方政府获得基础设施项目的建设和运营特许权，然后组建项目公司，负责项目建设的融资、设计、建造和运营。BOT 融资方式是私营企业参与基础设施建设，向社会提供公共服务的一种方式。BOT 方式在不同的国家有不同称谓，我国一般称其为"特许权"。以 BOT 方式融资的优越性主要有以下几个方面：首先，减少项目对政府财政预算的影响，使政府能在自有资金不足的情况下，仍能上马一些基建项目。政府可以集中资源，对那些不被投资者看好但又对地方政府有重大战略意义的项目进行投资。BOT 融资不构成政府外债，可以提高政府的信用，政府也不必为偿还债务而苦恼。其次，把私营企业中的效率引入公用项目，可以极大提高项目建设质量并加快项目建设进度。同时，政府也将全部项目风险转移给了私营发起人。最后，吸引外国投资并引进国外的先进技术和管理方法，对地方的经济发展会产生积极的影响。BOT 投资方式主要用于建设收费公路、发电厂、铁路、废水处理设施和城市地铁等基础设施项目。参见"360 搜索"中"BOT 模式"词条定义，载 https://baike.so.com/doc/1089103-1152458.html，最后访问日期：2019 年 3 月 29 日。

② TOT(Transfer-Operate-Transfer)融资，是"移交—经营—移交"的简称，是指政府与投资者签订特许经营协议后，把已经投产运行的可收益公共设施项目移交给民间投资者经营，凭借该设施在未来若干年内的收益，一次性地从投资者手中融得一笔资金，用于建设新的基础设施项目；特许经营期满后，投资者再把该设施无偿移交给政府管理的一种项目融资方式。参见"360 搜索"中"TOT 模式"词条定义，载 https://baike.so.com/doc/1089103-1152458.html，最后访问日期：2019 年 3 月 29 日。

③ PPP(Public Private Partnership)融资模式，其中文意思是：公共、民营、伙伴，即公共部门与私人企业合作模式，是公共基础设施的一种项目融资模式。在该模式下，鼓励私人企业与政府进行合作，参与公共基础设施的建设。参见"360 搜索"中"PPP 模式"词条定义，载 https://baike.so.com/doc/1089103-1152458.html，最后访问日期：2019 年 3 月 29 日。

本金制度的相关规定，综合考虑项目风险水平，[①]自身风险承受能力等因素来合理确定融资贷款金额。(2)贷款期限的中长期性。项目融资的贷款期限均为中长期贷款，通常应当按照项目预测现金流和投资回收期等因素合理确定贷款期限，以及设定还款计划。实务中，一般情况是，贷款与还款都是以项目进度与回收期情形分期甚至分若干期履行。这就为强制执行公证的签发执行证书方式带来新考验，要求根据具体的融资贷款分期情况，设计灵活的债权文书公证方式与签发执行证书方式。(3)贷款利率的相对灵活性。贷款利率的确定应当在央行基准利率的基础上，综合考虑项目风险与收益之间的关系来确定。[②] (4)项目收入账户的动态监控性。项目融资业务的还款来源依赖于项目本身产生的现金流，因此，对项目收入的监控是控制项目融资业务风险的有效手段。[③] 鉴于此，《项目融资业务指引》第17条规定，贷款人应当与借款人约定专门的项目收入账户，并要求所有项目收入进入约定账户，并按照事先约定的条件和方式对外支付。贷款人应当对项目收入账户进行动态监测，当账户资金流动出现异常时，应当及时查明原因并采取相应措施。在公证中，公证员需要依据上述特点，设计出全面妥当的告知内容和询问笔录方案，以释明法律和金融规章、规范性政策的规定，并固定当事人的真实意思表示。

(二)审查项目融资担保

《项目融资业务指引》第11条规定，贷款人应当要求将符合抵押或者质押条件的项目资产，或者项目预期收益等权利为贷款设定担保，并可以根据需要，将项目发起人持有的项目公司股权为贷款设定质押担保。同时还规定，贷款人应当要求成为项目所投保商业保险的第一顺位保险金请求权人，或采取其他措施有效控制保险赔款权益。在办理项目融资贷款债权文书公证中，公证员应建议当事人将上述各类性质的担保债权文书一并办理赋予强制执行效力的公证，以保障债权能够得到顺利实现。由于项目融资贷款采用的担保方式较多，通常既包括土地使用权、在建工程等不动产物权的抵押，也包括应收账款质押、股权质押，甚至还可能有保证担保，因此公证员需要根据不同的担保形式，审查担保权设定情况。

---

① 《项目融资业务指引》第6条规定：贷款人从事项目融资业务，应当充分识别和评估融资项目中存在的建设期风险和经营期风险，包括政策风险、筹资风险、完工风险、产品市场风险、超支风险、原材料风险、营运风险、汇率风险、环保风险和其他相关风险。

② 《项目融资业务指引》第10条规定，贷款人应当按照中国人民银行关于利率管理的有关规定，根据风险收益匹配原则，综合考虑项目风险、风险缓释措施等因素，合理确定贷款利率。贷款人可以根据项目融资在不同阶段的风险特征和水平，采用不同的贷款利率。

③ 参见张同庆：《信托业务法律实务》(第3版)，中国法制出版社2018年版，第276页。

第二节 委托贷款强制执行公证

根据中国人民银行《贷款通则》第7条第3款规定,委托贷款是指由政府部门、企事业单位及个人等委托人提供资金,由金融机构(受托人)根据委托人确定的贷款对象、用途、金额、期限、利率等发放的贷款。受托金融机构仅负责代为发放、监督使用并协助收回,从中只收取手续费,不承担任何形式的贷款风险的一种融资法律行为。正是由于在委托贷款中,作为代理放款人的金融机构不承担贷款回收之风险,委托贷款人寻求其他方式维护本方权益的主动性较为强烈。也正是基于这一原因,强制执行公证的价值受到委托贷款人的充分信赖。最高人民法院、司法部、中国银监会联合印发的《公证服务金融风险防控通知》明确规定,委托贷款合同可以经公证赋予强制执行效力,法院对委托贷款公证债权文书应当依法予以执行。

一、委托贷款公证的法律风险

委托贷款的融资方式,在企业间贷款尚未"转正"的相当长一段时期内,十分受到企业融资的青睐,但在《民间借贷司法解释》出台后,这种融资方式已经式微。不过,由于其在表征上系由银行在放贷,故在一定意义上,其仍然有其适用市场。原因在于:虽然委托贷款的利率达不到民间借贷那样高,且委托人还要向银行支付中间服务费,但相形于将企事业单位的富于资金存放在银行账户上来说,其仍是一宗不错的买卖。正是基于此,近年来银行业的委托贷款业务仍然增长较快。

在委托贷款中,所涉及的委托贷款利率是由委托人与借款人双方自行商定,但是最高不能超过人民银行规定的同期贷款利率及其上浮幅度。自2004年起,商业银行贷款利率浮动区间扩大到了(0.9,1.7),即商业银行对客户的贷款利率的下限为基准利率乘以下限系数0.9,上限为基准利率乘以上限系数1.7,金融机构可以在中国人民银行有关规定的范围内自行确定浮动利率。可以看出,最大上浮系数大约为贷款基准利率的2~3倍。委托贷款协议通常有以下两种形式:其一,先由委托人和受托人之间签订《委托借贷委托协议》,再由受托人(银行)与借款人之间签订《委托贷款借款协议》;其二,直接由委托人、受托银行和借款人三方签订《委托贷款合同》。通常,尚须签订担保合同。由于委托贷款银行不承担收贷风险,故委托贷款合同申办公证赋予强制执行效力,有利于委托人及时、便捷、安全地收回贷款。

但是,委托贷款公证中的风险也是显而易见的。首先,从款项来源的合法性上来看,由于无法审查委托人资金的来源情况,难免存在不合法资金流入委托贷款市场的现象。据学者介绍,一些银行违规接受社保资金、企业年金、财政预算外资金、工会经费、基金会基金、保险资金等办理委托贷款。[①] 其次,经营委托贷款的银行未向监管部门报批或备案。按照中国人民银行《关于开办委托贷款业务有关问题的通知》第 2 条的规定,商业银行开办委托贷款业务须向中国人民银行备案。10 余年来一些民营中小银行、地方性银行大量涌现,这些银行开办委托贷款业务是否经过监管部门批准或备案,难以审查。最后,由于委托贷款是由委托人与借款人先行协商后再寻找银行放贷,银行对借款人主体信用等方面的审查不像自身放贷那样严格、认真,如果委托人也缺乏这一认知,则会给贷款带来极大的风险。是故,在委托贷款合同公证中,公证机构的注意义务更加凸显,对审查核实不能有丝毫懈怠。

二、委托贷款债权文书公证的审查要点

(一)关于主体的识别

委托人(实际贷款人)应当是经工商行政管理机关(或主管机关)核准登记的企业法人、非法人组织、个体工商户,或具有完全民事行为能力的自然人。同时,还需要满足以下条件:(1)已在业务银行开立结算账户;(2)委托资金来源必须合法及具有自主支配的权利;(3)申办委托贷款必须独自承担贷款风险;(4)需按照国家税务机关的有关要求缴纳税款,并配合受托人办理有关代征代缴税款的缴纳工作;(5)符合业务银行的其他要求。

作为公证债权文书的适格主体,在委托贷款融资债权文书赋予强制执行公证中,还要考虑的问题是,委托人与受托人谁可以作为申请强制执行的主体。鉴于委托贷款合同通常有两种契约关系模式,即委托与贷款分离模式与委托与借贷混合模式,故需要区别看待。(1)在采取分离模式,即先由委托人和受托人之间签订《委托借贷委托协议》,再由受托人(银行)与借款人之间签订《委托贷款借款协议》的委托贷款模式中,前一个协议因其不存在给付的债权债务关系,而仅为设定委托代理之法律关系,因此公证机构不能为其办理赋予强制执行效力的债权文书公证。后一个协议,即《委托贷款借款协议》才是公证债权文书的真正客体。不过在这一债权文书关系中,受托放款银行仍然不是真正的债权人,因此,如果要将其作为适格的申请执行人,还需要满足委托人对其有特别授权这一前置条件。但这样一来,似乎又有违背《贷款通则》规定的嫌疑。不过,按照 1996 年最高人民法院《关于如何确定委托贷款协议纠纷诉讼主体资格的批复》(法复〔1996〕6 号)规定,[②]其又似乎可以视为适格主体。但笔者认为,这是法院为解决贷款纠纷作出的

---

① 参见陈忠胜:《银行须防范委托贷款风险》,载和讯网:http://bank.hexun.com/2006-12-16/102131030.html,最后访问日期:2019 年 3 月 17 日。

② 该批复认为:"在履行委托贷款协议过程中,由于借款人不按期归还贷款而发生纠纷的,贷款人(受托人)可以借款合同纠纷为由向人民法院提起诉讼。"

一种事后处理规定,在委托贷款公证债权文书中不宜采用。(2)混合模式为公证债权文书的适格模式。即提倡公证赋予委托贷款债权文书强制执行效力的债权文书形式,应为直接由委托人、受托银行和借款人三方(甚至是包括担保人在内的四方或多方)共同签订的《委托贷款合同》。在这种混合模式的委托贷款债权文书中,委托人是债权人,借款人(担保人)是债务人,而贷款银行则仅为债权人的受托人(或可称为居间人)。其中,真正有权作为申请执行人的债权人仅为委托人。

(二)现金池模式的委托贷款债权文书可否办理强制执行公证,需要斟酌

所谓现金池模式的委托贷款,就是采用委托贷款的方式将资金在企业集团内部进行划拨或划转使用。现金池的基本操作方式通常是:以公司总部的名义设立集团现金池账户,通过子公司向总部委托贷款,每日定时将子公司资金上划至现金池账户。日间,若子公司对外付款时账户余额不足,银行可以提供以其上存总部的资金头寸额度为限的透支支付;日终,以总部向子公司归还委托贷款的方式,系统自动将现金池账户资金划拨到成员企业账户用以补足透支金额。根据事先约定,在固定期间内结算委托贷款利息,并通过银行进行利息划拨。

鉴于此,笔者认为,这种模式下的所谓委托贷款,实际上仅是公司内部利用银行这一金融工具来进行母、子公司之间的资金融通而已,故原则上无须办理债权文书公证。但鉴于母公司与子公司往往是独立核算的法人,因此对双方事前所签订的资金池委托贷款契约,如果当事人确需申办债权文书公证,也可予以探索办理。不过,对每一期结算时间及结算时债务的确定需要事先进行明确的约定。

(三)地方融资平台委托贷款债权文书公证需谨慎

由于近年来,我国严格控制地方政府信贷规模,原银监会要求银行不得新增地方融资平台贷款规模,将地方融资平台再度推上风口浪尖。面对银行贷款不断收紧、收窄的资金融通困局,不少地方政府采取变通方式,利用合法设立的平台公司融通资金用于经济开发。在这一背景下,一段时期以来,上市公司委托贷款成为地方融资平台的资金"暗渠",输血地方融资平台。其中,国有控股上市公司表现尤为明显。

对此类委托贷款债权文书,只要不违反法律的规定,公证机构没有拒绝办理的理由。但需要注意的是,由于地方政府债务负担沉重,还贷能力往往不足,因此违约现象较为突出。是故,对此类委托贷款债权文书公证事项,公证机构宜审慎介入。如果确需介入或迫于地方政府压力不得不介入,则应充分而全面地告知贷款方可能产生的法律后果,让其谨慎抉择。

三、委托贷款强制执行公证典型案例解析

案例：北京某担保公司与江苏某医院委托贷款合同执行案——最高人民法院（2011）执监字第 180 - 1 号裁定书①

2009 年 9 月 26 日北京某担保公司（以下简称甲方）与江苏某医院（以下简称乙方）签订《委托贷款合同》，约定：甲方将 6000 万元人民币经受托银行发放给乙方，月利率 5‰，借款期限 2 个月。并在合同中约定：若乙方未能按时偿还贷款本息，应支付逾期利息和每日 5‰的违约金。同日，甲方、乙方及其他担保方又签订了一份《还款协议》，约定：作为上述委托贷款的担保，甲方与乙方及其他担保方分别签订《保证合同》《股权质押协议》《抵押合同》，一旦乙方未完全、适当履行还款义务，甲方有权向乙方及其他担保方追偿。担保各方如不履行还款义务，自愿放弃一切抗辩权，并自愿接受人民法院强制执行。公证机构为上述《委托贷款合同》和《还款协议》办理了强制执行公证。2009 年 9 月 28 日甲方、乙方和某银行三方签订《委托贷款借款合同》，除逾期贷款罚息利率在约定的贷款利率水平上加收 50% 外，其余约定与上述《委托贷款合同》相同。借款到期后，乙方及其他担保方未偿还贷款本息，甲方于 2010 年 8 月 6 日向公证处申请签发执行证书，请求偿还本息 6325 万元（按双方签订的《委托贷款合同》逾期月利率 5‰计算）及逾期违约金。公证处经核实，在签发的执行证书中确定的执行标的为本息共计 6382.5 万元及逾期违约金。

甲方持公证债权文书及执行证书向人民法院申请强制执行。乙方及其他担保方向执行法院提出不予执行公证债权文书的申请。北京市第一中级人民法院以（2011）一中执异字第 622 号执行裁定书裁定不予执行；甲方不服，向北京市高级人民法院申请复议，北京市高级人民法院以（2011）高执复字第 107 号执行裁定书裁定驳回申请复议人的复议请求，维持北京市第一中级人民法院之不予执行裁定。甲方遂向最高人民法院提起监督请求，最高人民法院以（2011）执监字第 180 号执行裁定书裁定撤销北京市高级人民法院和北京市第一中级人民法院不予执行裁定，由北京市第一中级人民法院继续执行。随后，最高人民检察院以（2014）第 1 号检察建议书建议撤销最高人民法院第 180 号裁定书。最高人民法院以（2011）执监字第 180 - 1 号执行裁定书最终裁定，由北京市第一中级人民法院按照逾期违约金和逾期利息总额不超过银行同类贷款利率 4 倍的标准执行。

最高人民法院在裁定书中认为：本案是合法的委托贷款关系，不是企业之间的资金拆借。理由为：（1）当事人之间的多个合同清楚证明，甲方与乙方、甲方与银行之间委托贷款法律关系清晰，权利义务关系明确。三份合同均是当事人的真实意思表示，《委托贷

---

① 本案例参见王明亮：《委托贷款赋予强制公证的时间点及执行证书出具的审查职责》，载王公义主编：《中国公证新探：法理与案例》，清华大学出版社 2018 年版，第 133 ~ 138 页。

款合同》《还款协议》均明确指出双方是通过银行进行委托贷款,其后在履行合同时,甲方也确实通过该银行向乙方发放了贷款。(2)在上述三份合同中,双方选择对《委托贷款合同》《还款协议》进行公证,属于意思自治的范围,并不违反有关法律的禁止性规定,双方经过公证的债权文书及事后通过银行发放贷款的事实,表明双方的债权债务关系真实、合法存在。

本案中,当事人启动异议、复议、监督程序等的原因,虽然并不是完全针对委托贷款行为是否可以经公证赋予强制执行效力,其主要的争议焦点有三:一是公证赋予委托贷款合同和还款协议是否违反金融管理强制规范;二是执行证书的签发程序是否违反法定程序;三是执行标的和违约金过高是否能成为裁定不予执行的理由。但笔者认为,本案的最终裁定至少表明最高人民法院的以下态度,且对公证机构今后办理委托贷款公证有所镜鉴:

第一,委托贷款合同包括委托贷款合同所涉及的还款协议均为适格的强制执行公证对象。该案发生在《民间借贷司法解释》出台之前,最高人民法院的观点表明,委托贷款与企业之间拆借资金是存在区别的,委托贷款的合法性不能以民间借贷的法律规定来予以衡量。

第二,委托贷款合同可以经委托人与借款人签订确认后,再交由受托银行放贷,且银行的《银行贷款借款合同》未经公证不影响委托人(实际贷款人)与借款人之间的借贷法律关系。对此,笔者认为,在本案中,公证机构应当为三份合同一并办理赋予强制执行效力公证,而仅对前两份合同办理公证多少存在考虑不全面的问题,毕竟第三份合同,即三方签订的《委托贷款借款合同》才是最终的实际贷款依据,而第一份《委托贷款合同》只能看作是三方签订的《委托贷款借款合同》的预备合同,或可称之为预约。同时,笔者还认为,在甲乙双方签订《委托贷款合同》的当日就签订《还款协议》也似有不妥。这是因为,还款协议的标的应当是欠债金额的归还,在借贷关系刚确立,且借款人尚未拿到贷款的情形下,公证机构就为其办理还款协议强制执行公证,也可能会存在给付内容不明确的问题。

第三,委托贷款的利息可以适用民间借贷的利率。按照《贷款通则》的规定,委托贷款的利息可以在银行贷款利息的基础上上浮一定比例,但显然达不到国家允许的民间借贷利率的幅度和水平。本案最高人民法院裁定利息与违约金合并适用银行同期贷款的4倍利率执行,表明委托贷款利率(含约定利息、违约金、罚金等的总利率)可以适用民间借贷利率。

第三节 信托贷款强制执行公证

信托贷款,是指受托人接受委托人的委托,将委托人存入的资金,按其选定或者其信托计划中指定的对象、用途、期限、利率与金额等发放贷款,并负责到期收回贷款本息的一项金融业务。最高人民法院、司法部、原银监会联合印发的《公证服务金融风险防控通知》将信托贷款确定为公证机构服务金融机构信贷风险防控的重要债权文书形式之一,故其应为适格的公证债权文书客体。

一、信托贷款法理分析

信托,实为"受人之托、代人理财"。[①] 信托贷款,是指信托机构在国家规定的范围内,制订信托发行计划,募集资金,通过信托计划募集的信托资金,对自行审定的单位和项目发放的贷款。[②] 在贷款信托担保关系中,存在委托人(贷款人)、受托人(信托担保公司)和受益人(借款人)三方当事人。信托财产既独立于委托人的财产,也独立于信托担保公司的财产。传统的信托贷款关系认为,受托人享有信托财产普通法上的所有权,受益人享有衡平法上的源于所有权的受益权。受益人对信托财产享有的受益权是一种不同于债权的权利。当借款人无力偿还贷款时,贷款人有权要求信托担保公司以信托财产偿还贷款。

现代意义上的信托贷款,是指受托人接受委托人的委托,以信托资金按照约定的用途、期限、利率等向融资方发放贷款,并按期回收贷款本息的信托业务。[③] 按照不同的分类标准,可以将信托贷款分成多个种类,如根据委托人是否提出特定要求为标准,可划分为甲类信托贷款和乙类信托贷款;根据贷款的用途不同,可划分为固定资产信托贷款、流动资金信托贷款和临时周转信托贷款,等等。

信托贷款与委托贷款还存在一定的相似性,如都是委托他人贷款,都存在一定的金融关系等。但二者的区别是显而易见的。第一,资金性质不同。委托贷款是委托人委托金融机构向其指定的借款人放款,将委托人和用款人之间的借贷关系变为表面上系金融机构与受益人之间的信用关系,但这并未改变资金原来的性质,即其必须是委托人所有的合法资金。而信托贷款是金融信托机构用吸收的信托存款和部分自有资金,在保证受益人能获得应有收益的前提下,自行选定项目和对象发放贷款,从而具有银行贷款的一般特征,实质上改变了原来资金的性质和用途。第二,对信贷计划影响的程度不同。由于委托贷款是金融机构受出借方的委托代为运用委托资金,委托资金的运用多表现为一次性,所以对综合信贷计划影响不大,信用规模扩张的程度也较小。信托贷款的表现形

---

① 如中国银监会印发的《信托公司管理办法》第 2 条就明确规定:"信托业务,是指信托公司以营业和收取报酬为目的,以受托人身份承诺信托和处理信托事务的经营行为。"

② 参见"360 搜索"中"信托"词条定义,载 https://baike.so.com/doc/1471606 - 1555998.html,最后访问日期:2019 年 3 月 20 日。

③ 参见张同庆:《信托业务法律实务》(第 3 版),中国法制出版社 2018 年版,第 263 页。

式为贷放与收回反复循环,资金不断周转使用,因而对信用规模和信贷计划影响的程度较大。第三,管理方法不同。一般而言,国家对委托贷款管理较松,而对信托贷款则视同对银行贷款的管理一样严格。第四,具体的业务要求不同。金融机构办理委托贷款业务主要依据委托企业或其他事业单位所指定的资金用途、对象等发放贷款,监督款项使用情况,以及负责贷款到期时催还,但对借款人到期无力偿还贷款的情况不负责任。而信托贷款的发放和收回均由金融信托机构自主办理,所以要由自己承担贷款的风险和经济损失。第五,二者的法律关系不同。信托贷款的法律关系为信托,委托贷款的法律关系为委托代理。①

近年来,我国的信托业存在比较严重的偏离倾向,过分将追逐利益的最大化视为终极目的,在银行业监管较严的国情下,大肆膨胀,以至于银行也要借助这一相对宽松的融资平台赚取相较于自己放贷更大的利益。正是由于此,不少银行均与信托公司建立良好的合作关系。由于正规金融业贷款管控较严,不少企业难以从银行获得贷款,其中尤其是风险较大的房地产业、采矿业、地方政府以平台公司实施的基础设施建设等项目。故而,这些主体就成为信托公司信托贷款的主要客户。

二、信托贷款债权文书公证及其风险防范

10 余年间,我国信托业务开展广泛,信托公司为保障自身融资贷款的安全,往往寻求公证机构赋予信托合同强制执行效力以确保信托贷款的如期收回。于是,强制执行公证在信托贷款领域受到特别青睐,全国不少公证机构都涉足信托贷款债权文书公证业务。以笔者所在的公证机构为例,近年来就办理了不少政府平台公司的信托贷款业务。但单纯的信托贷款比较少见,较多地是与“资产收益权”转让或担保协议捆绑在一起的复合性信托贷款类型。信托公司设计的此类资产收益权担保信托贷款债权文书及其担保协议,关系相对复杂,作为一种期待之债或者附条件之债,对其赋予强制执行效力殊值斟酌。

(一)涉及“资产收益权”转让或担保的信托贷款可否公证

实务中,对资产收益权转让或担保的信托贷款是否可以办理强制执行公证,存在不同的认识。一种观点认为,不能对其赋予强制执行效力公证,理由有二:一是认为信托是投资关系,而不是债的关系,故不适宜作为强制执行公证之标的;二是认为公证只能对一些简单的债权文书赋予强制执行效力,而对于复杂的交易关系不宜通过公证这种非诉程

---

① 参见“360 搜索”中“信托”词条内容,载 https://baike. so. com/doc/1471606 - 1555998. html,最后访问日期:2019 年 3 月 20 日。

序,而应通过诉讼程序来处理。[①] 另一种观点则认为,从法理和实践上来看,都可以将其作为强制执行公证的客体。[②]

笔者认为,资产收益权作为一种债权,对其的转让有些相似于保理中的应收账款转让行为。其既然是有给付内容的债权文书,只要债务人承诺愿意接受强制执行,按照我国《公证法》第 37 条的规定,经公证赋予其执行效力并无不当。同时,还要看到的是,结合近年来最高人民法院出台的《执行异议复议规定》《民诉讼法解释》《公证债权文书执行规定》和最高人民法院、司法部、原银监会《公证服务金融风险防控通知》的规定精神来审视,公证赋予包含有"资产收益权"转让为担保的信托贷款合同,在法律上已经不存在障碍。如成都某公证处办理的"某某信托公司债权文书强制执行效力公证案"[③]即为适例。

(二)信托贷款债权文书公证的审查要点

信托贷款是一种典型的直接融资方式。作为一种融资性贷款业务,公证机构在办理强制执行公证审查时,主要应按照我国《信托法》和《信托公司集合资金信托计划管理办法》(以下简称《信托管理办法》)等法律法规,并参照中国银监会的"三法一指引"[④]和中国人民银行有关金融机构贷款的相关规定来进行审查和证明。信托贷款债权公证的审查要点,主要包括以下内容。

(1)贷款是否超过法定比例。实务中,一些政府性信托项目的信托贷款金额动辄上亿元、数亿元甚至数十亿元。按照中国银监会有关信托监管规章的规定,信托公司向他人提供贷款不得超过其管理的所有信托计划实收余额的 30%,而这一情况公证机构几乎

---

① 参见北京市中信公证处课题组:《赋予强制执行效力公证——实践与趋势》,载《中国公证》2018 年第 3 期。

② 参见张鸣:《公证在"资产收益权"信托中的应对策略》,载《中国公证》2014 年第 11 期;王京:《强制执行公证进入信托投资领域》,载《中国公证》2012 年第 6 期。

③ 在该案中,某某信托公司拟发行"(某某信托—NZ14 号)集合资金信托计划"(以下简称信托计划),并以信托计划项下的优先级信托资金共计 95,000 万元(其中 950 万元信托保障基金由信托公司代扣代缴)向 A 公司进行股权投资,其中优先级信托资金 1500 万元用于向 A 公司增资,持有其 60% 的股权,剩余 92,550 万元优先级信托资金进入 A 公司的资本公积。B 公司享有对 C 公司本金金额为 950,00 万元的债权(以下简称标的债权)。B 公司拟以标的债权作价认购信托计划项下的次级信托单位。C 公司同意 B 公司将标的债权的全部权利转让给某某信托公司,并同意与受让方就转让后的标的债权及其偿还方式进行确认。各方本着诚实信用和公平自愿的原则经友好协商,签订《债权确认协议》,并由 C 公司提供抵押担保,D 公司以持有上市公司 E 公司的股票提供质押担保,F 公司(香港公司)提供连带责任保证担保。某某信托公司要求就上述合同办理赋予强制执行公证。公证机构经审查、核实,依法为当事人办理了强制执行债权文书公证。参见成都市国力公证处课题组:《公证服务金融改革实践与制度保障研究——以公证服务蓉城金融业为出发点》,载《四川公证》2019 年第 1 期。

④ "三法一指引",是指原银监会于 2009 年、2010 年相继印发的《固定资产贷款管理暂行办法》《流动资产贷款管理暂行办法》《个人贷款管理暂行办法》《项目融资业务指引》。

无法确切掌握,仅能听凭信托公司的承诺。鉴于此,公证员在办证时,最好要求信托公司提供加盖公司印鉴的书面承诺书。(2)在涉及信托贷款的公证业务中,有时会遇到信托公司向其他债务人提供担保的合同也需要公证的情况,此种担保合同往往与信托贷款合同产生某种关联,因此需要进行特别审查。按照《信托管理办法》第22条的规定,信托公司可以开展对外担保业务,但其对外担保余额不得超过其净资产的50%,而这一比例也是公证员难以准确知悉的,也需要其提供书面承诺书加以确定。(3)按照《信托管理办法》第33条的规定,信托公司不得向关联方融出资金或转移财产,也不得向关联方提供担保,同时并不得以股东持有的本公司股权作为质押进行融资。这些规定,都是在信托贷款公证中,公证员应注意审查和需要特别告知当事人的地方。(4)提请信托公司履行必要的审核义务。在含有特定资产收益权转让与回购性质的信托债权文书中,应要求信托公司对交易所涉及的资产的真实性及其价值状况进行必要的尽职调查。有学者认为,对复杂的信托关系或者新型信托合同,必要时公证机构可要求信托公司的法务部门提供合法性的法律意见书,①以避免信托关系违法违规。笔者认为,该建议值得采纳。

第四节 保理债权文书强制执行公证

一、保理法律关系概说

保理(Factoring),全称为保付代理,又称托收保付,国际保理商联合会(Factoring Chain International,FCI)将保理业务界定为融合了资金融通、账务管理、应收账款收取和坏账担保四项业务的综合性金融服务。在其2013年7月修订的最新版《国际保理通则》中规定:保理合同系指一项契约,据此,供应商可能或将要向一家保理商转让应收账款,无论其目的是否为了获得融资,至少要满足以下职能之一:(1)销售分户账管理;(2)账款催收;(3)坏账担保。② 保理分为银行保理与商业保理两大类。根据中国银监会于2014年4月10日发布的《商业银行保理业务管理暂行办法》(以下简称《银行保理办法》)的定义,银行保理,是以债权人转让其应收账款为前提,集应收账款催收、管理、坏账担保及融资于一体的综合性金融业务。《银行保理办法》规定,债权人将其应收账款转让给商业银行,由商业银行向其提供下列服务中至少一项的,即为保理业务:(1)应收账款

① 参见熊选国主编:《公证理论与实务》,法律出版社2018年版,第230~231页。

② 参见"360搜索"中"保理"词条定义,载https://baike.so.com/doc/1182300-1250679.html,最后访问日期:2019年3月19日。

催收;[①](2)应收账款管理;[②](3)坏账担保;[③](4)保理融资。[④] 根据中国商务部于2015年印发的《商业保理企业管理办法(试行)》(以下简称《商业保理办法》)对商业保理的定义,其是指商业保理企业受让应收账款的全部权利及权益,并向转让人提供应收账款融资、管理、催收、还款保证中至少两项业务的经营活动的商事行为。

对于保理,可从多个角度予以分类:其一,根据保理是否跨越国界,具有国际交易因素,可分为国家保理、国内保理;其二,根据应收账款到期前是否预先支付相应对价,保理业务可分为融资保理、非融资保理;其三,根据受让人是否保留对转让人的追索权,保理业务可分为有追索权保理、无追索权保理;其四,根据供应商是否将应收账款转让情况告知债务人,又可分为公开型保理、隐蔽型保理;其五,根据保理业务中保理商的数量,可分为单方保理、双方保理。保理法律关系的标的物,是应收账款债权。应收账款债权,是指权利人因提供一定的货物、服务或者设施而获得的要求义务人付款的权利,其本质是一种付款请求权。但以应收账款为质押的贷款,则不属于保理业务范围。按照我国《银行保理办法》第13条的规定,应收账款债权应当是现实已经存在的应收账款债权,而不能是预设的或者期待中的未来之应收账款债权。

保理合同中一般存在三方当事人,即债务人(基础合同项下的付款义务人)、债权人(基础合同中的债权人,同时也是保理合同中应收账款的出让人)、保理商(开展保理业务的金融机构及商业保理公司,即保理合同中的应收账款之受让人)。其涉及的合同法律关系包括但不限于:(1)基础合同买方与卖方的买卖合同关系;(2)保理商与基础合同卖方的保理合同关系;(3)保理商与基础合同买方的继受债权债务关系。[⑤] 由此可见,保理合同,其实就是债权人基于与债务人之间的买卖合同、服务合同等基础合同,与保理商(保理银行或经注册允许从事商业保理的企业)签订合同,约定将基础合同项下的应收账款债权转让给保理商,由保理商就受让的应收账款向债权人提供综合性金融服务的特定契约关系。

关于保理合同的性质,有不同的解说。据学者归纳,[⑥]大致有以下几种观点:其一,债权转让说。该学说认为,保理合同的核心是应收账款的转让。这是因为,供应商将债权

---

① 即商业银行根据应收账款账期,主动或应债权人要求,采取电话、函件、上门等方式或运用法律手段等对债务人进行催收。

② 即商业银行根据债权人的要求,定期或不定期向其提供关于应收账款的回收情况、逾期账款情况、对账单等财务和统计报表,协助其进行应收账款管理。

③ 即商业银行与债权人签订保理协议后,为债务人核定信用额度,并在核准额度内,对债权人无商业纠纷的应收账款,提供约定的付款担保。

④ 即以应收账款合法、有效转让为前提的银行融资服务。

⑤ 参见黄和新、李忠诚:《保理法律关系及其性质辨析》,载董学立主编:《担保法理论与实践》(第2辑),中国法制出版社2016年版,第172页。

⑥ 同上书,第173~176页。

转让给保理商,保理商支付了融资款作为对价,并明确告知债务人将应收账款支付给保理商,保理商对债务承担信用风险责任,这完全符合债权转让的法律特征。[①] 其二,委托代理说。此观点认为,保理如同托收一样,基于供应商和保理商之间的委托代理而展开,特殊之处在于保理商不仅要代为催收应收账款,还要承担债务人无力付款时向供应商承担的担保责任。其三,债权质押说。该说认为,保理业务的实质是保理商为供应商担保融资,供应商以应收账款作为质押。其四,债权让与担保说。该说认为,保理合同的本质,是供应商为获取保理商的融资,将应收账款以让与担保的方式提供担保。[②] 其五,混合合同说。该说认为,在保理合同中,供应商与保理商之间兼具应收账款转让和综合性金融服务合同两种法律关系,具有多个典型合同的特征,因此是一种混合合同。笔者认为,保理合同既不是单纯的债权转让合同,也非委托代理合同,更不是质押合同和让与担保合同。保理合同虽具有混合合同或联立合同的色彩,但其应当是一种独立的带有综合性融资性质的债权合同。

二、保理债权文书公证审查要点

应当说,基于保理合同是一种典型的债权债务关系,无论是其中基础合同买方与卖方之间的债权债务关系——买卖契约,还是保理商与基础合同卖方之间的保理债权债务关系——保理契约,抑或是保理商与基础合同买方之间的继受债权债务关系——债权受让契约,只要不违反法律的规定,债权债务真实、合法,公证机构均可以介入,为之办理法律行为公证。但就赋予强制执行效力的债权文书公证而言,保理关系中的某些契约行为,似乎不宜作为强制执行公证的客体,如基础合同之买方与卖方之间的债权债务契约,原因是其往往存在同时履行抗辩情形,故不适宜作为强制执行公证的证明标的。倘若此基础买卖契约可以赋予强制执行效力,那么,后面的基础合同卖方与保理商之间的保理合同就无须再赋予强制执行效力。因为,在此种情形下,保理商受让的债权本身即带有强制执行效力,按照有关司法解释,其执行请求权亦随之转移归保理商享有。

鉴于此,在保理合同关系中,真正可以且愿意寻求强制执行公证保护的债权关系,应为保理商与基础合同卖方之间的保理债权债务及其相关联的担保关系。这也正是为何最高人民法院、司法部、中国银监会联合印发的《公证服务金融风险防控通知》将保理合同设定为可以经公证赋予强制执行效力,从而防范金融风险的意义之所在。在通常情况下,带有回购性质的保理债权文书,对保理商而言,申办公证的价值更大,因此公证介入的可能性也最大。但笔者认为,即使属于非回购型保理合同,办理赋予强制执行效力公

① 参见高佳运:《"立法真空期"的探索:破解保理合同纠纷"无法可依"的困境》,载贺荣主编:《司法体制改革与民商事法律适用问题研究(上、下)》,人民法院出版社2015年版,第1039页。

② 参见黄斌:《国际保理——金融创新及法律实务》,法律出版社2006年版,第21~22页。

证也有着不可低估的意义。

所谓回购型保理合同,亦即有追索权的保理合同,是指保理商在受让融资方的应收账款债权并向融资方提供融资服务后,在受让之应收账款不能收回时,保理商有权向融资方进行追索融资债权及其他债权的一种保理合同。在有追索权的回购型保理债权文书中,保理商都要求作如下约定:"保理商在受让融资方应收账款债权的基础上,向融资方提供应收账款管理和保理融资服务;在保理商受让的应收账款因任何原因不能收回时,保理商有权向融资方进行追索,融资方应无条件偿还保理商支付给融资方的保理融资款、溢价款、利息、保理手续费、违约金、罚息、实现债权的费用及其他费用等全部应付款项。"此追索权项下的主债权与相关费用,即为融资方应向保理商给付的债务内容,如果融资方在保理合同中承诺接受强制执行,就可以满足公证赋予保理债权文书强制执行效力的条件。业界专家认为,回购型保理合同赋予强制执行效力在法律上无任何障碍,并认为,不但对保理额度单一且确定的保理合同最适合公证赋予强制执行效力,而且对保理额度不固定,亦即属于最高额保理额度的保理合同,也可以经公证赋予其强制执行效力。[①] 笔者赞同这一观点。

(一)银行保理债权文书的公证审查

如果从公证债权文书三要素,即给付内容、执行承诺、债务明确具体三个重要方面来看,保理债权文书与其他债权文书区别并不突出,其不同之处在于内容的混合性与复杂性。鉴于此,在强制执行公证中,关键是按照中国银监会《银行保理办法》的有关规定来予以审查证明。基于上述理由,笔者认为,公证机构办理银行作为保理方的保理合同公证,应重点审查以下内容:

(1)审查应收账款的真实合法性。《银行保理办法》第 7 条规定,商业银行应当按照"权属确定,转让明责"的原则,严格审核并确认债权的真实性,确保应收账款初始权属清晰确定、历次转让凭证完整、权责无争议,转让之权利义务及其法律责任明确具体。在保理合同的公证中,公证员也要重视审查这一内容,以避免所转让的应收账款无权属瑕疵,能够得到有效清偿。需要特别注意的是,这里的应收账款,是指企业因提供商品、服务或者出租资产而形成的金钱债权及其产生的收益,但不包括因票据或其他有价证券而产生的付款请求权。也就是说,并非仅为因买卖性交易所产生的应收账款。同时,根据合同法有关债权转让的原则,应收账款之转让,还应包括与其相关的全部权利及权益的让渡。如果当事人仅转让应收账款的部分权利,则不符合保理规范要求,公证机构应当不予办理债权文书公证。

(2)建议当事人(尤其是银行一方)尽量采用有追索权的保理方式。有追索权保理,当应收账款到期无法从债务人处收回时,商业银行可以向债权人反转让应收账款、要求

---

① 参见谢京杰:《赋予回购型保理合同强制执行效力公证实务探析》,载《中国公证》2015 年第 12 期。

债权人回购应收账款或归还融资,因此对保理人相对有利,在赋予强制执行效力的法理上也更加契合该制度的一般机理。更为重要的是,能够有效保障保理人的债权安全。如果保理人坚持要采用无追索权保理,则要明确告知保理银行,在无商业纠纷等情况下无法得到清偿的,其需要承担应收账款的坏账风险,同时将告知内容记录存档。

(3)提示保理银行审慎受理保理融资业务。《银行保理办法》第14条规定,商业银行受理保理融资业务时,应当严格审核卖方和/或买方的资信、经营及财务状况,分析拟做保理融资的应收账款情况,包括是否出质、转让以及账龄结构等,合理判断买方的付款意愿、付款能力以及卖方的回购能力,审查买卖合同等资料的真实性与合法性。对因提供服务、承接工程或其他非销售商品原因所产生的应收账款,或买卖双方为关联企业的应收账款,应当从严审查交易背景真实性和定价的合理性。

(4)排除瑕疵应收账款的保理。所谓瑕疵应收账款,是指《银行保理办法》第13条规定的不应作为银行保理业务交易的几种应收账款。其中,尤其需要识别未来应收账款①、权属不清的应收账款②和因票据或其他有价证券而产生的付款请求权③三种瑕疵应收账款,并将其排除在保理债权文书转让债权之外。但需要注意的是,获得质权人书面同意解押并放弃抵押或质押权利,或者获得受让人书面同意转让应收账款权属情况的,则不在限制之列。

(二)商业保理债权文书的公证审查

根据商务部《商业保理办法》的规定,从事商业保理必须为经合法审批成立的商业保理企业。商业保理企业开展保理业务,应当与应收账款转让人签订保理合同,明确双方的权利和义务、纠纷和风险的处理原则以及违约责任。商业保理债权文书公证审查与银行保理债权文书公证审查大致相同,但也存在一些区别。笔者认为,对商业保理公证,需要注重以下方面的审查。

其一,对禁止性规定的审查。按照《商业保理办法》第19条的规定,商业保理企业开办保理业务的禁入范围,包括:(1)吸收存款;(2)发放或受托发放贷款;(3)受托投资;(4)国家规定不得从事的其他活动;(5)不得基于不合法基础交易合同、寄售合同、逾期应收账款、权属不清的应收账款开展保理业务。但这里需要注意的是,未来应收账款的转让未被限制或禁止,应属于适格标的范畴,这一点与银行保理有所不同。

其二,审查其签订的保理合同是否符合业务规则的要求。按照《商业保理办法》的规

---

① 未来应收账款,是指合同项下卖方义务未履行完毕的预期应收账款。

② 权属不清的应收账款,是指权属具有不确定性的应收账款,包括但不限于已在其他银行或商业保理公司等第三方办理出质或转让的应收账款。

③ 因票据或其他有价证券而产生的付款请求权,是指票据或其他有价证券的持票人无须持有票据或有价证券产生的基础交易应收账款单据,仅依据票据或有价证券本身即可向票据或有价证券主债务人请求按票据或有价证券上记载的金额付款的权利。

定，商业保理企业应基于以下三类应收账款提供融资：(1)一个基础合同项下已形成的应收账款；(2)一个基础合同项下持续形成的多笔应收账款，其中至少一笔应收账款已形成；(3)持续成立的多个基础合同项下的多笔应收账款，其中至少一笔应收账款已形成。前述基础合同应基于同一债权人提供同类商品、服务或者出租同类资产的行为。同时，应严格审核商业保理之基础交易合同等资料的真实性与合法性；审核债务人的资信、经营及财务状况，合理判断应收账款质量，包括出质、转让情况以及账龄结构等；重点审查因提供服务或出租资产所产生的应收账款，以及初始债权人和债务人为关联企业的应收账款。

其三，针对融资性保理与非融资性保理的基础条件进行审查。按照《商业保理办法》的规定，商业保理企业可从事融资保理业务，也可从事非融资保理业务。融资保理的方式，可以是通过金融机构贷款、委托贷款、发行债券、股权融资及其他合法途径获得融资。在非融资保理业务中，保理商可以对受让的到期无法从债务人处收回的应收账款承担垫付责任，或在有追索权保理业务中，对转让的到期无法从债务人处收回的应收账款承担回购责任。鉴于商业保理涉及融资性保理的业务中，保理商需要通过向金融机构贷款、委托贷款或股权融资等方式融资，故其与保理相关的债权文书公证业务比较宽泛，公证机构可以依托保理业务办理其他融资债权文书公证业务。

其四，再保理合同的特别审查。按照《商业保理办法》的规定，保理企业经批准可以从事再保理业务。再保理企业，是指主营业务为再保理业务，且融资保理业务达到一定规模的商业保理企业。所谓再保理，是指受让其他商业保理企业的再转让应收账款的保理业务。再保理业务，只能由再保理企业办理。

其五，保理风险的计量审查。根据《商业保理办法》的规定，商业保理企业风险资产与或有负债之和与风险系数的乘积不得超过10倍，再保理企业不得超过15倍。风险资产按照商业保理企业的资产总额与现金、银行存款、国债之差确定。或有负债按照商业保理企业承担还款保证责任的应收账款余额与对外担保余额之和确定。商业保理企业不良应收账款率不超过5%的，风险系数按1计算；不良应收账款率超过5%（含）但不超过10%的，风险系数按不良应收账款率的180倍与8之差计算；不良应收账款率大于10%（含）的，风险系数按10计算。鉴于此，在办理商业保理债权文书公证时，公证机构应要求保理企业提供风险计量承诺书，明确承诺不存在超过风险计量规定的情况。

第五节　典当债权文书强制执行公证

典当是具有中国特色且历史悠久的非银行性质的融资活动，虽然物权法未将其作为物权类型加以规范，但其作为一种介乎于商业信贷与民间借贷之间的“准金融”行为，仍然承载着弥补金融业之不足及调剂社会余缺的作用。典当契约申办公证可以起到规范典当行与当户之间的法律行为，预防典当风险的社会效果，有利于促进典当业的健康发展。

一、典当与典当公证

典当业是中国历史上最为古老的非银行性质的金融行业，也是我国现代银行业的雏形和源头。通说认为，典当肇始于南北朝时期的寺院借贷，在唐代以后逐渐兴盛。古时，典当分为当与典两种形式，当是一种融资方式，又称"以物质钱"，指将值钱的物品质押到当铺（典当行），从而获得现金的周转。典则被认为是土地和房屋（田宅）的一种特殊买卖方式，亦称"活卖"，通过这种交易，业主（出典人）获得现金，而典主（典权人）得以在典期内使用甚至处置（转典）田宅。如果说当是"物品之质"，则典就是"田宅之质"。① 清代晚期，尤其是民国以后，人们在立法中将典与当逐步合称为典当。② 但在民间，典当二字中的"典"，仍被理解为主要指以不动产出典之融资行为；而"当"，则主要指以动产质钱的行为。中华人民共和国成立以后，典当一直在民间存活着，20 世纪 50 年代后期被强行禁止。改革开放以后，典当业开始逐步恢复与发展。但不无遗憾的是，至今未将这一中国最古老的融资制度的规范上升到国家基本法律的层面。

20 世纪 80 年代中期以来，国家为了适应民间融资的发展与监管，对典当业进行了必要的规制，颁布了以部门规章为主的典当法规，其主管部门也业经多次调整。目前，规范我国典当业和典当行为的主要规章是商务部、公安部于 2005 年 2 月 9 日颁布，并于 2005 年 4 月 1 日起施行的《典当管理办法》（以下简称《典当办法》）。在我国《物权法》草拟过程中，专家建议稿曾设想将典当分为典权与营业质权两个不同的物权分别加以规定，将不动产典当设为典权，而将动产典当设作营业质权，③但最终未能如愿。因此，根据物权法定原则，目前，在我国典当行为仅能被视为民事法律行为或债权关系，而不能作为物权类型享有排他的对世效力。根据《典当办法》第 3 条的定义，目前我国民法上所称之典当，是指当户将其动产、财产权利作为当物质押或者将其房地产作为当物抵押给典当行，交付一定比例的费用，取得当金，并在约定的期限内支付当金利息、偿还当金、赎回当物的行为。由于《典当办法》规定固定典当关系的书面形式为当票这一载体，故典当公证，是指公证机构对当票这一特定契约的证明行为，亦即对当事人签订当票的真实性、合法性进行公证证明。

---

① 参见吴向红：《典之风俗与典之法律》，法律出版社 2009 年版，第 1 页。

② 参见谢振民编著：《中华民国立法史》（下册），中国政法大学出版社 2000 年版，第 767 页以下。

③ 参见梁慧星编著：《中国物权法草案建议稿：条文、说明、理由与参考立法例》，社会科学文献出版社 2000 年版，第 582 页。

(一)公证中如何审视当物的性质

按照《典当办法》的规定,我国目前的典当行为是物的担保行为,但却与担保物权的法律规定存在明显的冲突。因此,典当关系中当户出典财产给典当行的行为究竟是物的担保行为,还是物的用益行为值得研究。如果说当物是一种担保物权,那么,第一,其必然从属于主债权而存在;但典当则不以他权利的存在为前提,其本身即属于一种主权利。第二,如果当户怠于偿还当金,则典当行只能行使优先变价受偿权或申请人民法院拍卖当物受偿,而不能直接取得当物的所有权,但在典当关系中,如果当户到期不赎回当物,则形成绝当,当物自动归典当行所有,典当行享有自行处置权。第三,担保物权规则中严格禁止流质条款的存在;而在典当关系中,当票必然载有绝当之约款,这与流质条款极其相近。第四,在不动产设定抵押的情形下,抵押物并不发生转移;但在典当关系中,当物原则上应当转移占有。因此,将当物视为一种担保物权,无论是质押权还是抵押权,都与我国《物权法》规定的担保物权存在明显冲突。

另外,对典当的性质向来存在争议。其中,对传统典权(不动产典当)性质的认识,有三种不同的观点。其一,用益物权说;其二,担保物权说;其三,折中说。其中,用益物权说为通说。[①] 而对当(动产典当)的性质的认识则相对统一,在法理上可将其称为营业质权,属于一种特殊类型的动产质权。[②] 参考立法例为:《瑞士民法典》第 907 ~ 915 条对营业质作出了详细的规定。但在我国,上述理论上的设计及立法例仅具有法律研究之参考价值,由于我国《物权法》未予确立,故并不能作为公证中判定典当性质的根据。这是因为,公证证明当事人法律事项之合法性,乃是证明其并不违反现行有效法律、法规的规定。鉴于此,按照我国现行《典当办法》的规定,仍应将动产及财产权利之典当行为认定为动产质押典当,而将不动产典当行为认定为抵押典当。

(二)当票能否经公证赋予强制执行效力

当票是典当行与当户之间的借贷契约,是典当行向当户支付当金的付款凭证。当票属于实践合同,即典当双方当事人必须有实际的交付行为,分别为当户交付当物而典当行交付货币。因此,当票是一种具有给付内容的特殊债权文书。根据我国《公证法》第 37 条的规定,公证机构对具有给付内容的债权文书,在债务人承诺愿意接受强制执行的前提下,可以赋予其强制执行效力。鉴于此,公证机构可以根据当事人的申请及债务人的承诺,对当票赋予强制执行效力。

然而,当票这一债权文书与普通债权文书仍然存在明显的差异。也就是说,与普通债权文书相比较,当票这一债权文书具有显著的特殊性。这些特殊性表现在:第一,当票

---

① 王利明:《物权法研究》,中国人民大学出版社 2002 年版,第 511 页。

② 参见梁慧星编著:《中国物权法草案建议稿:条文、说明、理由与参考立法例》,社会科学文献出版社 2000 年版,第 582 ~ 583 页。

这一债权文书的当事双方所追求的契约目的，与普通的债权文书当事人的意图明显相殊。在普通债权文书中，债权人所追求的是债的安全和及时有效清偿；而当票关系中，虽然典当行也要追求出借货币的安全，但由于有当物的占有，其并不特别看重债的清偿价值。第二，当票与有物权担保的普通债权文书实现担保物权的方式有别。在普通有担保物权的债权关系中，根据我国《物权法》和《担保法》的规定，其实现方式可以是私力的，也可以依托公力，且在通常情况下付诸公力救济效果更为理想；而在典当关系中，担保物权的实现一般为私力，即使是交与公力实现，其仍然依靠的是双方的意思自治。第三，典当制度本身即具有完备的自力救济机制，通常无须外力的介入。普通债权文书一般均依赖法定的救济渠道获得利益保障；当票这一特殊债权关系，由于有绝当制度的存在与调剂，一旦当户到期既不赎当又怠于续当，则当物自动归典当行所有或处置。

基于上述分析，笔者认为，虽然从典当制度的一般原理来看，对当票赋予强制执行效力的法律意义不像固定资产贷款、流动资金借款，以及个人经营借贷、消费借贷等债权文书那么突出，但从我国目前的典当法治环境来看，公证赋予当票强制执行效力的价值依然十分重大。这是因为：第一，根据《典当办法》的规定，对绝当物的处理存在不同的方式。当物估价金额在 3 万元以下的，典当行可以自行变卖或者折价受偿，且损溢自负。也就是说，当物价值在 3 万元以下的，形成绝当后，当物可径直归典当行所有。然而，当物价值超过 3 万元的，则要么根据我国《物权法》和《担保法》的规定处理，要么事先约定绝当后由典当行委托拍卖行公开拍卖受偿。根据上述区别规定，在后一种情形下，经公证赋予强制执行效力，有利于快捷有效地处理当物受偿。第二，我国现行典当制度将动产典当视为质押，而将不动产典当视作抵押，根据我国《物权法》第 195 条第 2 款的规定，债务人不履行清偿义务或履行清偿义务不适当，以及债权文书约定的实现债权的条件成就时，抵押权人可以与抵押人协商实现抵押权的方式，如果协商不成可径行申请法院拍卖抵押物受偿。在这一法律背景下，赋予强制执行效力，典当行可以排除事后协商不成亦无法举证的风险，及时实现债权。

二、典当债权文书公证中应注意的几个问题

如前所述，《典当办法》的诸多特殊规定，构成了典当契约——当票与一般债权契约的显著区别。也正是由于有这些特殊规定的存在，形成了典当公证与普通契约公证的差异。从这个视角上来看，笔者认为，除上述法理关系需要厘清外，以下实务问题，在公证中也需要特别注意审查与把握。

（一）当票的形式及规格

在通常情况下，契约法一般仅对契约是否需要要式，如是否采用书面形式、是否需要经审批生效或是否需要进行备案等作出规定。除此之外，对契约的具体形式要求通常比较自由。与一般契约法的规定不同的是，商务部对当票的形式也作出了特别规范。商务

部于2011年3月4日印发并于2011年7月1日起施行的《关于全国统一当票使用和管理的通知》中明确规定：当票和续当凭证均为一式四联，包括：存根、财务、保管、当户；当票、续当凭证须用无碳复写纸印制。纸张的克重要求为：上纸45克，中纸52克，下纸80克；当票的成品尺寸统一为210×140毫米，表格尺寸187×93毫米，续当凭证的成品尺寸统一为210×85毫米，表格尺寸为154×45毫米。因此，在办理当票公证时，公证员应当对当票的法定用纸及纸张规格是否符合规定进行审查，以辨别之当票之真伪。

(二)当票的期限

根据《典当办法》的规定，典当应当是一种短期融资契约，并以此与银行信贷相区别。"典当办法"规定，当票的最长期限不得超过6个月。但由于有续当的规定，这个最长期限通常均会被突破，且可能会被多次突破。《典当办法》第39条规定，典当期内或典当期限届满后5日内，经双方同意可以续当，续当一次的期限最长为6个月，续当期自典当期限或者前一次续当期限届满之日起算。笔者认为，由于《典当办法》并未对续当的次数进行限制，理论上可以无数次地续当，从而导致实际当期的长期延续。这也暗合了古人"一典千年活"的说法。因此，公证员应当要求当事人对是否续当及在何时可以协商续当作出明确约定，同时还应当对续当时是否再次申请公证进行明确约定。

(三)典当的综合费用

古时的不动产典当关系中，典物不生租、典金不生利，与当下我国典当中要产生各种费用存在明显的区别。根据《典当办法》第38条的规定，当户对当金不但要按照银行月法定贷款利率支付利息，还要支付综合费用。综合费用包括各种服务及管理费用，且均为法定费用，而不允许当事人自由约定。其中：动产质押典当的月综合费率不得超过当金的42‰；房地产抵押典当的月综合费率不得超过当金的27‰；财产权利质押典当的月综合费率不得超过当金的24‰。从上述规定中不难看出，典当与民间借贷的最高合法性利率负担基本接近，因此典当关系中当户的成本支出较高。典当公证的费用是否包括在综合费用中，是一个值得讨论的问题。由于综合费用中含有服务费一项，从某种角度可将公证费纳入其中。然而，这相当于让典当行单方支付公证费，从保护当金安全角度考察似乎合情合理，但其经营效益必然降低。因此，公证费宜由当事人双方自行协商支付，不一定必然在综合费用中列支。

(四)当物的公示

如前所述，由于我国现行《典当办法》将当物视为担保物权，因此必然涉及担保物权之公示问题，亦即当物担保权的生效问题。对此，《典当办法》作出了不同的规定：(1)对房地产抵押典当，典当行与当户应当先到登记部门办理抵押权登记后，再办理抵押典当手续，亦即在抵押权的设立公示生效后，再签订当票。笔者认为，鉴于《典当办法》是在我国《物权法》颁布前、《担保法》颁布后印发的，其似乎是受到《担保法》中第41条的影响。[①] 因此,公证中可以灵活掌握,不必拘泥于必须事先登记后签当票,是否先登记后签约应依当事人合意而定。需要注意的是,根据《典当办法》第25条的规定,该规章所指的不动产抵押典当,仅为房地产抵押典当,且外省、自治区、直辖市的房地产或者未取得商品房预售许可证的在建工程一律被排除在外。(2)对机动车质押典当,规定应当办理质权登记,但未规定必须先登记公示再订立典当契约。也就是说,既可事先登记也可事后登记。需要注意的是,《典当办法》明确禁止动产抵押典当。(3)对其他动产及财产权利的典当,法律、法规规定要求登记的,应当登记,未规定的,可以以交付当物的简易方式进行公示。对后一种情形下部分动产的公示,可以按照司法部《公证机构办理抵押登记办法》的规定,径直向公证机构申办登记。

(五)对典当质押财产的识别

我国《物权法》第223条规定,可以作为权利质押客体的财产权利包括:(1)汇票、支票、本票;(2)债券、存款单;(3)仓单、提单;(4)可以转让的基金份额、股权;(5)可以转让的注册商标专用权、专利权、著作权等知识产权中的财产权;(6)应收账款;(7)法律、法规规定可以出质的其他财产权利。目前,有些典当公司的业务介绍中,除上述财产权利外,经营的质押典当业务还包括国债、国库券、企业债券,以及店铺、摊位的经营权、租赁权和版权质押典当等。这其中,有的可以视为应收账款质押,如店铺、摊位等经营权的质押;有的可以纳入前述"债券"中来认定,如国债、国库券、企业债券等。因此,均为合法的质押典当客体。

毋庸置疑,我国现行的典当规定与传统意义上的典当制度存在显著区别,应当说,现行规定既缺乏合理自洽的理论支撑也与我国《物权法》等财产性法律存在一些不一致,且其法律位阶相对低下。以发展的眼光来审视,我国典当制度回归理性与传统本原的可能性极大。在目前的典当制度背景下,强制执行公证对典当的介入显得有些尴尬,既要做到与现行法规保持一致,又要协调好不同法律规定之间的法际冲突;既要把握好典当融资与银行担保贷款的区别,又要处理好典当融资与民间借贷的制度差异;既要维护典当契约的意思自治原则,又要避免不必要的强制执行公证证明风险。

第六节　授信债权文书强制执行公证

授信,从字面理解,即为授予他人信用的意思。在当今社会生活中,广义上的授信范围十分宽泛,在买卖、借贷、租赁、承揽、运输、保管、服务等领域都大量存在。比如,卖方授予买方特别权利,其可以在卖方处随时提货,支付货款则可按月或按季结算;银行信用

---

① 我国《担保法》第41条规定:当事人以本法第42条规定的财产抵押的,应当办理抵押物登记,抵押合同自登记之日起生效。我国《物权法》否定了这一规定。

证透支，可以先行借支，在合理期间再予以存入归还，其也是一种授信行为；销售、餐饮、旅店、娱乐等许多行业推行的会员制客户制度，实际上也是一种授信行为。狭义的授信，是特指商业银行向非金融机构客户直接提供的资金，或者对客户在有关经济活动中可能产生的赔偿、支付责任作出的保证。在银行授信业务中，通常采用的授信方式包括贷款、贸易融资、票据融资、融资租赁、透支、各项垫款等表内业务，以及票据承兑、开出信用证、保函、备用信用证、信用证保兑、债券发行担保、借款担保、有追索权的资产销售、未使用的不可撤销的贷款承诺等表外业务。① 概言之，授信就是银行向客户直接提供资金支持，或对客户在有关经济活动中的信用向第三方作出保证的行为。本节仅讨论银行授信债权文书的强制执行公证问题，不涉及广义上的其他授信行为。

一、银行授信债权文书可否进行强制执行公证

授信按期限长短不同，可分为短期授信和中长期授信。短期授信为期限在一年内的授信，而期限在一年以上的授信则为中长期授信，但最长授信期限一般不超过 30 年。根据我国商业银行主管部门的规定，银行授信还可分为内部授信和外部授信。如中国人民银行 1996 年印发的《商业银行授权、授信管理暂行办法》（以下简称《授权授信管理办法》）第 6 条规定，本办法所称授信，是指商业银行对其业务职能部门和分支机构所辖服务区及其客户所规定的内部控制信用高限额度。具体范围包括贷款、贴现、承兑和担保。

从银行的对外授信来看，虽然种类繁多，但概括起来，大致可分为信贷额度授信与担保性授信两大类，前者适用更为宽泛。这是因为近年来，银行业竞争加剧，基于授信额度合同所具有的吸引力和保持优质客户，以及能简化客户在将来实际使用银行资金或信用时的审批手续的优势，银行将此类合同大量应用于对中小企业的融资事宜之中。为保障和维护信用底线，不少银行都在探索授信合同申办债权文书公证。那么，授信债权文书是否可以经公证赋予强制执行效力呢？笔者认为，这就需要从授信合同的性质上来加以判断。

首先，针对信贷额度授信合同而言，理论上通常将其界定为一种预约行为，认为授信额度合同是指银行与客户之间就未来一定期限内客户特定业务开展的融资事宜达成的预约合同。根据该合同，客户在额度使用期限内可要求银行贷予一定限额资金或信用授予，而客户则需承担获取授信额度的相应对价。就银行方而言，其可通过授信审查控制风险，而就客户方而言，则可通过获得授信，取得在将来一定期限内便捷融资的可能。②

---

① 本定义参见“360 搜索”中“授信”词条定义，载 https://wenda.so.com/q/1375146123065568? src = 140，最后访问日期：2019 年 2 月 23 日。

② 参见佚名：《银行授信合同是预约合同——银行授信合同与贷款合同的区别》，载新浪博客网：http://blog.sina.com.cn/s/blog_476bc82e0102e5z3.html，最后访问日期：2019 年 2 月 22 日。

理由为:(1)授信出于风险控制,有明确的指向为银行"授予"客户,重在基本框架确定与贷款资格审查;贷款为双务合同,应当具备贷款金额、款项用途、利率等必备要件,贷款为授信之可能后果,授信非贷款之必要前提。即使授信合同约定了明确的授信额度、授信期间,设立了抵押担保,形式上与贷款合同类似,内容亦与贷款合同各项要件重合,但欠缺贷款金额、利率、用途等必备要素的同时,更缺少"客户提出贷款申请经银行审批通过"这一贷款合意形成环节,是故,不能以授信合意取代贷款合意、更不应将贷款合同等同于授信合同。(2)如果双方约定"乙方使用授信额度必须逐笔申请,由甲方逐笔审批同意,每次贷款或其他授信的金额、期限、具体用途等可由双方另签具体业务合同(含借据、合同),或由乙方向甲方提交并经甲方接受的相关业务申请书予以约定",双方实质上约定将来以另签具体合同或经银行接受的业务申请书为贷款合同形式要件,并以银行审查通过为将来合同成立之前提。这种情况下,"授信合同"兼具预约订立本合同(贷款合同)的意思表示和构成本合同要约的要求,应独立于贷款合同,成为贷款合同的预约。

笔者认为,就贷款金额、款项用途、利率等必备要件都不确定的授信合同而言,上述观点是正确的,其只能是一种预约,即为将来订立正式融资合同的预备合同。然而实务中的情况通常是,授信合同有明确的授信额度,如一年内向受信方放贷400万元,分四期发放,即每季度贷款100万元,利率按法定利率计算,授信期限两年。这样的授信合同,已经与最高额贷款合同几无差异,借款金额、还款期限、利率一应俱全,当属一种本约无疑。鉴于此,对授信合同不能一概笼统地认为是预约合同,其实有许多授信合同已经具备本约的基本要素。实际上,既然是授信额度合同,必然有"额度",也必然有期限,否则也就不可能有短期与中长期授信之分。因此,从这个视角来看,不少授信合同都可以办理赋予强制执行效力的公证。这也正是为何最高人民法院、司法部、原银监会《公证服务金融风险防控通知》第1条,明确将授信合同作为第一项公证机构可以赋予强制执行效力的债权文书的缘由所在。

其次,针对担保性授信合同而言,由于担保人系银行,所担保的是承诺承兑、保证贴现或者确认融资等,也就是说,债务人一方是授信银行,故如果从授信人表明诚信与自愿约束的视角考察,就理论认知而言,也是可以办理强制执行公证的。但基于银行授信人的强势地位,申办债权文书强制执行公证的可能性极小。

二、授信债权文书强制执行公证审查要点与注意事项

(一)审查要点

1. 审查授信范围是否符合法律的规定。虽然中国人民银行规定的银行授信范围比较宽泛,但也并非没有限制。《授权授信管理办法》第10条规定,商业银行对其业务职能部门和分支机构所辖服务区及其客户授信,应遵循以下原则:(1)应根据不同地区的经济

发展水平、经济和金融管理能力、信贷资金占用和使用情况、金融风险状况等因素,实行区别授信;(2)应根据不同客户的经营管理水平、资产负债比例情况、贷款偿还能力等因素,确定不同的授信额度。(3)应根据各地区的金融风险和客户的信用变化情况,及时调整对各地区和客户的授信额度。(4)应在确定的授信额度内,根据当地及客户的实际资产需要、还款能力、信贷政策和银行提供贷款的能力,具体确定每笔贷款的额度和实际贷款总额。授信额度不是计划贷款额度,也不是分配的贷款规模,而是商业银行为控制地区和客户风险所实施的内部控制贷款额度。而中国建设银行于1999年印发的《额度授信管理办法(试行)》第4条更是明确规定,额度授信的对象只能是法人客户。在授信额度内可以对客户进行固定资产贷款、固定资产性质的房地产贷款、流动资金贷款、票据贴现、票据承兑、信贷证明、信用卡透支、保证业务、进出口贸易融资(包括信用证)、银团贷款及境外筹资转贷款等全部表内外形式的本外币授信。目前,公证机构适宜受理的授信债权文书主要是固定资产贷款、流动资金贷款、票据承兑协议、保函等几种债权文书,对境外融资转贷、外币信贷授信等则不宜办理强制执行公证。

2. 审查授信客户的适格条件。对此,中国人民银行没有明确、具体的规定,可参考中国建设银行《额度授信管理办法(试行)》对公开额度授信的规定来予以审查。所谓公开额度授信,是指授信银行公开承诺给予受信人多少授信额度的一种授信方式,其也应当是能够满足强制执行债权文书给付内容明确要求的一种授信方式。该办法第11条规定,公开额度授信客户原则上应同时符合以下条件:(1)经建设银行评定的AA级以上(含AA级)信用等级;(2)资产负债率不超过70%(建筑施工、房地产开发以及进出口贸易融资客户不超过80%);(3)净资产不低于4000万元人民币(进出口贸易融资客户不低于1000万元人民币);(4)近3年按期偿还贷款本息且无其他对银行(包括建设银行和其他银行)的违约行为。需要注意的是,公开授信额度方式的授信,原则上不应包括固定资产贷款、固定资产性质的房地产贷款以及境外筹资转贷款。① 虽然近年来,随着市场经济的发展变化,以及银行授信范围的扩张,上述规定要求有所放宽,且各商业银行之间的要求也不尽相同,但受信企业的信誉及偿债能力,以及规模等仍是不可或缺的考量指标。在公证中,公证员有义务提示授信银行(债权人)注意这方面内容的审查核实。

(二)注意事项

1. 注意担保关系。一般的银行授信合同,都要求受信企业提供相应担保,通常为最高额抵押担保、最高额质押担保,但也有最高额保证担保的情况。对这些担保契约,作为

---

① 中国建设银行《额度授信管理办法(试行)》第10条规定:"对客户的公开授信额度不包括固定资产贷款、固定资产性质的房地产贷款以及境外筹资转贷款。建设银行应从对客户确定的用于内部控制的授信额度内扣除预计在公开额度授信期限内客户对上述品种的信用需求量,再结合考虑建设银行的信贷政策后确定对客户的公开授信额度。"

从债务关系的债权文书,公证机构原则上均可以受理强制执行公证。在这类授信担保关系中,公证员需要特别注意的是,对必须经登记公示方可生效的抵押担保、质押担保物权,以及权利质押担保,应尽量要求当事人先办理登记公示手续,后办理强制执行公证。

2. 告知受信企业法律后果。各商业银行对受信企业的信誉条件等都有较严格要求,如根据中国建设银行《额度授信管理办法(试行)》规定,公开额度授信客户在授信期间内发生下列重大事项之一,经办行要根据对客户进行重新评价的结果,调整对客户的公开授信额度,通过发送《取消公开额度授信通知书》取消原公开授信额度,同时换发新的《公开额度授信证书》:(1)总投资超过客户投资前3年的税后利润之和的重大建设项目;(2)兼并、收购、分立、破产、股份制改造、资产重组等重大体制改革;(3)诉讼标的达到净资产的30%的重大法律诉讼;(4)对外担保额达到净资产的30%的重大对外担保;(5)重大人事调整;(6)重大事故和大额赔偿等重大事项。而公开额度授信客户如果出现贷款逾期、欠息或造成建设银行被迫垫款的情况,经办行要限令其在30日内改正,逾期不改正的,要立即取消其公开授信额度,发送《取消公开额度授信通知书》并报审批行备案。其实,在此种情形下已经满足向公证机构签发执行证书的条件,应建议债权人申请强制执行。

第七节　债务重组债权文书强制执行公证

债务重组,又称债权重整,是金融机构与贷款企业之间,或者企业相互之间就减少债权债务关系而采取的一种债务处理行为。在商业银行处置不良贷款、股份公司尤其是上市公司重整与并购中被大量采用。鉴于本书主要研究强制执行公证问题,因此本节主要探讨金融机构作为债权人的债务重组强制执行公证事宜,对其他公司之间的资产重组、并购重整所涉的债务重组,虽然公证介入的空间较大,但鉴于这类投资交易行为是否可以经公证赋予强制执行效力尚有待研究,故除涉及一般公司并购、重组的金融信贷资产重组行为外,暂不在本书的讨论范畴。

一、债务重组的基本法律关系

按照2014年5月新修订的《企业会计准则第12号——债务重组》的定义,债务重组,是指在债务人(又称目标公司)发生财务困难的情况下,债权人按照其与债务人达成的协议或者法院的规定作出让步的事项。也就是说,只要修改了原定债务偿还条件的,即债务重组时确定的债务偿还条件不同于原协议的,均作为债务重组。因此有学者认为,只要债权人就原债权作出让步,债务人通过债权人的让步可以减少应付债务的,均可称之为债务重组。[①] 债务重组主要有以下几种方式:(1)以资产清偿债务;[②](2)债务转为资本;[③](3)修改其他债务条件;[④](4)融合资产清偿、债转股与修改偿债条件这三种方式的组合型重组。[⑤] 债务重组,原则上应为法人之间的行为,不适用自然人之间的债权债务调整、处置关系,后者一般可采取签订还款协议的方式解决。

债务重组,从其本质上来看,是一项法律活动。其特性,是通过一定的方式改变债权人与目标公司(债务人)之间原有债权债务关系的契约行为,是一种民事法律行为、意思自治行为,受制于民商事实体法的约束。例如,以资产清偿方式进行的重组,是债权人与目标公司变更债权债务合同并依约履行的行为;以债权转股权方式的重组,系将债权人与目标公司之间的债权、债务合同关系转变为股权投资关系;以修改债务条件方式进行的重组,则是对债权人与目标公司原有合同项下权利义务的变更。至于在法院主持下达成的重组协议及其履行过程,其法律属性更是毋庸置疑,这是其一。其二,从另一层面来看,债权人与目标公司债务重组这一缔约过程的核心是双方间重新进行的债权、债务确认。而该确认本身就体现着新的债权债务法律关系的产生。

债务重组在市场经济中具有重要的法律意义。债务重组,不但可以有效帮助危困企业摆脱债务负担困境,避免其快速走向死亡;还能够使债权人适当收回债权,从而降低或减少损失,避免颗粒无收。鉴于此,其与同样具有消灭债权债务关系功能的破产程序相比,困难企业的债务重组体现为双方当事人之间的谈判与协议的过程,法律干预程度较低,双方或多方的损失更少。但是,债务重组既然是当事人之间的协商活动,也应当贯彻、体现法律对缔约过程所要求的平等、自愿、互利诸原则,以均衡双方以及各方当事人的利益。由于债务重组本身意味着债权人作出了让步,遭受一定的利益损失,这就更需要人们关注如何在这一协议过程中实现利益均衡的问题。这也正是公证介入,给予债权人实现债权充分保障的法理逻辑基础之所在。

---

① 姜超、李宁:《详解债务重组方案:一篇值得细读的案例》,载搜狐网:https://www.sohu.com/a/160472182_804438,最后访问日期:2019年3月25日。

② 以资产清偿债务,是指债务人转让其资产给债权人以清偿债务的债务重组方式。债务人通常用于偿债的资产主要有:现金、存货、金融资产、固定资产、无形资产等。以现金清偿债务,通常是指以低于债务的账面价值的现金清偿债务,如果以等量的现金偿还所欠债务,则不属于债务重组。

③ 债务转为资本,是指债务人将债务转为资本,同时债权人将债权转为股权的债务重组方式。但债务人根据转换协议,将应付可转换公司债券转为资本的,则属于正常情况下的债务资本,不能作为债务重组处理。

④ 修改其他债务条件,是指减少债务本金、降低利率、免去应付未付的利息等。这种方式主要是金融机构作为债权人时,所使用的债务重组方法。当然,在企业之间涉及民间借贷的,也可以运用。

⑤ 以上三种方式组合,是指混合运用资产清偿、债转股、减少本金利息等几种方式,或者至少采用其中两种处置方式。这些组合方式包括:(1)债务的一部分以资产清偿,另一部分则转为资本;(2)债务的一部分以资产清偿,另一部分则修改其他债务条件;(3)债务的一部分转为资本,另一部分则修改其他债务条件;(4)债务的一部分以资产清偿,一部分转为资本,另一部分则修改其他债务条件。

债务重组与破产重整的异同。破产重整,是指在企业因无力偿债而申请破产的情况下,依照法律规定的程序,通过债务重组和治理调整,保护企业继续营业,使之摆脱困境的再建型债务整理制度。破产重整与债务重组关联密切,在通常情况下,债务重组可以分为进入破产程序前的重组和进入破产程序后的重组。① 从这个意义上来讲,可以说,破产重整是进行债务重组的一种手段,债务重组是破产重整的重要内容。在通常情况下,企业进入破产重整,都会综合运用债务重组的各种方式来处置其债务。破产重整的模式有以下几种:一是债转股;②二是引进战略投资;③三是资产重组。④

二、债务重组债权文书强制执行公证的审查要点

金融机构作为债权人的债务重组,通常可能涉及的债权文书大致包括以下类型:单纯降低利息的还款合同;降低本金、利息的清偿合同;还旧贷新的借贷合同;债转股合同;呆滞贷款受让处理公司与债务人签订的偿债合同;其他包含多种债权债务关系的集合式债务重组合同。需要注意的是,展期贷款协议由于其并未减少债务金额,故不能作为适格的债务重组债权文书。此外,还有一些相对复杂的债务重组合同。一般而言,企业陷入债务困境,通常都不是一个问题导致的,而是多种因素长期叠加造成的。但其中必然含有大量的银行贷款或民间借贷债务无法偿还的情况。因此,公证介入办理强制执行公证的同时,有可能会被邀请参与整个重组的法律方案设计、参与谈判等协调工作。债务重组债权文书公证与其他强制执行债权文书公证的审查要点并无多少差异,公证中需要把握的,还是各种不同债务重组合同的特点与主要内容,并依据这些特点与内容审查其合法性、真实性,以及设计公证告知内容。

(一)以现金清偿债务的债务重组审查

按照有关规定,在此类债务重组关系中,债务人应当将重组债务的账面价值与支付的现金之间的差额确认为债务重组利得,作为营业外收入,计入当期损益。其中,相关重组债务应当在满足金融负债终止确认条件时予以终止确认。而债权人则应当将重组债权的账面余额与收到的现金之间的差额确认为债务重组损失,作为营业外支出,计入当期损益。其中,相关重组债权应当在满足金融资产终止确认条件时予以终止确认。重组

---

① 参见《破产重整与债务重组》,载个人图书馆网:http://www.360doc.com/content/18/0309/04/27683043_735537717.shtml,最后访问日期:2019年3月26日。

② 债转股的好处,是可以立即减轻企业的利息支出压力,将庞大的债务负担转变成支持公司发展的股权资本,降低资产负债率,为实现企业再融资创造条件。

③ 即由战略投资者对债务人进行投资并按照重整计划清偿债务,新的投资者通过注资偿债来接管企业,原投资者的股权要么被大幅稀释,要么被低价或无偿转让。这一模式一般适用于那些业务相对简单、信息相对透明、股权债权关系并不复杂的企业。

④ 通常方法是剥离出售盈利前景差、竞争力弱的业务,保留盈利前景好、竞争力强的业务。

债权已经计提减值准备的,应当先将差额冲减已计提的减值准备,冲减后仍有损失的,计入营业外支出(债务重组损失);冲减后减值准备仍有余额的,应予转回并抵减当期资产减值损失。这些财务制度规定,应当在重组债权文书中反映出来,并具体载明。这是此类公证债权文书审查的重点之一。

(二)以非现金资产清偿某项债务的重组审查

此种重组方式主要包括:以库存材料、商品产品抵偿债务,以固定资产抵偿债务和以股票、债券等金融资产抵偿债务三种。按照重组会计财务要求,债务人应当将重组债务的账面价值与转让的非现金资产的公允价值之间的差额确认为债务重组利得,作为营业外收入,计入当期损益。其中,相关重组债务应当在满足金融负债终止确认条件时予以终止确认。转让的非现金资产的公允价值与其账面价值的差额作为转让资产损益,计入当期损益。而债权人应当对受让的非现金资产按其公允价值入账,重组债权的账面余额与受让的非现金资产的公允价值之间的差额,确认为债务重组损失,作为营业外支出,计入当期损益。公证审查中的重点是,要明确重组后债务人清偿债务的期限、条件和每项需要清偿的具体金额。

(三)债务转资本之重组审查

债务转资本之重组审查又分为股份公司和其他企业两个类型:(1)股份有限公司。债务人为股份有限公司时,债务人应当在满足金融负债终止确认条件,终止确认重组债务,并将债权人因放弃债权而享有股份的面值总额确认为股本;股份的公允价值总额与股本之间的差额作为资本公积。重组债务的账面价值与股份的公允价值总额之间的差额作为债务重组利得,计入当期损益(营业外收入)。(2)其他企业。债务人为其他企业时,债务人当在满足金融负债终止确认条件时,终止确认重组债务,并将债权人因放弃债权而享有的股份份额确认为实收资本;股权的公允价值与实收资本之间的差额确认为资本公积。重组债务的账面价值与股权的公允价值之间的差额作为债务重组利得,计入当期损益(营业外收入)。在债转股的重组形式下,实际上公证赋予强制执行效力的空间相对狭小,除债转股的股权又受让与第三方公司形成债权关系的情形而外,通常当事人仅要求办理普通契约真实合法的公证,无须公证机构赋予强制执行效力。因此,在此种公证中,按一般契约公证要求审查即可。

(四)修改条件的重组审查

修改条件的重组审查又可分为不附或有条件与附或有条件两种重组方式:(1)不附或有条件的债务重组。在此种重组中,债务人应将重组债务的账面余额减记至将来应付金额,减记的金额作为债务重组利得,于当期确认计入损益。重组后债务的账面余额为将来应付金额。而债权人在重组日,应当将修改其他债务条件后的债权的公允价值作为重组后债权的账面价值,重组债权的账面余额与重组后债权账面价值之间的差额确认为债务重组损失,计入当期损益。如果债权人已对该项债权计提了坏账准备,应当首先冲减已计提的坏账准备。(2)附或有条件的债务重组。对债务人来说,修改后的债务条款如涉及或有应付金额,且该或有应付金额符合或有事项中有关预计负债确认条件的,债务人应当将该或有应付金额确认为预计负债。重组债务的账面价值与重组后债务的入账价值和预计负债之和的差额,作为债务重组利得,计入营业外收入。对债权人来说,修改后的债务条款中涉及或有应收金额的,不应当确认或有应收金额,不得将其计入重组后债权的账面价值。根据谨慎性原则,或有应收金额属于或有资产,或有资产不予确认。只有在或有应收金额实际发生时,才计入当期损益。鉴于此,对不附或有条件的修改条件重组,主要审查的应当是各方实际确认减少的债权情况及其具体的偿还周期,以及每期的偿还金额;而对附或有条件的修改条件重组,需要明确的主要是或有条件成就的具体条件,以及届时怠于偿债接受执行的意思表示。

(五)几种组合方式的重组审查

(1)以现金、非现金资产组合清偿某项债务。债务人应将重组债务的账面价值与支付的现金、转让的非现金资产的公允价值之间的差额作为债务重组利得。非现金资产的公允价值与其账面价值的差额作为转让资产损益。债权人应将重组债权的账面价值与收到的现金、受让的非现金资产的公允价值,以及已提坏账准备之间的差额作为债务重组损失。(2)以现金、将债务转为资本组合清偿债务。债务人应将重组债务的账面价值与支付的现金、债权人因放弃债权而享有的股权的公允价值之间的差额作为债务重组利得。股权的公允价值与股本(或实收资本)的差额作为资本公积。债权人应将重组债权的账面价值与收到的现金、因放弃债权而享有股权的公允价值,以及已提坏账准备之间的差额作为债务重组损失。(3)以非现金资产、将债务转为资本清偿债务。债务人应将重组债务的账面价值与转让的非现金资产的公允价值、债权人因放弃债权而享有的股权的公允价值之间的差额作为债务重组利得。非现金资产的公允价值与账面价值的差额作为转让资产损益;股权的公允价值与股本(实收资本)的差额作为资本公积。债权人应将债权的账面价值与受让的非现金资产的公允价值、因放弃债权而享有的股权的公允价值,以及已提坏账准备的差额作为债务重组损失。(4)以现金、资产、将债务转为资本清偿债务。债务人应将重组债务的账面价值与支付的现金、转让的非现金资产的公允价值、债权人因放弃债权而享有股权的公允价值的差额作为债务重组利得;非现金资产的公允价值与其账面价值的差额作为转让资产损益;股权的公允价值与股本(或实收资本)的差额作为资本公积。债权人应将重组债权的账面价值与收到的现金、受让的非现金资产的公允价值、因放弃债权而享有的股权的公允价值,以及已提坏准备的差额作为债务重组损失。(5)以资产、将债务转为资本等清偿某项债务。债务人应先以支付的现金、转让的非现金资产的公允价值、债权人因放弃债权而享有的股权的公允价值冲减重组债务的账面价值,余额与将来应付金额进行比较,据此计算债务重组利得。债权人因放弃债权而享有的股权的公允价值与股本(或实收资本)的差额作为资本公积;非现金资产的公允价值与其账面价值的差额作为转让资产损益,于当期确认。债权人应先以收到的现金、受让非现金资产的公允价值、因放弃债权而享有的股权的公允价值冲减重组债权的账面价值,余额与将来应收金额进行比较,据此计算债务重组损失。

对组合方式的重组债权文书的公证审查,需要把握每一类组合方式的特点和具体要求,并集合各种单一重组方式的公证审查要求,综合设计审查、核实方案,履行告知义务。

第十章　担保债权文书强制执行公证新探

在我国的强制执行公证业务中，担保类债权文书强制执行公证经历了不被认可、有限认可到名正言顺的漫长成长历程。时至今日，虽然在法理上和制度上都可以作为强制执行公证的适用范围，但不可否认的是，由于担保债权文书的种类多样，相互之间的法律关系呈现显著差异，以及公证赋予强制执行效力需要审查与把握的重点明显不同，再加之理论认知上存在争议，导致其需要深入研究的问题仍然较多。本章，笔者将对其中的部分担保债权文书强制执行公证问题展开分析讨论。

第一节　重新审视抵押担保债权文书强制执行公证

根据最高人民法院《执行异议复议规定》第22条的规定，公证机构可以就抵押合同单独赋予强制执行效力。这一规定为长期以来公证界与司法实务界之间就抵押行为可否经公证赋予强制执行效力之争，画上了一个既有利于社会融资保障，又有利于公证债权文书业务拓展，还有利于法院实现执行的多赢的圆满句号。然而面对这一在法律上、实务操作上都还存在诸多讨论空间的制度，公证机构究竟应当如何对抵押行为赋予强制执行效力才能有利于法院的执行，才能更加契合物权法有关抵押权实现的法律机理，却又成了公证人不得不认真研究且为应当研究的问题。

一、根基不稳：公证赋予抵押合同强制执行效力之法理分析

抵押合同经公证赋予强制执行效力的目的，在于债务履行期

届满债务人怠于偿债时,抵押权人可以向公证机构申请签发执行证书,不经诉讼即可请求法院强制拍卖、变卖抵押人的抵押物及时、有效地实现抵押权,从而促进市场交易的顺畅与便捷。

在法律理论上,公证机构能够赋予抵押合同强制执行效力的基础,乃是认定抵押合同系债权文书,且为有给付内容的债权文书。这是因为我国《公证法》第37条明确规定,公证机构只能对"有给付内容"的债权文书赋予强制执行效力。不过,司法部颁布的《公证程序规则》则进一步对"给付内容"进行了限缩性解释,要求须为具有"给付货币、物品、有价证券"为内容的债权文书公证机构方可赋予强制执行效力。那么,抵押合同是否可以认定为系具有给付内容的债权文书,甚或系具有给付货币、物品、有价证券为内容的债权文书呢?对此,颇值讨论。

(一)抵押合同是否是债权文书

毋庸置疑,债权是一种请求权,"债权者,以对于特定之人,请求特定之行为(作为或不作为)为内容之权利也"。[①] 债权的特征如下:第一,债权为请求权。债权人在债务人给付之前,不能直接支配该项给付的标的物,也不得直接支配债务人的行为,而只能通过请求债务人履行债务以实现自己的利益。第二,债权为相对权。在债的法律关系中,债权债务只存在于特定的当事人之间。第三,债权的存在具有期限性,债权人在法定的期限内不及时主张权利,将导致失权。第四,债权具有相容性。同一标的物上可以成立两个或两个以上性质相同的债权,即每一个债权都不具有排他性。第五,债权具有平等性,不因成立先后而有效力上的优劣之分。第六,债权的设立多具有任意性。在法律不禁止的情况下,经当事人意思自治可任意创设之。[②]

在大陆法系有关物权设定与变动的原则中有三种立法模式:以德国民法典为代表的物权形式主义,以法国、日本民法典为代表的债权合意主义和以奥地利、瑞士和韩国民法典为代表的债权形式主义。德国民法典认为,抵押权的设定行为为物权行为(无因性物权契约)。依此观点,抵押人和抵押权人订立的抵押合同是一种债权行为,其成立和生效应当依合同法的规定确定,而抵押权的生效则依物权行为理论,由物权行为与登记生效相结合而完成。如尊崇德国物权行为理论的学者谢在全先生就认为,抵押权的设定为物权契约,而约定抵押权设立之行为则属债权契约:"其理正与不动产之买卖契约同。"[③]法国民法典认为,抵押权的设定行为为债权行为。这种观点不承认物权与债权的区分,认为当事人间订立设定抵押权的合同就是一种债权行为,就能够产生抵押权设立的效果,

---

① 史尚宽:《债法总论》,中国政法大学出版社2000年版,第1页。

② 参见中国社会科学院法学研究所《法律辞典》编委会编:《法律辞典》(简明本),法律出版社2003年版,第834~835页。

③ 谢在全:《民法物权论(下册)》,中国政法大学出版社1999年版,第566页。

物权的变动仅为发生效力的结果。除此之外,不存在所谓的设定抵押物权的物权行为。[①]我国现行物权法与奥地利、瑞士民法相同,采行的是债权形式主义,这种立法例认为,抵押权的设定区分为原因行为与结果行为,签订抵押合同的债权行为属于原因行为,而抵押物登记则属于抵押权设定的结果行为。抵押合同成立即生效,而抵押权的设立须经登记生效。如我国《物权法》第15条规定,“当事人之间订立有关设立、变更、转让和消灭不动产物权的合同,除法律另有规定或者合同另有约定外,自合同成立时生效,未办理物权登记的,不影响合同效力”。学理上认为,我国《物权法》的这一规定,在我国确立了物权变动之区分原则,即不动产物权的设立、变动契约与所有权移转公示相分离,物权变动契约成立即具约束力,而所有权的转移或他物权的设定则依登记生效。因此凡涉及物权的设立、变更、转让和消灭的契约均应视为债权法律关系,都应依合同法来加以判断。[②] 此外,从我国《物权法》第199条关于同一物上的抵押权受偿顺序的规定中,也可以看出立法者将抵押合同看作债权文书的立法意图。该条第3项规定:“抵押权未登记的,按照债权比例清偿。”此规定隐含这样的意思,即抵押权如果未经登记,则设立抵押权的契约仍然有效,只不过此时的抵押契约只能是一种普通债权文书,其后果适用债权的平等受偿原则。

通过上述分析我们可以作出以下初步判断:大陆法系的三种立法例均一致认定,创设抵押权的抵押合同属于债权法律关系,其区别,只是在抵押合同与抵押权的生效时点与方式的认识理论上存在差异而已。因此,笔者认为,在我国法律上,抵押合同理应归入债权文书的范畴。

(二)抵押合同是否属于给付货币物品有价证券的债权文书

从债权法理上分析,作为债的关系的要素之一的债之客体,即债权债务指向的对象,是债务人应为的一定行为(包括作为或不作为),统称为给付,也就是说,债的客体即为给付。因此,给付是一般债权文书的主要特征。然而我们也不能因此就断定所有的债权文书都具有直接的给付内容。这是因为“给付”本身具有以下含义:义务人本来对某物享有权利或其本身具有某种技能。根据债权合同,其有将对物之权利移转于他人,或运用其本身之技能来实现债权人所期待之利益的义务,如房屋之买卖、提供软件之外包服务等。然而,抵押合同却与一般的具有给付内容的契约不同,其在于创设一种权利或者形成一种负担。抵押合同的标的并不是直接的“给付”这种行为,而是创设“抵押权”这种担保物权。“抵押人设定了一种权利与抵押权人,而非对其所有物本身就享有抵押权,然后又通过抵押合同将这种抵押权转与抵押权人。”[③]因此,在抵押合同中并不存在直接的给付

① 参见陈祥健主编:《担保物权研究》,中国检察出版社2004年版,第71页。
② 参见胡康生主编:《中华人民共和国物权法释义》,法律出版社2007年版,第50页。
③ 李云波、孙世岗:《抵押合同与抵押权》,载《安徽电力职工大学学报》2001年第2期。

或以直接给付为目的的债之意图，而只存在一种担保物权的创设问题。如王利明先生就认为，抵押合同与一般债权合同存在区别。物权法所规定的一些合同关系，如土地使用权出让和转让合同、抵押合同、质押合同等和一般的债权合同一样，本质上都是反映交易关系的，但由于这些合同旨在设立、变更、移转物权，而我国立法并不承认物权合同的概念，且合同法对此类合同未予调整，因此这些合同作为一类特殊的合同形式，主要应由物权法加以调整。但在合同的订立、解除、违约责任等方面也要适用合同法的调整。① 如果说抵押合同是债权文书，那么，其标的应当是抵押权的设立，然而抵押权的设定须经登记行为才能完成，不经登记，抵押权的设立不发生效力。正是基于此，在理论上，抵押契约又被称为设权性契约，其目的是设定抵押权。② 是故，倘若抵押合同存在给付，这种给付就只能是抵押人应当完成抵押物的登记这一抵押权设定的要件行为。或者换句话说，抵押权人在抵押合同这一债权文书中的权利，主要是请求抵押人申办抵押权登记，完成抵押权的设定。而一旦完成抵押权登记，抵押物与抵押人之间就形成了一定的法律上之隔离（也可以说是抵押物之处分权与抵押人之控制权的法理分离），抵押权人即对抵押物具有排他的优先受偿权和处置权。此时，抵押权的物权属性得以完整体现，而抵押人的债务人属性即被屏蔽或退隐。因此，笔者认为，抵押合同是债权文书，但却不属于具有直接的给付内容或以移转物之所有权为目的的债权文书范畴。换句话说，在法理上，我们很难将抵押合同划入具有给付货币、物品、有价证券为内容的债权文书范畴之中。

二、面临挑战：公证强制执行与其他实现抵押权方式的冲突

（一）物权法实施前公证赋予抵押合同强制执行效力的认知冲突

我国抵押权的实现程序，经历了一个从诉讼程序到非诉程序的立法转变过程。我国关于抵押权实现方式的最早规定见于我国《民法通则》第 89 条，该条第 2 项规定，债务人或者第三人可以提供一定的财产作为抵押物，债务人不履行债务的，债权人有权依照法律的规定以抵押物折价或者以变卖抵押物的价款优先得到偿还。很显然，依照《民法通则》的这一规定，其意图主要是主张依私力救济的方式实现抵押权。我国 1995 年施行的《担保法》第 53 条第 1 款规定，债务履行期届满抵押权人未受清偿的，可以与抵押人协议以抵押物折价或者以拍卖、变卖该抵押物所得的价款受偿；协议不成的，抵押权人可以向人民法院提起诉讼。由此可见，担保法进了一步，明确规定了私力救济与公力救济相结合的方式，即增加了以拍卖的公力方式实现抵押权的救济途径。继而，最高人民法院在《关于适用担保法若干问题的解释》第 130 条进一步规定，在主合同纠纷案件中，对担保合同未经审判，人民法院不应当依据对主合同当事人所作出的判决或者裁定，直接执行

---

① 参见王利明：《物权法论》，中国政法大学出版社 1999 年版，第 79 页。

② 参见何志：《担保法判解研究与适用》，人民法院出版社 2010 年版，第 386 页。

担保人的财产。也就是说,仍然坚持以诉讼手段作为唯一实现抵押权公力的方式,不承认非诉公力救济程序。然而,以诉讼方式实现抵押权,带来的困扰却是显而易见:一是效率低。往往一件实现抵押权的诉讼通过一审、二审再到执行,需要一两年甚至更长的时间。① 二是成本高。如需支付诉讼费、财产保全费、评估费、拍卖费等,再加上高昂的律师费,抵押权人不堪重负。②

针对上述抵押权实现上存在的弊端,1999 年颁布的《合同法》第 286 条进行了必要的调整。该条规定:"发包人未按照约定支付价款的,承包人可以催告发包人在合理期限内支付价款。发包人逾期不支付的,除按照建设工程的性质不宜折价、拍卖的以外,承包人可以与发包人协议将该工程折价,也可以申请人民法院将该工程依法拍卖。建设工程的价款就该工程折价或者拍卖的价款优先受偿。"也就是说,对此类不动产留置权(有人也称为法定抵押权)可以在协商不成的情况下径直申请法院拍卖受偿。③ 但这毕竟仅针对的是承包建设工程这一特定的优先物权,能否推及而适用于其他担保物权如抵押权的实现仍成疑问。关于这一点,2002 年 6 月 20 日最高人民法院在《关于建设工程价款优先受偿权的问题的批复》中解释到:"人民法院在审理房地产纠纷案件和办理执行案件中,应当依照《中华人民共和国合同法》第 286 条的规定,认定建筑工程的承包人的优先受偿权优于抵押权和其他债权。"这就表明,最高人民法院认为,建设工程优先受偿权与抵押权是两个概念,④不能混同。

在该阶段,从法理上分析似乎公证赋予抵押合同强制执行效力是最佳的抵押权实现方式。但由于该时期法院坚持有抵押担保的债权文书不能经公证赋予强制执行效力,⑤ 事实上致使公证与诉讼等其他以公力方式实现抵押权之间存在不协调的问题。

(二)物权法实施后公证赋予抵押合同强制执行效力面临的冲击

法院的观点,在物权法实施后似乎有了一定的变化。一些地方的法院开始认定有抵

① 全国人大法制工作委员会民法室编:《〈中华人民共和国物权法〉条文说明、立法理由及相关规定》,北京大学出版社 2007 年版,第 357 页。

② 参见最高人民法院民事诉讼法修改研究小组编著:《〈中华人民共和国民事诉讼法〉修改条文理解与适用》,人民法院出版社 2012 年版,第 414 页。

③ 参见江平主编:《中华人民共和国合同法精解》,中国政法大学出版社 1999 年版,第 223 ~ 224 页。

④ 参见沈德咏主编:《最高人民法院民事诉讼法司法解释理解与适用(下)》,人民法院出版社 2015 年版,第 959 页。

⑤ 法律根据主要包括:(1)最高人民法院、司法部于 2000 年 9 月 1 日联合印发的《联合通知》中明确规定,有财产担保的租赁合同不能赋予执行效力。(2)2003 年最高法院执行工作室《关于中国银行海南省分行质押股权异议案的复函》认为,公证机构对抵押协议赋予强制执行效力,不符合法律规定。甚至更偏激的观点认为,一切有担保的债权均不属于公证执行的范围。参见蒋惠岭:《〈关于公证机关赋予强制执行效力的债权文书执行有关问题的联合通知〉的理解与适用》,载最高人民法院执行工作办公室编:《强制执行指导与参考》(2003 年第 1 辑),法律出版社 2003 年版,第 121 页。

押担保的债权文书可以执行，甚至最高人民法院的案例也开始支持此观点。[①] 然而物权法有关实现抵押权的新规定，又对公证赋予抵押合同强制执行效力形成了新的挑战。我国《物权法》第195条第2款规定："抵押权人与抵押人未就抵押权实现方式达成协议的，抵押权人可以请求法院拍卖、变卖抵押财产。"这一规定，颠覆了担保法的规定。按照我国《担保法》第53条第1款的规定，当事人未就实现抵押权达成协议的，只能通过诉讼方式解决；而按照我国《物权法》第195条第2款规定，当事人未就实现抵押权达成协议时，抵押权人可以径直请求人民法院拍卖、变卖抵押财产优先受偿。

毋庸置疑的是，我国《物权法》第195条第2款的新规定，对采用以公证方式赋予债权文书强制执行效力而实现抵押权的传统做法，是一种明显的冲击，甚至有可能抵销公证在实现有物的担保的债权领域的独特作用。之所以作出如是判断，是基于以下分析：(1)从制度上看，这一实现抵押权方式的功能，与公证赋予抵押担保合同强制执行效力的作用有异曲同工之妙。两者都是在实现抵押权时不经过诉讼，或者叫规避诉讼；两者都是事后直接请求人民法院径直拍卖、变卖抵押财产优先受偿。因此，在物权法实施后，当事人就多了一种依赖公力实现抵押权的选择，而在此前，公证赋予执行效力实现抵押权可能是其采取非诉方式的唯一快捷途径。(2)从经济上看，协商不成请求法院拍卖、变卖抵押财产，其成本有可能会小于对债权文书办理赋予强制执行效力的公证实现方式。因为办理公证当事人须缴纳公证费。抵押权人为节约成本，自然会对成本低的救济方式趋之若鹜。(3)从法理上看，两种制度设计都是利用公力帮助抵押权人快速实现抵押权。但是，采用公证赋予债权文书执行效力，还需经过公证机构事后出具执行证书的环节，而采用直接请求人民法院拍卖、变卖抵押财产的方式，则减少了这一环节，因此，从某种意义上讲其更有效率。(4)从实践上来看，人民法院对公证机构赋予债权文书执行效力虽然没有争议，但对直接赋予抵押合同执行力仍时有微词，即使是在《执行异议复议规定》出台后的时下，仍然有一些法院有不同的看法。其中，对债务人以自己的抵押物设定抵押权的，执行起来较为方便，而对第三人作为抵押人的抵押权，则常常难以如愿执行。协商不成请求法院拍卖、变卖抵押财产的方式，则不会出现上述问题。(5)从司法权力分配理论上看，人民法院当然愿意垄断司法资源。而采用公证赋予债权文书执行力的方式，抵押权实现的实质审查由公证机构来完成，难免存在司法权旁落之嫌。因此，从法院角度思量，受理当事人直接请求其拍卖、变卖抵押财产来实现抵押权对自身更为有利。综上所述，我国《物权法》第195条第2款的规定对赋予有物的担保的债权文书强制执行效力的公证来讲，必然会产生巨大的、不可回避的消解作用。

---

① 典型案例为：最高人民法院(2011)执监字第180号《执行裁定书》。具体案情及解读可参见刘疆：《对具有强制执行效力债权文书公证的精彩诠释——解读最高院(2011)执监字第180号执行裁定书》，载《中国公证》2013年第9期。

如果说物权法的上述规定仅为实体法上的宣示，尚不能对公证赋予抵押合同强制执行效力构成实质性的影响，那么2012年新修订的民事诉讼法则将这一“威胁”变成了现实。我国《民事诉讼法》在第十五章“特别程序”的第七节规定了实现担保物权的裁定程序。我国《民事诉讼法》第196条规定：申请实现担保物权，由担保物权人向财产所在地或者担保物权登记地基层法院提出。该法第197条规定：法院受理申请后，经审查，符合法律规定的，裁定拍卖、变卖担保财产，当事人依据裁定可以向人民法院申请执行。2015年颁布的《民诉法解释》第361条则进一步规定：我国《民事诉讼法》第196条规定的担保物权人，包括抵押权人、质权人、留置权人；其他有权请求实现担保物权的人，包括抵押人、出质人、财产被留置的债务人或者所有权人等。民诉法司法解释将抵押人、出质人、留置人等债务人涵盖于“其他有权请求实现债权的人”的范畴中，更加彰显了我国《物权法》第195条第2款的实用价值。

三、顺势而为：变一种方式赋予抵押合同执行效力

基于上述分析，业界对公证赋予抵押合同强制执行效力的价值和意义有必要重新认识，并在此基础上找出适应新形势的策略和方法，以推动此项制度发挥出其应有的效用。

（一）抵押权实现方式的再认识

关于经公证赋予强制执行效力的抵押担保债权文书，人民法院在实际执行时，是依据抵押担保合同还是依据抵押权凭证，也有一个逐步认识的过程。如最高人民法院执行局草拟的《民事强制执行法（草案）》第五稿有关执行依据的条文中就曾规定，“当事人依《物权法》订立的抵押合同”属于执行依据之一。但其在注释中又不确定地解释道：另一种意见认为，本项规定应变更为“担保物权凭证”。[①] 新近的《民事强制执行法（草案）》第六稿，则明确放弃了以担保合同作为执行依据的提法。其第19条第13项规定，对担保物权的执行根据系“人民法院依留置权人、抵押权人、质权人或建设工程价款优先权人的申请，对留置物、抵押物、质物或涉案建筑物等所作的许可强制执行的裁定书”。[②] 显而易见，这里，《民事强制执行法（草案）》的起草者已经认为抵押合同（包括其他物的担保合同），不是人民法院执行的依据，而担保权人申请法院裁定实现担保物权的依据，应为担保物权之权利凭证，就抵押担保而言，其权利凭证就是抵押权登记证书（又称不动产他项权证书）。

对此，我们也可以从国外的一些规定中看出些许端倪。日本的民事执行包括基于法院判决的执行和基于抵押权的执行两部分。前者大约占执行量的10%，而后者则占了约

---

① 江必新、贺荣主编，最高人民法院执行局编：《强制执行法的起草与论证（三）》，中国法制出版社2014年版，第512页。

② 同上书，第584页。

90%;前者属于诉讼执行,后者则属于非诉执行。由于日本《企业担保法》第3条规定:“以企业担保权的设定或变更为标的的契约,应以公证证书制成。”是故,虽然公证机构可以对担保权设定契约赋予执行效力,但就抵押权的实现而言,抵押权人仅需凭借抵押权登记证书即可申请法院执行官执行,而并不依据抵押契约,也无须经过诉讼。[①] 韩国也有类似的规定。韩国公证人可以对给付一定金钱或代替物,以及一定数量的有价证券为标的的请求,制作赋予强制执行效力的公证文书,且其径直将此类公证文书称为执行证书。债务人怠于偿债的事实发生后,债权人可凭借该执行书直接申请法院执行,如果是对抵押权赋予执行效力,抵押权人则可径直依据抵押权凭证直接请求法院拍卖抵押物受偿。[②]

关于抵押权的实现程序问题,虽然物权法规定抵押权人可以请求人民法院拍卖、变卖抵押财产,但是并未规定以何种程序实现。在民事诉讼法修订之前,理论界对抵押权的实现究竟是适用一般诉讼程序,还是适用执行程序或者非诉程序,一直存在较大的争议。第一种观点认为,应当沿用传统的民事诉讼方式,即由抵押权人启动诉讼程序获得胜诉判决后进而申请强制执行。[③] 第二种观点认为,应当采用非讼程序实现抵押权,无须经过全部诉讼程序过程,法院通过对抵押权登记等证据的审查,即可裁判实行抵押权,包括允许强制拍卖抵押财产。[④] 第三种观点则认为,无须新设司法实现程序,当事人可以直接向公证机构申请,由公证机构对抵押合同赋予强制执行效力。[⑤] 我国2012年修订的《民事诉讼法》实际上采纳了上述第二种观点,即实现抵押权的条件成就时,抵押权人径直申请法院以特别程序(亦可称为简易审查程序)的方式拍卖抵押物受偿。

(二)抵押权公证债权文书实现方式与法院裁定实现方式之比较

如上所述,我国《物权法》第195条第2款的规定以及新民事诉讼法关于实现担保物权的特别程序之出台,必将对公证赋予有物的担保的债权文书执行效力产生不可回避的冲击和影响,但无可否认的是,其只是对公证形成了竞争之势,并未彻底排斥和抵销公证。同时我们还应当看到,从抵押权实现的制度设计与程序正义上审视,通过公证赋予执行效力的公力救济,较之协商不成时请求法院拍卖、变卖抵押财产实现抵押权的公力救济方式来看,仍然具有自身的比较优势。

---

① 参见江伟、贺季敏:《论强制执行法的单独制定》,载江必新、贺荣主编,最高人民法院执行局编:《强制执行法的起草与论证(三)》,中国法制出版社2014年版,第19页。

② 参见[韩]姜大成:《韩国民事执行法》,朴宗根译,法律出版社2010年版,第46~60页。

③ 参见肖建国、陈文涛:《论抵押权实现的非讼程序构建》,载《北京科技大学学报》(社会科学版)2011年第1期。

④ 最高人民法院物权法研究小组编著:《〈中华人民共和国物权法〉条文理解与适用》,人民法院出版社2007年版,第583页。

⑤ 参见高圣平:《物权法与担保法:对比分析与适用》,人民法院出版社2010年版,第102页。

首先,赋予强制执行效力公证债权文书,是法定的民事执行依据,而协商不成请求法院拍卖或变卖抵押物的救济方式,则不属于民事执行的当然依据。经公证赋予执行力的债权文书,与法院生效的判决、裁定、调解书和仲裁机构的生效裁决一样,具有同等效力的执行力,同为法院民事执行的依据。而且,现有程序法也将前述三类法律文书确定为民事执行的主要依据。而我国《物权法》第 195 条第 2 款规定的协商不成"抵押权人可以请求人民法院拍卖、变卖抵押财产"的救济方法,尚需经法院的必要审查,取得裁定执行依据后方可进入执行程序。由于请求法院拍卖或变卖抵押物受偿的方式不具有直接的执行力,因此,从债权人实现抵押权的公力救济效力上审视,与公证赋予执行力的救济方式相比较,其明显处于劣势。

其次,协商不成,请求法院拍卖或者变卖抵押物受偿的抵押权实现程序,与公证债权文书实现抵押权的程序相比较,其明显烦琐。按照司法实务界学者的观点,"抵押权人与抵押人未就抵押权实现方式达成协议的,抵押权人可以请求人民法院拍卖、变卖抵押财产"的程序属于非诉程序(特别程序)。非诉程序,是不同于诉讼程序和执行程序的一种特别程序。非诉程序的特征有四:一是不审理当事人的权利义务争议,只确认某种法律事实或权利;二是适用一审终审;三是不进行质证和言词辩论、一般不公开审理;四是审限短,立案至审结 30 日内完成。[①] 但无论如何,其仍然要经过一次确认事实与权利的特别程序,即裁判程序。而公证赋予债权文书(包括抵押权合同)强制执行效力后,则一旦出现债务人不履行债务或当事人约定的实现抵押权的情形时,抵押权人即可凭公证机构出具的执行证书向法院申请执行,无须再经过所谓的非诉特别程序。因此,对债权人(抵押权人)来讲,公证执行有如取得了特别通行证,可直达目的地;而"请求拍卖、变卖抵押财产"的方式,则相当于允许抵押权人事后向法院申领特别通行证,是否获得许可、能否直达目的地尚存疑问。故而,前者之程序明显烦琐于后者。

最后,公证赋予执行效力实现抵押权,较之请求法院拍卖、变卖抵押财产实现抵押权更有效率。赋予抵押担保合同强制执行效力公证,是事前一次性约定,事后条件成就即可执行,相对简便;而事后协商不成的请求拍卖、变卖抵押财产,则会存在事后磋商谈判的过程,难免麻烦。同时,二者的举证难易程度不同,后果差别明显。公证强制执行,抵押权人手中握有赋予执行效力的债权文书,且在事后可申请公证机构直接出具执行证书,法院对执行证书应当执行;而事后协商不成的请求拍卖、变卖抵押财产,则需抵押权人提供与抵押人未就抵押权实现方式达成一致的证据,而这种证据的采集相对困难,因此,法院受理请求的概率偏低,其后果也会难如人愿。此外,抵押权人并不会因公证而过分增大实现债权的成本。因为物权法规定,实现债权的成本应当由债务人承担。而债务

---

① 参见蔡晖:《抵押权的实现程序:直接申请执行,还是提起诉讼》,载《人民法院报》2007 年 7 月 5 日,第 6 版。

人承担更多的成本，则是其违约或不诚信理应承受的负担，或者叫作应予支付的过错代价。

由上观之，我国《物权法》第 195 条第 2 款之规定，虽然必将对公证赋予有物之担保的债权文书执行效力产生冲击，但公证赋予债权文书执行效力实现抵押权的公力救济方式仍然具有强大的生命力，如果业界积极转变思维、更新操作方法，以适应新形势的勇气顺势而为，其比较优势必然会继续得到银行等抵押权人的青睐和倚重。

（三）变一种方式设计抵押合同赋予强制执行效力公证

有如前述，抵押合同属于债权文书，但很难归属于“具有给付内容的债权文书”或“具有给付货币、物品、有价证券的债权文书”的范畴。公证机构对抵押合同赋予强制执行效力的直接根据并不充分，同时在法理上也显得有些牵强。由此，业界的最好做法应当是，改变公证对抵押合同赋予强制执行效力的传统做法，主动适应物权法和民事诉讼法有关抵押权实现方式和程序的新规定，引导并帮助当事人探寻顺利实现抵押权的更加科学、合理的路径，同时也使法院在执行抵押物（强制拍卖、变卖抵押物）的过程中，不为现行法律的混乱和法理解释上的模糊所困。

笔者认为，这一妥适的方法就是，可以在对主债权文书赋予强制执行效力的同时，建议抵押权人与抵押人在抵押合同中约定：若出现债务人怠于履行债务或合同约定的实现债权的情形时，抵押人放弃我国《物权法》第 195 条第 2 款规定的拍卖、变卖抵押物之前置协商权，抵押权人可以径行申请人民法院拍卖、变卖抵押物优先受偿。亦即让抵押人参照债务人在主债权合同中承诺放弃诉权的做法，在抵押契约中承诺放弃事后拍卖、变卖抵押物时的协商权，转而自愿承诺接受人民法院强制拍卖和变卖抵押物消灭抵押权。这一操作方法，不仅可以适用抵押担保合同，同样可适用于质权合同和留置合同。

可否如此设计的关键，在于判断抵押人是否可以于事前放弃事后的协商权。我们知道，我国《物权法》第 195 条第 2 款实际上规定的是抵押权实现的一种方式和程序，这与已经公证赋予抵押合同强制执行效力的方式和程序来实现抵押权性质相同，均为法律所提供的便捷实现抵押权的公力救济途径。这里的协商权，与诉权一样，均为抵押人的民事权利无疑。根据权利可以放弃而义务不能抛弃的民商法理，既然抵押人可以在债权文书赋予强制执行效力公证时承诺放弃诉权，就没有不允许抵押人于强制执行公证时承诺放弃事后协商权的道理。基于此，笔者认为，这种将两类抵押权实现方式混同处理的方法在法理上没有障碍，完全可行。

需要特别强调的是，这样约定的效果，既规避了抵押合同可否经公证赋予强制执行效力的问题，又达致了抵押权人直接申请法院拍卖、变卖抵押物优先受偿的基本目的，同时还使法院在执行中拥有了更加正当的理由。更为重要的是，在提倡多元化排解民事纠纷的新形势下，可以进一步减轻法院的审理负担，提高实现抵押权或其他担保物权的效率。

第二节 商品房按揭债权文书强制执行公证

作为近20年来中国强制执行公证业务的主要类型之一,商品房按揭债权文书公证,与一般的不动产抵押担保债权文书公证存在明显差异。这些差异既反映在债权文书主体、客体和内容方面,也表现于担保物权的生效与实现方面,甚至还体现在公证赋予强制执行效力的方式方法方面,故而有必要加以深入研究。

一、我国商品房按揭性质辨析

按揭,在英美法上是指将标的物的权利让与债权人以担保债权实现的担保形式。据学者介绍,"按揭"作为英美法中物的担保的一种类型,起源于英国中世纪的土地交易,最初是一种土地典质,指按揭人(mortgagor)将合法拥有的土地所有权转让予按揭权人(mortgagee),并以此作为偿还借款的保证,若按揭人如约还款,则赎回土地,否则卖断于按揭权人。[①] 根据王利明教授的考证,"按揭"一语转译自英语"Mortgage"。汉语"按揭"一词源于广东粤语,在广东话中"按"即有"押""抵押""质"等担保的意思;而"揭"则是英语"Mortgage"后半部分"gage"的粤语音译。"gage"在英语中意为"质押、担保",英语"Mortgage"意为"永久质、死担保"的意思。[②] 由于我国香港特别行政区属于英美法系,按揭在香港房屋担保贷款尤其是在在建商品房担保贷款中大行其道,但也有自己的创新。根据我国香港特别行政区法律的规定,按揭是指房地产所有人将其物业转予按揭受益人作为还款保证的法律行为。[③] 我国香港特别行政区学者认为,按揭是以合同构成担保,按揭人给予受按揭人一项在担保物上的权益,而这项权益在按揭人清偿义务时要转还予按揭人。我国香港特别行政区的按揭分为广义和狭义两种。广义的按揭包括任何形式的质押或抵押,而狭义的按揭则不包括抵押。[④] 我国香港特别行政区的房地产按揭分为法定式按揭和公义式按揭(衡平式按揭)。法定式按揭,是按揭人将法定式产业转让予按揭权人作为还款保证的担保方式;公义式按揭,则是指按揭人将公义式产业转让予按揭权人作为还款的担保方式,后者指未来的或不存在的产业,如尚未建成的房屋(楼花)。但是按照我国香港特别行政区《房地产转让与物业条例》的规定,从1984年11月1日起,所有现在产业不能进行法定式按揭,而必须采取公义式抵押。自此,我国香港特别

---

① 参见佚名文章:《按揭与让与担保》,载小柯论文网:http://www.doc88.com/p-3843719917581.html,最后访问日期:2019年2月23日。

② 参见王利明:《物权法研究》,中国人民大学出版社2002年版,第594~595页。

③ 参见陈祥健主编:《担保物权研究》,中国检察出版社2004年版,第309页。

④ 何美欢:《香港担保法》(上册),北京大学出版社1995年版,第181页。

行政区的法律只保留公义式按揭(衡平式按揭)一种形式。按揭于20世纪80年代传入内地广东等区域,遂成为我国商品房担保贷款的主要方式之一。按揭在英美法系担保制度中系一种典型的担保物权,但由于我国《担保法》及《物权法》均未规定有按揭这种物权担保类型,故其在我国属于何种担保形式,需要探讨。

关于我国现行法律框架下的按揭这种担保形式的性质的认识,学理上一直存在不同的看法,归纳起来大致有四种观点:(1)非典型担保说。该说认为,我国现实中实际上存在"名为按揭,实为不动产抵押"的中国式按揭,这种担保形式多运用于商品房按揭贷款中,其法律关系中包含着多重契约关系。因此,"中国的按揭法律关系极其复杂,实际是抵押、保证等法律关系的混合体,从这个意义上讲,当属非典型担保"。[①] 非典型担保说,实际上是承认其就是一种按揭担保的方式。(2)抵押担保说。该说认为,我国不存在英美法意义上的按揭担保形式,对现实生活中存在的所谓的按揭,应区别不同的方式来看待:在现房按揭中,如果房产商与购房人之间没有所有权保留的约定,购房人实际上是以自己的房屋所有权作抵押向银行贷款,此时的按揭性质应为抵押权;如果是期房(或称"楼花")买卖中的按揭,由于购房人尚未取得房产的所有权,而是仅取得了房产所有权的期待权,故应定性为准抵押。[②] 有学者更是认为,从商品房按揭设定的目的和效力上看,楼宇按揭与房地产抵押是基本相同的,并未超出抵押的范畴,仍然为不动产抵押。[③] 抵押担保说,在法理上得到物权法的支持,因为在我国《物权法》规定的物之担保形式中,没有按揭这一担保形式,我国现行法上的不动产担保通称抵押担保。同时,该说也为司法判例所支持。应当说,属于官方认可之观点。(3)准抵押说。该说认为,楼宇按揭与不动产抵押相比,二者均不移转标的物的占有、权利人行使权利的方式相同,但因为按揭人以商品房预售合同中的全部权益作为抵押,有别于现存定着物作为抵押标的的抵押,应当属于准抵押。[④] 准抵押说,看到了实务中的按揭与抵押担保实际存在的差异,具有一定的思辨性。(4)权利质押说。该说认为,在预售商品房按揭中,预购人在与银行签订按揭合同时,事实上对作为担保标的的楼花并不享有任何物权,而仅仅是一种债权请求权和获得将来利益的期待权。此时购房人向银行提供的借款担保标的不是楼花所有权而是对开发商享有的债权。因此,其不属于法定的不动产抵押担保行为,而更符合权利质押

① 吴庆宝主编:《最高人民法院专家法官阐释民商裁判疑难问题——民事裁判精要卷》(增订版),中国法制出版社2011年版,第118页。

② 参见王利明:《物权法研究》,中国人民大学出版社2002年版,第596页。

③ 参见程力:《楼宇按揭对我国抵押权制度理论发展的影响》,载马原主编:《房地产案件新问题与判解研究》,人民法院出版社1999年版,第15页。

④ 参见吴传华:《商品房预售中的按揭及其法律思考》,载马原主编:《房地产案件新问题与判解研究》,人民法院出版社1999年版,第48~49页。

的特征。[①] 该观点看到了预售商品房在预登记上的债权请求权属性,但却忽略了商品房预抵押登记存在的事实,即其所指向的权利是担保权人的抵押权本登记请求权。(5)让与担保说。该说认为,"我国实践中的商品房按揭既不是不动产抵押,也不是权利质押,而是一种让与担保。因为按揭必须以转让房地产的权益给按揭权人即银行作为必要条件,在楼花按揭中转让的是一种债权(商品房预售合同中的债权),在现楼按揭中转让的是房产的所有权,而不动产抵押权或权利质押都无须转让标的物的财产权,而仅仅是在担保标的之上设定他物权"。[②] 此观点在学理上拥有较多学者的支持。[③] 但学者所谓的"转让所有权"或者债权的事实并不存在,在实务中,现房按揭权人取得的为抵押权形式的他项权证书,预售商品房按揭权人取得的则是预抵押登记之排他权,亦即排除他人申请正式抵押登记之权。如果要以让与担保来定义,那么,其所有权让与也只能是观念上的让与。故倘若以观念让与来加以考察,似乎也有其合理性。

应该看到,我国内地的按揭制度虽是移植于我国香港特别行政区,但经过房地产市场近20余年的运用与发展,对按揭的理解已与我国香港特别行政区有显著之不同,与英美法上的传统按揭更是大相径庭。按揭这一制度已经融入了中国内地的法律背景,在得到内地习惯法认可之后,被赋予了新的内涵,成为一个本土化的约定俗成的"法律术语"。[④] 从我国房地产业的实践情况来看,内地所谓的"按揭",实际上是指购房人即借款人(按揭人)不转移所购房屋的占有权,而仅转移其观念上之所有权(形式为抵押预登记与正式登记)作为偿还按揭权人(银行)贷款本息的担保,并以售房人作为购房者的保证人向按揭权人(贷款人)保证担保,购房者偿还银行贷款时,银行应返还商品房之观念所有权(交还他项权证书、涂销抵押权登记);若购房者到期不能偿还银行贷款本息,银行有权将房屋折价或拍卖、变卖价款优先受偿,或者由售房者(保证人)将该房屋回购,并将回购款用于偿付银行贷款本息的一种集合形式的房屋交易担保借贷关系。

按揭实务中的操作方式通常为:首先由购房者先交付首期购房款(通常占购房款总额的30%左右),然后由购房人、售房人、银行三方签订书面借款担保合同(设立按揭),同时借款人(按揭人)尚需委托贷款人将按揭贷款划入售房人账户作为首付款之外的其他购房款,购房按揭人则分期或定期向贷款人(按揭权人)支付借款本金及利息。有学者将按揭的这种多重复杂关系分解为6个具体的法律关系:第一个法律关系,是按揭人因

---

① 参见刘晋:《楼花按揭的理论研究与法律调整》,载马原主编:《房地产案件新问题与判解研究》,人民法院出版社1999年版,第6页。

② 邹海林:《让与担保的价值定位与制度设计》,载刘宝玉主编:《担保法疑难问题研究与立法完善》,法律出版社2006年版,第89页。

③ 参见陈祥健主编:《担保物权研究》,中国检察出版社2004年版,第315~316页。

④ 说其是一个约定俗成的法律术语,是因为虽然法律上无此按揭之概念,但生活中乃至学者的著述中都在大量使用"按揭"这一法律术语,且人们都能理解其所指称的内涵范畴。

购房与房产商产生的房屋买卖关系;第二个法律关系,是按揭人因支付购房款向银行贷款而产生的借贷关系;第三个法律关系,是按揭人将所购房屋产权作为按揭偿还借款本息的保障所产生的按揭担保关系;第四个法律关系,是房地产商为保证按揭人清偿贷款与银行产生的保证关系;第五个法律关系,是按揭人按银行指定的险种向保险公司办理所购房屋的保险而产生的保险关系;第六个法律关系,是按揭人不能按规定向银行偿付本息时由房地产商将房屋回购所产生的房屋回购关系。[①] 其实,如果细分一下,还存在三种关系:一是按揭人委托按揭权人将借款划入房地产商的委托关系;二是按揭人授权房地产商办理抵押预登记及本登记的授权关系;三是三方共同申办按揭贷款债权文书强制执行公证的契约证明关系。

笔者认为,根据物权法定的原则,由于我国《物权法》并未规定"按揭"这一担保物权,因此应将现实中所谓的"按揭"贷款理解为特殊的抵押贷款,至于商品房买卖中开发商为购房者向银行贷款所提供的保证担保的行为,应视为一种独立的担保关系,其并非与购房者的贷款行为一道构成了所谓英美法上的"按揭"担保关系。鉴于按揭债权文书与普通的借贷与担保关系存在一定的区别,故在强制执行公证的审查、告知、出证以及执行证书的签发等方面都需要针对其特征来加以把握和操作。

二、商品房按揭与让与担保的区别

所谓"让与担保"(security transfers),又称让渡担保,依托的让与担保,是指债务人或第三人为担保债务履行的目的,将担保标的物的权利(通常是所有权),预先转移给债权人,由双方约定于债务清偿后,将担保标的物返还予债务人或第三人;于债务不履行时,债权人得就该担保标的物受偿的一种担保方式。[②] 让与担保制度是德国和日本等大陆法系国家沿袭罗马法上的信托行为理论并吸纳日耳曼法上的信托行为成分,经由判例、学说所形成的一种非典型担保制度。现代意义上的让与担保,不但保留了转移所有权这一基本特征,而且担保标的物也得到了极大的扩充,凡是可以依法转让的财产权,包括不动产所有权、动产所有权、企业所有权、他物权、债权、知识产权,以及依法可转让的财产权,或者正在形成过程中的权利均可设定让与担保。

让与担保与"按揭"是经常被混淆的一对概念,甚至日本学者就径直将英国法上的按揭(Mortgage)翻译成让与担保。[③] 我国台湾地区也有学者认为,"mortgage"的本意为让

---

① 参见李希:《试论按揭的法律属性》,载《政治与法律》1998 年第 3 期。

② 参见佚名文章:《按揭与让与担保》,载小柯论文网:http://www.doc88.com/p-3843719917581.html,最后访问日期:2019 年 2 月 23 日。

③ 参见许明月:《抵押权制度研究》,法律出版社 1998 年版,第 47 页。

与担保,目的在移转财产担保债务之清偿。① 我国学者中持此观点的大有人在。② 然而如果我们仔细考察,就会发现虽然二者存在一定的共性,如都需要转让担保物或其权利凭证与担保权人、其担保功能和目的相同等,但它们之间的差异还是十分明显的。第一,二者分属不同法系。按揭是英美法系的担保方式,而让与担保则是典型的大陆法系物权中的担保形态。第二,二者的适用范围不同。按揭的适用范围较为狭窄,主要适用于房屋买卖关系,按揭贷款根据当事人的特别约定,只能用于支付购房价款;而让与担保作为一种纯粹的担保方式,在国外大陆法系国家适用范围十分宽泛。第三,二者的客体不同。按揭之标的虽然并不绝对排斥动产,但一般以不动产为主;而让与担保的客体正好相反,虽然也在特定情况下包含不动产,但其主要客体应为动产。③ 第四,所涉法律关系不同。按揭的关系相对复杂,涉及按揭人、按揭权人、保证人之间的房屋买卖关系、借款关系、按揭担保关系、委托合同关系(委托银行将贷款划入售房人)、保证合同关系、回购关系等多个法律关系,而让与担保法律关系相对简单,主要是债权人与债务人之间的借贷关系及担保人与担保权人之间的担保关系。第五,有无公示方法不同。按揭的标的物无论是现房还是期房均以登记作为公示方法(而且为二重公示,商品房买卖预告登记、预抵押登记);让与担保则从其诞生至今一直没有一种法定的公示方法,故其属于非典型担保。第六,实现权利的途径不同。按揭权人可通过两种途径实现按揭权,一种是在按揭人到期不能履行债务时,按揭权人对标的物进行折价拍卖、变卖,并对所得价款优先受偿;另一种是按照合同中事先约定的回购条款,由售房人向银行回购按揭标的物,并以回购款偿还银行贷款本息;而让与担保权人只能就折价或拍卖、变卖标的物的价款优先受偿。④

让与担保在我国物权法上没有规定,但现实生活中可能实际存在。由于在动产担保领域其与动产抵押十分相近,因此理论上认为,如果要设立让与担保制度,应取消动产抵押制度。⑤ 因此,对让与担保契约公证机构不宜办理公证,更不能赋予让与担保债权文书强制执行效力。那么,在实务中如何区别让与担保与动产抵押行为呢?笔者认为,应主要从以下两点来识别:一是看抵押之动产是否办理了抵押权登记,如果登记了可视为抵押,而未登记的则可能是让与担保;二是看是否有流押条款之约定,有则可能是让与担

---

① 参见刘得宽:《民法诸问题与新展望》,台北,三民书局股份有限公司1979年版,第397页。

② 参见梁慧星编著:《中国物权法草案建议稿——条文、说明、理由与参考立法例》,社会科学文献出版社2000年版,第776~777页。

③ 参见王利明:《物权法研究》,中国人民大学出版社2002年版,第597~599页。

④ 参见佚名:《按揭与让与担保》,载小柯论文网:http://www.doc88.com/p-3843719917581.html,最后访问日期:2019年2月23日。

⑤ 由于大陆法系的德、法、瑞士等国均以让与担保取代动产抵押,故我国有学者也提出此观点。参见陈本寒:《担保物权法比较研究》,武汉大学出版社2003年版,第405~406页。

保,无则可能系抵押担保。当然准确的判断,还应当综合合同的其他内容及当事人的意思表示来确认判断。

三、商品房按揭与房屋抵押担保的区别

商品房按揭与不动产尤其是房屋的抵押担保存在许多相同之处,如在设定的目的、效力等方面,甚至在我国现行物权法范畴内,商品房按揭的公示方式就是抵押登记,即以抵押作为其担保权设定的表征。在司法实务上,也是将商品房按揭直接当作抵押担保来处理。但需要指出的是,商品房按揭与不动产抵押之间还是存在一些显著的区别。根据学者的归纳,①二者之间的区别主要有以下方面:

区别之一,债权人所享有的权利性质不同。由于抵押是一种不转移担保物的所有权和占有权,而是通过限制抵押人所有权的形式来担保债权的实现,因此,房地产抵押权人对抵押物享有的是定限物权。在商品房按揭关系中,尤其在预售房或者楼花销售的情形下,由于按揭人购买的是一种房屋的期待权,虽然按揭标的也不转移占有,但实际上是由按揭权人授权开发商占有,按揭人并不占有标的物。在这种情形下,至少在形式上或者观念上转移了标的物的占有。

区别之二,担保权设定的方式不同。普通抵押权的设立,既可以是债务人以自己的不动产设定,也可以是第三人提供财产设定,债务人不履行债务时或者约定的实现债权的条件成就时,债权人有权依照法律的规定以抵押物折价或者变卖价款优先受偿。而按揭权的设立,必须是按揭人自己所购的商品房。但由于多数情况下商品房尚未竣工,按揭人是通过购买楼花以按揭房屋所有权的期待权来设定按揭。因此,按揭人向债权人提供的还款担保也只能是房屋的期待权。是故,对楼花的按揭权无法像一般的抵押权那样通过限制所有权的方式来设定。

区别之三,担保的设定人不同。房地产普通抵押担保的抵押人是将依法取得的房地产提供给抵押权人,以担保本人或履行债务的自然人、法人或非法人组织,即除本人外,抵押人还可以是第三人;同时,抵押权人也比较宽泛,可以是金融信贷机构,也可以是其他自然人、法人或非法人组织。而商品房按揭的设定人则是限定的,按揭人只能是商品房购买人,按揭权人则只能是开发商(售房人)指定的金融机构。

区别之四,权利的实现方式不同。普通的房地产抵押是以抵押标的物的价值支配权转让为条件而设置,抵押权人在债务履行期届满未受清偿时,只能从房地产的变价款中优先受偿;而商品房按揭是将其财产权利在观念上转移于按揭权人以担保债权的清偿,因此从法理上讲,按揭权人可以以权益所有人的方式处分按揭标的,如授权开发商回购按揭房以回购款受偿债权等。

---

① 本部分主要参考陈祥健主编:《担保物权研究》,中国检察出版社2004年版,第314~315页。

需要指出的是,事物都是在变化过程中发展着的。按揭这种移植来的非典型担保融资方式也是如此。近年以来,由于房地产市场火爆,贷款银行不再担心按揭房拍卖不出去无法变价受偿,故按揭关系中的开发商回购条款已经很少使用。加之,开发商的保证担保通常只担保至按揭人的按揭房办理正式抵押登记之时,按揭担保也确实越来越趋同于房屋抵押担保,二者之间的界分已经比较模糊。

四、商品房按揭债权文书强制执行公证要点

商品房按揭贷款行为的程序和操作内容,与一般抵押贷款存在较大差异。在办理此类债权文书强制执行公证事务中,公证员应主要从以下方面来加以把握与运作。

(一)主体资格审查

商品房按揭的主体有三方,包括商品房的开发销售商、按揭贷款银行和按揭购房人。其中,开发商和银行的资质因为有多道关口审查把关,因此,在公证中对其的审查主要是形式上的,如开发商的法人资格、房地产开发资质、商品房建设用地使用权、规划许可、建设施工许可,预售许可等,其中预售许可是关键,只有取得预售许可的开发商,才有资格对外销售商品房。对按揭贷款银行的资格审查也相对简单,主要是审查其营业执照、法定代表人(或负责人)身份、金融允许证,以及具体代理申办商品房按揭贷款公证的经办人是否获得合法授权等。

商品房按揭贷款债权文书强制执行公证中,有关当事人主体资格审查的重点应当是按揭人一方。由于近年来,随着商品房价格的居高不下,我国的大中城市通常都对商品房的购房者实行限制政策管控,实务中就会存在主体适格的特殊审查问题。首先,按揭购房人需要符合当地房地产政策的规定,如有当地户籍、劳动社保关系等;其次,要符合按揭贷款的金融管控政策,如首套房的按揭首付比例,二套房的限制利率等;再次,要符合征信要求,如无不良信贷记录,或者其他不良诚信记录等;最后,还要符合具有还款能力的条件,如有稳定收入来源,年龄不超过限制按揭贷款之上限等。当然,这些方面的条件,大多已经由开发商和银行在购房与协商贷款环节,已经进行了审查,但在公证中,公证员依然不能忽视审查核实义务。在实行商品房摇号排序选房公证的一二线城市,在按揭人的主体审查中,还要注意区别“刚需”人群、“棚户区改造”安置人群和普通购房人群的不同主体标准。此外,涉及住房公积金按揭贷款的,还需要审查其特定的主体要件。

(二)告知内容要点

商品房按揭债权合同强制执行公证的告知,除需要告知当事人一般担保贷款强制执行公证的法律意义和后果外,尚需针对按揭贷款的特征,重点告知以下内容:

1. 告知抵押预登记的法律意义。由于商品房按揭,通常是在商品房尚未完全建成竣工符合居住的情形下进行的预售,故此时的按揭权登记——抵押登记,是一种预登记,并非为真正或正式的抵押权登记。因此,有必要告知当事人尤其是按揭人在完成预登记

后，在所购商品房办理所有权初始登记时，有义务配合按揭权人（银行）完成担保物权的本登记，即正式的抵押权登记。否则，按揭人将承担违约的法律责任。

2. 告知开发商承担连带保证担保责任的法律意义和法律后果。在商品房按揭贷款合同关系中，开发商是保证方，承担着按揭人怠于偿债或偿债不适当的连带清偿责任。这一保证担保责任分为两种：一种是承担到按揭债务人全部履行债务后的 2 年内；另一种是承担到保证人为按揭人办理完商品房所有权登记和抵押权登记之时。后者是惯常担保方式。开发商在保证期内的主要责任是，倘若按揭人在按揭房办理正式抵押登记前存在不履行还贷义务的事实，则按揭权人有权要求开发商承担连带保证义务。因此，开发商需要按照购房合同的约定，及时为按揭人办理所有权登记，否则其将面临更大的保证担保责任风险。

3. 告知强制执行的法律后果。按揭贷款的强制执行后果，与普通担保贷款强制执行后果不同的是，如果在按揭房尚未办理所有权登记前进入执行程序，则按揭权人仅享有债权上的执行请求权，而不享有物权上的执行请求权。因此，此时的折价变价方式方法受限，一般只能通过开发商回购再出售方式以回购款清偿按揭债务，这对开发商来说似有不利，因此，开发商在审查购房者信用能力时，应有一定预判，而在按揭履行期间，也有义务监督购房人严格履行按期偿债义务。

（三）按揭合同内容之审核

商品房按揭合同强制执行公证中，对合同内容的审查，主要应注重以下几个方面：

第一，按揭贷款的金额、利率、还贷方式。贷款金额，通常为扣除法定首付比例后的部分，因此金额实际上也是法定（政策规定）的，对此仅需要对照当地、当时银行允许贷款的比例要求即可。利率，是一个变动不安的数值，按揭合同约定的利率，除公积金按揭之优惠比例外，都是以当期银行贷款利率加当期政策性上浮幅度来确定，但其需要随着银行业信贷利率的调整而调整。这一点，亦需要特别告知按揭人。关于还贷方式，在按揭贷款中按揭人通常选择的有两种还款方式：一种是等额本息还款方式。在这种还款方式下，在不发生参考利率调整、浮动比例调整或贷后变更（包括但不限于提前还贷、担保条件变更、利率变更等）情况下，除首付还款日（首期）与最后一个还款日（末期）外，其余各还款周期应还的本息合计金额相等，还款定额根据还款总期数、贷款金额和贷款利率进行确定。另一种是等额本金还款方式。在这种还款方式下，各期应还本金等于全部贷款金额除以还款总期数；而各期应还利息则等于上期还款后剩余本金乘以适用利率再乘以计息期限。在按揭实务中，按揭人一般都选择后一种还款方式。此外，还有按期还息到期一次还本，以及到期一次清偿本息两种可选择还款方式，但很少有人选择。在公证中，特别需要审查核准按揭人选择哪一种还款方式，并清晰地予以固定下来。

第二，强制执行条款的约定。由于按揭合同是否需要申办公证并非法定强制性要求，故一些银行设计的按揭贷款合同的格式文本对此条约定都比较灵活，因此，在公证中需要加以特别审查与确定。如某国有商业银行的《个人一手住房贷款合同》(通用按揭合同)中有关强制执行公证的条款约定为:“若依本合同的约定借款人为本合同办理公证的,借款人应和贷款人到公证机关办理强制执行公证,借款人不履行或者不适当履行还款义务的,贷款人可以依法向有管辖权的人民法院申请强制执行,借款人愿意接受强制执行。”此条约定即非常灵活,需要结合具体的合同附件来确定是否申办赋予强制执行效力的公证,倘若没有附件或附属合同作特别约定,依本条约定,不能判断按揭人是否同意经公证赋予按揭合同强制执行效力。

第三,违约责任和实现债权条件的审查。如某国有商业银行的《按揭贷款合同 2018 版》所列借款人违约事件有 13 项之多,①包括提供虚假证明材料、不按期归还贷款本息及其他应付费用、以按揭房向他人提供抵押、擅自转让与出租或折价出资、抵押值减少或毁损、贷款人认为可能影响履约能力的事件出现,等等。其中最为不合理者,是将“借款人、担保人死亡或宣告死亡、宣告失踪”也列为违约事件。在关于对违约事件的处理规定中,明确规定,贷款人针对上述 13 项违约情形,有权“宣布本合同项下贷款本息全部或部分提前到期”。对这样的合同条款规定,在办理债权文书公证时,公证员有必要对所列违约事件,以及处理方式,逐项要求双方当事人明确认定标准,否则难免出现纠纷。

五、签发执行证书的审查核实要点

商品房按揭公证债权文书的执行证书签发审查,与一般的公证债权文书执行证书签发审查基本相同,但也存在有不同之处。主要表现为两个方面:

其一,提前到期或因其他违约事由引起的执行证书签发审查。由于商品房按揭债权

---

① 该条规定:“下列事件之一即构成或视为借款人在本合同项下违约:(1)向借款人提供虚假资料、文件、信息或隐瞒家庭住房实有套数等重要事实、资料、文件、信息,可能或已经造成损失;(2)未按期归还贷款本息或应支付的其他费用;(3)未按约定方式支用贷款资金或未按约定用途使用贷款;(4)借款人未按约定定期向贷款人报告或告知贷款资金支付情况,或拒绝接受并配合贷款人对包括贷款支付及用途等情况的信贷检查和监督;(5)以本合同项下贷款所购房屋提供抵押的,违反本合同的规定,擅自转让、出租、出借、以实物形式出资、改造、改建或以其他任何方式全部或部分处分抵押房屋;或在知悉该房屋将被拆迁信息时,未及时向贷款人告知抵押物被拆迁信息的,或违反本合同通用条款第 2 条第 6 款约定的;(6)以本合同项下贷款所购房屋提供抵押的,无法办理预先抵押登记的;或因抵押人拒绝或拖延获取房屋所有权证书、拒绝办理或拖延抵押登记,或非因抵押权人的其他原因,致使抵押权不能有效设立的;(7)发生抵押房屋毁损或价值减少的情形,借款人不按贷款人的要求恢复抵押房屋的价值也不提供担保;(8)发生贷款人认为可能影响借款人或担保人的经济状况或履约能力的事件,包括但不限于涉及重大诉讼或仲裁案件、承担重大负债等;(9)借款人、担保人死亡或宣告死亡、宣告失踪;(10)借款人违反本合同中关于当事人权利义务的其他约定;(11)借款人在与贷款人或 × × 银行股份有限公司其他机构之间的其他合同项下发生违约事件;(12)借款人与开发商就本合同项下贷款所购房屋质量、条件、权属等事宜发生纠纷,且上述纠纷将会影响借款人偿还贷款本息的;或发生借款人与开发商擅自解除、变更购房合同等影响本合同继续改造情形的;(13)担保人违反担保合同的约定,或在与贷款人或 × × 银行股份有限公司其他机构之间的其他合同项下发生违约事件。”

文书均为按揭银行事先设计的格式合同，且对按揭人（债务人）和保证人（售房人、开发商）预设的违约情由繁多，因此公证机构在签发执行证书时的核实重点，即为根据按揭合同的约定，判断债务人、保证人是否确实已经违约，或者实现抵押权的情由已经出现，确有必要签发执行证书实现按揭权。其中，尤其是要注重审查核实在合同履行期尚未届满，但贷款人（按揭权人）启动单方认定债务人（按揭人）已经违约情形所引致的执行证书签发。如前引某国有商业银行的《个人一手住房贷款合同》（《按揭贷款合同 2018 版》）所规定的违约事件出现后，贷款人有权采取的处理措施有 12 项，[①]其中的相当一部分处理措施都可能作为认定债务人违约并启动强制执行程序的情由。例如：（1）宣布贷款本息提前到期。宣布债务提前到期，即意味着，借款人未偿还贷款本息的事实已经出现，可以启动强制执行程序。（2）贷款人可决定依法实现抵押权。依法实现抵押权，就可以依强制执行程序要求开发商回购按揭房并就价款受偿，或者对正式抵押的按揭房屋予以拍卖、变卖受偿。（3）要求保证人承担责任。即可通过申请公证机构签发执行证书，从开发商的保证账户中扣还按揭人借款本息。在本条借款人违约处理的约定中，债权人可行使的其他处理措施，也有可能导致启动强制执行程序。因此，公证机构对商品房按揭公证债权文书执行证书的签发审查，需要针对合同的具体违约事项约定来理解与审查，并结合按揭人、保证人违约的事实来加以实际判断，不能只听凭按揭权人的一面之词。

其二，针对保证人签发执行证书的审查判断。在按揭贷款公证债权文书中，开发商需要为按揭人之借款向贷款银行（按揭权人）提供保证担保。由于这种保证担保通常为阶段性担保，即担保至按揭人所购的商品房办理完所有权初始登记，同时办理完抵押权正式登记之时止。因此，如果在该担保阶段内，按揭人怠于履行偿还贷款本息的义务，或出现按揭合同约定的违约情况，则按揭权人有可能要求开发商先行承担代清偿的责任。此时，会出现两种不同的情况：一是贷款人宣布贷款全部提前到期，要求开发商承担全部代为清偿义务；二是开发商愿意回购按揭房，以回购款清偿按揭人之借款本息。在后者的情形下，公证机构不需要出具执行证书，公证机构仅需要协助当事人办理回购协议公

---

① 该条款规定："出现前款规定的违约事件时，贷款人有权分别或同时采取下列措施：（1）要求借款人限期纠正其违约行为；（2）宣布本合同项下贷款本息全部或部分提前到期；（3）全部、部分中止或终止受理借款人在其他合同项下的业务申请；对尚未发放的贷款，全部、部分中止或终止发放；（4）宣布借款人在其他合同项下尚未偿还的贷款本息和其他应付款项全部或部分立即到期；（5）终止或解除本合同，全部、部分终止或解除借款人与贷款人之间的其他合同；（6）要求借款人赔偿因其违约而给贷款人造成的损失，包括因实现债权而导致的律师费、诉讼费等费用损失等；（7）有权从借款人在贷款人及××银行股份有限公司其他机构处开立的其他账户中直接扣划款项用于清偿贷款本息，账户中的未到期款项视为提前到期。账户币种与贷款币种不同的，按扣收时贷款人适用的结售汇牌价汇率折算；（8）依法及本合同约定对抵押房屋行使抵押权；（9）行使其他担保物权；（10）要求保证人承担保证责任；（11）若借款人提供的售房实有套数信息不实，除可采取上述措施外，贷款人有权取消本合同项下给予借款人的包括浮动比例在内的利率优惠；并有权按照借款人真实的住房套数及××银行股份有限公司公布的适用于该住房套数的相关贷款利率执行；（12）贷款人认为必要的其他措施。"

证即可;在前者的情形下,如果开发商拒绝自愿履行保证责任,则需要出具执行证书。被执行人根据债权人的要求,可以是开发商(因其提供连带责任保证),也可以是按揭人(借款人)。对按揭人(借款人)的执行内容可以是其他财产但不宜为尚未办理正式抵押权登记的按揭房。这一点需要公证员加以特别关注,否则可能导致执行不能。

第三节　保函债权文书强制执行公证

保函又称保证书,是指银行、保险公司、担保公司或个人应申请人的请求,向第三方开立的一种书面信用担保凭证。保函可以分为两种:一种是普通保函,也可称为普通单方保证书;另一种是在国际工程建设、航运(主要指国际货物运输)及涉外商事领域使用十分普遍的独立保函,也称独立担保。此种保函在国际海事商事交往中适用尤为普遍。国际商会《见索即付担保统一规则》第 2 条将这种独立保证定义为:“见索即付保证,不管其如何命名,是指由银行、保险公司或其他组织或个人以书面形式出具的,表示只要凭付款要求声明或符合担保文件规定就可以从他那里获得付款的保证、担保或其他付款承诺。”因此有人认为,独立保函只适用于涉外商事海事活动,不能适用于国内保证。[①] 但这一观点是值得商榷的,同时也不符合我国经济交往中的实际情况。

一、普通保函强制执行公证

在国内的工程建设领域已经开始推行的工程建设保证担保中,也采用了保函的担保方式。当然,这种保函是否属于国际上通行的独立保函还有待探讨。北京市建委于 2006 年印发的《关于工程建设保证担保的若干规定》中明确规定,工程建设保证担保以保函形式出具,种类包括:投标保证担保保函、承包履约保证担保保函、工程款支付保证担保保函、劳务分包付款保证担保保函、劳务分包履约保证担保保函、预付款保证担保保函和保修金保证担保保函。提供上述保函的担保人只能是银行业金融机构或专业担保公司。

此外,在一般经济交往中也存在着单方出具保证书的保证方式。我国《担保法》第 93 条规定:“本法所称担保合同、抵押合同、质押合同、定金合同可以是单独订立的书面合同,包括当事人之间的具有担保性质的信函、传真等,也可以是主合同中的担保条款。”这里所称的信函即包括了保证担保人单方出具的保函。只不过,担保法上所称的这种保函与前述国际商事、海事法律关系中适用的独立保函在担保主体上存在一定的区别,此处所称之担保函的提供主体比之金融保函和国际上通行的独立保函的提供主体要宽泛得多,通常认为,只要具有一定资信、愿意担保的自然人、法人或非法人组织,均可依法出

① 刘贵祥:《独立保函纠纷法律适用刍议》,载 http://www. balde. baldu. com/view/95142. htm? fr = alao_/,最后访问日期:2019 年 2 月 23 日。

具单方担保函。

普通保函,作为保证担保的一种特殊形式并不排斥强制执行公证的介入。普通保函公证是类似于声明书、承诺书公证的一种单方法律行为公证。由于在理论上将这种单方出具的保函视为保证人向债权人发出的要约,尚需得到债权人的承诺方能构成保证合同。因此,保函能否赋予强制执行效力,在实务中不无争论。有人认为,公证机构只能对债权文书赋予强制执行效力,而保函仅为一种要约,是否得到债权人的承诺尚难判断,故不宜赋予强制执行效力。需要看到的是,债权文书赋予强制执行效力的要件在于债务人是否主动承诺放弃诉权转而接受强制执行。保证作为一种从属性债务或补充性债务,只要保证人自愿承诺接受强制执行即没有不予以公证赋予执行力之理由。但是,由于保函必须与债权人的承诺一起方能构成完整的债权文书。2017 年 7 月 13 日最高人民法院、司法部、原银监会联合印发的《公证金融风控通知》第 1 条明确规定,公证机构可以对保函债权文书赋予强制执行效力。现在需要探讨和研究的,是公证机构如何对保函赋予强制执行效力。笔者认为,一种方法是,在公证中,公证员要向担保权人索取一个承诺书,以达成完成的契约关系。只不过担保权人的承诺书无须申办公证,仅作为证据材料存卷印证即可。另一种方法是,可以考虑在公证书证词中载明:倘若本保函未被债权人认可,即自动丧失效力,同时附着于保函上的强制执行公证效力也自动失效。①

二、独立保函强制执行公证

独立保函,又称独立担保,发端于英美法系。独立担保在本质上具有担保他人债务的目的与功能,是一种担保工具。独立担保虽属人的担保范畴,但由于其具有高度的独立性,又与传统上一般人保的完全从属性存在显著差异。

20 世纪 70 年代末 80 年代初,随着我国改革开放后经济交往的需要,独立保函在外商投资及涉外金融业务中开始使用,其后又出现在不具有涉外因素的国内交易中。但由于在 1998 年著名的"湖南机器进出口公司、海南国际租赁公司与宁波东方投资公司代理进口合同案"中,②最高人民法院确立了内外有别、国内法上不承认独立担保有效性的基本立场,此后很长一段时期内独立保函在国内交易中运用不畅。③ 近年来,无涉外因素的独立保函逐步得到法院的认可,如前述最高人民法院、司法部、原银监会联合《公证金融风控通知》所规定的公证机构可以办理的保函强制执行公证事项,就没有限制为仅适用

---

① 可参见李全一:《法定公证研究》,四川大学出版社 2014 年版,第 193 ~ 194 页。

② 参见最高人民法院(1998)经终字 184 号判决书。

③ 最高法限制的理由,主要是担心出现诈骗,从而致使担保人承担的风险过大。参见李世刚:《独立担保规则本土化的体系定位与路径分析》,载董学立主编:《担保法理论与实践》(第 2 辑)中国法制出版社 2016 年版,第 178 页。

涉外保函。鉴于《公证金融风控通知》出台的目的,主要在于促进金融风险的有效防控,故而从中也可以体味到,其所指应当主要是银行保函的强制执行公证。

银行保函,是指银行应委托人的申请而开立的有担保性质的书面承诺文件。一旦委托人未按其与受益人签订的合同履行偿还债务或履行约定义务时,由银行履行担保责任。它有以下两个特点:其一,银行保函依据商务合同开出,但又不依附于商务合同,具有独立法律效力。当受益人在保函项下合理索赔时,担保银行就必须承担付款责任,而不论委托人是否同意付款,也不管合同履行的实际事实。也即,银行保函是独立的承诺并且基本上是单证化的交易业务。其二,银行以其强大的信用作为保证,易于为合同双方所接受。

银行保函业务中涉及的主要当事人为三方,即委托人、受益人和担保银行,但通常又不只这三方,在银行保函业务中往往还有反担保人、通知行及保兑行等多方当事人。这些当事人之间形成了一环扣一环的合同关系:第一层关系,是委托人与受益人之间基于彼此签订的合同而产生的债权债务关系或其他权利义务关系。此合同是他们之间权利和义务的依据,相对于保函协议书和保函而言是主合同,它是其他两个合同产生和存在的前提。如果此合同的内容不全面,会给银行的担保义务带来风险。因而银行在接受担保申请时,一般都会要求委托人提供他与受益人之间签订的交易合同。第二层关系,是委托人与银行之间基于双方签订的《保函委托书》而产生的委托担保关系。《保函委托书》中应对担保债务的内容、数额、担保种类、保证金的交存、手续费的收取、银行开立保函的条件、时间、担保期间、双方违约责任、合同的变更、解除等内容予以详细约定,以明确委托人与银行的权利义务。《保函委托书》是银行向委托人收取手续费及履行保证责任后向其追偿债权的凭证。因此,银行在接到委托人的担保申请后,要对委托人的资信、债务及担保的内容和经营风险进行认真的评估审查,最大限度降低自身风险。第三层关系,是担保银行和受益人之间基于保函而产生的保证关系。保函是一种单务合同,受益人可以此享有要求银行偿付债务的权利。在大多数情况下,保函一经开立,银行就要直接承担保证责任。①

依据银行保函的性质不同,可分为从属性保函和见索即付保函。见索即付保函,是指对由银行出具的,书面形式表示在受益人交来符合保函条款的索赔书或保函中规定的其他条件时,承担无条件的付款责任的银行保函。从属性保函,是指担保人在保函中对受益人的索赔及对该索赔的受理设置了若干条件的限制,保留有一定的抗辩权利,只有在一定的条件得到满足之后,担保银行才予以受理、付款的银行保函。涉外担保使用的保函多用见索即付保函,而国内的银行在做国内业务时,大多采用的是从属性保函。

---

① 参见《浅谈银行保函》,载在线论文查询网:https://lunwen.supfree.net/smoke.asp?id=34368,最后访问日期:2019年2月23日。

由于见索即付保函一经开立，银行将成为第一付款人，承担很大的风险。因此，为降低风险，在办理银行见索即付保函债权文书强制执行公证时，应提醒担保银行在开立见索即付保函时应特别注意以下几个方面的问题：第一，保函应将赔付条件具体化，应有具体担保金额、受益人、委托人、保函有效期限等。第二，银行应要求委托人提供相应的反担保或提供一定数量的保证金，银行在保证金的额度内出具保函。第三，银行向境外受益人出具保函，属对外担保，还必须注意符合诸如报经外汇管理局批准等对外担保的法律规定。第四，银行开立保函，有必要对基础合同的真实性进行认真审核，以防诈骗。

而在从属性保函债权文书强制执行公证中，应建议当事人（主要是担保银行）在契约中做好以下三方面的约定：①(1)在保函中约定，受益人提出索赔请求时，同时提出证据证明自己已经履行了基础合同义务，或能够证明委托人没有履行基础合同义务。(2)在保函中约定，受益人提出的索赔请求，必须经委托人同意或确认，银行才能受理。(3)在保函中约定，受益人的索赔请求，必须经过法院或者仲裁机构生效的裁判文书确定，担保银行仅凭仲裁机构的裁决或法院的判决来实施付款或免于付款责任。

在公证中需要特别引起重视的是，就债务履行之后的法律关系而言，银行作为保函开具人依据保函履行支付义务之后，享有向申请人（基础关系的债务人）进行追偿的权利。银行保函债权文书申办公证的主要动因以及其所看重的，应当是保函开具银行与基础关系债务人（保函申请人）之间订立的反担保债权文书公证，以此来确保自己的追偿权能够获得公证强制执行的保护。笔者认为，这也是前述《公证金融风控通知》倡导银行保函经公证赋予强制执行效力，并以此来防控金融风险的主要意义之所在。

第四节 应收账款质押债权文书公证

我国2007年颁布实施的《物权法》，第一次在我国确立了应收账款可以作为质权设立权利质押的担保制度。自此，我国权利质押物权家族在已有的汇票、支票、本票、债券、存款单、仓单、提单、基金份额、股权、知识产权之财产权等质权种类的基础上，又增添了新的成员，企业可用于融资担保的资产范围明显扩大，有效地促进了市场经济的发展。同时，伴随应收账款权利质押担保融资一同成长的，还有应收账款质押担保债权文书强制执行公证服务。近10多年来，在我国《物权法》的支撑下，随着最高人民法院对担保债权文书强制执行公证的放行与支持，包括应收账款质押在内的质押担保债权文书公证需求大幅增长，此项公证业务业已成为强制执行公证的常规业务。但鉴于应收账款权利质押担保的法律关系相对复杂，公证中需要把握的内容较多，故仍有必要从理论与实务两

---

① 参见《浅谈银行保函》，载在线论文查询网：https://lunwen.supfree.net/smoke.asp? id =34368，最后访问日期：2019年2月23日。

个层面对其展开探讨。

一、应收账款质权性质及其基本类型

应收账款,作为一个法律概念,在我国《物权法》颁布之前,法学理论中并无此术语,只是在会计学、财经理论上有此概念。据学者考证,财政部2004年4月27日发布的《小企业会计制度》第11条第31项对应收账款进行了定义,其是指企业因销售商品、产品、提供劳务等,应向购货或接受劳务单位收取的款项。[①] 我国《物权法》第228条虽然规定了应收账款可以作为权利质押物权形式,并将其作为一个物权法上的担保物权种类加以规范,但仍未对何为"应收账款"加以界定。[②] 根据中国人民银行于2007年印发(并于2017年10月25日修订)的《应收账款质押登记办法》对其所下的定义,所谓应收账款,是指权利人因提供一定的货物、服务或设施而获得的要求义务人付款的权利,以及依法享有的其他付款请求权,包括现有的和未来的金钱债权。由此可见,应收账款通常是因买卖关系、服务关系或租赁关系、加工承揽关系等交易或劳务行为所产生的债权请求权。故有学者将其定义为,"未被证券化的,以金钱为给付标的的现有以及将来的合同债权"。[③] 这一界定相对中肯。

应收账款有以下法律特征:(1)应收账款是债权,且为流动性资产债权、金钱债权。如布莱克法律词典即将应收账款定义为"客户因企业提供货物或服务而欠该企业的债务"。《美国统一商法典》的定义是,"应收账款是指对任何售出或租出的货物或对提供的服务收取付款的权利"。同时,应收账款是一般流动性资产债权。传统民法理论将债权分为一般债权和证券债权,应收账款属于一般债权,而一般债权通常即为金钱债权。[④] 正是基于此,《应收账款质押登记办法》明确规定,应收账款不包括因票据或其他有价证券而产生的付款请求权。(2)作为担保物权的应收账款,既包括现有应收账款,也包括未来应收账款。现有应收账款,是指基于交易之基础合同已经存在但尚未收取的金钱债权;而未来应收账款,则是指基于交易之基础合同或者法律规定,今后应当获得的金钱债权。这一点,与保理规定的购买基础合同之应收账款债权明显不同。在银行保理中,明确禁止未来应收账款债权作为交易对象。(3)作为质权的应收账款须基于契约行为而产生。因此,因侵权行为、不当得利行为、无因管理行为以及损害赔偿请求权、返还请求权

---

① 参见姚彬、时文娟:《应收账款质押法律问题探究》,载董学立主编:《担保法理论与实践》(第2辑),中国法制出版社2016年版,第263页。

② 该条规定:"以应收账款出质的,当事人应当订立书面合同。质权自信贷征信机构办理出质登记时设立。应收账款出质后,不得转让,但经出质人与质权人协商同意的除外。出质人转让应收账款所得的价款,应当向质权人提前清偿债权或者提存。"

③ 王利明、尹飞、程啸:《中国物权法教程》,人民法院出版社2007年版,第530页。

④ 参见何志:《担保法判解研究与适用》,人民法院出版社2010年版,第717页。

等非合同关系产生的金钱债权,均不属于物权法上的应收账款债权。

按照我国《物权法》的规定,应收账款质权的设立首先应订立书面合同,亦即要求须采要式方式成立,这也为公证的介入提供了基础条件。但订立质权合同只是确定了双方设定质权担保的意愿,应收账款的设立生效,尚需经信贷征信机构办理出质登记时方为设定。

二、应收账款质押债权文书公证之审查要点

应收账款权利质押债权文书作为一种主债权文书的从合同,其与其他担保性从合同强制执行公证的审查有许多相同的地方,如主体与内容及担保责任、接受执行之承诺等方面都大同小异,故无赘述的必要。不同之处主要在于担保物性质的区别、种类的限制、公示机构的不同,以及禁止性规定的差异等几个方面,这些方面,也正是应收账款质押债权文书公证业务操作中需要重点把握与审查核实的地方。

(一)应收账款质权之合法性审查

公证中对应收账款合法性审查的重点,主要为两个方面:一是种类的合法性,即审查判断哪些应收账款可以作为适格的质权;二是识别法律禁止作为应收账款质权的债权类型。

1. 应收账款质押之适格类型审查

关于应收账款质权的种类,物权法并未明确规定。不过,中国人民银行于 2007 年印发的《应收账款质押登记办法》以列举的方式对其进行了规定。该办法第 4 条第 2 款规定:"本办法所称的应收账款包括下列权利:(1)销售产生的债权,包括销售货物,供应水、电、气、暖,知识产权的许可使用等;(2)出租产生的债权,包括出租动产或不动产;(3)提供服务产生的债权;(4)公路、桥梁、隧道、渡口等不动产收费权;(5)提供贷款或其他信用产品的债权。"由于本条所列举的应收账款类型不全面,且无兜底条款能够在实务中扩大适用范围,因此在实施中受到理论界与实务界的诸多诟病。

2017 年 10 月中国人民银行在修订《应收账款质押登记办法》(于 2017 年 12 月 1 日起施行)时,对其范围进行了扩大,修订后的《应收账款质押登记办法》第 2 条第 2 款规定:本办法所称的应收账款包括下列权利:(1)销售、出租产生的债权,包括销售货物,供应水、电、气、暖,知识产权的许可使用,出租动产或不动产等;(2)提供医疗、教育、旅游等服务或劳务产生的债权;(3)能源、交通运输、水利、环境保护、市政工程等基础设施和公用事业项目收益权;(4)提供贷款或其他信用活动产生的债权;(5)其他以合同为基础的具有金钱给付内容的债权。其中,不但增加了医疗、教育、旅游等服务或劳务所产生的债权,还规定了兜底条款,即"其他以合同为基础的具有金钱给付内容的债权"。也就是说,只要不违反法律的规定,但凡因合同形成的以金钱为给付内容的债权,原则上都得为其适格债权。

以上应收账款可划分为两种类型:一是商事行为或劳务、服务行为之约定债权,包括

现实债权和未来债权,如因销售、出租、提供服务等产生的具有意思自治、讨价还价关系形成的债权。二是建立在公益服务上带有国家政策性收费许可的债权,如能源、交通运输、水利、环境保护、市政工程等基础设施和公用事业项目收益权。前者是完全的市场行为产生之债权,而后者则是带有行政强制许可性质的债权。在实务中需要注意的是,凡是涉及公共服务性质企业所拥有的政策性收费许可债权的质押,原则上应经主管部门同意。

2. 应收账款质押之禁止性审查

按照我国《物权法》第 228 条第 2 款和《应收账款质押登记办法》第 2 条第 1 款规定,禁止作为应收账款质权的债权主要包括两种情形:其一,因票据或其他有价证券而产生的付款请求权;其二,法律、行政法规禁止转让的付款请求权。前者不能作为质权的原因,主要是票据或者其他有价证券,其本身就是权利质押的物权类型,且其不属于金钱债权之范畴;后者不得作为合法的应收账款债权,是因为禁止转让的债权不具有流通性和清偿性,且违反法律的强制性规定。对以上两点,公证员在办理应收账款质押的债权文书公证时,需要谨慎而勤勉地尽到审查核实责任,以避免出现不合法应收账款类型设置质押担保的情形发生。

(二)应收账款质押之效力审查

应收账款出质,是指为了担保债务的履行,债务人或者第三人将其合法拥有的应收账款出质给债权人,债务人不履行到期债务或者发生当事人约定的实现质权的情形,质权人有权就该应收账款及其收益优先受偿。公证中的应收账款效力审查,主要审核以下内容:

第一,是否登记公示。按照我国《物权法》第 228 条规定,应收账款质权须经法定的征信机构登记之日方能生效。因此具有强制执行效力的应收账款质权,应当是经依法登记生效的质权。《应收账款质押登记办法》第 4 条规定,中国人民银行征信中心(以下简称征信中心)为应收账款质押统一的登记机构。征信中心建立基于互联网的登记公示系统(以下简称登记公示系统)。基于此,笔者认为,对当事人申办应收账款债权文书公证时,声称已经登记公示的,公证员应当在登记公示系统上查询核实确认。对先办理强制执行公证后申请登记公示的,公证员应当按照《应收账款质押登记办法》第 8 条之规定,告知以下登记要求:(1)告知质权人,其应持与出质人已签订的质押合同,单方向征信中心申请办理质押登记。质权人委托他人代为办理登记的,应当提交合法授权委托书。(2)告知其办理应收账款质押登记时,应首先注册为登记公示系统的用户。

第二,审查出质人是否知晓不得转让已出质应收账款。我国《物权法》第 228 条第 2 款规定:“应收账款出质后,不得转让,但经出质人与质权人协商同意的除外。出质人转让应收账款所得的价款,应当向质权人提前清偿债务或者提存。”这是对应收账款出质人权利的限制性规定,其目的主要是保护质权人的利益,防止出质人随意处置应收账款,以保证其所担保的债权的实现。同时，可以告知出质人，其如果将转让价款提存的，可以提存至公证机构。该提存款项的性质仍然为一种担保，因质权将继续存在于提存价款之上。这是应收账款质押债权文书公证告知的主要内容之一，不可或缺。

（三）应收账款质押的时效审查

应收账款质押时效的审查，主要是为了保障质权的顺利实现。法理上认为，应收账款作为质权，其必须是尚未到期的债权，亦即此债权尚在清偿时效之内。如果应收账款已经逾越清偿时效，则不受法律保护，故不得作为质权标的。一般来讲，对这种情况，除非双方当事人共谋骗贷，否则不可能发生。这是应收账款质押时效审查的一方面。另一方面的时效审查，是对入质债权与质权担保债权清偿期关系的审查，实践中这一审查更为重要。应收账款质权理论认为，应收账款质权中涉及两个债权和两个债权的清偿期，这是常态，因此，就会出现以下两种不同的清偿时效问题，①也使应收账款质权的实现变得相对复杂。

1. 入质债权的清偿期先于质权所担保债权的清偿期

当存在入质债权的清偿期先于质权所担保债权的清偿期情况时，质权人的债权仅为一种期待权，债务人是否履行债务不得而知。在这一情形下，不但对质权人实现质权可能造成障碍，也对第三债务人（出质人应收账款的债务人）不利，因其迟延履行债务可能导致更大损失。此时，对质权人来说，其既不能要求债务人提前履行其债务，也不得直接实现质权。各国或地区法律对此的协调与平衡不尽相同，通常采取的方法有二：一是由第三人向质权人和出质人共同清偿，第三债务人因此清偿而免责；二是提存，如出质人不同意清偿，可要求将入质债权的标的物提存于公证机构或其他有公信力的机构，以免除第三债务人的责任。

2. 入质债权的清偿期晚于质权所担保债权的清偿期

当出现入质债权的清偿期晚于质权所担保债权的清偿期的情况时，被担保债权的清偿期先行届至，而标的债权的清偿期则尚未届至，质权人能否于担保债权到期时要求尚未到期的第三债务人清偿成为问题的关键。对此有两种观点：一种观点认为，只要质权人的债权已届清偿期，无论作为应收账款的清偿期是否到期，都可径直向第三债务人索取；另一种观点则认为，质权人并不能直接请求第三债务人向其履行。后者为多数说。通常的解决方法有二：其一，针对此种情况，质权人可以向自己的债务人请求清偿，如不能获偿，债务人应负迟延责任。在标的债权届满时，质权人可以代位债权人身份，径直成为第三债务人的债权人，直接向第三债务人请求给付。其二，如果为金钱债权，则可于被担保债权额度范围内直接收取。

以上两种情况，无疑也是公证机构在办理应收账款质押债权文书公证，以及在签发

① 本部分主要参见高圣平：《物权法担保物权编》，中国人民大学出版社2007年版，第393～394页。

针对应收账款的执行证书时,审查核实需要特别斟酌的问题之一。

第五节　有价证券质押债权文书公证

按照《公证程序规则》和《联合通知》的规定,给付有价证券的债权文书,是我国公证机构可以赋予强制执行效力的债权文书中除给付货币、物品之外,另一大类适格的债权文书。所谓有价证券,按照我国台湾地区物权法学者谢在全先生的观点,“依最广义之说法,系指表彰财产权之证券,该财产权之发生、移转或行使,须全部或一部依证券为之者而言,故政府之债券、公司股票、公司债券、票据、仓单、提单、载货证券,‘民法’上之指示证券及无记名证券等均属之”。① 据此,有价证券,是指标有票面金额,用于证明持有人或该证券指定的特定主体对特定财产拥有所有权或债权的凭证。有价证券是虚拟资本的一种形式,它本身没价值,但有价格。有价证券按其所表明的财产权利的不同性质,可分为三类,即商品证券、货币证券及资本证券。② 按照我国《物权法》第223条的规定,我国可以作为权利质权的有价证券包括:票据(汇票、支票、本票)、债券、存款单、股票、基金份额、提单、仓单等。

具有给付有价证券为内容的债权文书,一般包括转让有价证券的债权文书和以有价证券作为担保标的物的债权文书。按照法律规定,只要是以有价证券作为给付内容的债权文书均可经公证赋予强制执行效力。那么,转让有价证券的债权文书必然也能够作为强制执行公证的适格客体,如股权的转让、票据的背书转让、债券的转让等。但实务中常见的有价证券债权文书是担保类债权文书,即以有价证券为本人或他人的债权清偿提供担保的从债权文书。是故,以下主要讨论几种常见的担保性有价证券债权文书的公证问题。

一、票据质押担保债权文书公证要点

票据,是由出票人依法签发的,约定由自己或委托他人于约定时间无条件支付确定金额给持票人或收款人的有价证券。按照我国《票据法》第2条规定,票据可分为汇票、本票、支票。其中,汇票是指出票人签发的,委托付款人在见票时或者在指定日期无条件支付确定的金额给收款人或持票人的票据,汇票有银行汇票与商业汇票之分。本票又称期票,是出票人签发的,承诺自己在见票时无条件支付确定的金额给收款人或者持票人的票据。支票,是出票人签发的,委托办理支票存款业务的银行或者其他金融机构在见

---

① 谢在全:《民法物权论》(下册),中国政法大学出版社1999年版,第813页。

② 参见“360搜索”中“有价证券”词条定义,载https://baike.so.com/doc/293983-311221.html360,最后访问日期:2019年3月30日。

票时无条件支付确定的金额给收款人或者持票人的票据,支票又分现金支票、转账支票和定额支票三种。理论上认为,票据质权,是以票据权利为标的的质权,在性质上属于债权质权的范畴。① 办理票据质押债权文书强制执行公证,需要讨论的问题有如下几点。

(一)公证中如何审查票据质权的设定

按照我国《物权法》第224条的规定,以汇票、支票、本票、债券、存款单、仓单、提单出质的,当事人应当订立书面合同。质权自权利凭证交付质权人时设立;没有权利凭证的,质权自有关部门办理出质登记时设立。其中作为票据类型的汇票、支票、本票,都属于有权利凭证的质权,以交付为设定方式。但在公证中,公证员需要注意的是,票据质权的设立,物权法与票据法有不同的规定,票据法规定以背书作为票据质权的设定要件。②《担保法司法解释》第98条规定,以汇票、支票、本票出质,出质人与质权人没有背书记载"质押"字样,以票据出质对抗善意第三人的,人民法院不予支持。由此观之,法律规定之间存在冲突,不过根据后法优于前法的原理,物权法的规定应优先适用,因此,票据背书并非法定生效要件,但其为商事交易习惯,仍应予以尊重。故有学者认为,应作这样的理解:票据的交付为票据质权的生效要件,而质押背书则仅属于对抗要件。③ 不过,从立法理论上审视,票据法也可以看作物权法的特别法,特别法有优于一般法适用的理据,且在票据质押实务中,背书记载通常是必备要件;同时,在司法实务中,法院一般情况下也是以此来判断票据质权得否对抗善意第三人的。④ 鉴于此,在办理涉及票据质押的债权文书公证时,宜提示当事人在交付出质票据时,应依据票据法的规定,背书后再予交付。

(二)公证中如何认定票据质押合同的生效

我国《担保法》第76条规定:"质押合同自权利凭证交付之日起生效。"我国《物权法》第212条规定:"质权自出质人交付质押财产时设立。"两法的规定看似一致,实则显著区别。物权法规定的质物交付时质权设立,是仅就质权的设定而言,并未包含订立质押关系的契约;而担保法规定的则是质押合同自交付质押物凭证时生效,指的是合同成立生效问题。显然,担保法的规定不合理,合同生效与物权生效是两个不同的法律关系,订立质押关系的合同属于债权关系,而设定质权则属于物权关系。按照物权法定原则及债权约定原则,并依据我国《物权法》第9条、第15条之规定,应当认为,票据质押债权文书自签订成立时即生效,如果当事人约定票据质押债权文书自办理强制执行公证后生效,则其生效时间应为公证机构出具质押债权文书公证书之时。而票据质权的生效,则

---

① 参见高圣平:《物权法担保物权编》,中国人民大学出版社2007年版,第365页。

② 我国《票据法》第35条第2款规定:"汇票可以设定质押;质押时应当以背书记载'质押'字样。被背书人依法实现其质权时,可以行使汇票权利。"第80条和第93条分别规定了汇票背书对本票、支票的准用。

③ 参见程啸:《物权法·担保物权》,中国法制出版社2005年版,第451页。

④ 参见最高人民法院物权法研究小组编著:《〈中华人民共和国物权法〉条文理解与适用》,人民法院出版社2007年版,第660页。

应当是在出质人背书并交付质押票据凭证之日生效。这一点公证员不但需要在公证告知书中明确告知当事人,同时尚需在公证书证词中明确记载。

(三)记载“不得转让”的票据不得出质

我国《票据法》第27条第2款规定:“出票人在汇票上记载‘不得转让’字样的,汇票不得转让。”同时,我国《票据法》第80条、第93条也分别规定,本票、支票的转让也准用汇票的这一禁止性规定。但我国《担保法》和《物权法》均未规定,记载有“不得转让”的票据是否可以质押。对此,公证中应如何理解呢?笔者认为,担保物权以能够流通变价实现清偿为基本原则,票据“不得转让”就是不能流通,也就无法兑付进而清偿债权,因此,其属于不得设定质权的物权。如果在实务中,当事人以记载有“不得转让”字样的票据申办质押担保债权文书公证,公证机构应当拒绝办理。

二、基金份额及股权质押债权文书公证要点

我国《物权法》第223条第4项规定,可以转让的基金份额、股权可以作为权利质设置质押担保。基金份额,是指向投资者公开发行的,表示持有人按其所持份额对基金财产享有收益分配权、清算后剩余财产取得权和其他相关权利,并承担相应义务的凭证。按照权威解读,这里所称的基金,“仅指证券投资基金法中规定的证券投资基金,即通过公开发售基金份额募集证券投资基金,由基金管理人管理,基金托管人托管,为基金持有人的利益,以资产组合方式进行证券投资活动的信托契约型基金,包括投资于不同对象的信托契约型基金、采用不同运作方式的信托契约型基金和选择不同投资收益与风险的信托契约型基金等”。① 股权,是指股东因向公司直接投资而享有的权利。在我国,公司包括有限责任公司和股份有限公司。有限责任公司股东的股权凭证是公司签发的出资证明书;股份有限公司股东的股权凭证是公司签发的股票。

办理以可转让的基金份额和股权出质的权利质权债权文书公证,公证员应当注意把握下述方面的问题。

(一)准确掌握基金份额和股权质押的法理

基金份额,是基金的最小单位,以一定金额表示。在基金初次发行时,将其基金总额划分为若干等额的整数份,每一份就是一个基金份额。依照目前所有开放式基金契约的设计,证券投资基金均属于自益信托,委托人和受益人同属基金份额持有人,基金份额持有人对基金份额享有受益权。因此,物权法所规定的基金份额质押实际上是基金份额受益权的质押,而非基金份额的质押。至于股权,虽然其并非单纯的财产权(如还有公司事务的参与、表决等社员权涵摄其内),但其中的财产权具有交换价值,故自然可以作为权利质权的客体。“无论是基金份额受益权质押,还是股权质押,因其具备较强的流通性和

① 胡康生主编:《中华人民共和国物权法释义》,法律出版社2007年版,第478~479页。

可变性，设定质权与实现质权都极为方便，所以成为出质的佳品而备受债权人青睐。”①

（二）告知当事人法律对基金份额和股权出质的限制

按照物权法的规定，不是所有的基金份额和股权都能作为质权标的，而只是可以转让的基金份额和股权方能作为权利质权的客体。因此，凡是以非具转让性，即非流通的基金份额和股权出质的，公证机构应当不予公证。依据我国《公司法》第 141 条的规定，股份有限公司的发起人持有的本公司股份，自公司成立之日起 1 年内不得转让；公司公开发行股份前已发行的股份，自公司股票在证券交易所上市交易之日起 1 年内不得转让；公司董事、监事、高级管理人员所持本公司股份自公司股票上市交易之日起 1 年内不得转让。因此，上述人员的这些股权在前述禁止转让期内，不具有可让与性，不得用于设立质权。同时，我国《公司法》第 142 条第 4 款还规定，“公司不得接受本公司的股票作为质押权的标的”。以上均为禁止性规定，必须遵循。

（三）审查基金份额和股权质权的生效情形

我国《物权法》第 226 条第 1 款规定：“以基金份额、股权出质的，当事人应当订立书面合同。以基金份额、证券登记结算机构登记的股权出质的，质权自证券登记结算机构办理出质登记时设立；以其他股权出质的，质权自工商行政管理部门办理出质登记时设立。”按此规定，以基金份额和股权设立质押的权利质权合同签订后质权并不当然设立，而是应当办理登记公示后方具有设立效力。同时，按照法律规定，应区别不同类型的权利在不同的机构办理登记：（1）以基金份额和证券登记结算机构登记的股权出质的，在证券登记结算机构登记时设立生效。这里所指的证券登记结算机构，是指为证券交易提供集中登记、存管与结算服务，不以营利为目的的法人。（2）以其他股权出质的，在工商行政管理部门办理出质登记时设立。这里所指的其他股权，是指不在证券登记结算机构登记的股权，包括有限责任公司的股权、非公开发行的股东在 200 人以下的股份有限公司的股权等。公证中，基金份额和股权质权的登记设定，既可在质押债权文书公证前完成，也可在公证后进行，但公证证词应当注明：质押合同自当事人签字盖章之日起生效，质权的设立自登记之日起生效。

（四）向质权人释明权益

基金份额和股权质权设立后，质权人享有以下权利：（1）基金份额和股票分配盈余的收取权。根据我国《物权法》第 229 条的规定，权利质权没有规定的适用动产质权的规定，而我国《物权法》第 213 条规定，质权人有权收取质押财产的孳息，故质权人有权要求获得基金和股权在公司的红利。（2）留置股票的权利。由于股票为股权的权利凭证，从性质上来讲，其权利凭证应转移占有。（3）限制出质人转移基金份额和股权的权利。权

---

①　最高人民法院物权法研究小组编著：《〈中华人民共和国物权法〉条文理解与适用》，人民法院出版社 2007 年版，第 663 页。

利质权的实质是支配质押权利的交换价值,如果允许基金份额和股权自由转让,则质权人的利益便不能获得保障。因此,我国《物权法》第226条第2款明确规定,基金份额和股权的转让应获得质权人的同意,如未获得同意,其转让行为无效;如获得了质权人的同意,则出质人转让基金份额和股权所得的价款,应当向质权人提前清偿债权或者提存。同时,公证员还应当告知当事人,如果选择提存方式,则最好采取公证提存。

三、存单质押债权文书公证要点

存单,又称存款单,是由银行等储蓄机构开具的证明自身与存款人之间存在储蓄法律关系的一种凭证。[①] 存单可分为记名式和不记名式两种,记名式的存单可以挂失,不记名式的存单不能挂失。按照我国《物权法》第224条的规定,以存单出质的,出质人应当在合同约定的担保期限内将权利凭证交付质权人,质权自存单交付质权人时设立。办理存单出质债权文书公证,公证员应注意审查以下问题。

(一)识别存单真伪,避免伪造、变造存单设质

存单作为银行与存款人之间的合同凭证,必须同时具备形式上和实质上的真实性方始合法。形式要件是指存单凭证的真实性,即存单(版面)及其上加盖的印鉴是真实的;实质要件的真实性是指存款关系的真实性,即存单记载的储蓄金额是真实的。[②] 最高人民法院《关于审理存单纠纷案件的若干规定》(以下简称《存单规定》)第8条规定,以伪造、变造的虚假存单出质的,质押合同无效。需注意的是,这里规定的是合同无效,并非仅指质权的设定无效。因此,公证员在办理存单质押担保债权文书公证时,需要特别谨慎地审查核实存单的真实性,避免伪造、变造存单出质情况的出现。

(二)排除虚开存单设质现象发生

所谓虚开存单,是指该存单确属金融机构出具,但却无实际存款内容或者与实际存款不相符的真实存单,亦即形式真实但实质虚假的存单。对虚开存单,《存单规定》第8条规定了以下三种责任方式:(1)金融机构与出质人承担连带赔偿责任。存单持有人以金融机构开具的、没有实际存款或与实际存款不符的存单进行质押,以骗取或占用他人财产的,该质押关系无效,开具人与出质人共同承担连带赔偿责任。(2)金融机构对所造成的损失承担补充责任。接受存单质押的人在审查存单的真实性上有重大过失的,开具存单的金融机构仅对所造成的损失承担补充赔偿责任。这种情况是指,存单的真实性上存在明显瑕疵,而接受存单质押的人未尽到必要的注意义务。(3)接受存单质押的人明知存单虚假,而仍然接受质押的,开具存单的金融机构不承担民事赔偿责任。由此可见,这其中,公证的审查作用多么重大。同时,如果公证员未尽到审慎、勤勉而认真的审查义

---

① 参见程啸:《物权法·担保物权》,中国法制出版社2005年版,第459页。

② 参见高圣平:《物权法担保物权编》,中国人民大学出版社2007年版,第370页。

务,出现上述损失情况,公证机构的责任亦十分重大。

(三)督促当事人履行出质通知与存单核押义务

存单质押的最终责任,相当于债权转让。① 对于债权转让,我国《合同法》第80条第1款规定,债权人转让权利的,应当通知债务人。未经通知,该转让对债务人不发生效力。鉴于此,在办理存单出质债权文书公证时,公证员应要求出质人要履行通知债务人(金融机构)的义务。同时,还要提醒质权人,监督出质人履行该义务,否则,其有可能以挂失的方式,提前支取存款,致使质押虚设。按照银行的有关规定,质权人对存单质押的,还享有一项权利,即存款核押。存款核押,是指质权人将存单质权的情况告知金融机构,并就存单的真实性向金融机构咨询,金融机构对存单的真实性予以确认并在存单上或以其他方式签章的行为。金融机构核押过的存单,金融机构要承担必须向质权人兑付的义务。② 笔者认为,这也是存单质押公证中公证员应当履行的必要核查义务,如果质权人已经事先履行了该义务并取得了银行的确认证明,公证员应对该证明的真实性向银行进行核实;倘若质权人疏于履行此义务,公证员应与质权人一道向银行进行核押,并将核押情况记录在案。这也是公证员核实存单真实性的重要途径之一,故而不可不为。

第六节　知识产权质押债权文书公证

我国《物权法》第223条第5项规定,可以转让的注册商标专用权、专利权、著作权等知识产权中的财产权可以设立权利质权,概称知识产权质权。所谓知识产权质权,是指债务人或者第三人将属于其所有的商标权、专利权、著作权等知识产权在有关国家机关完成出质登记,当债务人不履行债务时,债权人有权将该知识产权的财产权折价、变卖或者拍卖,以获得的价金优先受偿的担保方式。

我国2017年10月1日起实施的《民法总则》打破了三大知识产权并行的提法,改为根据知识产权的具体类型且采用列举加概括的方式来进行规范,极大地扩展了知识产权的保护范围。我国《民法总则》第123条规定:"民事主体依法享有知识产权。知识产权是权利人依法就下列客体享有的专有的权利:(一)作品;(二)发明、实用新型、外观设计;(三)商标;(四)地理标志;(五)商业秘密;(六)集成电路布图设计;(七)植物新品种;(八)法律规定的其他客体。"其中,(四)、(五)、(六)、(七)4种是新规定的知识产权类型。物权法所规定的知识产权财产权质押,也应当包括这些新型知识产权。但其中有些知识产权的财产权难以作出价值评估,如商业秘密、地理标志、植物新品种等,故在质

① 高圣平:《物权法担保物权编》,中国人民大学出版社2007年版,第373页。

② 《存单规定》第8条规定:"以金融机构核押的存单出质的,即使存单系伪造、变造、虚开,质押合同均为有效,金融机构应当依法向质权人兑付存单所记载的款项。"

押担保中极少出现。以下,仅就几种常见的知识产权质押债权文书公证加以讨论。

一、审查合同内容是否完备

知识产权质权合同的内容一般包括:(1)当事人的基本情况;(2)被担保的债权的种类与数量;(3)债务人履行债务的期限;(4)出质的知识产权的种类、范围与保护年限;(5)质权担保的范围;(6)质权登记的时间;(7)违约责任;(8)当事人约定的其他条款,如是否接受强制执行等。其中,知识产权的种类、范围与保护年限应当根据不同的知识产权特征和法律规定予以详细记载。如果当事人提供的合同不完备,应建议当事人自行完善或者协助当事人完善,拒绝完善的,可能引致合同履行出现重大障碍的,公证员应不予公证。

二、告知重点

(一)告知登记公示的规定

根据物权法的规定,知识产权质权自有关主管部门办理出质登记时发生效力。不同的知识产权质权,其登记公示部门亦不相同。(1)专利权质权登记。1996年颁发的《专利权质押合同登记管理暂行办法》第2条规定,中国专利局是专利权出质登记的管理部门。(2)商标专用权质权登记。1997年颁发的《商标专用权质押登记程序》第2条规定,商标专用权质押登记机关是国家工商行政管理局,国家工商行政管理局商标局具体办理商标专用权质押登记。(3)著作权质权登记。1996年颁发的《著作权质押合同登记办法》第4条规定,国家版权局是著作权质押合同登记的管理机关,国家版权局指定专门机构进行著作权质押合同登记。公证员应当告知当事人向上述主管部门办理出质登记,否则不产生质权的效力。但须要说明的是,由于担保法规定质押担保合同自登记之日生效,故前述知识产权的登记办法均规定的是合同登记,并非质权登记,而物权法规定担保合同自成立时生效,质权自登记时设立,物权法上的登记为质权登记,不是合同登记。因此,上述知识产权质押登记办法应当按照物权法的规定予以修正,亦即,所有的知识产权质押登记,均为质权设立生效之确认,而非合同生效之确认,设立知识产权质权之合同仍应自当事人签约确认时起生效。

(二)告知当事人设立知识产权质押的法律后果

首先,知识产权中的财产权出质后,出质人不得擅自转让或者许可他人使用该知识产权。这是因为知识产权的财产权设立质权后,质权人就自动取得一系列的权利,如就知识产权的财产权转让而获得价金优先受偿的权利、限制出质人行使处分权的权利、必要时留置权利凭证的权利等,法律赋予质权人这一系列权利的目的,是保障债权的安全,促进交易。而与质权人的权利相对应的则是出质人的义务,因此义务必须履行。其次,质权人同意出质人转让知识产权或者许可他人使用的除外。这是根据权利可以放弃的原理,法律规定当事人双方可以协商变通。但对该变通,法律仍然作出了限制性规定,即出质人转让或者许可他人使用出质知识产权中的财产权的价款,必须用于向质权人提前清偿或者为担保债权的实现而予以提存。

三、合法性审查

各种知识产权作为质权时,其合法性认定有所不同,公证员应当根据有关规定进行严格审查,避免合法性欠缺的知识产权出现在质押担保债权文书之中。对于知识产权的合法性审查,主要是根据各类知识产权的法律规定来进行,尤其应参考登记部门的审查规定来判断。《商标专用权质押登记程序》规定,有下列情形之一的,登记机关不予登记:(1)出质人不是商标专用权合法所有人的;(2)商标专用归属不明确的;(3)商标专用权到期未续期的;(4)其他不符合法律法规规定的。《专利权质押合同登记管理暂行办法》第8条规定,出现下列情形之一的质押合同不予登记:(1)出质人非专利文档所记载的专利权人或者非全部专利权人的;(2)专利权被宣告无效、被撤销或者已经终止的;(3)假冒他人专利或冒充专利的;(4)专利申请未获授权的;(5)专利权被提出撤销请求或被启动无效宣告程序的;(6)存在专利权属纠纷的;(7)质押期超过专利保护效期的;(8)合同约定有流质条款的。《著作权质押合同登记办法》规定,有下列情形之一的,登记机关不予登记:(1)著作权质押合同内容需要补正,拒不补正或补正不合格的;(2)出质人不是著作权人的;(3)质押合同涉及的作品不受保护或者保护期已经届满的;(4)著作权归属有争议的;(5)约定有流质条款的。公证员可以根据这些限制或禁止性规定,拓宽知识产权质押债权文书合法性审查核实的视野,确保知识产权质押公证债权文书真实、合法、有效。

第七节　农村财产融资担保债权文书公证

这里所称的农村财产担保融资,是指农民、集体组织或者农村土地及其他财产之经营者,以其所有或占有经营之农村财产设置担保融通资金的行为。农村财产担保融资公证,即是对此类担保融资行为所进行的契约公证。目前,农村常见的财产融资情形大致可归纳为以下几种:一是农民住房财产权抵押担保贷款;二是正在探索的农村土地承包收益权担保贷款;三是农村其他方式承包的土地及其地上附着物的担保贷款;四是林权抵押贷款;五是集体建设用地使用权及乡镇企业厂房的融资担保贷款。涉农财产担保融资债权文书公证的推进,也主要是围绕这几个方面来展开。至于农民以人格为他人提供的保证担保,以及农民用位于城镇国有土地上的不动产或其他动产进行的担保融资行为,则不在本书本节考察的范围之内。

一、农房融资担保债权文书公证

农民住宅抵押担保融资，是当前农村发展和农民致富的最主要融资方式之一。然而受制于物权法禁止宅基地抵押的规定，一直推行不畅，各地都还处在试点探索过程中，并未形成全国统一且规范、具体的操作模式。近年来，国家明显有大力推进农民住宅抵押融资的趋势，公证应当不失时机地予以跟进。自党的十八届三中全会通过的中共中央《关于全面深化改革若干重大问题的决定》明确要求“慎重稳妥推进农民住房财产权抵押”后，中共中央、国务院《关于全面深化农村改革加快推进农业现代化的若干意见》(2014 中央一号文件)进一步指出：“完善农村宅基地分配政策，在保障农户土地用益物权前提下，选择若干试点，慎重稳妥推进农民住房财产权抵押、担保、转让。”随后，国务院于 2015 年 8 月 10 日印发了《关于开展农村承包土地的经营权和农民住房财产权抵押贷款试点的指导意见》(以下简称《“两权”抵押指导意见》)，提出“依法有序、自主自愿、稳妥推进、风险可控”的试点原则，并要求“根据本意见出台……农民住房财产权抵押贷款试点管理办法”，“建立相应的信贷管理制度并制定实施细则”，“认真总结试点经验，及时提出制定修改相关法律法规、政策的建议，加快推动修改完善相关法律法规”。在这一背景下，农民住房抵押融资试点正如火如荼地在各试点地区展开。

农民住房抵押贷款公证，是城市房产抵押贷款公证向农村延伸的一种业务类型。在《“两权”抵押指导意见》发布之前，在农房抵押融资率先破冰的一些地区，农民住房贷款合同公证已经有所开展，如浙江省温州市及四川省成都市、重庆市统筹城乡综合配套改革试验区等。目前，公证中遇到的最大难题，是抵押物变现受偿路径不畅的问题。由于宅基地使用的福利性、成员性、一人一次性及不得抵押性等制度的限制，农民住房抵押贷款偿债不能后的拍卖、变卖抵押物受偿中，受让人的资格受到严格的规制，与农房转让一样，只能流转给本集体组织成员。然而笔者认为，既然党中央、国务院力推这项融资改革试点，故而在试点地区也就赋予了可以突破现行法律规定限制的权利。因此，在试点地区，公证跟进服务虽然存在一定的制度性风险，但有试点政策作为依凭，风险仍属可控。

根据试点地区(如四川省成都市、重庆市等)的公证经验，目前，在农民住房抵押贷款债权文书公证中，公证机构应注意审查以下事项：第一，农民用于抵押的住房已经确权颁证，抵押人对抵押房屋拥有确定无疑的所有权；第二，为避免抵押人因怠于还贷而丧失抵押住房造成无房居住，应要求其提供抵押物非唯一住房的确认书(经集体组织确认)；第三，抵押人所在集体组织同意其在无力偿债时可以处置抵押房产的证明书；第四，抵押人处置抵押房产后不再申请宅基地使用权的承诺书；第五，抵押权登记证书(房屋他项权证书)，先申办公证后进行抵押登记的，应明确告知当事人抵押物登记生效的强制性法律规定。虽然有学者认为，要求抵押人提供上述证明或承诺，显得过分严苛，[①]但在现行法律框架下尚无法放得太宽。此外，根据试点政策的规定，农民住房抵押贷款的贷款方应限定为金融机构，故而目前涉及民间借贷的农民住房抵押贷款合同，公证机构不宜受理。不过笔者也认为，这个限制应当适时予以取消。毕竟民间借贷也是一种不可多得的解决农村融资难的渠道，且在现实中大量存在，与其禁止或严格限制，不如在疏导和规范的前提下对其予以有限制地放行。

二、农地融资担保债权文书公证

目前，我国的农地融资担保制度，仍属试点运作阶段，各地采取的具体操作方式有所差异，但归纳起来看，主要包括土地承包收益权融资担保和土地承包经营权抵押担保两种模式。

（一）土地承包收益权融资担保公证

土地承包收益权担保，或称土地经营收益权担保，是近几年在我国农村融资实践中新创设的一种担保贷款形式。该担保方式以承包土地的未来收益或未来流转收益作为担保财产，“在一定程度上规避了《物权法》第184条第2项禁止以‘耕地……等集体所有土地使用权’担保的规定”。[②] 在一定意义上，满足了农民一直期望的以农村承包土地作为融资工具的需求和愿望，同时又不至于使农户丧失土地的承包经营权。故被学者们誉为“一项稳定而兼具突破性意义的‘破冰之举’”。[③] 这一担保方式，虽然目前全国各地的做法有些差异，如重庆称为土地承包经营权抵押贷款或土地收益保证贷款，吉林称为土地收益保证贷款，四川称为土地流转收益保证贷款等。但其实质都大同小异，都避开了耕地不能设置抵押的法律限制，而满足了我国《物权法》第223条第6项所规定的，“应收账款”可以作为权利质押标的的要求，从而在法律上找到了农村家庭承包地及其收益作为担保工具的依据。因此，拓展此类担保融资行为公证，在法律上并无明显障碍和风险。不过笔者认为，将这种融资担保方式称作“土地收益保证贷款”似有不妥。因为提供保证的是融资担保公司，而农民用承包地收益提供的则应为一种权利质押性的反担保，故将其称作“农民土地收益权质押担保融资”似乎更为贴切。

由于全国对这类融资担保行为尚无统一的制度规范，公证机构在办理此类公证时，应当特别注意把握当地的政策性规定或地方性法规的规定，在无明显违背法律强制性规

---

① 参见高圣平：《农民住房财产权抵押规则的重构》，载《政治与法律》2016年第1期。

② 高圣平：《论土地承包收益权担保的法律构造——兼评吉林省农地金融化的地方实践》，原载《法律科学》（西北政法大学学报）2015年第6期。转引自中国人民大学复印报刊资料：《民商法学》2016年第2期。

③ 梁现瑞、许静：《这是有历史意义的“破冰之举”——透析〈四川省农村土地流转收益保证贷款试点工作方案〉》，载《四川日报》2014年1月6日，第2版。

定的情形下，可大胆跟进办理。目前，几个开展此类担保融资较好地区的规定和做法大致可以概括为以下几种模式：重庆市的操作方式主要为：借款主体将农村土地承包经营权流转（或再流转）给担保机构委托的符合相关条件的资产管理机构或农业经营主体，同时将地上种植（养殖）物及附属设施等作为动产抵押给担保机构，由担保机构为借款主体向金融机构提供融资担保从而实现融资。① 四川省的做法是，在不改变土地农业用途、不附带各种政策补贴的前提下，农户或农村土地承包经营权流转的受让方，本着自愿的原则，将土地承包经营权作为向融资性担保公司提供担保的反担保财产，向金融机构提出贷款申请，由融资担保公司向金融机构提供保证担保，由金融机构向农户或农村土地承包经营权流转的受让方发放贷款。② 吉林省的做法是：在不改变现行农村土地承包经营制度和土地农业用途的前提下，本着依法合规、平等协商、风险可控的原则，农户和其他主体将一部分土地承包经营权流转给具有农业经营能力的物权融资农业发展有限公司，并用该部分土地承包经营权的预期收益作为还款保证，同时农业发展公司向金融机构出具愿意承担连带保证责任的书面承诺，金融机构按照约定的贷款利率，向借款农户提供贷款。③ 有学者认为，相比较而言，吉林省采用土地收益权保证的担保方法更加合理。④

从笔者所在的成都市农村土地承包收益担保贷款公证的实践来看，公证在其中的作用十分突出。一是银行要求应经公证；二是担保机构希望反担保合同办理公证；三是承包地的受流转方通常情况下也愿意将流转合同予以公证。公证实务中的操作方法与其他担保性贷款合同公证并无太多区别，重点在于严格按照当地地方法规或规范性政策文件要求审查当事人的证明材料和意思表示，尤其应注意审查承包地共有人的流转意见。其中的贷款合同、担保合同、反担保合同公证，通常都需要赋予强制执行效力。可见，此类涉农担保融资公证的开发空间较大。

（二）土地承包经营权抵押担保公证

由于我国《物权法》和《农村土地承包法》都禁止家庭承包土地经营权的抵押，农地抵押担保融资经历了从禁止到探索试点，再到政策承认的演变，其间，公证也一直在跟随参与探索。

农村土地承包经营权抵押担保融资的推行，是继土地承包收益权质押融资探索后，

---

① 可参见《重庆市人民政府关于加快推进农村产权抵押融资工作的意见》（渝府发〔2014〕4号）。

② 参见中国人民银行成都分行和四川省农业厅2014年1月联合发布的《四川省农村土地流转收益保证贷款试点工作方案》。四川省已于2014年年初选取8个市的9个县（市、区）开展农村土地流转收益保证贷款的试点。可参见梁现瑞、许静：《农村土地流转收益保证贷款我省9县（市、区）先期试点》，载《四川日报》2014年1月6日，第1版。

③ 参见吉林省政府金融办2012年6月发布的《吉林省土地收益保证贷款试点暂行办法》。

④ 高圣平：《论土地承包收益权担保的法律构造——兼评吉林省农地金融化的地方实践》，原载《法律科学》（西北政法大学学报）2015年第6期。转引自中国人民大学复印报刊资料：《民商法学》2016年第2期。

我国农地融资担保的主要试点形式。2014 年 1 月中共中央、国务院《关于全面深化农村改革加快推进农业现代化的若干意见》明确指出，"在落实农村土地集体所有权的基础上，稳定农户承包权、放活土地经营权，允许承包土地的经营权向金融机构抵押融资"。2014 年 11 月中共中央、国务院《关于引导农村土地经营权有序流转发展农业适度规模经营的意见》也明确指出，坚持农村土地集体所有，实现所有权、承包权、经营权三权分置，稳步推进土地经营权抵押、担保试点，研究制定统一规范的实施办法，探索建立抵押资产处置机制。2015 年 8 月国务院印发《农村"两权"抵押意见》，2015 年 11 月，中共中央、国务院又印发《深化农村改革综合性实施方案》，都再次对土地经营权抵押作出了更为具体的要求。党的十九大报告提出实施乡村振兴战略，提出完善农村承包地"三权"分置制度；随后修改的《农村土地承包法》，更是为农地的抵押担保融资提供了法律上的支撑。

农地抵押融资债权文书公证面临的问题主要有以下三个：

1. 合法性审查问题。鉴于我国《物权法》《担保法》都否定承包地抵押，而一系列政策和地方法规、部分规章却支持其抵押，因此，在暂时无法律的明确规定的情况下，应对照当地的地方法规，或者行业规范来予以审查。合法性审查中可资参照的规定，如辽宁省农村信用社在 2010 年通过的《土地承包经营权抵押暂行办法》，即明确允许土地承包经营权可以抵押贷款。2014 年 8 月中国农业银行印发《农村土地承包经营权抵押贷款管理办法》第 4 条规定，抵押人可以以农村土地承包经营权及地上附着物进行抵押贷款。2015 年 2 月上海市金融服务办公室、上海市农业委员会印发的《上海市农村土地经营权抵押贷款试点实施办法》，也认可土地承包权与经营权相分离，土地经营权可抵押融资。

2. 抵押权的公示问题。农地抵押是物的担保，不经登记公示不生效力。目前各地采取的公示方式不一，上海市系通过颁发农村土地经营权抵押登记证，而吉林省、四川省则是颁发土地经营权证。① 公证中，公证员主要应依据当地的具体规定来加以审查。

3. 抵押权的实现问题。应该说，阻碍农地抵押融资发展的最大难题，即为抵押权的实现问题。即一旦抵押人怠于偿债，以何方式处置抵押物变现受偿的问题。对此，各地探索并不一致，现行方式主要有两种：一种是通过转让土地承包经营权来实现到期债权；另一种是保持土地承包权不变，通过流转土地经营权来实现债权。在承包地"三权"分置后，通过流转经营权来实现抵押权有了制度保障。可以预期，在民法典物权篇的编纂中，农地抵押融资问题将有可能会得到最终解决。

（三）"其他方式承包"下的土地经营权融资担保公证

我国《农村土地承包法》第 49 条规定："通过招标、拍卖、公开协商等方式承包的农村

---

① 参见申惠文、杜志勇：《农地融资法律模式研究》，载董学立主编：《担保法理论与实践》（第 2 辑），中国法制出版社 2016 年版，第 316～317 页。

土地,经依法登记取得土地承包经营权证或林权证等证书的,其土地承包经营权可以依法采取转让、出租、入股、抵押或者其他方式流转。”因此,这类土地的承包经营权或者流转后的经营权均无障碍地可以设置抵押,进行融资。

现实中,此类承包地往往都流转过多次,因此在办理此类土地经营权的抵押担保公证时,应特别注意审查经营权人取得经营权利的合法性和真实性,且应当审查其是否尚处于约定的有效经营期限内。稳妥起见,笔者认为,此类土地承包经营权的抵押贷款,原则上应要求当事人办理了抵押权登记后,再申办赋予强制执行效力的债权文书公证。

三、农村林权融资担保债权文书公证

据有关统计,目前我国林地总面积为38.5亿亩,其中,采取家庭承包经营的为33.6亿亩,占林地总面积的87.5%。[①] 可见,在山区、丘陵地区农民的财产中,林地应为其重要乃至主要财产,其融资担保物也主要是林木或林地经营权。按照我国《农村土地承包法》的规定,林地的承包期限可以为70年。我国《物权法》第184条禁止抵押的财产中虽然包括耕地、宅基地、自留地、自留山等农村财产,但并未包括林地。故而林地及林木设置担保为法律所允许。

林权担保融资包括林木抵押和林地抵押两种类型,公证中有几个问题需要厘清:

第一,如何看待法律之间的不同规定。我国《森林法》《担保法》仅规定了林木所有权抵押,对林木用益物权抵押未作规定。按照《物权法》的规定,林地承包经营权属于用益物权的范畴。我国《物权法》第180条规定,建筑物和其他土地附着物可以设定抵押,林木显然属于地上附着物,因此能够设定抵押无疑。在公证中,如果当事人以承包地上的林木单独设定抵押,应认定为合法。

第二,是否遵循“林随地走”或“地随林走”的原则。按照我国《担保法》第36条和《物权法》第182条、第183条的规定,我国采行的是地上定着物跟随地走或土地使用权跟随地上定着物走的原则。但林木相对特殊,其可以单独设定抵押。不过,如果当事人以林地设定抵押权的,则应当将其地上附着的林木一并抵押。[②]

第三,林木或林地能否重复抵押。国家林业局于2004年印发的《森林资产抵押登记办法(试行)》第21条规定:“已抵押森林资源资产在抵押期限内不得重复申请办理抵押登记,如抵押申请人故意隐瞒森林资源资产已抵押登记的事实,提供虚假材料骗取登记机关重复登记的,该登记无效。”在公证实务中,当事人以已经抵押的林地或林木设置重复抵押的,能否办理公证需要讨论。我国《担保法》第41条、第42条规定,以林木抵押

---

① 参见王宗非主编:《农村土地承包法释义与适用》,人民法院出版社2002年版,第7页。

② 参见梁慧星主编:《中国民法典草案建议稿》,法律出版社2003年版,第101页;王利明主编:《中国民法典草案建议稿及说明》,中国法制出版社2004年版,第136页。

的，双方当事人必须到县级以上林业主管部门办理抵押物登记手续，抵押权自登记之日起生效。根据我国《物权法》第199条的立法精神，①应当认为我国允许抵押财产的剩余价值设置重复抵押。不少学者均持此观点。② 因此，林木及林地重复设置抵押的贷款合同可以办理公证。而《森林资产抵押登记办法（试行）》应当根据我国《物权法》第199条的规定予以修正，否则其不具有对抗上位法的效力。

① 我国《物权法》第199条规定："同一财产向两个以上债权人抵押的，拍卖、变卖抵押财产所得的价款依照下列规定清偿：（一）抵押权已登记的，按照登记的先后顺序清偿；顺序相同的，按照债权比例清偿；（二）抵押权已登记的先于未登记的受偿；（三）抵押权未登记的，按照债权比例清偿。"

② 参见胡玉浪：《集体林权法律制度研究》，法律出版社2012年版，第150～153页。

第十一章　租赁类债权文书强制执行公证研讨

随着我国公民私有财产的飞速增长，尤其是投资性不动产的不断增多，租赁合同这一既古老又极具商品经济特色的物之用益契约大量涌现。然而，不可忽视的是，租赁纠纷也在呈大幅攀升之势。究其原因，除人们对租赁关系的法律知识相对匮乏、订立契约简单随意不规范，以及我国社会普遍存在的交易诚信度相对低下等因素外，缺乏必要的租赁行为监管与制约机制，尤其是缺乏办理租赁契约强制执行公证的行为习惯也是主因之一。与此同时，公证实务界对租赁债权文书强制执行公证研究不深入，适用不广泛，不能不说也是这类业务开展不普遍的原因之一。本章笔者将从理论与实务两个层面，对租赁及其与租赁有所关联的租买、融资租赁等债权文书强制执行公证进行深入研讨。

第一节　租赁债权文书强制执行公证概论

本节主要讨论租赁的性质，租赁债权文书经公证赋予强制执行效力的法理依据，以及所赋执行效力的范围等基础性问题。

一、租赁债权文书公证赋予强制执行效力的可行性

与买卖、赠与契约以物之所有权移转为目的不同的是，租赁系以占有标的物并以物之使用收益为权利内容。因此，所谓租赁契约，简单地说，就是指支付对价而使用他人物品的契约。[①] 由

---

① 参见[日]我妻荣：《债权各论(中卷一)》，徐进、李又又译，中国法制出版社2008年版，第161页。

此可以归纳租赁契约的几个基本特征:(1)租赁契约是转让财产使用权的契约。即在物权所有权的四项权能中,租赁只转让其中的占有、使用和收益三项权能,而并不转让物之处分权。(2)租赁契约为互付对价的契约,故谓之双务有偿契约。(3)租赁契约在当事人之间既引起债权法律关系,又引起物权法律关系,这是因为租赁将导致承租人获得物权性质的租赁权和先买权。① 也就是说,作为债权发生原因之一种,租赁契约既在当事人之间产生债权债务关系,同时又会在出租人与承租人之间发生物权关系。这种物权性质的法律关系主要表现为:其一,在租赁契约存续期间,出租人不得将租赁物再出租给第三人,即同一物上只能设立一个租赁权;其二,出租人在租赁契约存续期间出售租赁物的行为不影响租赁契约的效力,即买卖不破租赁;其三,出租人在出卖租赁物时,承租人在同等条件下享有先买权。

正是由于不动产租赁法律关系上所具有买卖不破租赁等法定的排他性权利,是故理论界向来对租赁权的法律性质存在争议,概括起来,大致有以下几种观点:其一,债权说。此说认为,承租人对租赁物的使用收益权并非因租赁契约而取得,而是因租赁物的交付而取得,因此其并不像物权的直接支配权那样具有独立性,而仅为从属于租赁权的一种权能,故而租赁权并非物权,而属于债权。② 其二,物权说。此说认为,承租人的租赁权属于对物支配的一种物权。"无论是在学说的发展和立法例上,还是从不动产租赁权在对抗力、保护方法、长期性等方面,都有理由或者说都可以将之构造成物权"。③ 其三,形成权说。此说认为,租赁权既不是物权也并非债权,而是承租人为自己之利益,代行租赁物所有人使用收益权的一种形成权。④ 其四,租赁权物权化说。此说认为,租赁权仍属债权,但法律为了强化租赁尤其是租赁关系中承租人的权利,而使之物权化。⑤ 笔者认为,租赁关系是因契约而建立之民事权利义务关系,当为债权无疑,但租赁权亦带有显著的物权特征,因而租赁权物权化之观点也有一定的道理。正是由于租赁权具有明显的物权特征,才具备了需要借助公权力加以保障与维护的必要,也才需要探讨强制执行公证介入的问题。

在法国,法律明确规定,所有公证文书在法兰西领土内均具有执行力,其中也涵盖了租赁债权文书的执行。在德国、奥地利,法律规定债权文书包括租赁及有抵押的债权文书,均可经公证赋予强制执行效力。从我国目前的情况来看,一是出租人主动采用公证赋予租赁契约强制执行效力的方式保护其债权的情形还不普遍;二是法律没有对租赁债权文书强制执行公证做出引导性或强制性规范,有待完善。因此,大力宣传和拓展租赁

---

① 参见江平主编:《中华人民共和国合同法精解》,中国政法大学出版社1999年版,第166页。

② 参见郑玉波:《民法债编各论》(上),台北,三民书局股份有限公司1986年版,第200页。

③ 戚兆岳:《不动产租赁法律制度研究》,法律出版社2009年版,第180页。

④ 戴修瓒:《民法债编各论》,台北,三民书局股份有限公司1995年版,第119~120页。

⑤ 参见邱聪智:《新订债法各论》(上),中国人民大学出版社2006年版,第228页。

契约强制执行公证业务,必然是今后业内的主要任务之一。与此同时,争取立法予以支持,也是不得不考虑的长远策略。

二、有担保的租赁契约可以经公证赋予强制执行效力

这里需要讨论的问题是,2000年《联合通知》规定,公证机构可以赋予强制执行效力的租赁契约是无担保的租赁契约,而为何有担保的租赁契约就不能赋予强制执行效力,一直是业界普遍质疑而尚待诠释的一个问题。虽然最高人民法院2014年印发的《执行异议复议规定》似乎已经解决了这个问题,但作为一个理论问题加以探讨仍然有必要。

我国合同法对租赁是否应当提供担保,并无明确规定。但从法理上来讲,应当理解为可以在租赁契约中设置担保。从外国立法例来看,对不动产租赁往往附有担保,如《德国民法典》第550条就明确规定,在住房使用租赁合同中,承租人为其应履行的义务向出租人提供担保的,其保证金不得超过一个月房租的3倍。在我国,涉及房屋等不动产的租赁行为中,承租人需向出租人提供押金、保证金等担保,也是一种比较普遍的现象。因此,将有担保的租赁契约排斥于公证可以赋予强制执行效力的债权文书范围外,无异于变相地剥夺了租赁契约当事人申请公证机构赋予租赁契约强制执行效力的权利。

租赁的担保,实践中的表现形式通常是承租人在支付租金之外向出租人支付一定数额的担保金,学理上通常也将此称为押租金,民间也有保证金、压地金、権金、顶首、座租、押槿、按槿等不同的称谓,但押租金或押租、担保金是其通常称谓。且其不独在我国租赁实务中存在,在日本等国家的租赁关系中也是最重要的担保形式之一,日本称押租金为"敷金"。① 中华人民共和国成立之前,我国不动产的租赁行为中押租金的使用非常普遍。中华人民共和国成立之后,国家一度在政策上废除了此项制度,法律也明令禁止收取押租金。② 依笔者揣测,之所以《联合通知》作出有担保的租赁不能经公证赋予强制执行效力的规定,可能是受国务院于1983年12月7日颁布的《城市私有房屋管理条例》的禁止性规定影响。该条例第16条第2款规定:"出租人除收取租金外,不得收取押金或其他额外费用"。但是,其后原建设部于1995年5月9日印发的《城市房屋租赁管理办法》和全国人大于1999年3月15日颁布的《合同法》中已经对这一不合理的规定予以了否定,未再限制租赁行为中设置押租金。住房和城乡建设部于2010年12月1日印发并于2011年2月1日起施行的《商品房屋租赁管理办法》更是明确承认了押租金的合法性。该办法第7条关于房屋租赁合同的内容的规定中第3项明确规定,房屋租赁合同可以约定押金的数额及支付方式。因此,目前看来,《联合通知》关于有担保的租赁契约不能进行强制执行公证的规定,显然已不合时宜,甚至有违反法律规定的嫌疑。

---

① 参见黄立主编:《民法债编各论(上)》,中国政法大学出版社2002年版,第267页。

② 参见戚兆岳:《不动产租赁法律制度研究》,法律出版社2009年版,第130页。

此外,从租赁实务的实际运行上考察,也可以判断出如此约束没有合理性。如果确实要给有担保的租赁契约找出限制公证赋予执行效力的理由,不外两条:一是有担保的租赁行为有租金支付之保障,如果承租人怠于支付租金,出租人可以从保证金、押金中扣除,不至于使出租人蒙受较大损失;二是有担保的租赁,表明承租人有履约之积极意愿和交易诚信,无须通过强制手段迫使其履行。然而,保证金、押金相对于租金的拖欠来说,仍然有可能是杯水车薪,不足以弥补其损失。在一般情况下,所谓的押金或保证金都是象征性的,并不是严格意义上的足额担保,而租金的拖欠则往往会给当事人造成显著损害,如果拖欠时间长则会给出租人带来巨大损失。在这种情况下,如果租赁契约未赋予强制执行效力,出租人只能选择协商或诉讼、仲裁解决。但是这样一来,不但耗时费事,且成本高昂。而通过公证赋予强制执行效力,则可尽速、便捷地实现债权,稳妥地保护出租人的合法权益。同时,需要特别强调的是,公证赋予债权文书强制执行效力的目的虽然在于保护债权的实行,但其威慑的作用也不可低估。实务中的情况是,绝大多数债务人迫于强制执行效力的压力,会自觉履行义务,而尽量避免被执行。这样一来,公证强制执行效力的价值就演变成了一种债务人自觉自愿接受的自订“法律”之约束,从事物的另一面审视,无疑缓和了当事人双方的紧张关系并可以有效避免不可预测的风险所带来的麻烦。

第二节 房屋租赁债权文书强制执行公证

从上述的简单讨论中不难看出,租赁债权文书,无论有无担保均可作为强制执行公证之标的,也就是说在理论上没有法律障碍。但鉴于租赁债权文书公证尚处于探索过程中,尤其是对出租方的租赁物交付行为、修缮行为等能否执行,以及是否可以强制收回租赁物等均尚待探讨,故笔者认为,目前仍主要以赋予租金给付之债权强制执行效力为宜。鉴于房屋租赁,是租赁市场上最为多见的租赁物类型,本节,笔者就房屋租赁债权文书强制执行公证的审查要点及相关问题展开探讨。

一、房屋租赁债权文书公证的审查

房屋租赁,是租赁市场中最常见的租赁类型,也是租赁债权文书强制执行公证最常见的标的。城镇房屋的出租,公证适用的法律主要为我国《物权法》和《合同法》,并按照《公证法》和《公证程序规则》对强制执行债权文书的要求来审查办理。农村房屋的出租,在此基础上,还须适用《土地管理法》的相关规定。同时,办理城乡房屋租赁,都需要参考原住房及城乡建设部印发的《商品房屋租赁管理办法》(以下简称《房屋租赁办法》)的相关规定。

(一)审查出租房屋的合法性

法理上认为,房屋出租是转让房屋使用权和收益权的行为,①因此,相较于转让房屋的占有、使用、收益和处分全部权能的买卖行为而言,其必备要件应低于房屋出售的条件。按照相关规定,只要是为出租人所有或合法占有并有权对外出租的房屋,都可以作为租赁合同的标的,包括商品住宅、营业用房、办公用房、厂房、宅基地上建筑的农房等。尚未取得房屋所有权证的商品房,只要已经交付买房人使用即符合出租之条件;农村合法建造的房屋,即便未取得房屋所有权证,按照我国《物权法》第30条的规定,②亦可作为出租房屋的适格标的。但涉及以下租赁合同所涉房屋,公证机构不能受理强制执行公证:一是未取得合法批建手续建造的房屋,如城市、农村乱搭乱建的房屋;二是明显存在完全隐患、防火防灾隐患的房屋,这是一个不太好判断的问题,需要公证员在告知和询问笔录中要求当事人确认,必要时需要进行现场查验;三是产权或使用权存在争议的房屋,如在查封期内的房屋等;四是出租人明知承租人租赁用于非法目的而签订租赁合同所涉之房屋;五是约定租期超过20年并拒绝缩短期限的租赁合同所涉之房屋;六是其他法律禁止交易情形的房屋。例如,对于农村小产权房的出租,公证机构也暂不宜为其办理赋予强制执行效力的公证。

(二)审查合同主要条款设置的合理性

以下几个主要条款是租赁合同不可或缺的内容,需要特别关注:(1)用途。这是一个非常重要的条款,如果承租人未按照约定用途使用租赁物,出租人可解除合同、提前收回房屋,并要求承租人赔偿损失。倘若承租人违反契约规定使用租赁房屋,还可能会导致申请执行的情由提前到来,从而引致签发执行证书行为的发生。同时,法律禁止当事人承租房屋用于从事非法活动和经营,如果出租人纵容或者容忍承租人在承租房屋中从事非法活动或经营,也要承担连带责任。(2)期限。我国《合同法》第214条规定:"租赁期限不得超过20年,超过20年的,超过部分无效。"按照合同自由原则,在20年的最长期限内,当事人可以任意约定合同期限,也可以不约定,但强制执行公证所涉的租赁债权文书则必须约定明确,否则无法满足实际执行的要求。(3)租金及其支付期限和方式。租金,是指承租人为取得房屋使用权而支付给出租人的报酬,它体现了租赁合同的有偿性。申办强制执行公证的租赁合同,租金的数额及其支付期限与方式应当明确具体,便于履行。这是确定执行给付内容的主要依据,如果含混不清,有可能导致执行不能。(4)房屋维修。按照我国《合同法》第220条、第221条的规定,出租房屋的修缮原则上为出租人的法定义务,但可以尊重当事人协商确定。即如果当事人协商一致,既可以由出租方承

---

① 参见江平主编:《中华人民共和国合同法精解》,中国政法大学出版社1999年版,第166页。

② 参见《物权法》第30条规定:"因合法建造、拆除房屋等事实行为设立或者消灭物权的,自事实行为成就时发生效力。"故而,农村房屋只要是经合法手续批建,一经建成即自动取得物权。

担修缮义务,也可以由承租人自行承担维修责任;反之,如果不作约定或者约定不明,则属于出租人的当然责任。(5)强制执行条款。这是公证赋予租赁合同执行效力的基础性依据。承诺接受强制执行的内容,主要包括租金及其拖欠所产生的滞纳金、违约金等。理论上认为,交付租赁物、修缮房屋、租期届满后的腾退行为等亦可作为执行标的,但鉴于法院认可的公证强制执行范围主要为货币、物品及有价证券,目前对行为的公证执行尚存争议,故房屋租赁契约应主要针对租金及其相关债务设计执行内容。

二、几个特殊问题的处理

(一)关于押租金

按照《房屋租赁办法》第 7 条的规定,当事人可以在租赁契约中约定押租金,但押租金的具体数额多少为宜以及与租金的比例如何确定,怎样设置才能起到担保的效果等却未予具体规定。从其他国家的规定与我国实践中的惯例来看,押租金的数额是有限制的。鉴于此,公证员可建议双方当事人参照其他国家立法例上押租金原则上不得超过两个月或者两个租金支付周期的租金数额为限来加以约定,当然具体金额的约定,仍应由租赁双方当事人自主确定。

(二)关于租金的增长

《房屋租赁办法》第 9 条第 2 款规定,在房屋租赁合同期内,出租人不得单方面随意提高租金水平。但却未规定如果出租方单方面随意提高租金应当如何处理以及应承担怎样的法律责任。对此,公证员可以建议当事人在契约中明确约定:如果出租人在租赁期内单方要求提高租金水平,承租人有拒绝的权利;如果租赁期限过长,也可建议双方采用情势变更原则,酌情逐年适当提高租金,以平衡当事人双方的利益关系。但无论如何,都需要明确具体,便于理解与履行。否则,在履行中难免产生纠纷。

(三)关于转租

转租并不改变出租人与承租人之间的法律关系,但对出租人似有不利,故其前提是须经出租人同意。[①] 在房屋租赁债权文书公证中,公证员应建议当事人在租赁合同中就转租相关问题进行明确约定,避免事后纷争。约定的方式有两种:一种约定是,直接在合同中约定:"在租赁期内,承租人可以转租房屋,但转租房屋的期限应当在租赁期限的剩余期限内。"这种约定,主要适用于租赁期限较长的生产性或经营性用途的房屋租赁。另一种约定是,不直接在租赁合同中约定确切的转租条款,只是出租人在契约中做出一个原则性的承诺,即如果承租人转租房屋,应事先取得出租人的同意。这种约定,实际上是

---

① 我国《合同法》第 224 条规定:"承租人经出租人同意,可以将租赁物转移给第三人。承租人转租的,承租人与出租人之间的租赁合同继续有效,第三人对租赁物造成损失的,承租人应当赔偿损失。承租人未经出租人同意转租的,出租人可以解除合同。"

出租人保留了转租时自己的最终抉择权,到时是否允许承租人转租并不确定。后一种约定在实务中比较常见。

(四)关于出租人为提高租费故意不收取到期租金情况的处理

我国《合同法》和《房屋租赁办法》都未对此作出规定,但现实中这种现象的出现较为普遍。对此,公证员可建议双方在契约中明确约定,如果出现这种情况,承租方可将租金提存于公证机构以消灭到期债权,从而使出租方的不良意图无法得逞。

(五)关于租赁房屋的转让

按照我国《合同法》第230条的规定,出租人出卖租赁房屋,应提前通知承租人,承租人享有优先购买权。如果承租人不购买而租期又尚未届满,则须遵循"买卖不破租赁"原则,租赁合同对承租人继续有效。这里需要讨论的问题是,在赋予租金支付强制执行效力的情形下,公证书对房屋所有权的受让人(继受出租人)是否继续有效?笔者认为,对此,可以参照司法部2006年8月14日《关于经公证的具有强制执行效力的合同的债权依法转让后受让人能否持原公证书向公证机构申请出具执行证书问题的批复》的规定办理,即可以认定原出租人在转让租赁房屋的同时,将收取租金的债权一并转让给了受让人,在承租人不履行或履行支付租金义务不适当的情形下,受让人可以申请公证机构签发执行证书。但其前提是,该转让房屋的行为应经公证,并在房屋买卖公证书内明确载明强制执行请求权一并随之移转的意思。

三、对一份房屋租赁债权文书办证指引的简要评析

四川省公证协会于2018年10月印发的《四川省公证协会房屋租赁合同公证指导意见(试行)》(以下简称《房屋租赁公证意见》),[①]是笔者目前所检索到的唯一一个公证机构办理房屋租赁公证证明活动的操作性指导文件。行业协会印发的该类指导意见、操作指引规范,虽然对公证机构不具有强制约束力,但却有着不可否认的参照适用价值。以下,笔者就其适用价值加以简要评析。

四川省公证协会印发的这份《房屋租赁公证意见》,在最高人民法院相继发布《执行异议复议规定》和《公证债权文书执行规定》的大背景下,就公证实务的引导价值而言,有不可低估的实践意义。首先,其体现了拓宽强制执行公证适用范围的勇气,有利于公证机构更好地服务于经济建设;其次,其在我国由商品房建设买卖为主的住房保障制度转向买卖、租赁并重制度的转折点上应运而生,体现了引导公证行业充分适应和跟进社会发展步伐的前瞻性。其值得肯定的地方主要有以下几点。

第一,对出租房屋的范畴作了比较宽泛的规定。《房屋租赁公证意见》第2条规定,以下房屋均可作为房屋租赁债权文书公证的标的:(1)商品住宅;(2)营业用房;(3)办公

① 载《四川公证》2018年增刊,第52~55页。

用房;(4)宅基地上建筑的农房;(5)其他为出租人所有或合法占有并有权对外出租的房屋。如果我们将厂房、仓储用房等其他房屋囊括于兜底条款中,可以认为,这一规范基本上涵盖了所有合法建造之房屋的租赁行为。其中,尤其是将宅基地上建筑的农房和办公用房一并予以规范,殊值点赞。表明规则制定者不但考虑到城市商品住宅、商业用房的租赁保护问题,也关注农村宅基地上合法建造的房屋的出租保护问题,同时,对城市大量闲置的办公用房租赁也给予了必要的关照。

第二,其明确规定,可以对房屋租赁债权文书中的租金支付债权内容赋予强制执行效力。《房屋租赁公证意见》第 2 条第 3 款规定,根据当事人的请求,对双方约定就租金债务的支付赋予强制执行效力的房屋租赁合同,公证机构可以依法赋予强制执行效力。这一规定的新意在于,虽然 2000 年《联合通知》规定可以对无担保的租赁契约办理强制执行公证,2014 年以后,根据《执行异议复议规定》的规范,担保文书可以经公证赋予执行效力。但多年来,无论是司法部还是中公协的规范性文件,抑或省、自治区、直辖市的地方规范性文件,都极少提及对租赁契约赋予强制执行公证业务的开展问题。四川公协的这份《房屋租赁公证意见》则给予了重点关注,并于其中的第 15 ~ 18 条全面而详细地规定了赋予房屋租赁债权文书强制效力的条件、审查要求,以及出具执行证书的要件等。同时,《房屋租赁公证意见》并未对有担保的房屋租赁债权文书进行限制,而是提倡有无担保的房屋租赁债权文书均可在当事人自愿的前提下,办理强制执行公证。

第三,明确规定了不得办理房屋租赁债权文书公证的情形。《房屋租赁公证意见》第 9 条规定:“以下房屋租赁合同,公证机构不能受理公证:(1)出租违法建造房屋的租赁合同;(2)出租不符合安全、防灾等房屋使用强制性标准的房屋租赁合同;(3)出租人明知承租人租赁房屋用于非法目的而签订的房屋租赁合同;(4)约定租期超过 20 年并拒绝缩短期限的租赁合同;(5)其他法律禁止情形的租赁合同。”这一规定,为公证机构受理房屋租赁债权文书公证的范围划定了边界,可以有效地指导公证机构和公证人员,将标的不合法或受限制的房屋租赁合同排除在公证债权文书之外,维护社会的公共利益。

第四,明确规定公证员有要求当事人依法修订租赁债权文书的权利。《房屋租赁公证意见》第 8 条规定:“对当事人提供的不规范、不完整、不明确、不具体或者容易产生歧义的合同文本,公证员有义务建议当事人修改,也可在征得当事人同意的情形下代为修改;当事人拒绝修改的,应记录在案并由当事人签字确认。但对明显违反法律强制性规定或者名为租赁实为民间借贷的租赁合同内容,当事人拒不修改的,公证机构应当拒绝受理公证。”这一规定,为公证员理直气壮地要求当事人修改房屋租赁债权文书提供了保障。这一规定的内容中也体现了宽严相济的思想,对一般的瑕疵条款,公证员原则上只有建议修改权,无当然的强制修订权,只需记录在案即可;但对明显违反法律强制性规定的契约内容,公证员则有强制要求修改权,若当事人拒不修改,公证员可不予受理公证。其中,尤其是对名为房屋租赁而实为民间借贷的债权文书,明确作出了拒不办理公证的要求，特别值得肯定。一段时间以来，民间借贷中“套路贷”盛行，令人防不胜防。“套路贷”遭到严厉打击后，变相的“套路贷”，如“套路租”又在一些地方冒出头来，因此对这种名为房屋租赁实为民间借贷的变种“套路贷”，公证机构和公证员应予坚决抵制和拒绝。

第五，明确规定了房屋租赁行为申办赋予强制执行效力公证的条件。这些条件包括：(1)双方当事人在租赁合同中明确约定对承租人给付租金的债务赋予强制执行效力，即承租人承诺：不履行或不完全履行合同约定的租金给付义务时，愿意放弃诉权，接受出租人向公证机构申请出具执行证书并向人民法院申请强制执行；(2)承租人明确表示，已知悉接受强制执行的法律意义和法律后果；(3)租金的数额（包括违约金、滞纳金等其他纳入租金债务的金额、实现租金债权的费用等）、计算方法、履行期限、地点和方式明确具体；租金为分期履行的，对分期履行债务的强制执行条件和范围有明确约定；(4)双方当事人对租赁合同项下的租金给付义务无疑义；(5)对承租人违约后出具执行证书前，核实租金给付义务不履行或者不适当履行的方式和方法有明确约定。上述条件的规定，明确而具体，便于公证员适用。

第六，对出具执行证书的条件进行了必要的规范。《房屋租赁公证意见》对公证机构签发涉及房屋租赁的执行证书从两个方面提出了条件要求：一是出租人需要向公证机构提供的证明材料。这些证明材料包括：(1)经公证的具有强制执行效力的房屋租赁合同；(2)出租人已履行租赁合同约定义务的证明材料；(3)承租人未履行租金等约定债务给付义务的证明材料；(4)所欠租金（违约金、滞纳金等债务）的数额、计算方式。二是公证机构需要审查核实的范围。明确要求，公证机构出具租金债务执行证书，除需要按照我国《公证法》《公证程序规则》等法律法规要求的内容进行审查外，还应当重点审查以下内容：(1)出租人提交的已按租赁合同约定履行义务的证明材料是否属实；(2)承租人对租赁合同载明的租金履行义务有无疑义；(3)承租人已履行租金支付义务的证明材料是否属实；(4)执行标的数额及其计算方式是否准确无误。同时还特别强调，“公证机构在出具执行证书前，对承租人不履行或者不适当履行租金给付义务的事实进行核实时，当事人对核实方式有约定的，应当遵照当事人的约定方式；当事人没有约定或约定不明确的，可以通过电话或者邮寄核实函方式核实，必要时也可按照合同记载的承租人地址进行实地核实”。

当然，四川省公证协会发布的这份《房屋租赁公证意见》也还存在一些需要完善的地方。首先，作为一个实务操作性的行业规范，应当考虑的是公证员在适用时可以依凭其作为办证的程序指导，鉴于此，《房屋租赁公证意见》应将办证时的告知内容予以列明，同时还可以将公证文书格式设计附后。目前这方面有所欠缺。其次，《房屋租赁公证意见》没有对法人、非法人组织房屋的出租设计特别要求，也不能不说是一个缺憾。当前，在我国，地方国资委、国有投资平台公司名下都有不少国有商业用房需要采取经营性出租方式交易，但涉及国有房产的出租法律有一些特殊要求，如需经主管部门批准，采取公开竞价出租等，因此有必要在操作规范中提出特别审查的具体要求。再次，笔者认为，《房屋租赁公证意见》仅对承租人拖欠租金的债权范围规定可以赋予强制执行效力，也还失之单一，可以考虑适当放宽执行的债权范畴，如对违约金，以及涉及由出租人代为解缴的水电费、物业管理费等衍生性债权。① 最后，在与法院协商一致的前提下，可以探索试行对出租人的法定义务（行为）赋予执行效力。这方面的执行，目前在法理上没有障碍，仅缺乏实践操作的破冰之举。

第三节　农村土地承包经营权租赁债权文书公证

我国2018年12月29日修订后的《农村土地承包法》规定，农村承包地实行所有权、承包权和经营权“三权分置”的原则，经营权可以自由流转。亦即无论是以何种方式获得的土地承包经营权，当事人均可依法流转，按照我国《物权法》《农村土地承包法》的规定，流转的主要方式包括转包、出租、转让、互换、入股等，其中出租、转包、入股等属于经营权的流转，而转让、互换则属于承包权的流转。

土地承包经营权的出租，是指承包方作为出租方，将自己承包期内承包的土地，在一定期限内全部或者部分租赁给本集体组织成员以外的企业、单位或个人用于发展开发性农业，承租方一次性或分期付给承包方租金，原承包合同由承包方履行的流转方式。土地承包经营权以租赁方式流转，是一种典型的债权债务关系，其相对于村民与集体组织的内部承包关系而言，也被称为“外部民事合同”，②不但要受土地承包法的调整，也要适用合同法有关租赁合同规范的制约。据法国公证人介绍，在法国，农村土地的长期租赁必须经过公证。法国2006年颁布的《乡村指导法》规定，农村土地的长期租赁期限为18年，凡是租赁期限在12年以上的土地租赁契约，均须经公证其权益才能对抗第三人，同时还须在土地资产管理部门进行登记。③ 随着我国振兴农业战略的实施，农村土地流转将进一步加快，其中以租赁方式流转是主要形式之一，因此引入强制执行公证保障出租方——承包权人和经营权人的权益，不失为上佳选择。申办此类租赁公证需要注意的问题，主要有以下几点。

一、准确把握土地经营权租赁的实质

土地承包经营权的出租与转包有许多相近的地方，如都不改变原承包关系、都不能

---

① 这类衍生性债权，在国有商业用房、办公楼房等的租赁关系中大量存在，需要引起关注。

② 参见刘静、郑永胜主编：《农村土地承包法原理精要与实务指南》，人民法院出版社2008年版，第150页。

③ 参见马宏俊主编：《公证、乡村、发展——中法关于土地经营与流转的对话》，北京大学出版社2013年版，第53页。

改变土地的农业生产用途、流转之期限均只能在承包合同的剩余期限内等,在实务中容易被混淆。因此有人认为,之所以出现转包和出租两种十分相近的流转形式,只不过是为了区别向本集体成员以内或本集体成员以外流转的一种制度性安排,并仅在此意义上存在价值。① 但笔者认为,二者是两种完全不同的农村土地承包经营权流转方式,且各有其存在价值。二者的区别主要在于:(1)在租赁关系中,承租方一般为本集体经济组织以外的企业、单位或个人,而转包关系中,受转包方原则上只能是本集体经济组织中的其他成员;(2)出租的土地一般适用于规模经营,发展开发性农业,而土地经营权转包的目的则多种多样,如承包户进城务工、经商暂时无力经营等;(3)出租的标的物不限于承包土地,往往还包括地上附着的青苗、果木等,而转包的标的物则仅限于承包方所承包的部分或全部土地,原则上不及于地上附着物;(4)在租赁关系中,有偿性是其显著特征,且当事人之间的对价往往较为公平,而在转包关系中,既可能是有偿的,也可能是无偿的(如亲属间的代为经营管理等)。

二、告知土地经营权出租的法定权利义务

其一,告知流转基本原则。按照我国《土地承包法》第38条的规定,土地经营权流转应当遵循以下原则:(1)依法、自愿、有偿,任何组织和个人不得强迫或者阻碍土地经营权流转;(2)不得改变土地所有权的性质和土地的农业用途,不得破坏农业综合生产能力和农业生态环境;(3)流转期限不得超过承包期的剩余期限;(4)受让方须有农业经营能力或者资质;(5)同等条件下,本集体组织成员享有优先权。这既是农村土地经营权租赁债权文书公证的主要告知内容,也是审查核实的主要方面。其二,告知承租人,出租人有权解除合同的几种情形。这些情形包括:(1)擅自改变土地的农业用途;(2)弃耕抛荒连续两年以上;(3)给土地造成严重损害或者严重破坏土地生态环境。其三,告知登记公示规定。我国《土地承包法》第41条规定,土地经营权流转期限为5年以上的,当事人可以向登记机构申请土地经营权登记。未经登记的,不得对抗善意第三人。

三、审查租赁合同条款的完备性

土地经营权租赁合同,一般应当包含以下主要合同内容:(1)双方当事人的姓名、住所。农村土地承包是以户为单位的承包,通常由户主与集体经济组织签订承包合同。因此,在订立租赁合同时,不少合同出租方一般都只写户主。但公证员需要注意的是,承包地经营权的出租是一种债权关系,而农村家庭承包的土地是户内所有家庭成员共有的经营权,因此应由承包地的所有共有人共同作为出租方。当然,共有人可以共同委托户主

---

① 参见陈小君等:《农村土地法律制度研究——田野调查解读》,中国政法大学出版社2004年版,第28页。

作为出租方,但其他共有人必须同意出租。(2)出租土地的名称、坐落、面积、质量等级。实务中,除在合同中写明外,往往还以四至图的方式附于合同之后。(3)租赁期限及起止日期。租赁期限法律作了限定,一是不超过20年的合同法限制,二是只能在承包合同的剩余年限内。我国农村土地承包的年限耕地为30年、草地为30~50年、林地为30~70年,期满自动续期。公证员审查的主要依据,是当地农业主管部门颁发的承包经营权证记载的年限。(4)出租土地的用途。应写明具体用途,如用于种植、养殖或者农业加工、开办农家乐等,但不能突破农业用途。(5)双方的权利义务。承租人权利义务,如依法享有流转土地的使用、收益、经营和产品处置权,但需要履行支付租金、合理利用保护土地且不改变其农业用途的义务等;出租人的权利义务,收取租金的权利、合同期满收回经营权的权利,但需履行如期交付土地等义务。(6)租金及支付方式。租金可以是现金支付,也可以是实物支付,但需要明确具体(含接受强制执行的约定)。(7)土地被依法征收、征用、占用时有关补偿费的归属。根据中央《农村土地三权分置意见》的规定,流转土地被征收的,地上附着物及青苗补偿费应按照流转合同约定确定其归属。结合我国《土地承包法》第40条第7项之规定,可以认为,既可约定归出租方,也可约定归承租方。不过笔者认为,鉴于农村土地的经营权流转,没有改变原发包方(集体组织)与承包方(集体组织成员、出租人)之间的承包关系,因此宜区别情况处理为妥。在征收的情况下,承包人永远失去土地,因此征收费应归出租方,然后出租人再与承租人进行清算补偿;在征用、临时占用的情况下,因土地在征用、占用期满后还会收回,故倘若收回期仍在租赁期内的,补偿费应由承租人直接享有,若超过租赁期的,既可直接归承租人,也可先归出租人后再由出租人与承租人结算补偿。(8)违约责任。主要考虑情况包括:出租人干预承租人正常生产经营,承租人逾期支付租金、承租人擅自改变土地用途甚至破坏土地生态等,[①]而后者也是确定债务人违约从而启动执行证书签发程序的关键情由。

四、避免"反租倒包"情况的发生

所谓返租倒包,是指集体经济组织以一定条件把已承包给农户的土地收回再承包给种田大户或者出租给其他单位、个人从事农业经营的行为。根据专家的调查,在我国《农村土地承包法》实施以前,返租倒包是我国农村较广泛采用的一种土地流转形式,也曾对农村土地的规模化经营起到一定的促进作用。[②] 然而,返租倒包是一种典型的集体经济组织主导型的土地流转方式,承包农户的自主权往往被完全遮蔽,有的甚至严重违背农

---

① 参见高圣平、王天雁、吴昭军:《〈中华人民共和国农村土地承包法〉条文理解与适用》,人民法院出版社2019年版,第255页。

② 参见刘静、郑永胜主编:《农村土地承包法原理精要与实务指南》,人民法院出版社2008年版,第153页。

民意愿,导致农户的承包收益无法得到保障。2001 年中共中央下发的《关于做好农户承包地使用权流转工作的通知》规定:"由乡镇政府或村级组织出面租赁农户的承包地再进行转租或发包的'返租倒包',不符合家庭承包经营制度,应予制止。"我国《农村土地承包法》第 35 条也明确规定:"在承包期内,发包方不得单方面解除承包合同,不得假借少数服从多数强迫承包方放弃或变更土地承包经营权,不得以划分'口粮田'和'责任田'等为由收回承包地搞招标承包,不得将承包地收回抵顶欠款"。笔者认为,对"返租倒包"应当区别看待。"倒包"显然存在法律上的障碍,因此确实应予以禁止,而对"返租",如果是集体经济组织从承包户手中租回土地进行集中生产、规模化经营,只要其支付合理的租金,并完全建立在双方自愿的基础上,也不能认定其一概违规,关键是看集体组织在"返租"中是否有强迫性、非公平对价及损害承包人利益的情形发生。因此,对前者公证机构应当不予办理,而对后者则可以受理债权文书公证。

第四节　租买债权文书公证

租买起源于英美法,现代以降,也在大陆法国家开始流行。租买又称租购。租买契约,是指租买人与租卖人约定,租买人以分期交纳租金的方式接受标的物,并具有选择取得购买人地位或租用人地位的优先权的一种买卖合同。[①] 由于这种合同虽然涵摄有买卖的意思,但却以租赁的内容作为主要的权利义务关系,故也可将之看作一种特殊的租赁契约。在传统的租买契约关系中,在一般情况下,租买人在分期支付了全部约定租金后,可以将租买合同转变为买卖合同,从而径直取得租赁物的所有权,也可以放弃优先权,使租买合同转变为单纯的租用合同,将租赁物返还给所有人。因此,租买契约实际上包含着三个合同关系:其一,寄托或租用合同关系。根据这一关系,租买人以支付租金的方式先行取得租赁物的占有使用权,而租卖人则仍保留着对租赁物的所有权。其二,优先权约定关系。凭借这一关系,租买人在付清全部租金后,对租赁物具有优先购买权,而租卖人则负有保障对方优先权的义务。其三,买卖合同关系,即如果租买人行使优先购买权,买卖合同成立,租买人对其占有的租赁物取得所有权。[②] 实务中,也有不少租买契约直接约定:租买人支付完全部租金后,即自行取得租赁物的所有权。因此,从这个意义上审视,租买契约与分期付款买卖契约十分相近。

租买关系通常发生在大型运输工具、工程机械及通用机器设备等的买卖关系中,这一点与融资租赁的标的有所不同。租买契约可以办理公证,并可以根据当事人的约定赋予强制执行效力。鉴于租买契约法律关系叠加且极易发生纠纷,如行情因素及情势变更

① 参见《英国商法简介——租买》,载 goodlawyer"法律论坛"。

② 参见李全一:《法定公证研究》,四川大学出版社 2014 年版,第 246 ~247 页。

原则的适用、租赁物使用损耗的折扣等都可能左右此类契约的实际履行。因此公证的介入可以起到协调与规范的作用,并可最大限度地减少交易风险。但在办理此类契约公证时,公证机构需要注意把握以下问题。

一、区别与分期付款买卖的关系

在分期付款买卖中,合同一经成立,就必然含有货物所有权即转移于购买人的意思;而在租买契约关系中,并不必然含有购买人必须购买货物的意思表示,因此租买人在付清全部租金前,对货物不享有所有权。此外,还要将租买行为与售楼返租行为区别开来,后者存在的欺诈风险和隐患更大,且与非法集资也容易牵上瓜葛,故公证机构不能受理这种债权文书公证。同时,还有必要与融资租赁行为相区别。

二、权利义务告知重点

公证员除需要告知租买关系之法律意义及后果外,还应就以下两个法律关系重点告知于当事人:一是租卖人在租买人行使优先选择购买权的有效期内,不得将租卖物另行出售;二是如果双方在合同中明确约定租买人支付完全部租金后租买物即归租买人所有的,租买物之所有权自最后一笔租金支付完结时起自动转移至租买人,但若为不动产或车辆、船舶、航空器等需经登记生效的租买物,则应告知当事人依法办理所有权变动登记后,方能对抗第三人。

此外,尚需注意的是,强制执行标的为租金。如果当事人申请赋予租买契约强制执行效力,则执行的标的与普通租赁无异,仍然只能是拖欠之租金,而并非执行租买之标的物。

第五节　融资租赁债权文书强制执行公证

融资租赁,是出租人根据承租人对出卖人、租赁物的选择,向出卖人购买租赁物,提供给承租人使用,承租人支付租金的一种特殊租赁行为。① 融资租赁虽然带有租赁的一般色彩,但与普通租赁相比较,由于其既涉及租赁关系,又涉及买卖关系,二者关联紧密又区别明显。据学者考证,现代融资租赁产生于第二次世界大战后的美国,于 20 世纪 80 年代初进入我国以来,经历了三个发展阶段:起步阶段(1980 ~ 1987 年)、行业整顿规范阶段(1988 ~ 2006 年)、行业复苏及提升阶段(2007 年至今)。② 根据中国租赁联盟联合租赁研发中心于2019 年 1 月 22 日在《中国租赁》上发布的《2018 中国融资租赁业发展报

① 参见江平主编:《中华人民共和国合同法精解》,中国政法大学出版社 1999 年版,第 181 页。

② 参见李光荣、王力主编:《中国融资租赁业发展报告(2014 ~ 2015)》,社会科学文献出版社 2015 年版。

告》显示,我国融资租赁业在2016年、2017年两年大幅增长后,虽受制于经济下行等因素的影响增长有所放缓,但仍呈攀升之势。截至2018年年底,全国融资租赁企业(不含单一项目公司、分公司、SPV公司和收购海外的公司)总数为11,777家,较上年年底增长21.7%;行业注册资金32,763亿元,同比增长1.33%;业务总量(融资租赁合同余额)66,500亿元,同比增长9.38%。融资租赁直接服务于实体经济,在促进装备制造业发展、中小企业融资、企业技术升级改造、设备进出口、商品流通等方面具有重要作用,是推动产融结合、发展实体经济的重要手段。

一、融资租赁债权需要强制执行公证保护

现代融资租赁,不仅融资、融物,还兼具融技术、融贸易等复合功能,是市场经济不可或缺的交易方式。但就其本质而言,融资租赁当属新型金融形式之一。正如学者所言:"现代融资租赁,是传统租赁与以货币为载体的信用融资方式有机结合的产物。"①如在我国的融资租赁企业中,就涵盖两类企业:一是普通融资租赁企业;二是非银行业金融租赁企业,后者的金融信贷功能更为突出。也正是基于此,信用问题成为制约融资租赁发展的重要因素。由于融资租赁发端于美国,有其天然的普通法系渊源,故与大陆法系物权法语境下的动产物权体系存在水土不服的现象。因此有学者认为,我国融资租赁风险频发均与此有关。这就需要有特殊的法律保护制度,出租人的利益才有所保障。② 笔者认为,这恰恰是强制执行公证介入融资租赁的现实需要所在,也正是最高人民法院、司法部、中国银监会联合印发的《公证服务金融风险防控通知》要求将融资租赁合同设定为强制执行公证债权文书范围的原因所在。

近年来,一些对融资租赁法律有深入研究的学者也提出,在融资租赁债权文书中引入强制执行公证具有明显的保障优势。如有学者就明确认为,"对出租人来说,一方面,

① 史燕平:《融资租赁原理与实务》,对外经济贸易大学出版社2005年版,第27页。

② 英美法系的"产权"天然具有分离的属性,并与资本市场相契合,而融资租赁是分离的法律关系,从我国物权法体系出发,出租人享有物的收益和处分权,承租人享有物的占有权和使用权。但动产融资租赁实践中,承租人实际占有动产租赁物,公开行使处分权具有合法权利的表征,导致出租人的所有权受到不良影响。这是因为在大陆法系物权法语境下,出租人为"名义所有人",其所有权仅在融资租赁法律关系中有效,出租人的所有权由对世权、绝对权演变成对人权、相对权,只有信赖融资租赁合同才能确定其所有权。而动产以占有为公示方法,承租人由此成为"实质所有人"。即便出租人以融资租赁合同约定的所有权抗议,其处分行为也可能依据善意第三人制度获得法律效力。论者认为,这种因两大法系构建中存在的水土不服问题,最好的方式是通过动产登记制度予以解决。参见程华儿:《基于试点经验的融资租赁登记制度构建》,载董学立主编:《担保法理论与实践》(第2辑),中国法制出版社2016年版,第286~297页。然而,笔者认为,登记虽然能够解决租赁物的安全问题,避免被善意第三人合法掳走,但租金(融资款项)的收回则依据公示无法得到解决,且租赁物对出租人而言往往并不看重,看重的是以租金形式出现的借贷收益,故只有通过更为便捷的债权文书强制执行公证方式才能真正获得安全保障。

办理具有强制执行效力的债权文书公证能提高债权处置效率，节省时间成本，从而提高资金使用效率。出租人在承租人无法偿还债务时，如选用诉讼方式，则程序相对复杂、费时较长。在诉讼制度中，适用普通程序审理案件，审结时间为立案之日起6个月内，若有特殊情况还可以延长。当事人不服一审判决，还有可能上诉，二审案件一般需要在3个月内审结，有特殊情况同样可以延长。因此，采用诉讼程序，从起诉到取得终审判决需要相当长的时间，出租人往往需要耗费大量的财力和精力才能取得法院的一纸裁判文书，且诉讼过程中存在风险，债权人难以保证百分之百的胜诉率。而在具有强制执行效力的文书公证过程中，法律要求公证机构对符合条件的申请，一般在受理后15个工作日内出具执行证书。债权文书经公证赋予强制执行效力，当债务人不履行或者不适当履行时，债权人可以直接进入执行程序，节省了司法资源，降低了债务风险率的同时，也提高逾期债务的实现效率，大大节省了时间成本。另一方面，融资租赁公司可节省费用支出。以标的1000万元为例，若采用诉讼方式，须向法院缴纳的案件受理费为81,800元；而采用具有强制执行效力的债权文书公证的方式（以上海东方公证处为例），同等标的额的'具强'债权文书公证费用为30,000元，两者相比，强制执行效力债权文书公证相比诉讼可节省上一半以上的费用。此外，案件受理费遵循原告预交，原告胜诉后再由法院返还或败诉方承担的缴纳规则。融资租赁公司在诉讼案件中一般作为原告和胜诉方，需要在起诉时先预交，待胜诉后再向法院要求返还或向债务人追偿。但是，从实践来看，债权人胜诉后要求法院返还诉讼费亦需要一定的时间，有时甚至面临一些障碍。因此，无论从费用的支付标准还是支付方式来看，选择强制执行效力债权文书公证对于出租人皆是较优选择"。①

其实，对上述比较优势，还可以作如下补充或修正：(1)申办融资租赁债权文书强制执行公证的时间，我国《公证法》定为15个工作日以内，但在当前公证行业推行"放管服"改革，实行"减证便民"的大背景下，一般受理后3～5日即可出证，时间成本还可以进一步节省；(2)融资租赁债权文书强制执行公证的费用，按照双务契约共同申办原则，理论上应为双方共同承担，但实务中，这一费用一般系由债务人一方承担，出租方往往不承担此费用，经济成本更加节约；(3)融资租赁债权文书往往都附有担保，强制执行公证的好处是，可以对担保合同一并赋予执行效力，确保债权利益不受损失；(4)融资租赁债权文书强制执行公证还有约束债务人、担保人如期履行义务的震慑作用。正是基于此，业界有识之士认为，赋予融资租赁合同强制执行效力公证，不但能够有效保障融资租赁企业资金安全，在承租人实际违约后，出租人无须债务人配合，单方即可申请启动签发执行证书程序实施执行，既简便，又快捷。② 当然，也正是因为融资租赁债权文书赋予强制执

① 武彬：《融资租赁法律风险的防范与控制》，法律出版社2018年版，第163～164页。

② 参见谢京杰：《融资租赁综合公证法律服务方案》，载《中国公证》2016年第6期。

行效力公证的超强效力性,所以需要对此类公证设置严密的审查程序,以保障其效力不出现瑕疵。

二、融资租赁债权文书公证审查要点

对融资租赁债权文书赋予强制执行效力公证,其执行的范围仍主要为租金债权及其相关的担保债权等。目前,对出租物的买卖,以及租赁物的收回行为是否可以赋予强制执行效力尚需进一步研判。

根据我国合同法的规定,与典型的租赁契约相较,融资租赁契约具有主体资格法定、租赁物依承租人需求与指示购买、所融资金为出租人购买出租物之货款加出租收益、客体特殊、三方关系等几个主要特征。由此,公证中的审查也应该主要围绕这些特征展开。

(一)审查出租人的主体是否适格

与一般租赁不同的是,融资租赁契约的出租人主体资格由法律规定,并非一切法人均可为之。可以经营融资租赁业务的人,必须是经过审核批准的专业性租赁公司或信托投资公司,未依法取得资质的单位和个人不能从事该项业务。我国的融资租赁企业大致分为两类:一是普通融资租赁企业,二是金融租赁企业。按照商务部2013年印发的《融资租赁企业监督管理办法》第2条的规定,普通融资租赁企业,是指根据商务部有关规定经合法注册从事融资租赁业务的企业。中国银监会于2007年印发的《金融租赁公司管理办法》第2条规定,金融租赁公司,是指经原银监会批准,以经营融资租赁业务为主的非银行金融机构。金融租赁公司名称中,应当标明“金融租赁”字样。鉴于此,在办理融资租赁债权文书强制执行公证时,对出租方主体资格的审查应严格按照上述规定来进行。

(二)审查租赁标的之真实性

根据商务部《融资租赁企业监督管理办法》的规定,关于普通融资租赁企业的融资租赁业务,指的是出租人根据承租人对出卖人、租赁物的选择,向出卖人购买租赁物,提供给承租人使用,承租人支付租金的交易活动;而根据银监会《金融租赁公司管理办法》的定义,金融租赁公司的融资租赁业务,是指出租人根据承租人对租赁物和供货人的选择或认可,将其从供货人处取得的租赁物按合同约定出租给承租人占有、使用,向承租人收取租金的交易活动。二者虽然用语、表述有所差异,但实质完全一致。需要特别注意的是,融资租赁债权文书的标的在合同订立时通常并不存在。一般租赁关系中的标的物无论是动产还是不动产,在契约签订之前大多已经存在,并已为出租人所控制,而在融资租赁关系中,出租人是根据承租人的要求而提供租赁标的的,因此在一般情况下,融资租赁契约的标的物在合同签订时并不存在或并未为出租人所实际控制。故而,在融资租赁债权文书强制执行公证中,要求当事人(尤其是承租人)确定租赁标的物显得至关重要。比如,对租赁标的物的生产及其验收标准的固定等。同时,此类合同通常为附条件或附期限的合同,强制执行效力的生效需要视当事人合同实际生效而定。

(三)审查三方当事人和两个契约的关联性

融资租赁涉及三方当事人和两个契约关系。三方当事人是指出租人(买受人)、承租人和供货人(出卖人);两个契约是指购买合同和租赁合同。因此,在审查当事人意愿时,要特别重视承租人的感受,因为融资租赁的发起及效果均主要取决于承租人的意志。在审查合同关系时要特别注意以下两个关联关系:一是租赁契约中的租赁物就是购买合同中订购之物;二是购买契约中所订购之物又要受租赁合同所规定的条件所限制。

(四)审查债权文书标的物的可融资融物性

融资租赁关系的客体特殊。一般租赁契约的标的物可以是动产或不动产;可以是专用财产,也可以是通用财产,且财产价值的大小对合同是否成立一般没有影响。“而融资租赁合同的标的则一般是价值较大的生产设备和专用财产。”①在现实中,传统的融资租赁的客体,通常是航空器、船舶、车辆、机器设备、机械设备等专用动产,不动产作为客体的较为少见。如我国《民用航空法》第26条规定,民用航空器租赁合同,包括融资租赁合同和其他租赁合同,应以书面形式订立。可见,首先倡导采用融资租赁方式租赁航空器。近年来,国家鼓励融资租赁企业推动产业转型升级。2015年国务院办公厅印发的《关于加快融资租赁业发展的指导意见》,要求加快重点领域融资租赁发展。其指出,要“鼓励融资租赁公司积极服务‘一带一路’、京津冀协同发展、长江经济带、‘中国制造2025’和新型城镇化建设等国家重大战略。鼓励融资租赁公司在飞机、船舶、工程机械等传统领域做大做强,积极拓展新一代信息技术、高端装备制造、新能源、节能环保和生物等战略性新兴产业市场,拓宽文化产业投融资渠道。鼓励融资租赁公司参与城乡公用事业、污水垃圾处理、环境治理、广播通信、农田水利等基础设施建设。在公交车、出租车、公务用车等领域鼓励通过融资租赁发展新能源汽车及配套设施。鼓励融资租赁公司支持现代农业发展,积极开展面向种粮大户、家庭农场、农业合作社等新型农业经营主体的融资租赁业务,解决农业大型机械、生产设备、加工设备购置更新资金不足问题。积极稳妥发展居民家庭消费品租赁市场,发展家用轿车、家用信息设备、耐用消费品等融资租赁,扩大国内消费。”从中不难看出,国家提倡在一切能够适用融资租赁的领域开展融资租赁服务,以弥补银行业金融机构融资不足的“短板”。鉴于此,在办理涉及融资租赁的债权文书强制执行公证中,公证员有必要放宽视野,不囿于传统融资租赁的标的物特定性,只要不违反法律禁止性规定,即可认定融资标的物合法。

(五)审查租赁物的最终归属设定

融资租赁的法律后果不同于一般租赁。一般租赁契约终止后,承租人应当返还租赁物。而在融资租赁契约终止后,承租人有多种选择:既可以按照事先约定好的价格将租

① 唐德华、孙秀君主编:《合同法及司法解释条文释义(下)》,人民法院出版社2007年版,第1164页。

赁物买下,也可以续租租赁物,特定情况下还可以返还租赁物。我国《合同法》第 250 条规定,出租人和承租人可以约定租赁期间届满租赁物的归属。是故,公证员应当要求当事人在融资租赁债权文书中对租赁物的事后处置方式作出明确约定,以避免日后发生归属纠纷。需要特别注意的是,由于融资租赁契约具有不可解除性,融资租赁契约中的出租人是根据承租人的需要而订购租赁物的,该物对于出租人而言通常不具有使用价值,因此契约一经订立,必须予以严格执行,法理上不允许中途毁约。鉴于此,在公证告知中应当特别予以强调,以使当事人都能明确知悉,避免产生误解导致违约。

三、融资租赁债权文书公证需要注意的几个问题

鉴于融资租赁合同的特殊性,在强制执行公证中公证员还需把握好以下问题:

(一)合同内容的完整性及其可履行性

债权文书能够强制执行的一个主要因素,或称之为必备要素,就是给付内容必须明确具体,具备可执行性。而给付内容明确具体不仅包括给付标的的名称、数量、质量,还涵盖给付履约地、时间等多方面内容。我国《合同法》第 238 条规定:"融资租赁合同的内容包括租赁物名称、数量、规格、技术性能、检验方法、租赁期限、租金构成及其支付期限和方式、币种、租赁期间届满租赁物的归属等条款。"其中,尤其是租金的构成及其支付期限和方式特别重要,应详细规定,如租金分几次支付,各次支付的具体时间以及支付方式、币种等都需要明确具体,不产生歧义。因为此为承租人怠于履行给付义务时,予以实际执行的具体内容。此外,由于出租人参与融资租赁的目的主要在于通过融资而获得收益,并不是为了在其中的买卖关系中获得利益,也不实际承担租赁合同中交付租赁物的义务。实务中,出租人只负观念上交付租赁物的义务,亦即由其指示出卖人向承租人交付租赁物。而在融资租赁合同申办公证时,往往租赁物还未生产或者正在生产中,交付仍是一种期待关系,故在合同中需要明确约定租赁物交付的具体时间、验收标准与方法,以及不符合交付条件的违约责任等,否则后面的租金支付及其强制执行都是无本之木、无源之水。

(二)租赁物之登记公示

合同法未规定融资租赁物的登记公示问题,致使实务中承租人利用善意第三人制度擅自转让租赁物而置出租人于严重不利之地位的现象时有发生。物权法实施后,为避免依据善意第三人制度对出租人造成损害,融资租赁登记制度应运而生。先是天津滨海新区等地试点实行融资租赁登记制度,其后中国人民银行征信中心发布了《中征动产融资统一登记平台操作规则》开展融资租赁登记活动。2015 年 7 月 9 日国家工商总局在答复安徽省工商行政管理局融资租赁公司办理动产抵押登记的请示时,也明确规定工商行政部门可以开展融资租赁登记。但前者是真正的融资租赁登记,而后者则是与一般抵押登记未予区分的动产抵押登记。2014 年 3 月 20 日,中国人民银行印发《关于使用融资租赁

登记公示系统进行融资租赁交易查询的通知》，其规定，中国人民银行征信中心建立的融资租赁登记公示系统（http://www.zhongdengwang.com），通过互联网为全国范围内的机构提供租赁物权利登记公示与查询服务。

在融资租赁债权文书公证中，公证员应当告知当事人尤其是出租人，重视利用登记公示方式保护自己的合法权益。需要指出的是，此种登记的效力为对抗效力，目的在于对抗第三人。按照《中征动产融资统一登记平台操作规则》第 12 条的规定，融资租赁登记由融资合同双方当事人约定一方办理，或委托他人办理。也就是说，是双方共同的义务。但也有学者指出，在登记对抗主义之下，如果约定由承租人登记可能存在消极怠工的情况。因此，建议参照《美国统一商法典》的规定，只需债权人（出租人）进行登记即可。[①] 笔者认为，在我国目前的制度框架下，仍应坚持由双方共同申请登记为妥。

（三）关于售后回租

售后回租，是指出卖人将标的物出卖给出租人后，又通过融资租赁合同将租赁物从出租人处回租使用。售后回租与直接租赁存在的明显差异是，因出售人与承租人重合，故融资租赁关系中只有两方当事人。合同法没有明确在融资租赁关系中，是否可以采取售后回租方式。商务部《融资租赁企业监督管理办法》第 8 条规定："融资租赁企业可以在符合有关法律、法规及规章规定的条件下采取直接租赁、转租赁、售后回租、杠杆租赁、委托租赁、联合租赁等形式开展融资租赁业务。"最高人民法院于 2013 年颁布并于 2014 年 3 月 1 日起施行的《关于审理融资租赁合同纠纷案件适用法律问题的解释》第 2 条也规定："承租人将其自有物出卖给出租人，再通过融资租赁合同将租赁物从出租人处租回的，人民法院不应仅以承租人和出卖人系同一人为由认定不构成融资租赁关系。"鉴于此，我国部门规章及司法解释均认可售后回租合法，公证机构可以为此类融资租赁债权文书办理强制执行公证。

（四）法律责任的告知

由于在融资租赁债权文书公证中，公证机构赋予强制执行效力的内容主要针对的是租金债务问题，因此虽然普通的融资租赁关系中都存在三方当事人，但影响强制执行后果的则主要为出租方与承租方。是故，告知当事人法律后果的内容，也主要应针对租赁双方来设定。

1. 出租人的法律后果。在公证中公证员应告知出租人以下法律责任和后果：(1) 不得无正当理由收回租赁物；(2) 不得无正当理由妨碍、干扰承租人对租赁物的占有和使用；(3) 因出租人的原因导致第三人对租赁物主张权利，应承担向承租人赔偿损失的责任；(4) 明知租赁物有质量瑕疵而不告知承租人，应承担相应责任；(5) 承租人行使索赔

① 参见程华儿：《基于试点经验的融资租赁登记制度构建》，载董学立主编：《担保法理论与实践》（第 2 辑），中国法制出版社 2016 年版，第 294～295 页。

权时，未及时提供必要协助，应承担相应责任；(6)怠于行使融资租赁合同中约定的，或者买卖合同中约定的只能由出租人行使对出卖人的索赔权，造成承租人损失的，应承担赔偿责任。

2. 告知承租人法律责任。在公证中对承租人而言，除重点告知强制执行的法律意义外，还应告知以下可能导致被执行或者赔偿损失的后果：(1)承租人未经出租人同意，将租赁物转让、转租、抵押、质押、投资入股或者以其他方式处分租赁物的；(2)承租人未按合同约定的期限和数额支付租金，符合合同的解除条件，经出租人催告后在合理期限内仍不支付的；(3)承租人不妥善保管、使用租赁物，造成出租人损失的；(4)承租人违反合同约定，致使合同目的不能实现的其他情形。

第十二章　其他债权文书强制执行公证研讨

长期以来，我国的强制执行公证，基本上都游离在金融信贷，以及与此关联的担保清偿等融资性债权文书中间，少有触及其他领域。究其原因，一是受制于2000年司法部、最高人民法院《联合通知》的限制性解释影响；二是疏于宣传与开拓。按照我国《公证法》第37条的规定，具有给付内容的债权文书，债务人承诺愿意接受强制执行的，公证机构可以赋予强制执行效力。依此规定，公证债权文书的范围显然要远远大于融资贷款及其担保这一相对狭窄的领域。即使是在《公证程序规则》已经明显限缩的强制执行债权文书范围中，也尚有许多领域公证机构未能涉足或者涉足甚少。《联合通知》所规定的公证机构可以赋予债权文书强制执行效力的业务，被认为是最为狭窄的范围，即便如此，强制执行公证的适用场域，也不局限在融资及其担保这一狭小范畴。近年来，最高人民法院一系列司法解释对《联合通知》的反思与否定更是释放出了宽泛的强制执行公证适用空间。基于此，公证实务界有必要积极探索和拓展可以适用强制执行公证的其他领域。

本章所称之其他债权文书，是指除融资与担保性债权文书，以及本书第十一章已经讨论过的租赁债权文书之外的，其他可适用强制执行公证的债权文书。不过，由于"其他债权文书"这一范畴过分宽泛，倘若逐一讨论，一是没有必要，二是限于本书篇幅也无法容纳。因此在本章，笔者仅对少数几类认为需要重点讨论的其他债权文书公证实务加以探讨。

第一节　和解债权文书强制执行公证

和解，就是经协商一致平息双方之间业已存在之纠纷。和解债权文书,是指债权人与债务人因债务的偿付问题发生纷争加以和平解决,或者于民事执行中就执行债权的支付问题,经协商一致所达成的解决债务纠纷的协议。广义的和解债权文书,包括诉讼、仲裁、行政调解、人民调解,以及当事人自愿协商处理的所有涉及给付内容的债权契约;狭义的和解债权文书,通常仅指诉外调解或协商达成的债权文书,以及执行过程中产生的执行和解债权文书。对狭义的和解债权文书,本书又将其界定为普通和解债权文书与执行和解债权文书两类。本节,笔者主要基于这一界定,展开对和解债权文书强制执行公证问题的讨论。

一、普通和解债权文书强制执行公证

普通和解债权文书,是指司法、仲裁途径以外当事人经协商一致所达成的和解性债权文书。这类债权文书主要包括但不限于:人民调解和解协议、交通事故赔偿和解协议、医疗事故赔偿和解协议、公司债务清偿和解协议、民间借贷还款和解协议,以及其他具有给付内容的和解协议。鉴于交通事故、医疗事故赔偿和解协议作者在后面的“侵权赔偿债权文书强制执行公证”部分要进行专题讨论,故此不赘述。本部分主要讨论人民调解协议强制执行公证,以及通过和解方式解除合同形成的债权文书强制执行公证问题。

(一)人民调解和解协议强制执行公证及其审查要点

根据我国《人民调解法》的规定,人民调解,是指人民调解委员会通过说服、疏导等方法,促使当事人在平等协商基础上自愿达成调解协议,解决民间纠纷的活动。人民调解制度是具有中国特色的一项纠纷解决制度,与西方国家推行的纠纷解决替代机制(Alternative Dispute Resolution,ADR)有异曲同工之处。其基本特点,就是在基层村民委员会、居民委员会调解组织的主持下,依照法律、法规和政策,以及社会道德规范,对民间纠纷当事人说服劝解,促使双方当事人互让互谅、平等协商,自愿达成协议,消除纷争的一种群众自治活动。[①] 人民调解,是我国社会治理、多元化纠纷解决机制中的重要一环。人民调解协议,就是通过人民调解所达成的和解协议。

按照我国《人民调解法》的规定,经人民调解委员会调解达成调解协议的,可以制作调解协议书。当事人认为无须制作调解协议书的,可以采取口头协议方式,人民调解员应当记录协议内容。对有给付内容的人民调解协议,通常采取书面要式方式,以便于固定当事人的意思表示,作为产生履行不能时的证据材料。人民调解协议申办公证,可以赋予此类和解契约真实性、合法性的证明力,一直受到纠纷当事人和基层人民调解组织的青睐。其中,对有给付内容的人民调解协议在当事人自愿的前提下办理赋予强制执行效力的公证,可以有效保障债权的实现,近年来也得到大力提倡。如 2009 年颁布的《四川省人民调解条例》第 33 条规定:“具有债权内容的调解协议,公证机关依法赋予其强制

① 参见胡泽君主编:《人民调解教程》,中国政法大学出版社 2004 年版,第 1 页。

执行效力的,债务人不履行,债权人可以向人民法院申请执行。”其他一些省、自治区、直辖市的人民调解条例或细则也有类似规定。

1. 人民调解协议经公证赋予执行力与法院确认效力之优势比较

公证赋予人民调解协议强制执行效力与法院确认人民调解协议制度,同为赋予该协议具有执行力制度,然而何者更加便捷、可行,亦即两项制度相比较之下何者更具优势性?有必要加以辨析。我国《人民调解法》第 33 条规定:“经人民调解委员会调解达成调解协议后,双方当事人认为有必要的,可以自调解协议生效之日起三十日内共同向人民法院申请司法确认,人民法院应当及时对调解协议进行审查,依法确认调解协议的效力。人民法院依法确认调解协议有效,一方当事人拒绝履行或者未全部履行的,对方当事人可以向人民法院申请强制执行。”我国 2012 年修订的《民事诉讼法》第十五章“特别程序”第六节专节设置了对人民调解协议的确认制度,规定:人民调解协议经法院审查,符合法律规定的,“裁定调解协议有效,一方当事人拒绝履行或者未全部履行的,对方当事人可以向人民法院申请执行”。显然,法律提倡的方式是提交法院确认方式。从制度上看,法院确认方式更加符合法定程序要求;而公证赋予调解协议强制执行效力,则无此上位法明确而直接的规定。不过,如果从多元化纠纷解决机制的视角考量,则提倡公证赋予调解债权文书强制执行效力更加符合经济、效率的原则。理由如下:

首先,提倡具有给付内容的人民调解协议申办强制执行效力公证,可以减轻法院讼累负担。国家提倡多元化纠纷解决机制的建立,从目的上来讲,一是调动一切资源参与社会治理,协助司法机关排解矛盾纠纷,和谐民商事社会关系;二是减轻法院的审判负担,节约司法资源。而且后者更具现实意义。公证赋予调解协议执行效力与法院确认调解协议效力的执行相比,虽然法院的特别程序规定可以由一名法官以简易方式审理这类事务,但毕竟需要走完立案、审查、开庭等一系列程序,仍然需要占据一定的司法资源。相对而言,公证属于非诉制度,既不存在占用国家司法资源的问题,也具有与法院相近似的法律确认与证明效力,其出具的公证债权文书与法院确定的具有既判力的债权文书一样,均可作为执行的根据。因此,公证介入,不但可以分担法院的讼累负担,有利于使相对稀缺的司法资源更多地投放在解决重大民商事纠纷之上,还可以作为法院既判力的替代机制,使人民调解协议获得同样的执行效力。

其次,公证更加灵活、便捷。公证机构办理人民调解协议强制执行公证,公证员可以直接深入村委会、居委会办理,审查核实程序灵活多样,更加简洁、高效,更加方便当事人。尤其是在全国已经普遍建立公共法律服务体系的背景下,申办公证更加快捷。

再次,对调解协议的确认之类简易事项,交给公证机构承担更加符合最高人民法院提出公证参与司法辅助事务的制度宗旨。目前,公证参与法院司法辅助事务范围,通常被定义在 5 个方面,即参与非诉调解、送达、调查、保全证据和执行事务。笔者认为,确认调解协议亦属于非诉事务,因其并不存在纠纷,仅为对当事人协议的效力赋予,这与公证赋予债权文书执行效力的道理完全一致,均建立在无争议、自愿接受强制执行意思自治约束之上,因此将其交由公证机构办理,与法院逐步剥离非诉事务,或者国家倡导非诉事务社会化处理的公共治理趋势高度吻合。

最后,公证赋予调解协议执行效力与法院确认其效力相较,更加能够保障其法律效力的如实生成。根据我国《人民调解法》和《民事诉讼法》的设计,当事人申请司法确认调解协议,是一种事后行为,①法官并不直接介入调解程序,即法院仅仅是对人民调解机构调解下达成的协议是否合法、真实加以司法判断;而公证的介入则完全可以从调解开始即参与其协调劝导的过程,可以径直记载当事人和解的过程,并为当事人代为起草和解债权文书,从而确保其真实、合法性。同时,由于对公证债权文书的执行,公证机构还有签发执行证书的审查核实义务,故而也不至于出现执行标的不明确、不具体而无法执行的情况。

2. 人民调解协议强制执行公证审查要点

人民调解协议申办公证的情况,通常包括一般证明事项公证和赋予强制执行效力公证两类,前者如一般的家事纠纷、邻里矛盾、相邻权、地役权纠纷等,申办公证的目的主要是固定调解结果,以防一方事后反悔;后者则具有一定的给付内容,如一般侵权赔偿纠纷、拖欠债务清偿纠纷,老年人讨要赡养费纠纷、子女抚养费纠纷等,债权人一方担心债务人到期不履行给付义务或者履行给付义务不适当,申办公证取得一个执行根据便于追偿债务。由此可见,并非所有的人民调解协议都适宜办理强制执行公证,只有涉及金钱、物品等给付为内容且给付标的数额较大的人民调解协议才具有办理强制执行公证的价值。办理人民调解协议强制执行公证,公证员应重点注意以下事项。

第一,审查当事人和解意愿的真实性。人民调解协议应当是当事人真实意愿的表达,不能由人民调解机构或调解员强迫为之。对此,我国《人民调解法》第 23 条明确规定,“当事人在人民调解活动中享有下列权利:(1)选择或者接受人民调解员;(2)接受调解、拒绝调解或者要求终止调解;(3)要求调解公开进行或者不公开进行;(4)自主表达意愿、自愿达成调解协议”。此外,还应包括申办公证和赋予强制执行效力的自主抉择权。为避免人民调解员主观臆断,甚至徇私舞弊、枉法调解,我国《人民调解法》第 15 条规定,人民调解员在调解工作中有下列行为之一的,由其所在的人民调解委员会给予批评教育、责令改正,情节严重的,由推选或者聘任单位予以罢免或者解聘:(1)偏袒一方当事人的;(2)侮辱当事人的;(3)索取、收受财物或者牟取其他不正当利益的;(4)泄露当事人的个人隐私、商业秘密的。根据前述规定,公证员办理人民调解债权文书公证时(在调解已经成功的基础上),应当要求调解员回避,并直接询问核实当事人的调解权利是否

① 我国《民事诉讼法》第 194 条规定:“申请司法确认调解协议,由双方当事人依照人民调解法等法律,自调解协议生效之日起三十日内,共同向调解组织所在地基层人民法院提出。”

受到侵害,是否存在违背意愿的情形。对公证中发现调解员存在上述违法行为的,应当终止公证,并有义务将了解到的情况及时向相关部门反映。

第二,审查调解协议的内容。按照我国《人民调解法》第 29 条第 1 款的规定,调解协议书一般应载明下列事项:(1)当事人的基本情况;(2)纠纷的主要事实、争议事项以及各方当事人的责任;(3)当事人达成调解协议的内容,履行的方式、期限。申办赋予强制执行效力的,尚需债务人一方承诺愿意接受人民法院强制执行。其中,与普通债权文书不同的是,协议需要叙述当事人之间产生纠纷的主要事实,以及应承担的责任情况。因此,如果是互负债务存在同时履行抗辩情形的,公证机构不宜办理强制执行公证。需要讨论的一个问题是,人民调解协议是否可以附担保?对此,有关规定既未明确允许,也未明确禁止,是故笔者认为,完全可以附予担保。调解债权文书的担保可以是自物型担保,也可以是他物型担保;既可以是人保,也可以为物保。只要有利于促进和解债务的履行,均应认可其得以成立。

第三,审查协议的生效要件。我国《人民调解法》第 29 条第 2 款规定:"调解协议书自各方当事人签名、盖章或者按指印,人民调解员签名并加盖人民调解委员会印章之日起生效。调解协议书由当事人各执一份,人民调解委员会留存一份。"据此,在公证中,不但要核实当事人的签名、印鉴是否属实,也要核实人民调解员的签名和人民调解委员会的印鉴是否属实。同时,笔者认为,鉴于人民调解协议是基于人民调解委员会以居间调解之方法达成的契约,调解在其中起到了至关重要的作用,故而应当一并证明调解行为的真实性与合法性。与此相应,公证机构制作的人民调解协议公证书,也应当送达一份给人民调解委员会备案。

(二)和解解除合同债权文书公证

在经济交往关系中,既存在交易建立和履行的法律关系,也存在交易解除而引起终止的法律关系。合同解除是合同终止的一种类型或方式,合同的终止原因除解除之外还包括:(1)债务已经按照约定履行,亦即权利义务履行完毕;(2)债务相互抵销,在互负义务的情况下,相互冲抵后互不欠债务;(3)债务人依法将标的物提存,亦即在债务到期后,债权人拒绝受偿或者其下落不明、死亡无继受人等情形下,债务人将债务提存于相关机构(通常为公证机构)以消灭债权的行为;(4)债权人免除债务,即债权人明确表示将债务人所欠债务一笔勾销;(5)混同,即债权债务归于一人;(6)其他法律规定或当事人约定的终止情形,如合同的撤销、债务人死亡且无人承担债务等。在上述终止形式中,只有解除合同等少数情形可能导致损失赔偿并签订债权文书的情况。如果当事人就解除的损失协商一致达成赔偿债权债务关系,就存在一个是否能够确保得到履行的问题,因此也就需要法律对其加以有效保护。其中,也不乏当事人寻求公证机构赋予执行效力的方式予以保护的情形。合同解除损失赔偿协议和合同终止债务清偿协议,虽然与严格意义上的和解协议有一定的理论差异,但从都需要经过磋商、讨价还价达成最终的债权文书这一结果来看并无多少实质性的区别。鉴于此,其也属于广义上的和解法律关系。以下,笔者简要地对合同解除债权文书的强制执行公证加以分析研讨。

合同解除,是在合同成立以后,因当事人一方的意思表示,或者双方的协议,使基于合同而发生的债权债务关系归于消灭的行为。[①] 合同法规定的合同解除方式有两种:一为约定解除;二为法定解除。前者是依当事人意思自治而解除契约关系,而后者则是基于法律规定的不可抗力因素的原因,或者法定的解除条件出现时的自然解除或强制解除。但是,也有学者认为,应为三类:一是协议解除;二是不可抗力解除;三是违约行为导致解除。[②] 我国《合同法》第 93 条规定:"当事人协商一致,可以解除合同。"合同解除的损失赔偿情况大多发生于协议解除的方式中。同时,从强制执行公证的当事人自愿请求启动机理上来看,申办强制执行公证的合同解除债权文书也主要发生在协议解除合同的情形下。在办理此类债权文书公证时,公证员需要从下述方面来予以把握与操作:

1. 根据协议解除合同的特征来审查合同解除债权文书的合法性

协议解除合同的特征主要有两个:第一,协议解除本身是通过订立一个新的合同而解除原来的合同;第二,协议解除不得违反国家利益和社会公共利益。[③] 其第一个特征的存在,也是公证为当事人办理债权文书公证的基础。这是因为,合同解除所达成的新协议往往就是经过清算,一方支付另一方损失赔偿的协议,获得赔偿方担心支付赔偿方事后不履行赔偿义务,故请求公证机构赋予赔偿协议强制执行效力,以保障债权能够及时得到有效清偿。其第二个特征则要求公证机构在办理涉及此类性质的债权文书公证时,注意审查当事人的解除契约关系是否存在损害国家利益、社会公共利益的情况,当然同时还要审查是否有损害第三人利益的情况。

2. 根据协议解除所涉合同性质来审查赔偿债权文书的真实性

通常而言,协议解除合同的情形既可能发生在传统民事法律行为领域,也可能发生在新兴商事法律行为领域,前者如解除租赁合同、解除合伙契约、解除共同投资行为、解除赠与关系、解除共同承揽关系等;后者包括解除共同办学办医合同、解除共同创业契约、解除共同投标行为、解除共同开店经营协议等。对这些法律行为,在公证审查中,一定要要求当事双方提供已经生效的合同,并就合同的真实性加以严格的判断确认。涉及利用共有人的财产共同生产经营性质的合同,公证员有必要要求共有人共同到场确认解除赔偿协议的内容。涉及隐名合伙或投资的合同,还应要求隐名人与显名人共同到场确认。

3. 警惕和排除名为协议解除合同,实为民间借贷或其他灰色金钱交易关系的债权文

① 参见江平主编:《中华人民共和国合同法精解》,中国政法大学出版社 1999 年版,第 74 页。

② 参见崔建远主编:《合同法》(第 3 版),法律出版社 2003 年版,第 193 页。

③ 参见王利明:《合同法研究》(第 2 卷),中国人民大学出版社 2003 年版,第 278 页。

书公证

实务中,存在一些当事人为了谋取非法利益或者建立某种非法的利益输送关系,采取解除合同这种合法形式来掩盖非法交易的情况。同时,由于司法部明令禁止公证机构办理民间借贷债权文书公证,当事人也有可能利用解除合同赔偿损失的名义来行民间借贷债务归还之实。对上述两种情况,公证员在办理协议解除合同债权文书公证时,要通过严格的审查与核实手段来予以剔除。

二、民事执行和解债权文书强制执行公证

在我国的执行方式中,债权人要实现生效法律文书确认的债权,一般有三种方式:一是义务人自动履行生效法律文书确认的义务;二是在义务人拒不履行执行生效法律文书确认的义务的情况下,债权人作为申请执行人申请人民法院依法通过下达执行命令,采取查封、扣押、冻结、评估、拍卖、变卖、以物抵债及划拨等措施强制执行;三是在执行过程中,债权人(申请执行人)与债务人(被执行人)经自行谈判或在第三方的主持、协调下自愿达成和解协议并予以履行。因此,从我国民事执行法的体系框架来看,执行和解,亦是法定的执行方式之一。

执行和解,是指在执行程序中,双方当事人在自愿的基础上,经过平等协商,就生效法律文书所确认的法律关系的实现程度和方式形成协议,作为履行依据,并将该协议提交人民法院,从而中止或终结案件强制执行程序的法律行为。① 在我国,通常在狭义的语境下使用和解协议这一概念时,即指的是执行和解协议。执行和解协议亦是我国现行法律上唯一被明确以"和解协议"为名并加以规范的协议种类。② 而在契约法典——《合同法》上并无"和解协议"这一列名合同,因此,广义上的和解协议在契约法上属于非典型合同。从法律意义上审视,"执行和解既有利于申请执行人的权利得以及时实现,又充分考虑了被执行人的实际履行能力,有利于增进当事人之间的理解,消除矛盾,构建和谐"。③ 然而,由于我国民诉法上的执行和解协议没有强制执行效力,因此,如果和解债务人不履行和解债务,和解债权人只有向法院申请恢复原生效法律文书的执行。这样一来,和解协议又被事实上予以虚置。尤其是当有第三人代为偿债或者担保的情形下,造成执行债权与和解债权产生冲突的现象,致使和解协议的法律效力成为"玩偶"。因此,研究如何使执行和解协议能够具有执行力,是解决这一困局的必然选择。这也为强制执

---

① 参见蓝贤勇:《民事强制执行法理论与实务》,人民法院出版社2004年版,第421~422页。

② 我国《民事诉讼法》第230条规定:"在执行中,双方当事人自行和解达成协议的,执行员应当将协议内容记入笔录,由双方当事人签名或者盖章。申请执行人因受欺诈、胁迫与被执行人达成和解协议,或者当事人不履行和解协议的,人民法院可以根据当事人的申请,恢复对原生效法律文书的执行。"

③ 最高人民法院民事诉讼法修改研究小组编著:《〈中华人民共和国民事诉讼法〉修改条文理解与适用》,人民法院出版社2012年版,第516页。

行公证介入执行和解行为,打开了一扇窗口。

(一)执行和解协议办理强制执行公证的可行性考察

理论上认为,我国法律没有赋予民事执行和解协议以强制性效力,是基于对法院权威的维护、对生效判决既判力的尊重以及程序保障的考虑。但也有不少学者对此提出反驳,认为法律不赋予执行和解协议以强制效力,在申请人不履行协议时,执行债权人只有申请法院恢复执行程序一种救济途径,这就可能为被申请人逃避执行提供了可能,不利于执行债权人权利的保护。以至于,执行和解协议一直处于"软约束"状态,使这种具有中国特色的制度功能未能充分发挥。[①] 在此基础上,一些学者提出赋予执行和解协议以强制执行力的观点,以缓解实践中出现的问题,加强对执行债权人的保护。但是,赋予执行和解协议以强制执行力又确实会与诉讼的既判力原理产生冲突,无法实现与整个民事诉讼程序原理的自洽。究竟应否赋予执行和解协议强制执行力,以及以何种方式赋予其执行力,学界长期争执不休,莫衷一是。

根据学者的类型化归纳,纯粹从逻辑上分析,和解债权与执行债权之间的关系模式主要有以下三种:(1)替代模式,即和解债权优于执行债权,用和解债权替代执行债权,申请执行人只能实现和解债权;(2)抗辩模式,即执行债权优于和解债权,在双方达成执行和解协议的情形下,判决债权人仍然有权申请实现执行债权,和解债权仅构成对抗执行行为的抗辩事由;(3)平行模式,即执行债权与和解债权处于并列关系,具有同等实体法效力,债权人可以行使选择权,任意择其一行使权利。[②] 根据这一分类,我国现行民诉法上的和解协议既非严格意义上的替代模式,也非抗辩模式,更非平行模式。倘若详细解析,大致属于有限制的替代模式。笔者之所以认为其为有限制的替代模式,是因为我国民诉法规定,当事人不履行和解协议的,可以恢复对执行债权的执行。从理论上审视,执行和解协议是执行当事人在执行开始后就如何履行生效判决而订立的合同,对双方均有拘束力,应当获得遵守。然而,现行法律关于执行和解协议效力的规定非常保守:当事人自愿履行完毕和解协议的,法院可据此作结案处理;执行债务人没有履行完毕的,也不需要承担任何责任或受到任何法律制裁,执行债权人只能请求法院恢复已中止的执行程序。可见,执行和解协议的效力并没有获得法律的强制性保障,只能依靠双方当事人的自觉履行。这就导致在执行实践中执行和解协议几乎丧失存在的意义,甚至不仅不利于执行工作的开展,反而可能成为债务人逃避债务的可利用"途径"之一。为解决这一困

---

① 参见刘东:《论民事执行和解协议效力的完善》,载华律网:http://www.66law.cn/lawarticle/12108.aspx,最后访问日期:2019年4月9日。

② 参见肖建国、黄忠顺:《执行和解协议的类型分析》,载刘贵祥、宋朝武主编:《强制执行的理论与制度创新——"中国执行论坛"优秀论文集》,中国政法大学出版社2017年版,第195~196页。

扰,有学者提出建立执行和解协议诉讼机制。① 即承认执行和解协议的优先效力,如果当事人不履行执行和解协议,可再度通过诉讼方式进行裁决,并获得对执行和解协议的执行效力。但笔者认为,我国民诉法之所以未规定执行和解协议的执行效力,主要原因是担心会侵犯民事判决的既判力,②同时也担心法院能动司法,③或者过分作为而有干预私权自治之虞。因此,对执行和解协议的不履行再引致诉讼解决,属于叠床架屋式的解决方案,既浪费司法资源,也浪费时间成本。

鉴于此,引导执行和解协议申办强制执行债权文书公证,无疑应是解决执行和解协议效力问题的重要途径之一。理由如下:第一,执行和解协议属于有给付内容的债权文书,只要和解债务人愿意接受强制执行约束,公证赋予其执行效力在法律上完全没有障碍。第二,公证赋予执行和解协议强制执行效力,不存在对法院既判力的冲突,也不存在法院过分能动司法所带来的公权过渡干预私权问题。这是因为,一方面,公证与法院有一定的亲缘关系,是司法的有效辅助手段之一,但公证又不属于严格意义上的司法范畴,公证赋予执行和解协议强制执行效力,是建立在当事人自愿的基础之上,是对执行债权人向执行债务人给付容忍的一种确认。同时,公证债权文书中还可以将法院判决确定的执行债权与和解达成的新履行债权之间的关系进行因果描述,明确其是一种法院判定债权的承继关系,并非“一事两裁”,可以回避由法律径直规定执行和解协议具有执行效力与法院既判力所存在的冲突。另一方面,以公证方式来赋予执行和解协议执行效力,属于第三人协助达成和解的范畴,可以巧妙解决法院启动诉讼程序解决执行和解协议不履行所带来的能动司法之尴尬。第三,公证赋予执行和解协议强制执行效力,还可以解决在和解中由第三人代为清偿,或者第三人担保债权文书的效力困扰问题,有利于促进债权人债权的有效实现。第四,公证赋予执行和解协议强制执行效力,还可以很好地解决和排除法律担心的“申请执行人因受欺诈、胁迫与被执行人达成和解协议”的情况,确保执行和解协议的真实性、合法性和可执行性。第五,引入公证赋予执行和解协议强制执行效力作法,也契合公证参与司法辅助事务,协助法院解决民商事纠纷的多元化纠纷解

---

① 参见张法能:《协商型正义:执行和解协议的可诉性——以“一事不再理”原则的遮断与突破为视角》,载刘贵祥、宋朝武主编:《强制执行的理论与制度创新——“中国执行论坛”优秀论文集》,中国政法大学出版社2017年版,第220~226页。

② 民事审判理论上的既判力,是指“确定判决在实体上对于当事人和法院所具有的强制性通用力,表现为判决确定后,当事人不得就判决确定的法律关系另行起诉,也不得在其他诉讼中就同一法律关系提出与本案诉讼相矛盾的主张。同时,法院亦不得作出与该判决所确定的内容相矛盾的判断。”参见江伟主编:《民事诉讼法专论》,中国人民大学出版社2005年版,第77页。

③ 能动司法,是指司法机关在法律和国家政策的框架内,遵循司法规律,自觉、正确、有效发挥司法人员的主观能动性,以实现“案结事了”为目标,努力寻求法律效果和社会效果相统一的司法工作方式方法的总称。参见陈伟君:《无为而无不为:让执行和解的理想之花在实践中绽放》,载刘贵祥、宋朝武主编:《强制执行的理论与制度创新——“中国执行论坛”优秀论文集》,中国政法大学出版社2017年版,第211页。

决机制改革的要求。2016年云南省昆明市真元公证处办理的一件执行和解协议公证,即较好地解决了执行和解协议执行难问题,[①]可作为笔者上述观点的实证诠释。

需要讨论的一个问题是,强制执行债权文书其本身即为公证机构出具的执行公证书,据此所达成的执行和解协议是否可以再经公证赋予执行效力。这个问题的提出,实际上与前述法院判决的债权文书执行中达成执行和解协议的问题如出一辙。亦即,问题的关键在于一事是否可以两理,或者说一事是否可以进行两次公证并取得两个公证执行根据。确实,如果从表面现象来看,的确存在一事赋予两个执行效力的情况,但如果我们对其加以深入剖析,则可以得出不同的答案。

公证债权文书执行依据在执行中当事人达成的执行和解协议,实质上是一个全新的偿债协议,通常情况下是执行债权人作出让步、减少或降低债务人的给付内容和负担,从而促成债权尽速收回,或者由第三人代债务人履行清偿义务,从而消灭债权债务关系的行为。在执行和解关系中,第一,债权人让步后的给付内容,与此前执行债权的标的内容已经不同,甚至完全不同,比如由第三人代为以物抵债的情形,因此如果申办债权文书公证,是一个全新的给付内容的公证,故并不存在同一事或同一标的两次赋予执行力的问题。第二,根据合同法有关新协议否定旧协议,或者优于旧协议的法理,自当事人达成执行和解之时起,原公证债权文书实际上已经不再存在,附着于其上的公证执行根据也视为自动消失。第三,司法审判上有一事不再理原则,但公证法上无此原则。就法律行为类公证而言,申办公证的法律行为当事人可以协商一致不履行,或者双方自愿终止履行,重新达成权利义务关系申办公证。因此,也与公证法的法理逻辑不相违背。第四,从本质上说,公证债权文书的执行是当事人自愿选择公权力救济的结果,公证债权文书执行和解协议,也是遵循私权自治、尊重当事人自愿解决给付纠纷的一种积极体现,因此二者之间完全可以相容而且自洽。

(二)关于执行和解协议强制执行公证的几点建议

1.建议由公证员为当事人代拟和解协议

按照民事诉讼法的规定,在执行中当事人自愿达成和解协议的,由执行员将协议内容记入笔录,由双方当事人签名或者盖章。但这一规定存在以下问题:其一,执行员记录进“笔录”,从契约形式上讲,并非标准的合同形式,其仍然是法院的一种书记行为,在笔录上签字、盖章与在合同上签字、盖章相较,仍显得并不那么正式与庄重。其二,法官的“笔录”仍属司法行为,与当事人“自愿达成和解协议”不相匹配,仍难逃司法干预的嫌疑。其三,“笔录”,原件只有一份,当事人无法签收,其在“笔录”上的签字、盖章,容易理

① 该协议为昆明市五华区人民法院(2014)五法黑民初字第232号《民事判决书》的执行和解协议。昆明市真元公证处在办理该协议时,虽然未赋予强制执行效力,但仍起到固定证据、促进债务履行的效果。参见吴雪蓉、周海春:《办理执行和解协议公证初探》,载《中国公证》2017年第7期。

解为承认行为，而很难理解为合意行为。而引入公证员代书和解协议，就不存在上述问题。一是公证员本身就具有代书人职责，代书是公证的业务技能之一；二是公证员代书契约具有先天优势，因为公证员不但具有中立性，还具备民商事法律的专业性，以及契约真实合法的判定性；三是公证员代书可以排除法官干预当事人和解自治的嫌疑。

2. 建议对执行和解协议设置最长履行期限

执行和解协议，毕竟是对执行债权的一种放任处理方式，其本身就是执行的一种特殊方式，因此需要对于其约定之履行时效加以必要的规制。我国民诉法未对执行和解协议的履行期限作出明确规定，这不利于债权的及时合理实现。笔者认为，执行和解协议的履行期限最长不宜超过一年，且应将其定为除斥期间。这样，一方面可以有效避免和解债务人逃避债务，另一方面引导债权人申请办理赋予强制执行效力的执行和解协议公证。

3. 建议对执行和解公证债权文书不再设置签发执行证书制度

签发执行证书制度，是为了让公证机构对债务人不履行债务或履行债务不适当的事实加以确认，以固定实际的执行内容。在执行和解协议经公证赋予强制执行效力的场合下，其本身在执行程序之中，已经置于法院执行机关的监督之下，如果和解债务人依约履行债务，其必然要将履行标的先交付法院再由法院转交债权人，或者在执行法官的监督下交付债权人；反之，如果没有履行，法院也了如指掌。如果和解债务人履行期限届满不履行给付义务，或者执行和解协议约定的实现债权的条件成就时，执行法院可根据债权人的申请，立即启动执行程序。根据上述辨析之理由，无须再由公证机构签发一份执行证书。但是为了协调与法院执行的关系，公证机构办理完执行和解协议公证后，除向双方当事人送达公证书外，还应送交一份给执行法院备案，以便其监督履行。

4. 建议执行和解协议强制执行公证以自愿为原则

民事契约属于私权自治范畴，自愿为原则，强制执行公证以债务人自愿接受法院强制执行为根据，也属意思自治之范围。鉴于此，执行和解协议经公证赋予执行力也应采当事人自愿选择为原则。笔者以为，可以将强制执行公证作为执行和解协议履行保障的备选要式方式，即在民诉法上明确规定：在执行过程中，当事人可以自行达成和解协议，为保障和解协议的履行，当事人可自愿申请办理赋予强制执行效力的执行和解协议公证，办理公证的，债务人届期不履行，债权人可以申请执行和解协议确定的给付债权；当事人未选择公证的，债务人届期不履行，债权人可以向人民法院提起诉讼。

第二节　家事债权文书强制执行公证

2000 年最高人民法院、司法部关于公证强制执行的《联合通知》明确确定，“以给付赡养费、扶养费、抚养费、学费”为内容的债权文书，公证机构可以赋予强制执行效力。这些给付内容通常都发生在与家事相关的债权关系中，因此强制执行公证介入家事领域是法律所倡导的，也是存在现实需求的。但是，长期以来，业界对这类家事债权文书的强制执行公证疏于研究，实务中操作运用也较少，有必要引起重视。其实，对赡养费、扶养费、抚养费等家事类债权文书赋予强制执行效力，不独我国有此规定，其他国家或地区也是提倡的，毕竟这一做法可以在非诉程序下有效解决家庭扶助问题。例如，法、德、日等国家的民事执行法都规定公证人可以对支付赡养费等单务债权文书赋予执行效力，俄罗斯民法典更是将其设定为公证机构赋予强制执行效力的主要业务类型。我国台湾地区也有学者认为，给付赡养费等扶养性费用是公证赋予强制执行债权文书的适格标的。① 需要指出的是，这类家庭扶助类债权文书，都是不存在对待给付的债权关系，即一方恒为债权人而另一方则恒为债务人，在强制执行实务中其操作方式既有简洁的一面，也有特殊的一面，是故，就实务操作而言，探讨空间较大。

一、赡养协议强制执行公证

司法部在20世纪90年代初即提出公证机构要介入赡养事务，并于1991年4月2日印发了《赡养协议公证细则》和《批量办理赡养协议公证细则》，可以说赡养协议公证业务是典型的传统业务。但上述两个办证细则都未作出对赡养协议赋予强制执行效力的规定，而仅仅是规定对赡养协议的真实性、合法性予以证明，②故无论其所规定的单件赡养协议公证还是批量赡养协议公证，均属于普通公证事项，即公证机构通过真实合法之证明，赋予其特殊证据效力。或许也正是因为两个细则都未允许对赡养协议赋予强制执行效力，才使赡养协议公证业务的推广并不如人意。

(一)把握赡养协议的性质特征

按照《赡养协议公证细则》的定义，赡养协议是赡养人就履行赡养义务与被赡养人订立的协议，或赡养人之间就分担赡养义务而订立的协议。这里，实际上规定了两种赡养协议。不过笔者认为，第一种赡养协议才是严格意义上的赡养协议，或可称之为狭义的赡养协议；第二种赡养协议并非严格意义上的赡养协议，其仅仅是对如何赡养被赡养人而在赡养人之间形成的赡养费分担协议，虽有赡养之名义却无赡养之权利义务关系，至多可称之为广义上的赡养协议。鉴于此，第二种赡养协议虽为普通法律行为类公证之适格证明对象，但不能作为强制执行债权文书公证的证明对象。

考察赡养协议的特征，有必要将其与其他相近的法律关系类型相比较，才能看得更为清晰。在民事法律关系领域，与赡养协议最为接近的协议类型无疑是遗赠扶养协议和

---

① 参见杨与龄编著：《强制执行法论(最新修正)》，中国政法大学2002年版，第67页。

② 如《赡养协议公证细则》第3条明确规定："赡养协议公证是公证处依法证明当事人签订赡养协议真实、合法的行为。"

"五保"协议。以下比较它们之间的异同,以探寻赡养协议的主要特点。

1. 赡养协议与遗赠扶养协议之异同

遗赠扶养协议与赡养协议的相同之处在于:二者都是一方对另一方尽生养死葬义务的行为,都是民事契约关系。其区别主要如下:(1)赡养协议的双方当事人特定,法定赡养义务人应为子女、孙子女或外孙子女,法定被赡养人只能是父母或祖父母、外祖父母;而遗赠扶养协议的双方当事人并不特定,扶养人可以是任何有能力扶养他人的自然人、法人或非法人组织,遗赠人则是有财产但需要他人扶养的人,二者之间并不需要以亲缘关系为纽带。(2)赡养协议基于亲缘关系的特殊义务而建立,含有浓烈的道德规范色彩;而遗赠扶养协议虽然也有一定的道德约束,但道德因素对契约的成立与履行不具有主导作用。(3)按照《赡养协议公证细则》的规定,办理赡养协议应有履行监督人(一般为基层组织)到场并在协议上签字;遗赠扶养协议公证无此规定。(4)救济机制相异。赡养协议中赡养人不履行或不完全履行赡养义务,法律可以强行干预;而遗赠扶养协议中扶养人不履行或不完全履行扶养义务,法律不能强行干预,只能由被扶养人主张契约解除权而获取救济。

2. 赡养协议与"五保"协议之异同

传统意义上的"五保"协议是指农村的老年人,无劳动能力、无生活来源、无赡养人和扶养人,或者其赡养人和扶养人确无赡养或扶养能力,由农村集体经济组织与其订立的,由农村集体经济组织负担为其保吃、保穿、保住、保医、保葬的五保供养,并由乡、镇人民政府负责组织和监督实施的协议。赡养协议与"五保"协议有许多相同之处。一是均为双方意思一致达成的契约关系;二是义务人一方均为法律强制规定;三是均以扶养老年人并为其尽生养死葬之义务为合同标的。二者的区别在于:(1)主体不同。赡养协议的赡养人必须为被赡养人之晚辈血亲,而"五保"协议的供保方只能是农村集体组织或国家。① (2)法理基础不同。"五保"协议是一种典型的公共救助机制下的社会养老法律关系,而赡养协议则是带有显著伦理道德色彩的家事养老法律关系。(3)合同性质有所区别。"五保"协议是带有明显行政契约属性的债权契约,而赡养协议则是典型的民事法律行为,不含任何行政色彩。

(二)赡养协议强制执行公证的审查要点

赡养协议在亲属之间约定和履行,以晚辈亲属承担给付义务为原则,并以保障长辈晚年生活或者生养死葬为目的,因此公证的审查重点主要在以下三个方面:

1. 审查亲属关系

法律规定,有赡养义务的人为子女、孙子女、外孙子女,而被赡养人为父母、祖父母、

① 2006 年以前主要是集体组织,2006 年国务院修订《农村五保供养条例》后,供养人主要是国家,具体为地方民政部门。

外祖父母。需要注意的是,这里的子女、孙子女、外孙子女还包括拟制血亲关系的养子女、养孙子女和养外孙子女。至于继子女、继孙子女、继外孙子女是否是适格的赡养义务人,原则上应看其是否与继父母形成事实扶养关系。笔者认为,鉴于赡养是一种社会所倡导的善良行为、伦理道德意义上的正义行为,因此在查无其他不良企图的前提下,对赡养人的审查宜从宽掌握,毕竟其是一种完全的付出行为,善意之举。同时还要看到的是,赡养往往是赡养人因感激被赡养人对其的养育之恩而进行的一种感恩回报,是故,即使是寄养子女甚至农村所谓的“干子女”,只要其甘愿对被赡养人履行给付赡养费的义务,均得考虑作为义务主体。当然,鉴于强制执行之赡养契约,往往是在赡养人不情愿支付赡养费的情形下双方所达成的协议,所以,发生法定赡养义务人之外的人签订强制执行赡养债权文书的概率较小。

2. 审查自愿接受强制执行的意思表示

严格意义上讲,赡养协议赋予强制执行效力是不得已而为之的事情,通常情况下的赡养协议无须赋予执行效力,赡养人都会自觉履行,甚至在多数情况下,晚辈对长辈的赡养行为都是自觉自愿的行为,并不因长辈的要求而发生,更不会因长辈采取某种带有一定强制色彩的手段方始履行。但是,现实中确实也存在一些老年人无法获得子女自觉自愿、心甘情愿赡养的情况,甚至被遗弃村头、流浪他乡的情况也时有发生。因此,寻求法律的必要保障也是情理中的事情。而采取“先说断,后不乱”的方式订立赡养契约来保护自己安度晚年,也在近年来的养老现实中逐年增多。在赡养协议中赡养人作出愿意接受强制执行的承诺,往往是为了给被赡养人一粒“定心丸”。鉴于此,公证员在审查之时,主要从形式上审核即可,只要赡养人作出这样的意思表示,即使有些迫于长辈压力的情形也可在所不问,毕竟这是符合社会善良风俗的公益事情。

3. 审查赡养费的给付期间与给付方式

赡养协议的给付内容非常单纯,就是支付给被赡养人生活费用。[①] 但与其他债权文书中债务人履行义务不同的是,赡养费的给付往往是分期支付的,如按月支付、按季支付、半年支付等。在给付方式上,于农村而言往往灵活多样。如在多子女共同赡养老年人的情况下,有的以支付零花钱方式履行义务,有的以代为耕种承包地为给付义务,有的则可能提供医疗费为给付义务,还有在特殊情形下以物替代给付的情况,如每月给付多少斤食粮等。因此,在公证审查中也要灵活处理,不能仅囿于金钱一种给付内容才赋予执行效力。鉴于前述给付期限和方式都比较灵活多样的情况,在公证中,应要求当事人就每次每笔实际的给付做好记录、留存好证据,以避免事后产生给付纠纷时,无据可查。

---

① 这里的生活费用是一个复合性概念,既包括日常生活中所需的维持生存的生活费,也包括置办服装的费用、医疗费、零花钱等费用。

二、抚养协议强制执行公证

抚养，主要是指父母、祖父母、外祖父母等长辈对子女、孙子女、外孙子女等晚辈亲属的抚育、教养。抚养与扶养的主要区别是，抚养重在教养保护，而扶养重在扶助照顾。因此抚养是尊卑之间由上抚下的关爱关系，而扶养通常是一种平行辈分之间或者非亲属之间的扶持关系，赡养则又是由下尊上的孝敬关系。抚养是一种法定义务，抚养人抛弃此义务将受到法律的制裁。抚养协议强制执行公证主要发生在父母离异等情形下，实际照顾孩子的一方与需要支付抚养费的一方达成给付约定的情况。特殊情况下，也可能发生在孩子的祖父母、外祖父母与不履行孩子抚养义务的父或母签订的抚养费支付协议中。抚养费给付申办公证的契约种类也比较多样，常见的如在夫妻离婚协议中约定支付子女抚养费的情形、夫妻离异后变更孩子抚养权伴随的变更抚养费支付方和支付数额的情形、离异夫妻达成的变更子女抚养费金额或支付方式的情形等。

(一)如何理解和审查抚养费的范畴

抚养子女，具有以下特征：(1)抚养时间的长期性。即从子女出生时开始，到子女达到成年年龄乃至具有独立生活能力为止，父母均责无旁贷地承担抚养义务。(2)抚养内容的复合性。包括四个方面：一是精心关怀、照料子女，为子女营造安全、健康、幸福的生活条件和氛围，确保子女的生命权、健康权、生存权不受侵害；二是提供子女所必需的一切生活费用，为子女健康成长和发展提供经济保障；三是提高子女教育、学习费用，保证子女充分享受接受义务教育的权利，为培养和提供子女的文化素质和生活技能创造条件；四是言传身教，身体力行，以健康的思想、品行和正确的方法教育子女，使生活抚养与家庭教育有机统一起来。(3)抚养责任的无条件性。父母对未成年子女的抚养作为生活保持义务，是无条件的，子女一旦出生，父母无论经济条件、劳动能力如何，也无论是否愿意，均必须依法承担抚养义务。

基于上述第二个特征可以看出，抚养费的范畴也具有复合性。我国《婚姻法》第37条规定："离婚后，一方抚养的子女，另一方应负担必要的生活费和教育费的一部或全部，负担费用的多少和期限的长短，由双方协议。"按照该条规定，至少生活费和教育费应涵盖其中，同时笔者还认为，子女的医疗费也属于抚养费的范围。从这个意义上讲，子女的抚养费实际上就是"抚育费"，亦即抚养加教育和保障健康长成的费用之和。这是公证员在受理当事人有关抚养费债权文书公证时，需要注意理解和把握的地方。关于抚养费的数额，最高人民法院在《关于人民法院审理离婚案件处理子女抚养问题的若干具体意见》(以下简称《处理子女抚养意见》)中指出，子女抚育费的数额可根据子女的实际需要，父母双方的负担能力和当地的实际生活水平确定。有固定收入的，抚育费一般可按其月总收入的20%～30%的比例给付。负担两个以上子女抚育费的，比例可适当提高，但一般不得超过月总收入的50%。无固定收入的，抚育费数额可依据当年总收入或同行业平均收入,参照上述比例确定。有特殊情况的,可适当提高或降低。由此可见,抚养费是一个虽有原则规定,但主要依靠子女和父母的实际情况自由裁量来确定的问题。在实务中,公证员主要是以告知的方式向当事人释明法律法规的规定,最终的支付金额,以及其所涵盖的范畴一律应由当事人双方自愿协商确定。

(二)帮助当事人合理设置给付期限和给付方式

《处理子女抚养意见》规定,抚育费的给付期限,一般至子女18周岁为止。但尚未独立生活的成年子女有下列情形之一,父母又有给付能力的,仍应负担必要的抚育费:一是丧失劳动能力或虽未丧失劳动能力,但其收入不足以维持生活;二是尚在校就读的;三是确无独立生活能力和条件的。依据上述规定,子女满18岁是一个原则性的规定,亦即原则上抚养费的给付至此为止。但如果子女不能自理或自立,父母有给付能力的可以延长给付期限。笔者认为,这是一个裁判上的自由裁量规定,作为申办强制执行公证的抚养费给付,除成年子女因残疾、病患等特殊原因需要由父母继续负担抚养费外,除非抚养费给付方自愿并坚持要求,应认定为不适格债权文书。关于给付方式,实务中的情况也比较复杂,一般而言,有定时给付、一次性给付和分期给付三种。在定时给付中,又存在按月给付、按季给付与按年给付等;在一次性给付中,又存在实物作价给付与现金给付等,在分期给付中,又分为两期给付与分多期给付等。鉴于父母离异抚养费发生之时子女尚属未成年人,订立子女抚养费给付的双方当事人是子女的父母,抚养费总是由实际抚养子女的一方代为收取和管理使用。因此,给付的方法是采取现金给付还是转账给付,概由当事人议定,但应告知双方需要保留好给付与签收凭证。

(三)需要讨论的问题

在给付抚养费的债权文书公证中,有如下实务问题有必要提出来加以讨论:

1.抚养费需要由第三人代收代管的是否允许,是否与强制执行公证相冲突。实务中,实际支付抚养费的一方担心对方不能妥善使用抚养费,或者担心抚养费不能合理地用于孩子的学习生活,故要求将抚养费交由孩子的姑、伯、舅、姨、祖父母或者外祖父母代管使用。这实际上是向第三人给付的一种合同,是否有违强制执行债权文书的申办机理?实务中也有一些公证员不同意当事人如此约定。笔者认为,这种情况不违背债权文书的原理,双方当事人的权利义务未发生变化,只是共同约请了第三人代为监督履行而已,其并不与赋予债权文书强制执行公证的逻辑相抵触,因此完全应当允许。

2.成年子女因增加抚养费与父母达成的抚养费支付契约是否可以受理强制执行公证。我国《婚姻法》第37条第2款规定:"关于子女生活费和教育费的协议或判决,不妨碍子女在必要时向父母任何一方提出超过协议或判决原定数额的合理要求。"《处理子女抚养意见》将该规定的请求条件细化为:(1)原定抚育费数额不足以维持当地实际生活水平的;(2)因子女患病、上学、实际需要已超过原定数额的;(3)有其他正当理由应当增加抚育费的。按照上述规定,在子女未成年时,增加抚养费申办公证,实际上是由在父母提出办理,只要自愿,没有不予办理的理由,如办理变更抚养协议公证等。但在子女成年后出现这种情况提出增加抚养费的,债权文书当事人就成了子女直接与父母签订。于此种情形,是否可以受理强制执行公证殊值斟酌。一是子女确实需要增加抚养费的依据不便审查,二是与情理不相吻合。是故,笔者以为,不予受理为宜。

3. 是否需要被抚养人和再婚配偶到场一并申办公证。办理抚养协议强制执行公证,被抚养的子女是否需要到场见证,是一个需要讨论的问题。一些公证员认为,不需要子女到场就可以办理。但笔者认为,应区别对待。对于不满 8 周岁的子女,因其属于无行为能力人,确实不需要到场;但对超过 8 周岁的未成年子女,应要求父母携同孩子到场,孩子虽没有权利在契约上签字,但在询问笔录中应告知其抚养费情况,毕竟抚养费债权文书所约定的受益人就是孩子。

关于再婚配偶是否需要到场的问题,也有不同的意见。笔者认为,到场比不到场有利。理由是:第一,如果收取抚养费的一方再婚,孩子的继父或继母到场,有利于落实孩子的抚养费使用,使其更加合理有效;第二,倘若给付抚养费的一方再婚,要求其再婚配偶到场,则有利于落实抚养费的按期如数支付。总之,再婚配偶到场更利于和谐子女抚养关系,与不到场相较利大于弊。

第三节　侵权赔偿债权文书强制执行公证

当今社会侵权事件的发生十分频繁,侵权事件无处不在。为规制侵权行为,保护受害者利益,据不完全统计,我国在颁布《侵权责任法》之前,就有 40 多部单行法对侵权问题作出规定。归纳起来,包括以下 10 个方面:(1)侵害物权责任;(2)侵害知识产权责任;(3)侵害婚姻自主权和继承权责任;(4)侵害商事权益责任;(5)交通事故责任;(6)产品责任;(7)环境污染责任;(8)生产事故责任;(9)食品安全和传染病传播责任;(10)其他责任。① 2010 年《侵权责任法》实施后,又增加了医疗损害责任,安保责任、精神赔偿责任、死亡赔偿责任等,同时对机动车交通事故责任、环境污染责任等进行了完善,加重了处罚力度。与此同时,侵权责任的归责原则也从过错原则发展为过错责任与无过错责任并行之原则。

侵权责任法的主旨与功能是多重的,如具有通常所说的损害补偿功能,保护受害人合法权益功能,预防损害发生与惩罚侵权行为的功能②外,还应包括保护与创造民事权利

---

① 参见王胜明主编:《〈中华人民共和国侵权责任法〉条文解释与立法背景》,人民法院出版社 2010 年版,第 5 页。

② 参见张新宝:《中国侵权责任法》(第 2 版),中国社会科学出版社 1998 年版,第 35 页。

的功能、维护行为自由的功能、预防与教育的功能等。[①] 我国《侵权责任法》第1条规定："为保护民事主体的合法权益,明确侵权责任,预防并制裁侵权行为,促进社会和谐稳定,制定本法。"由此可见,这一立法宗旨,基本囊括了上述理论观点。但是,无论侵权责任法有多少功能,补偿受害人的损失是最主要的功能和效用,也是化解侵权纠纷的核心问题。按照我国《侵权责任法》第2条规定,以下民事权益受到侵害,侵权人应当承担侵权责任,这些民事权益包括:生命权、健康权、姓名权、名誉权、荣誉权、肖像权、婚姻自主权、监护权、所有权、用益物权、担保物权、著作权、专利权、商标专用权、股权、继承权等人身、财产权。在上述但不仅限于上述这些众多民事权益中,生命权和健康权无疑是特别需要保护的人身权益。此外,所有权、他物权、知识产权、股权、继承权等财产权的保护也需要重点关注。我国《侵权责任法》列举了8种侵权责任承担方式,[②]其中赔偿损失与公证的连接相对紧密,同时作为一种特殊的债权文书,赔偿协议也是公证赋予强制执行效力的一个切入点,或者换句话说,赔偿债权的实现特别需要强制执行公证的保护。

一、侵权赔偿债权文书强制执行公证的法理依据

侵权赔偿的目的,是补偿被侵权人的损失,使之尽可能地恢复到被侵权人未遭受加害行为之前应有的状态。损害赔偿的方法有恢复原状和赔偿损失两种。当恢复原状不可能或者恢复原状的费用大于被侵害财产的总价值时,赔偿损失就成为重要的方法,[③]甚至是唯一的方法。正是基于侵权赔偿的承担方式在大多数情况下均为赔偿损失,而赔偿损失通常采用的都是金钱给付,所以符合公证债权文书给付内容的法律规定。笔者认为,侵权赔偿债权文书办理强制执行公证的依据和理由主要是:

1. 侵权赔偿给付的协商优先原则为公证介入提供了基础条件。根据我国《侵权责任法》的立法本意,侵权赔偿应以当事人协商赔偿为原则,法院强制干预为例外。[④] 而协商赔偿是一种典型的意思自治方式,当事人自愿达成赔偿给付,完全符合"填平"损失的侵权赔偿要旨。与侵权责任赔偿的协商原则相吻合的是,协商与自愿原则,也是强制执行公证的基础,只要符合我国《公证法》第37条规定的具有给付内容的债权文书,当事人协

---

① 参见王利明:《侵权行为法研究(上卷)》,中国人民大学出版社2004年版,第87页以下。

② 我国《侵权责任法》第15条规定:"承担侵权责任的方式主要有:(一)停止侵害;(二)排除妨碍;(三)消除危险;(四)返还财产;(五)恢复原状;(六)赔偿损失;(七)赔礼道歉;(八)消除影响、恢复名誉。以上承担侵权责任的方式,可以单独适用,也可以合并适用。"

③ 参见最高人民法院侵权责任法研究小组编著:《〈中华人民共和国侵权责任法〉条文理解与适用》,人民法院出版社2010年版,第147页。

④ 我国《债权责任法》第25条规定,"损害发生后,当事人可以协商赔偿费用的支付方式。"第20条规定:"被侵权人和侵权人就赔偿数额协商不一致,向人民法院提起诉讼的,由人民法院根据实际情况确定赔偿数额。"

商一致,并自愿申请公证机构赋予其执行效力,均可以成为公证债权文书的适格客体。

2.《联合通知》规定赔偿费属于公证机构可以赋予执行效力的给付内容。《联合通知》第2条第5项明确规定,以给付“赔(补)偿金为内容的协议”,是公证机构赋予强制执行效力债权文书的适格范围之一。由于这里规定的赔偿金和补偿金,并未限定是基于违约还是基于侵权,抑或是基于不当得利、无因管理等基础法律行为,因此可以认为,其可以包含所有基础法律行为所引致的赔偿或补偿法律关系,以赔偿损失方式出现的赔偿债权文书,应当涵盖于《联合通知》第2条第5项公证机构可以赋予强制执行效力的债权文书范围。

3.公证赋予侵权债权文书执行效力符合《侵权责任法》的立法精神。我国《侵权责任法》的一个重要立法目的,就是救济受到损害的民事权利,[①]保护民事主体的合法权益。其中,自我救济加寻求公力保护式的复合救济方式,无疑是最佳的救济途径之一,不但可以有效节约司法资源与成本,同时也有利于缝合侵权伤口、和谐社会关系。鉴于此,在被侵权人与侵权人协商一致,达成侵权赔偿债权文书的基础上,申请公证机构赋予赔偿协议强制执行效力,既符合《侵权责任法》保护民事主体合法权益,“促进社会和谐稳定”的立法目的,[②]也切合公证以人为本,预防纠纷、减少诉讼的制度宗旨。

二、侵权赔偿债权文书强制执行公证的范围

侵权赔偿债权文书的范围十分宽泛,适合办理强制执行公证的债权文书种类也较多,很难做到逐一列举,按大类划分并择其要者,大致有以下一些:(1)产品责任赔偿债权文书;(2)机动车交通事故赔偿债权文书;(3)医疗损害赔偿债权文书;(4)环境污染赔偿债权文书;(5)高空危险赔偿债权文书;(6)饲养动物损害赔偿债权文书;(7)违反安全保障义务赔偿债权文书;(8)触电人身损害赔偿债权文书;(9)知识产权侵权赔偿债权文书;(10)不动产物权侵权赔偿债权文书;(11)建筑安装、装修侵权赔偿债权文书。在这些债权赔偿债权文书中,有一些,公证介入无任何障碍,如产品责任赔偿、医疗损害赔偿、机动车交通事故赔偿、不动产物权侵权赔偿、建筑安装与装修赔偿等。有的则需要慎重,如高空危险赔偿、触电环境污染赔偿、知识产权侵权赔偿等。对前者,只要不涉嫌逃避刑事追究,不存在欺诈、胁迫、重大误解、显失公平等情况,自愿达成,即可办理;对于后者,涉及的事实认定比较复杂,公证机构需要慎重介入。

此外,近10多年来,因相邻权侵权产生的赔偿呈大幅攀升之势,如农村承包地相邻权侵权赔偿、城市住宅相邻权侵权赔偿等。过去,公证机构对此类相邻权侵权事实申办

---

① 参见杨立新:《侵权责任法》,法律出版社2010年版,第8页。

② 参见王胜明主编:《〈中华人民共和国侵权责任法〉条文解释与立法背景》,人民法院出版社2010年版,第14~16页。

保全证据公证的较多,但涉及赋予赔偿协议执行效力公证的较少。笔者认为,在保全证据、固定事实的基础上,如果当事人就侵权赔偿达成协议,在双方自愿的前提下办理强制执行公证,不但可以尽快消灭纠纷,也利于和谐邻里关系。

三、侵权赔偿债权文书强制执行公证的审查重点

侵权行为所侵害的客体不同,其所产生的赔偿责任亦必然不相同。所以,办理涉及侵权责任引致的赔偿债权文书公证,应根据各类不同的侵权行为侵害的客体所对应的法律规定来加以审查判断。审查的重点可以从以下方面来把握。

第一,申办公证的债权文书是否确属侵权赔偿债权文书。引起赔偿的债权文书类型很多,诸如解除契约引起的清算式赔偿损失债权文书、因违约责任引起的赔偿债权文书、因无因管理或不当得利引起的赔偿债权文书等。侵权引起的赔偿债权文书与以上赔偿债权文书最大的区别是,要以归责原则来判断赔偿责任的大小。我国侵权责任法确立的归责原则包括过错责任和无过错责任两类,这两类归责原则所引起的侵权赔偿都有可能形成债权文书申办公证,但不同的归责原则所引起的赔偿义务亦是不同的,是故准确理解和把握各种侵权赔偿的归责理论及其相应的阻却机理,无疑是审查好此类债权文书的基本保障。

第二,依据法律对不同侵权行为规定的责任承担方式审查赔偿内容。例如,我国《道路交通安全法》第76条规定,机动车发生交通事故造成人身伤亡、财产损失的,由保险公司在机动车第三者责任强制保险限额范围内予以赔偿;不足的部分,按照下列规定承担赔偿责任:(1)机动车之间发生交通事故的,由有过错的一方承担赔偿责任;双方都有过错的,按照各自过错的比例分担责任。(2)机动车与非机动车驾驶人、行人之间发生交通事故,非机动车驾驶人、行人没有过错的,由机动车一方承担赔偿责任;有证据证明非机动车驾驶人、行人有过错的,根据过错程度适当减轻机动车一方的赔偿责任;机动车一方没有过错的,承担不超过10%的赔偿责任。因此,机动车交通事故赔偿债权文书所约定的,主要就是保险公司进行机动车第三者责任强制保险赔偿后,对不足弥补损失部分的给付。同时,涉及机动车事故的侵权赔偿,首先,应按公安部门认定的事故责任书来审查赔偿内容和范围;其次,受理公证的条件是:应在当事人双方在侵权责任划分明确的前提下,自愿达成赔偿给付而向公证机构申办强制执行公证;再次,在审查赔偿内容时,应当参照国家相关的人身伤害、财产损失赔偿标准来确定赔偿给付的实际金额;最后,还应将抢救治疗、伤残鉴定、精神赔偿等可能引起赔偿金额变化的因素一并考虑在内。

第三,避免"私了"干扰公断。在现实生活中,常常有侵权人为了尽快了结侵权纠纷,违反安全法律法规的相关规定,故意隐瞒事故,规避安全部门处罚的情况。例如,在建筑安装领域,建筑工地出现重伤、死亡等安全事故,按规定应当先报安监管理部门处理,但时常会遇到承包商在私下拿一笔钱给受害工人或受害人家属"私了"的情况。在这种情

形下,如果公证机构擅自受理这种“私了”性质的赔偿债权文书公证,就有可能干扰有关部门的行政处理。因此,涉及此类事故性质的赔偿债权文书公证,受理的前提是,需先经相关安全管理部门处理认定责任后,双方才能就具体的赔偿进行协商达成债权文书,也只有在这种基础上达成的侵权赔偿协议才符合申办强制执行公证的要求。

第四,侵权所涉人身伤害的,以在受害人医治出院或伤残鉴定结论完成后受理公证为宜,受害人死亡的,以安葬完毕受理为宜。这是因为,倘若受害人尚在医治过程中,其出院后是否发生后续治疗费等费用还是未知数;侵权致残的,如果未进行伤残鉴定,也无法确定具体的赔偿费用金额;而在受害人死亡的场合,如果死者尚未安葬,一是表明纠纷的解决可能并未完全协商一致,二是安葬费、抚恤金等相关费用也难以最终确定。基于上述因素,笔者认为,公证机构受理侵权所涉人身伤害的,最好是在受害人医治出院或伤残鉴定结论完成后受理;受理受害人死亡的侵权赔偿,最好于死者安葬完毕之后受理。

第五,防止因胁迫、欺诈、重大误解和显失公平的赔偿债权文书引起错误公证。侵权赔偿债权文书的订立基础有各种各样的原因,甚至会受到许多侵权责任之外因素的干扰和影响。比如,我国的医疗赔偿就存在一些非理性因素的干扰。在“社会不能承受之痛”的“医闹”情形下所达成的赔偿债权文书就难免存在显失公平的情况。

总而言之,关于侵权赔偿债权文书强制执行公证问题,目前尚处于探索阶段,开办此类债权文书公证,公证机构需要事前与有关部门协调一致,取得主管部门的认同,同时也要取得法院执行机构的理解与认可。

参考文献

一、论著

1. 翁腾环:《公证法释义与实务》,商务印书馆1936年版。

2. 郑云鹏:《公证法新论》,台北,元照出版公司2015年版。

3. 肖胜喜主编:《律师与公证制度教程(修订本)》,中国政法大学出版社1996年版。

4. [韩]姜大成:《韩国民事执行法》,朴宗根译,法律出版社2010年版。

5. 蔡煜:《中国公证史编年(1902~1979)》,上海人民出版社2019年版。

6. 江伟主编:《公证法学》,法律出版社1996年版。

7. 王俊民主编:《律师与公证制度教程》,北京大学出版社2009年版。

8. 王进喜主编:《律师与公证制度》,中国人民大学出版社2009年版。

9. 江晓亮等:《公证实务指南》,中国社会科学出版社1993年版。

10. 赖来焜:《最新公证法论》,台北,三民书局股份有限公司2004年版。

11. 熊选国主编:《公证理论与实务》,法律出版社2018年版。

12. 李全一:《公证证明论》,法律出版社2016年版。

13. 李全一:《法定公证研究》,四川大学出版社2014年版。

14. 张文章主编:《公证制度新论》,厦门大学出版社2005年版。

15. 向海平主编:《公证理论与实务》,四川大学出版社2017年版。

16. 董开军主编:《司法行政学》,中国民主法制出版社 2007 年版。
17. 卓泽渊:《法的价值论》(第 2 版),法律出版社 2006 年版。
18. [德]迪特尔·梅迪库斯:《德国民法总论》,邵建东译,法律出版社 2000 年版。
19. 董少谋:《民事强制执行法学》(第 2 版),法律出版社 2011 年版。
20. 孙加瑞:《中国强制执行制度概论》,中国民主法制出版社 1999 年版。
21. 邹川宁:《民事强制执行基本问题研究》,中国法制出版社 2004 年版。
22. 王怀安主编:《中国民事诉讼法教程(新编本)》,人民法院出版社 1992 年版。
23. 柴发邦主编:《民事诉讼法学》(修订本),北京大学出版社 1992 年版。
24. 江伟主编:《民事诉讼法学》,复旦大学出版社 2002 年版。
25. 童兆洪:《民事执行权研究》,法律出版社 2004 年版。
26. 梁书文主编:《执行的理论与实践》,人民法院出版社 1993 年版。
27. 蓝贤勇:《民事强制执行法理论与实务》,人民法院出版社 2004 年版。
28. 杨与龄编著:《强制执行法论(最新修正)》,中国政法大学出版社 2002 年版。
29. 郭松涛:《强制执行》,台北,书泉出版社 1986 年版。
30. 陈荣宗:《强制执行法》,台北,三民书局股份有限公司 1999 年版。
31. 周枏:《罗马法原论》(下册),商务印书馆 1994 年版。
32. 何勤华、魏琼主编:《西方民法史》,北京大学出版社 2006 年版。
33. 张晋藩主编:《中国民事诉讼法制史》,巴蜀书社 1999 年版。
34. 谭世贵主编:《中国司法改革研究》,法律出版社 2000 年版。
35. 田平安主编:《民事诉讼程序改革热点问题研究》,中国检察出版社 2001 年版。
36. 李浩主编:《强制执行法》(修订版),厦门大学出版社 2005 年版。
37. 张卫平主编:《民事诉讼法教程》,法律出版社 1998 年版。
38. 谭秋桂:《民事执行原理研究》,中国法制出版社 2001 年版。
39. 张卫平:《民事诉讼法》(第 4 版),法律出版社 2016 年版。
40. 董学立主编:《担保法理论与实践》(第 2 辑),中国法制出版社 2016 年版。
41. 郭明瑞主编:《中华人民共和国物权法释义》,中国法制出版社 2007 年版。
42. 史尚宽:《民法总论》,中国政法大学出版社 2000 年版。
43. [法]让·叶戈、让-佛朗索瓦·皮伊布:《公证执业法》,唐觉译,法律出版社 2008 年版。
44. [日]石川明:《强制执行法研究》,酒井书店 1977 年版。
45.《德意志联邦共和国民事诉讼法》,谢怀栻译,法律出版社 1984 年版。
46. 史尚宽:《债法总论》,中国政法大学出版社 2000 年版。
47. 王泽鉴:《债法原理》(第 1 册),中国政法大学出版 2001 年版。
48. 胡康生主编:《中华人民共和国物权法释义》,法律出版社 2007 年版。

49. 陈祥健主编:《担保物权研究》,中国检察出版社 2004 年版。

50. 李世刚:《法国担保法改革》,法律出版社 2011 年版。

51. 徐洁:《抵押权论》,法律出版社 2003 年版。

52. 江必新、刘贵祥主编,最高人民法院执行局编著:《最高人民法院〈关于人民法院办理执行异议和复议案件若干问题规定〉理解与适用——条文·释文·案例·实务》,人民法院出版社 2015 年版。

53. 李舒、唐青林、吴必强编著:《保全与执行裁判规则解读》,中国法制出版社 2018 年版。

54. 邱聪智:《新订债法各论》(上),中国人民大学出版社 2006 年版。

55. 张云柱等:《现代公证法学》,新华出版社 2001 年版。

56. 蒋轲:《公证证明标准与责任》,北京大学出版社 2015 年版。

57. 最高人民法院民事审判第二庭编著:《最高人民法院关于民事案件诉讼时效司法解释理解与适用》,人民法院出版社 2008 年版。

58. 张荣顺主编:《中华人民共和国民法总则解读》,中国法制出版社 2017 年版。

59. 李永军:《民法总论》,法律出版社 2006 年版。

60. 王泽鉴:《民法总则》(增订版),中国政法大学出版社 2001 年版。

61. [德]卡尔·拉伦茨:《德国民法通论》(上),王晓晔等译,法律出版社 2002 年版。

62. 王利明:《我国民法典重大疑难问题之研究》,法律出版社 2006 年版。

63. 沈德咏主编:《最高人民法院民事诉讼法司法解释理解与适用(下)》,人民法院出版社 2015 年版。

64. 王胜明、段正坤主编:《中华人民共和国公证法释义》,法律出版社 2005 年版。

65. 王公义等:《中国公证制度改革研究及国际比较》,法律出版社 2006 年版。

66. 司法部律师公证工作指导司编:《定式公证书格式使用指南》,法律出版社 2011 年版。

67.《法国民事执行程序法》,罗结珍译,中国法制出版社 2002 年版。

68. 马宏俊主编:《中国公证十年文萃:公证法的理论与实践》,北京大学出版社 2016 年版。

69. 叶青、黄群主编:《中国公证制度研究》,上海社会科学院出版社 2004 年版。

70. 徐昕、黄群主编:《司法》(第 6 辑:公证的中国进路专号),厦门大学出版社 2011 年版。

71. 王柏东、张阳主编:《强制执行实务操作指引》,法律出版社 2018 年版。

72. 全国人大常委会法制工作委员会民法室编:《〈中华人民共和国民事诉讼法〉条文说明、立法理由及相关规定》,北京大学出版社 2012 年版。

73. 江必新、贺荣主编,最高人民法院执行局编:《强制执行法的起草与论证(三)》,

中国法制出版社 2014 年版。

74. 崔建远:《合同法总论(中卷)》,中国人民大学出版社 2012 年版。

75. 江平主编:《中华人民共和国合同法精解》,中国政法大学 1999 年版。

76. 胡云腾、孙佑海主编,最高人民法院研究室、司法部律师公证工作指导司、中国公证协会编著:《最高人民法院审理涉公证民事案件司法解释理解与适用——条文·背景·适用·实务》,人民法院出版社 2014 年版。

77. 司法部律师公证工作指导司编:《中外公证法律制度资料汇编》,法律出版社 2004 年版。

78. 最高人民法院侵权责任法研究小组编著:《〈中华人民共和国侵权责任法〉条文理解与适用》,人民法院出版社 2010 年版。

79. 杨秀清:《民事诉讼法学》,中国政法大学出版社 2017 年版。

80. 傅松苗、丁灵敏编著:《民事执行实务难题梳理与解析》,人民法院出版社 2017 年版。

81. 国家法官学院案例开发研究中心编:《中国法院 2018 年度案例(执行案例)》,中国法制出版社 2018 年版。

82. 张同庆:《信托业务法律实务》(第 3 版),中国法制出版社 2018 年版。

83. 王公义主编:《中国公证新探:法理与案例》,清华大学出版社 2018 年版。

84. 黄斌:《国际保理——金融创新及法律实务》,法律出版社 2006 年版。

85. 吴向红:《典之风俗与典之法律》,法律出版社 2009 年版。

86. 谢振民编著:《中华民国立法史》(下册),中国政法大学出版社 2000 年版。

87. 梁慧星编著:《中国物权法草案建议稿:条文、说明、理由与参考立法例》,社会科学文献出版社 2000 年版。

88. 王利明:《物权法研究》,中国人民大学出版社 2002 年版。

89. 谢在全:《民法物权论(上册)》,中国政法大学出版社 1999 年版。

90. 何志:《担保法判解研究与适用》,人民法院出版社 2010 年版。

91. 全国人大常委会法制工作委员会民法室编:《〈中华人民共和国物权法〉条文说明、立法理由及相关规定》,北京大学出版社 2007 年版。

92. 最高人民法院执行工作办公室编:《强制执行指导与参考》(2003 年第 1 辑),法律出版社 2003 年版。

93. 高圣平:《物权法与担保法:对比分析与适用》,人民法院出版社 2010 年版。

94. 何美欢:《香港担保法(上册)》,北京大学出版社 1995 年版。

95. 吴庆宝主编:《最高人民法院专家法官阐释民商裁判疑难问题——民事裁判精要卷》(增订版),中国法制出版社 2012 年版。

96. 刘宝玉主编:《担保法疑难问题研究与立法完善》,法律出版社 2006 年版。

97. 许明月:《抵押权制度研究》,法律出版社 1998 年版。

98. 刘得宽:《民法诸问题与新展望》,台北,三民书局股份有限公司 1979 年版。

99. 陈本寒:《担保物权法比较研究》,武汉大学出版社 2003 年版。

100. 王利明、尹飞、程啸:《中国物权法教程》,人民法院出版社 2007 年版。

101. 高圣平:《物权法担保物权编》,中国人民大学出版社 2007 年版。

102. 程啸:《物权法 · 担保物权》,中国法制出版社 2005 年版。

103. 最高人民法院物权法研究小组编著:《〈中华人民共和国物权法〉条文理解与适用》,人民法院出版社 2007 年版。

104. 王宗非主编:《农村土地承包法释义与适用》,人民法院出版社 2002 年版。

105. 胡玉浪:《集体林权法律制度研究》,法律出版社 2012 年版。

106. [日]我妻荣:《债权各论(中卷一)》,徐进、李又又译,中国法制出版社 2008 年版。

107. 黄立主编:《民法债编各论(上)》,中国政法大学出版社 2003 年版。

108. 戚兆岳:《不动产租赁法律制度研究》,法律出版社 2009 年版。

109. 刘静、郑永胜主编:《农村土地承包法原理精要与实务指南》,人民法院出版社 2008 年版。

110. 马宏俊主编:《公证、乡村、发展——中法关于土地经营与流转的对话》,北京大学出版社 2013 年版。

111. 陈小君等:《农村土地法律制度研究——田野调查解读》,中国政法大学出版社 2004 年版。

112. 高圣平、王天雁、吴昭军:《〈中华人民共和国农村土地承包法〉条文理解与适用》,人民法院出版社 2019 年版。

113. 李光荣、王力主编:《中国融资租赁业发展报告(2014—2015)》,社会科学文献出版社 2015 年版。

114. 史燕平:《融资租赁原理与实务》,对外经济贸易大学出版社 2005 年版。

115. 武彬:《融资租赁法律风险的防范与控制》,法律出版社 2018 年版。

116. 唐德华、孙秀君主编:《合同法及司法解释条文释义(下)》,人民法院出版社 2007 年版。

117. 胡泽君主编:《人民调解教程》,中国政法大学出版社 2004 年版。

118. 崔建远主编:《合同法》(第 3 版),法律出版社 2003 年版。

119. 王利明:《合同法研究(第 2 卷)》,中国人民大学出版社 2003 年版。

120. 王胜明主编:《〈中华人民共和国侵权责任法〉条文解释与立法背景》,人民法院出版社 2010 年版。

121. 张新宝:《中国侵权责任法》(第 2 版),中国社会科学出版社 1998 年版。

122. 王利明:《侵权行为法研究(上卷)》,中国人民大学出版社 2004 年版。

123. 杨立新:《侵权责任法》,法律出版社 2010 年版。

二、论文

1. 蒋惠岭:《论公证债权文书的强制执行效力》,载《中国公证》2000 年第 6 期。

2. 江晓亮:《谈最高人民法院、司法部的联合发文》,载《中国公证》2000 年第 6 期。

3 刘疆:《强制执行公证争议问题研究(上、中、下)》,载《中国公证》2007 年第 2 期、第 3 期、第 4 期。

4. 李全一:《公证制度的价值取向》,载《中国公证》2008 年第 11 期。

5. 李世刚:《独立担保规则本土化的体系定位与路径分析》,载董学立主编:《担保法理论与实践》,中国法制出版社 2016 年版。

6. 李全一:《对签发执行证书几个争议问题的看法》,载《中国公证》2017 年第 2 期。

7. 徐研、周凡:《公证赋予抵押合同具有强制执行效力之法理探析》,载《中国司法》2006 年第 5 期。

8. 薛凡、张健、王晓良:《实质性的论证,前瞻性的研讨——上海市公证处公证债权文书强制执行有关问题研讨会纪要》,载《中国公证》2001 年第 1 期。

9. 黎坤德:《反思现行强制执行公证理论和规定(上、下)》,载《中国公证》2002 年第 1 期、第 2 期。

10. 李全一:《赋予强制执行效力债权文书公证的若干法律问题》,载《中国公证》2004 年第 12 期。

11. 蒋惠岭:《〈关于公证机关赋予强制执行效力的债权文书执行有关问题的联合通知〉的理解与适用》,载最高法人民法院执行工作办公室编:《强制执行指导与参考》,法律出版社 2003 年版。

12. 刘疆:《对具有强制执行效力债权文书公证的精彩诠释——解读最高法院(2011)执监字第 180 号执行裁定书》,载《中国公证》2013 年第 9 期。

13. 李全一:《如何应对债权文书赋予强制执行效力公证的新变化》,载《中国公证》2008 年第 5 期。

14. 刘少阳:《关于公证机构赋予强制执行效力的包含担保协议的公证债权文书强制执行法律适用问题的执行请示案》,载《执行工作执导》2015 年第 1 辑。

15. 王明亮:《赋予强制执行效力债权文书公证实践中存在的若干问题》,载《中国公证》2009 年第 7 期。

16. 李全一:《民法总则背景下的公证法律适用》,载《中国公证》2017 年第 8 期。

17. 刘哲:《论执行程序中对公证债权文书的审查》,载唐宝奇主编:《裁判方法论》,人民法院出版社 2006 年版。

18. 汪渊智:《我国民法诉讼时效制度之构想》,载《法学研究》2003 年第 3 期。

19. 黄祎:《巩固和完善强制执行公证制度的重要之举》,载《中国公证》2009 年第 8 期。

20. 郭梦达:《电子借贷合同赋予强制执行效力公证的可行性分析及解决方案的思考》,载马宏俊主编:《中国公证十年文萃:公证法的理论与实践》,北京大学出版社 2016 年版。

21. 袁野、袁强:《对"互联网 + 公证金融服务"的构想》,载《中国公证》2015 年第 6 期。

22. 刘沛佩、李运洪、孟宇亮:《"互联网 + "时代下公证机构的创新与反思》,载《中国公证》2016 年第 5 期。

23. 张卫平:《公证证明效力研究》,载徐昕、黄群主编:《司法》(第 6 辑:公证的中国进路专号),厦门大学出版社 2011 年版。

24. 厦门中级人民法院执行局课题组:《公证债权文书强制执行现状调研分析——以厦门法院公证债权文书执行裁决审查情况为例》,载《中国应用法学》2018 年第 1 期。

25. 李全一:《签发执行证书时怎样审查时效的中断》,载《中国公证》2009 年第 7 期。

26.《北京市法院执行局局长座谈会纪要》,载《中国公证》2016 年第 2 期。

27. 林文学:《最高人民法院〈关于当事人对具有强制执行效力的公证债权文书的内容有争议提起诉讼人民法院是否受理问题的批复〉的理解与适用》,载《中国公证》2009 年第 6 期。

28. 肖建国:《执行当事人及其变更和追加》,载江必新、贺荣主编:《强制执行法的起草与论证(三)》,中国法制出版社 2014 年版。

29. 北京市中信公证处课题组:《赋予强制执行效力公证——实践与趋势》,载《中国公证》2018 年第 3 期。

30. 王京:《执行证书签发遇到的几个问题》,载《中国公证》2016 年第 10 期。

31. 肖建国:《〈民事诉讼法〉执行编修改的若干问题探讨——以民事强制执行救济制度的适用为中心》,载《法律适用》2008 年第 4 期。

32. 王明亮:《委托贷款赋予强制公证的时间点及执行证书出具的审查职责》,载王公义主编:《中国公证新探:法理与案例》,清华大学出版社 2018 年版。

33. 张鸣:《公证在"资产收益权"信托中的应对策略》,载《中国公证》2014 年第 11 期。

34. 王京:《强制执行公证进入信托投资领域》,载《中国公证》2012 年第 6 期。

35. 黄和新、李忠诚:《保理法律关系及其性质辨析》,载董学立主编:《担保法理论与实践》(第 2 辑),中国法制出版社 2016 年版。

36. 高佳运:《"立法真空期"的探索:破解保理合同纠纷"无法可依"的困境》,载贺荣主编:《司法体制改革与民商事法律适用问题研究(上)——全国法院第26届学术讨论会获奖论文集》,人民法院出版社2015年版。

37. 谢京杰:《赋予回购型保理合同强制执行效力公证实务探析》,载《中国公证》2015年第12期。

38. 李云波、孙世岗:《抵押合同与抵押权》,载《安徽电力职工大学学报》2001年第2期。

39. 江伟、贺季敏:《论强制执行法的单独制定》,载江必新、贺荣主编:《强制执行法的起草与论证(三)》,中国法制出版社2014年版。

40. 蔡晖:《抵押权的实现程序:直接申请执行,还是提起诉讼》,载《人民法院报》2007年7月5日。

41. 程力:《楼宇按揭对我国抵押权制度理论发展的影响》,载马原主编:《房地产案件新问题与判解研究》,人民法院出版社1999年版。

42. 吴传华:《商品房预售中的按揭及其法律思考》,载马原主编:《房地产案件新问题与判解研究》,人民法院出版社1999年版。

43. 刘晋:《楼花按揭的理论研究与法律调整》,载马原主编:《房地产案件新问题与判解研究》,人民法院出版社1999年版。

44. 邹海林:《让与担保的价值定位与制度设计》,载刘宝玉主编:《担保法疑难问题研究与立法完善》,法律出版社2006年版。

45. 李希:《试论按揭的法律属性》,载《政治与法律》1998年第3期。

46. 姚彬、时文娟:《应收账款质押法律问题探究》,载董学立主编:《担保法理论与实践》(第2辑),中国法制出版社2016年版。

47. 高圣平:《农民住房财产权抵押规则的重构》,载《政治与法律》2016年第1期。

48. 高圣平:《论土地承包收益权担保的法律构造——兼评吉林省农地金融化的地方实践》,载《法律科学》(西北政法大学学报)2015年第6期。

49. 梁现瑞、许静:《这是有历史意义的"破冰之举"——透析〈四川省农村土地流转收益保证贷款试点工作方案〉》,载《四川日报》2014年1月6日。

50. 申惠文、杜志勇:《农地融资法律模式研究》,载董学立主编:《担保法理论与实践》中国法制出版社2017年版。

51. 郑云鹏:《台湾地区公证制度之基本结构及其检讨与展望》,载《公证研究》2007年第3期、第4期合刊。

52. 郑云鹏:《从公证业务统计看台湾公证制度的现况与未来展望》,载《公证研讨》2010年第1期。

53. 左燕芹、薛凡:《台湾公证实务与体制考察——中国公证协会参访团访台报告》,载《公证研讨》2010年第1期。

54. 上海联合课题组:《房屋租赁合同强制执行公证研究》,载《公证研讨》2013 年第 1 期。

55. 李全一:《租赁契约公证研究》,载《中国司法》2010 年第 1 期。

56. 谢京杰:《融资租赁综合公证法律服务方案》,载《中国公证》2016 年第 6 期。

57. 程华儿:《基于试点经验的融资租赁登记制度构建》,载董学立主编:《担保法理论与实践》(第 2 辑),中国法制出版社 2017 年版。

58. 肖建国、黄忠顺:《执行和解协议的类型分析》,载刘贵祥、宋朝武主编:《强制执行的理论与制度创新——"中国执行论坛"优秀论文集》,中国政法大学出版社 2017 年版。

59. 张法能:《协商型正义:执行和解协议的可诉性——以"一事不再理"原则的遮断与突破为视角》,载刘贵祥、宋朝武主编:《强制执行的理论与制度创新——"中国执行论坛"优秀论文集》,中国政法大学出版社 2017 年版。

60. 陈伟君:《无为而无不为:让执行和解的理想之花在实践中绽放》,载刘贵祥、宋朝武主编:《强制执行的理论与制度创新——"中国执行论坛"优秀论文集》,中国政法大学出版社 2017 年版。

61. 吴雪蓉、周海春:《办理执行和解协议公证初探》,载《中国公证》2017 年第 7 期。

62. 张新宝:《大陆医疗损害赔偿案件的过失认定》,载朱柏松等:《医疗过失举证责任之比较》,台北,元照出版公司 2008 年版。

63. 李全一:《离婚协议公证之若干问题》,载《中国公证》2009 年第 11 期。

后　记

本书的构思大约始自6年前写《法定公证研究》之初。是时，在查阅研读各国或地区民法典时，即有意识收集过这方面的资料。但彼时，强制执行公证受制于适用范围狭小、执行上的诸多问题尚存争议等制度性困扰，理论与实务两个层面都缺少突破的空间，故未敢动笔；2015年写作《公证证明论》前，原本计划先写本书，然而在拟定写作提纲后感到资料准备严重不足，又一次放下。

本书正式着墨于2018年12月，前后历经半年时间杀青。写作过程是艰辛的，艰辛之处主要有三：一是把一项具体的公证业务展开成一部专著，其谋篇布局难免受制于“小”的束缚；二是在公证赋强与法院执行、学理与实践两个制度上展开，又往往囿于“大”的困扰；三是需要大量的文献资料来参考与引证，虽然法院执行方面的书籍还算翔实，但债权文书公证方面有价值的文献却少之又少。对以上三重困难，我的办法是，对“小”的问题，尽量往深处挖掘来增其厚；对“大”的问题，竭力在简字上着力以促其紧凑；对“少”的问题，则主要采取对法院案例的梳理与对办证经验的归纳演绎来解构辨析，以实证反刍和反哺理论。

记得在农村落实土地承包责任制后，父亲有几年在自家坡地上种起了名贵一时的中药材三七，种植三七非一季一年之工，“三年始成药，七年乃完气”，至少三年后才有收成。经年累月的劳作，家人多有微词，父亲却说：“扛得住时间的打磨，才会有好的结果”。遂一如既往、埋头苦干、辛勤打理，三四年后终获可喜回报。在本书的构思写作中，我时时回味父亲当年的话，感触良多。是啊！哪怕付出十分的努力，只获得七分甚或三分的效果，也是坚持后的收成，值得欣慰。自己认为，本书也可作三七开，即三分遗憾，七分满意。

本书的写作一如既往地得到家人的理解与支持,感谢亲情的陪伴;本书的写作也一如既往地得到同仁、朋友的关心,值此出版之际,逐一谢过;本书的付梓,更是得到法律出版社刘晓萌编辑的鼎力相助,感激之情无以言表。

是为记。

李全一

己亥年盛夏于蓉城之东龙泉山下艺锦湾

庚子年正月初二改定

图书在版编目(CIP)数据

强制执行公证研究：理论与实务精要／李全一著
. -- 北京：法律出版社，2020
ISBN 978 -7 -5197 -4312 -3

Ⅰ. ①强… Ⅱ. ①李… Ⅲ. ①强制执行－公证制度－研究－中国 Ⅳ. ①D925.04②D926.64

中国版本图书馆CIP数据核字(2020)第037895号

强制执行公证研究
——理论与实务精要
QIANGZHI ZHIXING GONGZHENG YANJIU
—LILUN YU SHIWU JINGYAO

李全一 著

策划编辑 刘晓萌
责任编辑 刘晓萌
装帧设计 汪奇峰

出版 法律出版社
总发行 中国法律图书有限公司
经销 新华书店
印刷 固安华明印业有限公司
责任校对 杨锦华
责任印制 吕亚莉

编辑统筹 法治与经济出版分社
开本 710毫米×1000毫米 1/16
印张 20.5
字数 438千
版本 2020年4月第1版
印次 2020年4月第1次印刷

法律出版社／北京市丰台区莲花池西里7号(100073)
网址／www.lawpress.com.cn
投稿邮箱／info@lawpress.com.cn
举报维权邮箱／jbwq@lawpress.com.cn
销售热线／400 -660 -8393
咨询电话／010 -63939796

中国法律图书有限公司／北京市丰台区莲花池西里7号(100073)
全国各地中法图分、子公司销售电话：
统一销售客服／400 -660 -8393/6393
第一法律书店／010 -83938432/8433
西安分公司／029 -85330678
重庆分公司／023 -67453036
上海分公司／021 -62071639/1636
深圳分公司／0755 -83072995

书号:ISBN 978 -7 -5197 -4312 -3
定价:96.00元